Stanley Diamond ist Professor für Anthropologie an der New School for Social Research in New York. Zuvor lehrte er an den Universitäten von California (Los Angeles), Syracuse, Brandeis und Columbia; 1973–74 war er Professor an der FU Berlin. Er betrieb Feldforschung in Biafra, Nigeria, in einem irokesischen Indianerreservat, einem arabischen Dorf und einem israelischen Kibbutz. Zahlreiche Veröffentlichungen, u. a. »Culture in History« und »Anthropological Perspectives on Education«.

campus

Studium: Kritische Sozialwissenschaft

Stanley Diamond

Kritik der Zivilisation

Anthropologie und die Wiederentdeckung des Primitiven

Eingeleitet von Wolf-Dieter Narr:
Zum Politikum der Anthropologie heute

Campus Verlag
Frankfurt/New York

Die amerikanische Ausgabe »In Search of the Primitive. A Critique of Civilization« erschien 1974 bei Transaction Books Inc.
Die deutsche Ausgabe wurde in Übereinstimmung mit dem Autor gegenüber der Originalfassung gekürzt.

Übersetzung von Günther Seib.

CIP-Kurztitelaufnahme der Deutschen Bibliothek

Diamond, Stanley
Kritik der Zivilisation : Anthropologie u.d.
Wiederentdeckung d. Primitiven. - 1. Aufl. -
Frankfurt/Main, New York : Campus Verlag, 1976.
(Campus : Studium ; 529 : Krit. Sozialwiss.)
Einheitssacht.: In search of the primitive <dt.>.
ISBN 3-593-32529-2

ISBN 3-593-32529-2

Gestaltung und Produktion: Heinzlmeier & Warminski, BUCHTEAM Frankfurt
Gesamtherstellung: Friedrich Pustet, Regensburg
Printed in Germany

Inhalt

Vorwort

Zum Politikum der Anthropologie heute

Gauguins Flucht in die Südsee nach Tahiti hat Tradition. Schon im 18. Jahrhundert träumte man vom Glück der Primitiven, wenngleich man – selbst an der Spitze der Modernität – die ›Urgesellschaft‹ mehr als Konstrukt der ursprünglichen Vertragsfreiheit benutzte. Elemente und Bestrebungen südseeischer Flucht in die ›reine Ursprünglichkeit‹, gar Unschuld, raus aus der Trostlosigkeit der Städte und ihren Betonmauern begleiten die Geschichte bürgerlicher Gesellschaft. All die Gruppen und Grüppchen, die sich Ende der 60er Jahre die Organisation der Gegenkultur vornahmen – der Begriff der »Organisation« enthält freilich schon eine fast bösartige Unterstellung – schmeckten etwas nach Südsee, nach Tang, Lianen und Kolibris. Auch die daraus hervorgehende – oder, vorsichtiger ausgedrückt, die gleichzeitig beobachtbare –, die Institutionalisierung der Counterculture überdauernde ›Aufs-Land-Bewegung‹ wird getrieben vom Willen, wenigstens für eine gewisse Zeit nicht mehr mitzumachen, der städtischen Künstlichkeit zu entfliehen und sich wieder an der Brust der Natur zu nähren. Das »einfache Leben« (Ernst Wiechert) wird durch Hermann Hesses (bürgerliche) Innerlichkeit verklärt. Noch der gängig gewordene Begriff »herrschaftsfreier Kommunikation« (Habermas) lebt von der Vorstellung des ›Ganz anderen‹, abständig zur kommunikationslosen Herrschaft unserer Tage: die Ich-Du-Beziehung wird gegen die a-soziale Informationsüberfrachtung gesetzt, die als soziale Kommunikation, als Beziehung nicht mehr erfahrbar ist.

Dieser andeutende Hinweis auf die Geschichte der Suche nach der verlorenen Ursprünglichkeit (Spontaneität u.ä.m.), die in die Geschichte der bürgerlichen Gesellschaft von Anfang an eingebettet ist und ein Schlaglicht auf den Charakter dieser Gesellschaft wirft, wäre in der Gegenwart unzureichend, erwähnte man nicht, daß selbst in den ergebnis- und folgelosen Debatten um die »Grenzen des Wachstums«, im ›Ökologismus‹ unserer Tage die Vorstellung einer Natur und grundsätzlichen Naturtümlichkeit alles menschlichen Lebens zum Ausdruck kommt. Wird diese grundsätzliche Naturtümlichkeit zu sehr verletzt, verstößt man zulange dagegen, so ist die Gefahr der Katastrophe gegeben. Deswegen: wenn schon nicht zurück zur Natur, so doch zurück zu ›gesünderem‹, ›natürlicherem‹ Leben, weg von der fortschreitenden, expansiv globalen Künstlichkeit technologischer Aggregate! Primitivismus dieser Art: von den Landläufern bis hin zu den ökologischen Wünschelrutengängern ist also à la mode und enthält trotz krisenbeschwingter Rückkehr zu nicht infragegestelltem Wachstum und Profit so viel an gesellschaftlicher Geltung, daß kaum jemand sich ganz entziehen kann. Äußere sich das Mit-der-Mode-Gehen auch nur darin, daß man – selbstverständlich! – die Gärtnerei bevorzugt, die ungespritzte Tomaten zu verkaufen vorgibt.

So ernst, wenngleich mit unterschiedlichem Ernst, die diversen ›Natur‹-Bewegungen im Laufe der bürgerlichen Gesellschaft und ihren verschiedenen Ausprägungen zu nehmen sind, sie zeigten und zeigen nicht nur in den Bewegungen der Gegenkultur und des Aufs-Land-Gehens, sondern auch in einem Gutteil der ›systemnäheren‹ ökologischen Diskussion eine gefährliche Ent- und Depolitisierungstendenz. Entpolitisierend wirken sie insofern, als das Konzept des »natürlichen(eren)« Lebens nicht bestands-, d. h. herrschaftskritisch eingebracht wird, sondern vielmehr dazu dient, eine »ohne mich«-Haltung zu fördern, die Suche nach dem ›außergesellschaftlichen‹ Glück im Naturwinkel zu unterstützen. Die Depolitisierung zeigt sich darin, daß das Thema »Formen der Vergesellschaftung, ihre Kosten und Vorteile« häufig zum Thema »Natur und Technik« oder »Natur und ökonomisches Wachstum« abstrahiert wird. Die gesellschaftlich-geschichtlichen Ursachen werden ausgeblendet. Das Problem wird in einem schlechten Sinne anthropologisch verallgemeinert zur schicksalhaften Gegebenheit und Bedrohung des naturbeherrschenden homo faber.

Diamonds Ansatz und sein Versuch, die alternativen Lebensformen primitiver Völker gegenwärtig fruchtbar zu machen, haben mit solcher Ent- und Depolitisierung nichts gemein. Daß er im Gegensatz zu seinem großen Gegenspieler Levi-Strauss in der Bundesrepublik kaum zur Kenntnis genommen wurde, liegt vielleicht daran, daß er keine Fluchthilfe bietet und sich auch in seiner Schreibweise nicht ins akademische Korsett zwängen läßt. In sachlicher Hinsicht ist ihm, wenn ich es recht sehe, allein Christian Sigrist ein gut Stück Weges gefolgt, ohne freilich auf ihn Bezug zu nehmen (vgl. Chr. Sigrist: *Regulierte Anarchie. Untersuchungen zum Fehlen und zur Entstehung politischer Herrschaft in segmentären Gesellschaften Afrikas,* Olten und Freiburg i. Br. 1967). Hätte Sigrist, was leider in ausführlicher Weise noch nicht erfolgt ist, seine eigene spätere ›Felderfahrung‹ mit den Paschtunen (Stämme mit erstaunlich ›demokratischer‹ Organisation im heutigen Afghanistan) ausgewertet, er wäre wohl noch weiter in Diamonds Richtung gegangen, als dies in seiner sekundäranalytisch angelegten Dissertation möglich war. Diamonds Ansatz jedenfalls läßt »copping out«, läßt Ausflippen jeglicher Art nicht zu.

Diamond argumentiert und interpretiert existentialistisch. Darin nicht zuletzt liegt das Politikum. Er setzt seine Existenz aus (d. h. die Form der

Existenz gegenwärtiger, moderner und zivilisierter Gesellschaft) und setzt die Existenzweise primitiver Gesellschaft dagegen. Existenz gegen Existenz. Da gibt es keine evolutionskundige Herablassung gegenüber den – wo und wann lebten sie doch noch?! – Primitiven. Da gibt es kein: »Wir haben's herrlich weit gebracht« oder auch nur das verdummende, lernende Betroffenheit abschottende Gerede von der wachsenden »Ausdifferenzierung«, der notwendig steigenden »Komplexität« und wie die hohlen Soziologismen alle heißen mögen. Unsere Sache wird betrieben, wird aufs Spiel gesetzt, wenn wir Ethnologie nicht um evolutionistischer Taxonomien (Klassifikationen) willen betreiben, sondern mit dem anthropologischen Interesse, etwas über die Form unserer und die Formen möglicher Existenz zu lernen. Diamond treibt weder das Motiv bloß antiquarischer Geschichtsschreibung noch das Faszinosum des »Ganz anderen« primitiver Vergesellschaftung, obwohl dieses Faszinosum bis hin zur Gefahr demgegenüber unkritisch zu werden, durchaus und zu Recht zu spüren ist. Was ihn treibt, ist seine Sensibilität für die bedrohliche Entwicklungsdynamik bürgerlicher Gesellschaft, seine Angst vor dem erneuten und dann kaum noch korrigierbaren Herauskriechen faschistischer Vergesellschaftung aus dem Schoß eben dieser bürgerlichen Gesellschaft. Das Postskript in dem Buch handelt explizit davon.

In der Diagnose dieser Gefährdungen, dieses oft schon tödlichen Entwicklungsganges bürgerlicher Gesellschaft ist Diamond nicht originell. Die depersonalisierende bürokratische Herrschaft, der die monopolistische Herrschaft großer Unternehmen einzelner Kapitalfraktionen entspricht, die durchgängige Abstraktheit gegenwärtigen Daseins, die den einzelnen als individuell irrelevanten Rollenspieler isoliert und erst ›sekundär-systemisch‹ vergesellschaftet, sind spätestens seit der Jahrhundertwende oft analysiert worden. Es ist das moderne »Gehäuse der Hörigkeit« (Max Weber), das Diamond fürchtet, das den einzelnen zur Termite, zum Fellachen degradiert, zur »stimulus«-»response« getrimmten Pawlow-Skinnerschen Einheit (bzw. Rollenvielheit). Gesellschaftlichkeit wird durch (maschinell gestützte) Herrschaft hergestellt. Die Originalität Diamonds, der zum Beleg seiner Diagnose aus einer Fülle scheinbar gegensätzlicher Quellen schöpft (Kierkegaard ebenso wie Marx, Ortega y Gasset ebenso wie Sartre), liegt in seinem Rekurs auf primitive Gesellschaft und der dadurch gesteigerten Sensibilität und Blickschärfe, liegt in dem, allerdings nicht mehr vermittelten, Angebot: aus der alternativen Existenzweise(n) primitiver Gesellschaft für unsere Lebensweise sinnvoll zu lernen.

Es geht also nicht um die »Suche nach dem Primitiven« um seiner selbst willen oder zum Zwecke eskapistischer Bürgerlichkeit, es geht um eine fundierte »Kritik der Zivilisation«. Der Begriff der Kritik ist freilich arg abgenützt. Gerade im üblichen Stil anthropologisch argumentierende Studien neigen dazu, ins Kulturkritische oder Elitär-Ästhetische abzugleiten, gar die Wonnen des Primitiven i.S. eines ursprungsphilosophischen salto mortale zu beraunen. Diamonds Kritik ist nicht so angelegt, daß mit ihrer Hilfe der »Prozeß der Zivilisation« (N. Elias) im reaktiven Sprung zurückgenommen werden können sollte. Niemand weiß besser und sagt es auch so explizit als Diamond, daß es ein solches sich Im-Primitiven-Gesundbaden nicht gibt, es sei denn als in der Tat barbarisierende Regression. Wohl aber lassen sich Prozeß und Status der Zivilisation heute erst radikal von der ›unzivilisierten‹ Alternative her, die immer schon eine geschichtliche ist, in Frage stellen. Nicht ein schlecht utopisches Wolkenkuckkucksheim wird gegenwärtiger Gesellschaft gegenübergestellt, sondern eine Gesellschaftsform ohne zentrale Herrschaftsinstanz, ohne institutionalisiertes Dauer-Oben und Dauer-Unten, ohne profitorientierte, Eigentum akkumulierende Ökonomie u.ä.m. Und bei so charakterisierbaren Gesellschaften handelt es sich, worauf auch Sigrist zu Recht aufmerksam macht, nicht um einzellerhafte Gebilde mit marginaler Größenordnung und unkomplexen Beziehungsmustern. Erst durch solches Gegenüberstellen mit einer materialisierten, in ihren Verhaltens- und Bewußtseinsstrukturen, in ihrer gesellschaftlichen Mimik alternativen Gesellschaftsform lassen sich Kosten und Nutzen summieren und die Grenzen bürgerlicher, zivilisierter Gesellschaft markieren. Was geschieht mit einer Gesellschaft, die eine durchgängige »Architektur der Komplexität« und Künstlichkeit (H. Simon) zu bauen sucht, die der Dialektik von Natur und Gesellschaft zugunsten der Dialektik von Gesellschaft und Technologie zu entrinnen scheint, in der menschliches Verhalten, darauf hat schon Marx aufmerksam gemacht, zum Appendix der Maschine, maschinenförmig wird?

Es kann bei dieser existentiell aufbrechenden Konfrontation unseres zivilisierten Daseins mit primitiven Lebensformen nicht darum zu tun sein, den Prozeß der Zivilisation zurückzudrehen. Es geht vielmehr darum, der evolutionistisch naiven Fortschrittsgläubigkeit, die uns alle immer noch zu mehr oder minder geheimen Jüngern Darwins macht und die alle Spielarten des Imperialismus im Tornister stecken hat, den Kampf anzusagen. Die alternative Vergesellschaftungsform »primitive Gesellschaft« – Diamond spricht bewußt von einem »Modell«, mit Weber zu reden, einem »Idealtyp« – läßt in ganzem Umfange erst erfassen, was gemeint ist, wenn gegenwärtig von negativer Vergesellschaftung die Rede ist, einer Vergesellschaftung, die nicht gesellschaftlich Selbstbewußtsein ermöglicht als eben gesellschaftliches, sondern dasselbe als störend zu beseitigen sucht. Als Ende der 60er Jahre das Reden von der »aktiven Gesellschaft« (A. Etzioni) in Mode kam, einer Gesellschaft, die in der Lage sein sollte, ihre Geschicke selbst zu bestimmen, blieben die Reden und Vorstellungen darüber merkwürdig stumpf und aufgesetzt. Woher auch sollte die zentrale Voraussetzung dieser Gesellschaft, die »aktiven Bürger«, genommen werden? Kein Wunder deshalb, daß das Konzept der »aktiven Gesellschaft« schon bei seiner ersten Präsentation zu einem Konzept der »aktiven Regierung« verkümmerte, ein Kümmerprodukt, das freilich seinerseits auch nicht funktionierte. Wenn nämlich die Vorstellung der »aktiven Gesellschaft« mehr sein soll als das Gaukelspiel unzufriedener Sozialwissenschaftler, dann kommt sie gar nicht aus ohne Rück- oder Vorgriff auf alternative Vergesellschaftungsformen, auf alternative Formen menschlicher Organisation.

Weil diese Kritik der Zivilisation von der (Modell)-Form einer alternativen Gesellschaft aus erfolgt, kann es nicht ausbleiben, daß Denk- und Bewußtseinsformen gegenwärtiger Zivilisation, die uns allen schon zur ›Natur‹ geworden sind, angegriffen werden. Drei Aspekte seien herausgegriffen:

1. Niemand, fast niemand geht zugegebenermaßen von einem ungebrochenen Fortschrittsoptimismus aus. Dennoch sind Fortschritt und Reform die nach wie vor herrschenden Legitimationsformeln der Innen- und Außenpolitik, insbesondere dann, wenn es darum geht, den unterentwikkelten Ländern weiteren Segen der entwickelten auszuteilen. Im Ausdruck der »Innovation« wird der etwas ominös gewordene Fortschritt kräftig weitergehandelt. »Laissez innover«, lautet die gesellschaftsbestimmende Parole. Was der Begriff der Innovation in der ökonomisch-politischen, das leistet der Begriff der Evolution in der wissenschaftlichen Sphäre. Ein Naivling, wer einen gesellschaftlich qualifizierten Begriff von Fortschritt weiter benützte. Aber selbstverständlich sind die Evolution und deren dauernde Gültigkeit. Dadurch schafft man es, Geschichte zu ordnen und gleichzeitig zu entproblematisieren. Der Begriff der Evolution leistet das große Nivellement, er macht verfügbar, wo gar nichts zu verfügen ist. Liest man Diamonds beißende Kritik an den Fortschritts- und Evolutionsbegriffen, fällt erst auf, wie diese Begriffe und die ihnen entsprechenden Denkmuster in unsere Sprache, in unser Gesellschaftsbild vorbewußt Eingang gefunden haben. Diese Feststellung bräuchte nicht weiter zu beunruhigen, würden wir dadurch nicht idiotisiert und immunisiert gegenüber historischen Alternativen auch zur eigenen Gesellschaft, klebte am Fortschritts- und Evolutionsbegriff nicht das Blut ganzer Gesellschaften. Auf ihm gründet sich der methodologische und parallel dazu der praktische Imperialismus gegenüber den nicht-kapitalistischen Ländern sowie die Einbahnstraßenvorstellung der Industrialisierung. Die Art und Weise, wie eine bestimmte technologische Entwicklung zum Schicksal schlechthin wird – das gehört zu den Kosten abendländischer Zivilisation.

2. Daß es eine Form von Gesellschaft ohne Herrschaft, ohne institutionalisiertes Oben und Unten, ohne dauernde Instanzen von »Norm und Sanktion« gegeben habe oder je geben könne, wurde von berufenem Munde

(vgl. Ralf Dahrendorf) nicht nur bezweifelt, sondern als Absurdität und Ausgeburt wirklichkeitsfremder Träumer abgetan. Wäre man auf die herrschende Sozialwissenschaft allein angewiesen, dann behielte der Zweifel auch seine Berechtigung. Diese herrschende Sozialwissenschaft zeichnet sich nämlich u. a. dadurch aus, daß sie die universelle Gegebenheit von Herrschaft i.S. des neuzeitlichen Staates problemlos unterstellt und deshalb Herrschaft und ihre Formen in der Regel gar nicht mehr untersucht. Selbst noch Herrschaftskritik wird gewöhnlich nur an einer spezifischen Ausformung von Herrschaft geübt, nicht am Zivilisation garantierenden »Monopol legitimer physischer Gewaltsamkeit« (Weber) in seinen verschiedenen Ausprägungen. Webers historische Problematisierung wurde längst verdrängt. Fast mehr noch als Herrschaft und zentrale Herrschaftsinstanzen scheinen formales Recht und entsprechende – wiederum mit Herrschaft verknüpfte – Sanktionsinstanzen ab einer bestimmten gesellschaftlichen Stufe, ja für nicht kannibalische Gesellschaften schlechthin unvermeidlich.

Folgt man Diamond, Sigrist u.a., dann zeigt sich, daß die These von der Universalität von Herrschaft und Recht nicht nur auf einen Mangel an Phantasie und Unfähigkeit, die geschichtliche Genesis von Herrschaft und Recht nachzuvollziehen, (vgl. hierzu auch die ausgezeichnete Vorarbeit in Webers Rechtssoziologie) schließen läßt. Vielmehr tut sich darin die Denk- und Sehunfähigkeit kund, die den unreflektierten Gebrauch herrschender Begriffe kennzeichnet: man sieht letztlich nur das, was man projiziert hat. Diamond öffnet die Augen dafür, daß die Skala möglicher Regelungsformen weit über rechtliche und rechtsförmige hinausreicht, daß die Bandbreite gesellschaftlicher Organisation von sozialen Beziehungen nicht in der evolutionistisch unvermeidlichen zentralen Herrschaftsorganisation beendet ist. Wichtig hierbei ist, daß es sich nicht um eine erdachte Skala und Bandbreite handelt, sondern um reale historische Alternativen, die allerdings imperialistisch-evolutionistisch auf den Aussterbeetat gesetzt worden sind, bzw. schon zugrunde gerichtet wurden. Geschichte wird nicht nur bis in den Geschichtsbegriff hinein, das weist Diamond trefflich nach, von den progressiven Evolutionisten geschrieben, sondern auch »fortschrittlich« gemacht.

3. Die Entzauberung der Errungenschaften gegenwärtiger Gesellschaft macht gewöhnlich vor »der Wissenschaft« halt. Ein Tor, wer sich gegen wissenschaftliche Analysen und Ergebnisse wendet. Allenfalls kommt es darauf an, die gesellschaftliche Organisation der Verwertung zu verändern. Wiederum setzt Diamond, indem er Ansätze von Marx u.a. aufnimmt, radikaler an und zeigt die Kongruenz von »Gesellschaftsform und Erkenntnisform« bzw. Wissenschaftsform (B. v. Greiff). Warenabstraktion, bürokratische Abstraktion, und Abstraktion der wissenschaftlichen Problembehandlung sind nicht völlig verschiedene Stiefel, sie setzen sich

wechselseitig voraus und ergänzen einander. Deshalb erstaunt es nicht, daß wir mit unserer Art wissenschaftlicher Analysen, das, was an primitiven Gesellschaften wesentlich ist, nicht erfassen. Da kommt zuerst die evolutionistische, mehr oder minder lineare Perspektive. Dann folgt die Rekonstruktion der Gesellschaftsformen gleichsam von oben her, vom abstrakterhabenen Niveau aus; der gesamtgesellschaftliche Zusammenhang wird nicht in seiner konkreten Ausgestaltung nachgezeichnet. Danach wird die Entwicklung dieser Gesellschaften, die in ihren spezifischen Existenzformen nicht interessieren – worin bestand die »condition humaine«? – in große Gattungsbegriffe gepreßt und auf globalen Entwicklungsachsen eingetragen. Die Art, wie akademische Wissenschaft gegenwärtige und historische Probleme zerlegt, die einzelnen Segmente wiederum nur in einer Dimension behandelt, die Begriffe aufstülpt, statt gewinnt usw., trägt jedenfalls zu einer nicht nur technisch oder ideologisch verfügbaren, sondern anthropologisch-praktisch erweiternden Erkenntnis wenig bei (vgl. als ein anthropologisches Negativbeispiel, obwohl viele wichtige Informationen und Gedanken enthalten sind: Klaus Eder (Hg.) *Seminar: Die Entstehung von Klassengesellschaften,* Frankfurt/Main 1973). Diamond entzieht sich solchem Begriffs- und Methodenkorsett, er vermag Interesse und Erkenntnisform neu in Beziehung zu setzen. Gegen die herrschaftlich gesicherte, wissenschaftlich legitimierte Evolution, die als Einbahnstraße mit begleitenden Friedhöfen zerschlagener, zerschundener und ausgelassener Möglichkeiten gar nicht mehr kenntlich wird, setzt er seine Postition eines geschichtsbewußten Existentialismus (a) und seine Konzeption einer geselligen Geselligkeit (b).

a) Dieser geschichtsbewußte Existentialismus lebt von der Gleichzeitigkeit des Ungleichzeitigen, ohne den historischen Kontext zu mißachten und zu raum- und zeitabstrakten Analogiebildungen u.ä. Zuflucht zu nehmen. Auf diese Weise wird die Beschäftigung mit primitiver Gesellschaftsform zu einer unmittelbar gegenwärtigen Erfahrung. Diese Erfahrung macht so betroffen wie einsichtig und läßt sich deshalb nutzen gerade für die ganz andersartige Erfahrung gegenwärtiger zivilisierter Gesellschaft. Geschichte wird so zu einem riesigen Vorratshaus erprobter und/oder unerledigter Möglichkeiten. Paul Feyerabend hat jüngst im Hinblick auf erkenntnistheoretische Ansätze, mehr noch im Hinblick auf Erkenntnisweisen, Ähnliches formuliert (vgl. Paul K. Feyerabend: Against Method, 1974). Diamonds Vorgehen unterscheidet sich jedoch von Feyerabends schwerelosem, letztlich geschichtsfernem Umgang mit dem Vorratshaus an Möglichkeiten deutlich dadurch, daß sein Interesse an konkreten Handlungsabläufen nie den Kontext vergessen läßt, in dem bestimmte Abläufe so oder so möglich bzw. ausgeschlossen werden. Geschichte hat bei Diamond also keine progressive, evolutionistische Logik; der historische Erfolg beurkundet für ihn noch nicht die human bessere und allein lebensfähige Möglichkeit. Aber es geht nicht an, gerade nicht, wenn es um alternative Gesellschaftsformen geht und nicht nur um spezifische Unterschiede innerhalb einer Form, den historischen Kontext zu mißachten, die notwendigen Bedingungsfaktoren zu verkennen. Würde man letzteres tun, verfiele man nur andersherum einer ähnlichen Abstraktion wie der, der sich die geschichtsmächtigen Evolutionisten schuldig machen. Aufgrund seines geschichtsbewußten Existentialismus gewinnt nicht nur die Frage des cui bono – wem nützt's – unmittelbare existentielle Bedeutung, es lassen sich auch die Voraussetzungen formulieren, unter denen ohne angewandte Abstraktion Existenzformen primitiver Gesellschaft mit Instrumenten zivilisierter verbindbar sind. Eine solche real-utopische Verbindung erfordert freilich eine radikale gesellschaftliche Reorganisation, ideengeschichtlich formuliert: einen Abschied von Thomas Hobbes.

b) Das Konzept der geselligen Geselligkeit, ein nur scheinbar tautologischer Ausdruck, ist dem (liberal)-kapitalistischen Konzept konträr. Letzteres läßt Gesellschaft zunächst nur als das begreifen, was hinter den Individuen und ihrem »pursuit of happiness« übrig bleibt bzw. sich als Resultat ergibt. Gesellschaftlichkeit wird, soweit nötig, herrschaftlich – durch den Staat – erzwungen und durch hinterrücks wirkende Mechanismen hergestellt (Markt, Konzentration usw.). Vergesellschaftung ist so immer etwas, was die Individuen nicht zu bewußterem, wechselseitig aufeinander bezogenem Handeln bringt, sondern überhalb der oder hinter den Individuen erfolgt, diese mehr und mehr zu Marionetten eines nicht durchschauten Spiels werden läßt. Die von den Individuen ausgegrenzte Herrschaft (deshalb individuelle Freiheitsrechte, nicht gesellschaftliche Teilnahme- und Mitbestimmungsrechte) rächt sich, indem sie zur Herrschaft über die einzelnen wird, die ihr gemeinsames Interesse nicht einmal mehr artikulieren, geschweige denn organisieren können. Diamonds Konzept steht dem entgegen. Es wird entwickelt am Beispiel primitiver Gesellschaft, die die Herrschaft der Abstraktion und die abstrakte (zentralisierte) Herrschaft nicht kennt, sondern nur einen traditional geregelten Komplex von Beziehungen, der aber je konkret handlungs- und problembezogen ist, nicht etwa, wie beim zivilisierten Recht am ›Fall als solchen‹. Wählte man Diamonds konzeptionellen Ansatz zum Ausgangspunkt der Entwicklungsmodelle für unterentwickelte Länder, dann gelänge es erst, die autochthonen Faktoren fruchtbar zu machen, der angewandten Abstraktion der übertragenen Entwicklungsmodelle qua Industrialisierung zu entrinnen und die furchtbaren Kosten zu reduzieren, die heute in allen abendländisch beglückten Regionen, Lateinamerika und Afrika zumal, anfallen.

Indem ich so versuche, zum Lesen und Nachdenken der Aufsätze Diamonds anzureizen, zum Weiterdenken und Weiterhandeln, dürfen doch einige Schwächen der hier präsentierten Aufsätze nicht verschwiegen werden. Solche Schwächen sind u.a. darin zu finden,

– daß Diamond doch hin und wieder dazu neigt, die primitive Gesellschaftsform bestimmenden Faktoren zu wenig ambivalent, zu ungeprüft positiv i.S. gelungener humaner Regelungen zu gewichten. Fragen wie die, ob beispielsweise die durch »custom« (Brauch) geregelten Gesellschaften – im Unterschied zu den durch »law« (Gesetz) geregelten – nicht erhebliche Kosten mit sich bringen, Kosten auch an Angst, ob Tradition nicht viel härter treffen kann als gesetzte Norm u.ä.m. bleiben unerörtert. Die Aussage von Margery Perham wird kommentarlos und in Kontext positiver Wertung über die Ibos zitiert: ». . . Collective family responsibility turned relations into potential policemen who might force a murderer in their midst to commit suicide rather than to bear the results of his crime, or sell a thief rather than repay his theft with interest and stand the cost of sacrifice necessary to purify his offense. . . .« (M. P.: *Native Administration in Nigeria*, London 1962, S. 229ff. zit. in: St. Diamond: »Who Killed Biafra?« in: *The New York Review of Books* Vol. XIV, No. 4 Febr. 26, 1970, S. 17–27, S. 19);

– daß Diamond trotz seiner Differenzierung im Begriff des Primitiven den Freiheits- und Glücklichkeitsgrad der primitiven Gesellschaften zu hoch, den erzwungenen, gewiß akzeptierten, rituell bewältigten Fatalismus zu gering einstuft (der Gebrauch der eben benutzten Begriffe ist freilich fragwürdig);

– daß Diamond abgesehen von dieser analytischen Schwäche die vorgestellte Verbindungsmöglichkeit von Existenzformen primitiver Gesellschaft mit Versatzstücken der zivilisierten nur andeutungsweise unterstellt. An welchen Widersprüchen und Konflikten ließe sich heute ansetzen, an welchen Ungleichzeitigkeiten, um Existenzformen primitiver Gesellschaft zu einer mehr als phantastischen Erinnerung werden zu lassen?

Doch es ist kein rhetorischer, durch die Einleitung bedingter Trick, wenn ich behaupte, daß diese Einwände nichts gegen das Faszinosum und das Politikum dieses Buches verschlagen. Diamond zeigt nicht nur, was uns abstrakt funktionalistische und/oder politökonomische Analysen ethnologisch/anthropologischer Sorte schuldig bleiben. Diamond schafft und schärft einen anthropologischen Blick für die Gegenwart. Ist denn – mit Ernst Bloch zu fragen – die Provinz nur provinziell im Vergleich zur jeweiligen Metropole oder hat die Provinz etwas zu bieten, was alternative Handlungs- und Organisationsformen ermöglichte? Liegt in der durch die ungleichartige kapitalistische Entwicklung fortlaufend produzierten Obsoleszenz nicht nur von Produkten und Branchen, sondern von Regionen und Menschen vielleicht auch eine Chance, verschüttete, auf den Müllhaufen geworfene Bedürfnisse zu mobilisieren? Gewinnt von solcher Perspektive aus das Modernität hindernde Regionalismusproblem Europas ein anderes Gesicht? Die Folgen solch anthropologischer Neuinterpretation für die sog. unterentwickelten Länder, deren mögliches Selbstbewußtsein zugunsten eines oktroyierten Fremdbewußtseins heute so schnell wie möglich abgeschnitten und abgewürgt wird, sind gar nicht abzusehen. Diamond hat im Hinblick auf Biafra, das in west-östlicher Partnerschaft aus der Geschichte getilgt wurde, selbst gezeigt, warum die Möglichkeiten autochthoner Entwicklung zerstört wurden und warum eine solche eigenständige Entwicklung ohne west-östliche Hilfe nicht nach dem Sinn herrschafts- und waffenstarrender Länder à la England, Sowjetunion, USA usw. gewesen ist; Kostenpunkt: Völkermord!

Wenn man Diamonds ethnologisch informierten anthropologischen Aufruf verstehen will, muß man sich der gegenwärtigen Begriffs- und Bewußtseinskostüme zu entledigen trauen, sich-Hegelisch-hinauswerfen, um ›belehrt‹/gelernt wieder zu sich selbst kommen zu können. Die Beschäftigung mit primitiver Gesellschaftsform läßt sich nicht im Osterspaziergang der Gegenwart in ferne Zeiten und Länder abschieben, die uns allenfalls aus allgemeiner Neugierde etwas angehen. Diamond – und das macht, was immer man im einzelnen kritisieren mag – die Qualität und das Politikum seines Buches aus, handelt über ›uns‹, wenn es uns als selbstbewußte gesellschaftliche Individuen überhaupt noch (lange) gibt.

August 1976 Wolf-Dieter Narr

Vorwort zur amerikanischen Ausgabe

Die Krise der westlichen Welt und ihrer imperialistischen Herrschaftsgebiete, die ebenso die Krise der Menschheit ist, läßt sich nicht auf gesellschaftliche, ökonomische oder technologische »Probleme« reduzieren; sie liegt in unserer Definition, in unserem eigentlichen Verständnis des Menschen. Wir nennen das, worin wir leben, stolz Zivilisation, doch haben unsere Gesetze und Maschinen ein Eigenleben entwickelt; sie sind gegen unser geistiges und körperliches Überleben gerichtet. Die politischen Verhältnisse bei uns schwanken zwischen der Konsolidierung bürokratischer Herrschaft und Ausbrüchen ohnmächtigen, wenn auch symbolischen Zorns. Die Herrschaft des Gesetzes ist, wie Stanley Diamond sagt, »das chronische Symptom für das institutionelle Chaos.« Die Wissenschaft, die uns befreien sollte, hält uns in Abstraktionen gefangen; Leidenschaft und Mitleid verkümmern unter den Händen von Akademikern, die ihre Begriffe zum Fetisch erheben. Die sogenannten Humanwissenschaftler, die den Menschen erforschen, weil er zum Problem geworden ist, jagen abstrakten Modellen nach, mit denen sie die fließende Realität des Menschen einfangen und festhalten wollen. Was zum Teil als brüderlicher Versuch begann, die Menschen in ihren konkreten Ähnlichkeiten und Unterschieden zu verstehen, und so zum Verständnis der menschlichen Möglichkeiten zu gelangen, wird in zunehmendem Maße zu einer der »politischen Wissenschaften«, zu einer Disziplin zur Beherrschung der Menschen, zum genauen Gegenteil der Humanität. Sowohl in unserer Kultur insgesamt als auch in unseren Untersuchungen darüber tritt Prometheus seine Stelle an Prokrustes ab.

Genau gegen diese Verneinung der menschlichen Freiheit, gegen die Verbreitung eines falschen Bewußtseins, die durch die zunehmend technotronische Ordnung (um das fürchterliche Wort zu gebrauchen, das Zbigniev Brzeszinski in zustimmendem Sinne geprägt hat) nimmt Stanley Diamond in diesem Buch Stellung.

Die Anthropologie ist ein Feld für die menschliche Begegnung, letztendlich für die Begegnung mit uns selbst, und nicht die Fixierung von Zeichen auf ein Stück Papier oder auf ein Magnetband durch einen Forscher, der sich selbst in ein Gerät zur Informationsspeicherung verwandelt. Die Hütte des Anthropologen ist kein neutraler Boden und stellt keinen geschützten Zufluchtsort dar. Er und sein Stammesdolmetscher begegnen sich in einer realen Welt, die von Ausbeutung und Machtausübung gezeichnet ist. Sie können sich voreinander nicht verbergen, es gibt kein Versteck. Indem sie sich wechselseitig bestimmen, tut jeder dem anderen sein Menschsein und seine menschlichen Möglichkeiten kund. Die Felderfahrung ist daher eine politische Erfahrung; sie erfordert, daß der Anthropologe sowohl die Kräfte aufdeckt, die ihn selbst, als auch die aufzudecken versucht, die den Eingeborenen gefangenhalten.

Wie aber muß eine Anthropologie aussehen, wenn sie die Untersuchung der Freiheit und Befreiung des Menschen, seiner Möglichkeiten und Bedürfnisse sein soll? Sie muß von einem Gefühl gemeinsamer Humanität geprägt sein. Eine solche neue Anthropologie müßte die Fähigkeiten des Menschen zur Neuschöpfung gegenüber den Hohepriestern des Determinismus behaupten, gegenüber den Politikern und Fachleuten, die die Unterwerfung unter die Tyrannei ihrer offiziellen Definition der Realität predigen. Eine derartige Anthropologie muß auch der britischen Sozialanthropologie den Rücken kehren, die von jeher fixiert ist auf das Problem der (kolonialen) Ordnung, auf die Aufgaben des Verkehrspolizisten und der Gefängniswärterin. Sie wird sich auch, wie dies Diamond in seiner Abhandlung über Lévi-Strauss tut, von einer kartesianischen Anthropologie distanzieren müssen, die die Kognition von Bedeutung und Affekt entkleidet, die innige Verbindung von Theorie und Praxis abstreitet, und daher die Menschen als die ewigen Opfer ihres Gehirns darstellt, die unablässig dazu getrieben sind, geistige Elemente zusammenzufügen und wieder voneinander zu trennen, und ewig unter dem Zwang stehen, in einer Nachahmung des Lebens nach diesen ad hoc – Schemata zu handeln. Diese sind, wie Diamond uns sagt, die Abbilder unserer eigenen Entfremdung, mit denen wir unablässig versuchen, die Probleme unserer eigenen Zeit neu zu definieren und zu klären.

Wo aber, und dies ist die zentrale Frage dieses Buchs, werden wir Menschen finden, die von ihren Leidenschaften und ihrer Arbeit nicht entfremdet sind? Diamonds Antwort lautet: in primitiven Kulturen. Durch die Kommunikation mit den Primitiven von Vergangenheit und Gegenwart, und mit unseren eigenen Möglichkeiten der Primitivität können wir ein Bild, eine Vision, eine Bedeutung eines Lebens zeichnen, das einst alle Menschen geführt haben, und einige immer noch führen, ein Leben, das reicher und sehr viel menschlicher ist als unser eigenes. Hierzu müssen wir lernen, dieses Leben von innen zu sehen, wie es diese unsere Mitmenschen immer noch sehen und erfühlen, wir müssen die »Idee des Primitiven« erfassen. So stellt Diamond sich selbst und uns eine dreifache Aufgabe: die Welt der Primitiven so zu sehen wie sie selbst; unsere eigene Welt von der Warte des Primitiven aus zu betrachten, und dieses Verständnis mit den unausgesprochenen Aspekten unserer eigenen Natur in Verbindung zu bringen. Für Diamond ist also der Primitive sowohl eine historische Phase in der Entwicklung des Menschen, als auch ein existenzieller Aspekt seines Seins. Primitive Völker haben zwar Gesellschaften geschaffen, mit denen der ganze Fächer der menschlichen Möglichkeiten erschöpfend zum Ausdruck kam, die zivilisierten Menschen haben jedoch vor einer Aufgabe gleicher Größenordnung versagt. Von dieser mehrdimensionalen Warte aus definiert und kontrastiert Diamond das primitive und das zivilisierte Verhalten in den Kapiteln »Auf der Suche nach dem Primitiven« und »Die Herrschaft des Gesetzes im Gegensatz zur Ordnung des Brauchtums«. In dieser Perspektive handelt er in einem glänzenden und beispielhaften Aufsatz Platos »Staat« als das klassische Modell für den abendländischen Staat ab, und führt an ihm als einer frühen, jedoch vollkommenen Form die Quintessenz der Merkmale und Krebsleiden der Zivilisation vor. Diese neue Anthropologie, für die Diamond seine Stimme erhebt, ist also die Kommunikation, und die Schaffung neuer Kommunikationsmöglichkeiten zwischen dem primitiven und dem zivilisierten Menschen. Indem wir eine Vision des Primitiven in uns selbst und in unserer Zeit konstruieren, können wir auch neue Chancen für uns selbst postulieren. Und schließlich fordert uns dies auch in Übereinstimmung mit unseren Einsichten zum politischen Handeln auf. In einem Jahrhundert, in dem amtliche Definitionen der menschlichen Natur zum Gesetz erhoben und dann durch die Handlungen des Staates sanktioniert werden, müssen wir zur Wurzel zurückkehren. »Die Wurzel ist der Mensch«, sagte Marx. Mit der Entmystifizierung der Zivilisation und der konkreten Explikation des Seins in einer primitiven Gesellschaft schreibt Stanley Diamond die Prolegomena für eine marxistische Ethnologie und eine existentielle Anthropologie.

Eric R. Wolf

New York City 1972

Vorbemerkung

Meine ursprüngliche Absicht war, über das hier behandelte Thema mit einer konzentrierten Anstrengung ein Buch zu schreiben, und zu diesem Zweck habe ich zwölf Jahre lang sorgfältig Buch geführt und Zitate gesammelt. In dem Maße, wie diese Sammlung wuchs und mehr oder minder brachlag, schrieb ich diese neun miteinander zusammenhängenden Aufsätze und stellte dann fest, daß ich in Wirklichkeit das Buch geschrieben hatte. Jeder Aufsatz stellt ein Kapitel mit in sich geschlossener Argumentation dar. Drei davon, »Zivilisation und Fortschritt«, »Schizophrenie und Zivilisation« und »Der Mythos des Strukturalismus« sind bisher noch nicht veröffentlicht worden. Die übrigen sechs habe ich ausführlich überarbeitet und erweitert, um ihre Aussage weiter zu entwickeln und meine Absicht klarer hervortreten zu lassen. Doch habe ich die Kapitel nicht in eine absolut folgerichtige und unilineare Reihenfolge gezwängt. Vielmehr wird in jedem Kapitel ein Aspekt des grundlegenden Themas untersucht: die unmittelbare Bedeutung, die der Bruch zwischen zivilisierter und primitiver Kultur, zwischen Staaten und staatenlosen Gesellschaften für den Menschen hat. Kapitel 6 befaßt sich z. B. mit dem zivilisierten Recht als Antithese zu den durch Brauch geregelten Verhaltensmustern der Primitiven, Kapitel 7 mit dem Zivilisationsproblem der »Geisteskrankheit« in der Sicht des Primitiven, Kapitel 4 mit Platos »Staat« als der Antithese zur primitiven Gesellschaft, und Kapitel 5 mit einer analogen Kritik des Buches Hiob. Die Argumentation des Buchs findet vielleicht ihren vollsten Ausdruck in Kapitel 3, einem induktiven Modell der primitiven Gesellschaft im Gegensatz zur Zivilisation.

Diese kulturhistorischen Antithesen und die daraus folgende Bewußtseinsspaltung, die in der modernen Gesellschaft überall zum Ausdruck kommt, können nicht überwunden werden, bevor nicht eine revolutionäre Umwälzung stattfindet, die an Umfang und Tiefe derjenigen gleichkommt, die vor etwa 5000 Jahren eintrat. Die Kernthese dieses Werks ist, daß nichts weniger als das ausreichend sein wird. Wenn wir je das Trauma der Geschichte überleben sollen, glaube ich, daß das nur dadurch geschehen kann, daß der Konflikt zwischen den Primitiven und den Zivilisierten in unserer Gesellschaft und in uns selbst gelöst wird. Aufgabe der Anthropologie ist es, dazu beizutragen, die Konturen dieses Konflikts zu zeichnen, seine Imperative einander gegenüberzustellen und uns dabei Einblicke in andere Möglichkeiten des Menschseins zu geben. Wenn sie das nicht leistet, ist sie als Wissenschaft überflüssig.

Diese Aufsätze werden also als bescheidenes Gegenmittel gegen die Entfremdung, Schuld, Angst und Sorge angeboten, zu der die Menschen in unserer modernen imperialistischen Zivilisation verdammt sind. Ich wäre dankbar, wenn sie insbesondere in einer Zeit von irgendeinem Nutzen sein sollten, in der das amerikanische Volk die Chance hat, in aller Nacktheit die soziale Realität zu erkennen, die zu beweihräuchern es erzogen und zu akzeptieren es verführt worden ist.

Ich danke meinen Studenten der letzten zwanzig Jahre, an der UCLA, in Brandeis, Syracuse, Columbia und an der New School for Social Research für ihr aufmerksames Zuhören und die schöpferische Reaktion auf die hier dargelegten Ideen. Sie haben mir mehr genützt, als ich ihnen nützen konnte.

Stanley Diamond
Halesowen
Worcestershire, England
August 1973

Kapitel 1: Einleitung
Zivilisation und Fortschritt

Der Ursprung der Zivilisation liegt in auswärtigen Eroberungen und in der Unterdrückung im eigenen Land. Beide sind Aspekte jeweils des anderen. Anthropologen, die Wörter wie »Kulturwandel« gebrauchen oder mißbrauchen, gehen diesem Grundproblem aus dem Weg. Die Hauptform der Akkulturation nämlich, die unmittelbare Gestaltung einer Kultur durch eine andere, durch die sich die Zivilisation entwickelt, ist nämlich schon immer die Eroberung gewesen. Man nehme z. B. den europäisch-amerikanischen »Einfluß« auf die Südvietnamesen, oder die Tatsache, daß weiße, protestantische Angelsachsen, die sich in Neu-England niederließen, von den eingeborenen Indianervölkern einiges lernten (was die Geschichtsbuchschreiber für zivilisierte Kinder so sehr betonen), und daß die schwarzen Sklaven den afrikanischen Rhythmus zur südamerikanischen Musik »beitrugen«. In all diesen Fällen war eine Gruppe dominant, und die andere war unterworfen. Derartige Beispiele der Verbreitung von Kulturmerkmalen lassen auf die Kämpfe schließen, die sich innerhalb zahlreicher Gesellschaften abgespielt haben. Wenn diese Verbreitung – wie es gewöhnlich der Fall ist – als abstrakter Austausch dargestellt wird, der durch die allgemeine Bilanz der imperialistischen Zivilisation in irgendeiner Weise gerechtfertigt ist, wird der Angriff von zivilisierten Gesellschaften auf primitive oder traditionale geleugnet oder seine Folgen werden ausgeklammert. Die Verbreitung von Grundbestandteilen der altägyptischen Kultur entlang der östlichen Mittelmeerküste war z. B. ein Ausfluß der politischen und ökonomischen Eroberung. Die politisch »schwächeren« Völker wurden mit einer einzigen Reihe von Alternativen konfrontiert, die in der ägyptischen Erfahrung verwurzelt war. Diese historische Tatsache wird dann als Entwicklungsgesetz wiedergegeben; in dem Maß, wie sich die Zivilisation stürmisch entwickelt, projizieren ihre Vertreter ihre historische Gegenwart als die progressive Bestimmung der gesamten Menschheit. Die politische Komponente wird mit deterministischen Argumenten aus dem Naturrecht, der Naturgeschichte und der Naturwissenschaft verschleiert. Die Anthropologie als zivilisierte Disziplin hat trotz des anspruchsvollen Relativismus vieler ihrer Vertreter »widerwillig« diese ethnozentrischen Begriffe der historischen Unvermeidlichkeit übernommen. Politische Entscheidungen sind jedoch ihrem Charakter nach in stärkerem Maße eine Frage des Seins oder Nichtseins. Sie können im Wortsinne entscheidend sein; sie enthalten Probleme des Willens und der Autorität. Denn volkstümliche – im Gegensatz zu den von oben aufgezwungenen – politische Maßnahmen bestehen darin, daß Gruppen von Menschen sich zum Handeln entschließen, um eine bestimmte Form des gesellschaftlichen Lebens zu beseitigen, zu schaffen oder aufrechtzuerhalten. Zivilisierte Völker und zivilisierte Bereiche der Wissenschaft haben daher stets empfindlich auf das politische Handeln von »unterentwickelten« Völkern reagiert, mit denen die Chance zu einer selbständigen Gesellschaft und einer alternativen Kultur eröffnet wurde. Im Verständnis des Imperialisten ist die Welt klein, und der Verlust der Herrschaft in einem Bereich stellt eine Gefahr für das Ganze dar. Das Gewebe unserer weltweiten Kultur, unser mündlich oder schriftlich überliefertes literarisches, ästhetisches und religiöses Erbe kann durchaus, wie dies die Anthropologen gern formulieren, ein »farbenfrohes Gewebe« sein; seit dem Aufkommen der Zivilisation ist es jedoch auf einem politischen Webstuhl hergestellt worden.

Ganz gleich, wieviel an Zeit und Raum wir einbeziehen, ist es von Teotihuacan bis Angkor Wat immer dieselbe Geschichte. Ungeachtet der Unterschiede, die in Sprache, Kunst, Religion, Kulturstil oder Gesellschaftsstruktur anzutreffen sind, wiederholt sich die Geschichte der Zivilisation, nicht als Farce, wie Marx das für alle Wiederholungen der Geschichte annahm, sondern als Tragödie. Im Schatten dieser Tragödie reduzieren sich die Errungenschaften der Zivilisation auf ihre angemessene Relation. Gedacht waren sie stets zu Nutz und Frommen sehr weniger und auf Kosten der Mühe und Arbeit vieler.

Die ursprünglichen Verbrechen der Zivilisationen, Eroberung und politische Unterdrückung, wurden schweigend begangen, und das ist immer noch ihre Absicht, wenn auch nicht immer das Ergebnis. Die meisten der Opfer nämlich konnten während des größten Teils der Menschheitsgeschichte nicht lesen und schreiben, und können dies immer noch nicht. Bisweilen wird behauptet, daß sie keine Geschichte hatten. Hier handelt es sich um eine sehr komplexe Meinung – sie ist falsch, enthält jedoch unbeabsichtigt eine grundlegende Wahrheit. Falsch ist sie, weil sie davon ausgeht, daß Geschichte eine Frage der Dokumente ist. Konventionelle Historiker, die von Dokumenten leben und sie daher als sakrosankt beurteilen, würden dem größten Teil der Menschheit für die meisten Epochen auf diesem Planeten eine authentische eigene Geschichte absprechen. Typisch hierfür ist die Meinung von H. Trevor-Roper, der an der Universität Cambridge Geschichtsprofessor ist: »Vielleicht wird man in der Zukunft von einer gewissen Geschichte Afrikas sprechen können. Zur Zeit jedoch gibt es keine. Es gibt nur die Geschichte der Europäer in Afrika. Der Rest verliert sich im Dunkeln . . .«

Afrika hat ebenso wie alle anderen Gebiete, die von Menschen bewohnt sind, sowohl eine »prähistorische« und eine »historische« Epoche, die in den Völkerwanderungen, den ausgegrabenen Artefakten, den zwischen zahllosen Sprachen feststellbaren Verbindungen und den mündlichen Überlieferungen eingeborener Gesellschaften festgehalten ist. Afrika ist der Ort von hauptsächlich ungeschriebenen und zutiefst selbstbewußten und menschlichen Erfahrungen, deren Ensemble die einzige echte Definition von Geschichte darstellt. Dennoch gibt es auch hier Dokumente; die Chronik der Kano im Westsudan liefert z. B. Informationen über Vorgänge, die zehn Jahrhunderte zurückliegen. Natürlich ist diese Art von »Geschichte« zwangsläufig verzerrt durch die Attitüden von Erobererstämmen; und diese Verzerrungen sind wahrscheinlich von derselben Größenordnung wie bei der Information, die über die Schreiber, Geistlichen und Höflinge des Englands im elften Jahrhundert auf uns gekommen ist, bzw. auch wie die, die wir durch die Journalisten und Elfenbeinturm-Akademiker des 20. Jahrhunderts erhalten. Trevor-Roper hat jedoch in einem Sinne, den er selber nicht zugeben würde, vollkommen recht; die meisten Menschen, ob es sich nun um Afrikaner, Europäer im Mittelalter oder Engländer aus der Arbeiterklasse handelt, haben stets im »Dunkeln« gelebt, wohin sie von denen verwiesen wurden, die den Lauf der Entwicklung der Zivilisation aufzeichnen und rechtfertigen. Ihre Geschichte, wie z. B. in Afrika, war für den europäischen Historiker zu nichts nutze – da sie nicht bestätigt war, konnte sie nicht endlos zum Vorteil entweder des akademischen Spezialisten oder des Establishments, das er vertrat, ausgeschlachtet werden. Wenn Trevor-Roper daher behauptet, daß Afrika keine Geschichte hat, meint er damit, daß Afrika keine Geschichte hat, mit der er etwas anfangen kann.

Die Personen, die des Schreibens mächtig waren, die Schreiber und Priester von Ägypten, Babylonien oder China, waren selten geneigt, die Einstellungen derer festzuhalten, die sie besteuerten, unterwarfen und mystifizierten. Das Schreiben selber wurde ursprünglich dazu benutzt, Buch über Steuern, Volkszählungen und andere Verwaltungsangelegenheiten zu führen; es war kurz gesagt ein Instrument zur Niederschrift der offiziellen Geschichte, das von Bürokraten erfunden worden war. Die mündliche Überlieferung, die Zeremonie, die Alltagsangelegenheiten, der Gebrauch und die Herstellung von Werkzeugen durch das Volk insgesamt hingen weder vom Schreiben ab, noch mußten sie schriftlich dargestellt werden. Der Zwangsritus der Zivilisation ist die Schrift, und die Zwänge des offiziellen Realitätsbegriffs werden in der exklusiven Art und Weise der Kognition, die die Schrift bezeichnet, sowohl erlebt als auch ausgedrückt. Diese Fixierung auf eindimensionale Realitäten kommt besonders gut zum Ausdruck in der Einstellung des Ethnologen, dessen zivilisiertes Bemühen, die genaue und richtige Form eines Rituals, die besonderen Heiratszeremonien oder den Stammbaum, den präzisen Verhaltenskodex schriftlich zu dokumentieren, zwar seine eigenen Motivationen und bestimmte Mängel des Szientismus enthüllen, jedoch nicht der Vielfalt und Anpassungsfähigkeit primitiver Gesellschaftsbräuche gerecht werden kann. Die Verbindung, die zwischen Malinowskis Betonung der wörtlichen Magie bei den Trobriandern und seiner zwangsneurotischen Persönlichkeit besteht, wie sie in seinem Tagebuch zum Ausdruck kommt, – »einem Tagebuch im strengen Sinne des Worts« – illustriert dies zur Genüge.

Die Schrift war eines der ursprünglichen Mysterien der Zivilisation, und sie reduzierte die Komplexität der Erfahrung auf das geschriebene Wort. Außerdem stattete die Schrift die herrschenden Klassen mit einem ideologischen Werkzeug von unberechenbarer Macht aus. Das Wort Gottes wird zum unerbittlichen Gesetz, das durch Priester verkündet wird; daher reagieren die Irokesen gegenüber dem Europäer: »Die Schrift ist vom Teufel erfunden.« Mit dem Aufkommen der Schrift wurden Symbole explizit; sie verloren einen gewissen Reichtum. Das Wort des Menschen war nicht mehr eine unablässige Erforschung der Realität, sondern ein Zeichen, das gegen ihn verwendet werden konnte. Sartre, der marxistische Existenzialist, hat dies nur zu gut verstanden; es ist das verborgene Thema seiner Autobiographie *»Die Wörter«*. Das Schreiben spaltet nämlich das Bewußtsein auf zweierlei Art – es erwirbt höhere Autorität als die gesprochene Sprache, setzt auf diese Weise die Bedeutung der Sprache herab und höhlt die mündliche Überlieferung aus; und es ermöglicht den Gebrauch von Worten für die politische Manipulation und Beherrschung anderer. Geschriebene Zeichen treten an die Stelle des Gedächtnisses; eine offizielle, unveränderliche und dauerhafte Version von Ereignissen läßt sich festschreiben. Was geschrieben ist, muß in frühen Zivilisationen zwangsläufig wahr sein.

Die Geschichte ist immer von den Siegern geschrieben worden, die Mehrheit der Völker ist traditionell stumm geblieben, und dies ist immer noch in großem Maße der Fall. Die zivilisierten Oberschichten sind es, welche, indem sie ihre Positionen als gottgegeben oder durch Talent und Technik bestimmt auffassen, geschichtliche Tatsachen schaffen und die deterministischen Theorien aufstellen, mit denen sowohl diese Tatsachen als auch ihre eigene Vorherrschaft gerechtfertigt werden. Daher haben wir keine konventionelle Möglichkeit zu erfahren, was der »gewöhnliche« Bauer im China der Broncezeit und im frühen dynastischen Ägypten fühlte, dachte oder litt. Selbst Shakespeare fand es notwendig, sich bei seiner Erforschung der menschlichen Seele mit Königen und Adligen zu befassen. Der griechische Romanschriftsteller Kazantzakis schreibt, daß er bei seinem Besuch in Rußland kurz nach der Revolution am wenigsten von den Ideologen beeindruckt war. Ein Schauder überlief ihn vielmehr auf dem Kreml-Platz angesichts des wütenden Grollens aus dem endlosen Vorbeimarsch von Bauern, Soldaten, Arbeitern und dem städtischen Pöbel. Dies ist ein Laut, der selten festgehalten wird. Stattdessen ist es vielmehr die Kette der üblichen historischen Chroniken, die den »Hauptstrom der Zivilisation« definiert und uns die Gewißheit darüber liefert, daß die Geschichte, so wie wir sie kennen, irgendwie unvermeidlich und die Niederschrift dessen sein muß, wie der Stärkste überlebt.

Zu Anfang waren Eroberung nach außen und Unterdrückung im eigenen Land untrennbar miteinander verbunden. In dem Maße, wie sich die frühesten Gesellschaften, die sich als Staaten zu konsolidieren begannen, territorial ausdehnten, wurden eingeborene Völker unterworfen und in die sich entwickelnden Gemeinwesen als Untertanen niedrigerer Klasse oder als Sklaven eingeordnet. Auf dieses Muster stoßen wir überall – im Niltal vor etwa 5000 Jahren; in England nach der Invasion durch die Normannen, unter den Inkas im peruanischen Hochland; im Tal von Mexiko vor der spanischen Eroberung; in den Küstenwäldern von Westafrika im 16. Jahrhundert. Imperialismus und Kolonialismus sind so alt wie der Staat selber; sie definieren den politischen Prozeß. In Dahomey war z. B. jede beliebige Person, die auf dem Territorium des emporkommenden »Königs« geboren war, nach dem Recht des Eroberers ein Untertan Dahomeys. Seine letztendliche Verpflichtung gegenüber dem in Entstehung begriffenen Staat, die politische Definition seines Menschseins, hatten zumindestens im abstrakten Sinne den Vorrang vor seiner lokalen und durch die Sippe vermittelten sozialen Existenz.

Nach der ersten Konsolidierung ihres Staats kolonisierten die alten Ägypter, wie V. Gordon Childe berichtet, die Küstenstriche des östlichen Mittelmeers, und dies regte im Zusammenhang mit ihrem ökonomischen Imperialismus und ihren Strafexpeditionen den Aufbau von Staaten unter den ortsansässigen Völkern an. Dieser archetypische imperialistische Prozeß ist es wert, untersucht zu werden. Der Import von Rohstoffen, der sowohl für die Entwicklung der ägyptischen Industrie als auch für die Beerdigungszeremonien erforderlich war, wurde durch die königlichen Einkünfte finanziert. Kupfer und Türkis wurden in Bergwerken auf der Sinai-Halbinsel gewonnen. Zu diesem Zweck wurden Expeditionen, die vom Staat ausgerüstet und von königlichen Soldaten eskortiert waren, in periodischen Zeiträumen in die Wüste geschickt. Auf ähnliche Weise wurden Zedernholz und Harze aus dem nördlichen Syrien importiert. Schiffe, die nach Byblos, einer damaligen ägyptischen Kolonie (von der sich die Bezeichnung »Bibel« herleitet), in See stachen, wurden vom Staat mit Handelsgütern ausgerüstet; staatliche Beamte führten Expeditionen zum oberen Nil an und brachten Gold und Gewürze mit zurück.

Der Hauptzweck dieser Handelstätigkeit war, die Versorgung mit Luxusgegenständen, magischen Substanzen oder Rohstoffen zu gewährleisten; und während Bauern und Arbeiter in den Feldern und Steinbrüchen immer noch Steinwerkzeuge gebrauchten, waren die Soldaten mit metallenen Waffen ausgerüstet. Dieser Handel trug aber auch dazu bei, neue Schichten zu versorgen – Händler, Seeleute, Träger, Soldaten, Handwerker und Schreiber, die aus den vom Pharao eingetriebenen überschüssigen staatlichen Einkünften finanziert wurden. Der imperialistische Handel wirkte sich auf Byblos im einzelnen wie folgt aus: Die Ägypter brauchten Zedernholz für Gräber, Boote und Möbel; sie erhielten es vom Libanon und verschifften es vom Hafen von Byblos in der Nähe des heutigen Beirut. Vor dem Aufkommen der Zivilisation in Ägypten war Byblos der Siedlungsplatz einer neolithischen Stadt gewesen. Bereits 3200 v. Chr. waren die Gibliten Fischer und Bauern, die sich selbst versorgten. Dadurch aber, daß sich der ägyptische Staat durch Eroberung aus der Reihe neolithischer Dörfer entlang den Nilufern zu einem Staat konsolidierte, wurde Byblos zum Hauptlieferanten von Rohstoffen für den Gebrauch der ägyptischen Oberklassen. Zur Befriedigung der ägyptischen Nachfrage gab Byblos die ökonomische Selbstversorgung seiner neolithischen Struktur auf und hing in immer stärkerem Maße von ausländischen Märkten ab. Man fühlt sich an Rousseaus Bemerkung erinnert: »Alexander wollte die Ichthyophagen in Abhängigkeit von sich halten und zwang sie, dem Fischfang zu entsagen und sich von denselben Nahrungsmitteln wie die anderen Völker zu ernähren.« Überdies ließen sich ägyptische Händler und Beamte dort nieder, um ihre Interessen vertreten zu können, und die Ägypter »schulten« die Gibliten in der Verwaltung der Stadt und im Umgang mit ihrem Geld, wobei das, was sie errichteten, in Wirklichkeit ein Protektorat war. Ein steinerner Tempel wurde in der Stadt erbaut, durch eingewanderte ägyptische Künstler verziert; und die Gibliten erlernten die ägyptische Schrift, die Sprache des Handels.

Im Laufe der Zeit wurde Byblos zu einer vorindustriellen Stadt, zu einem Markt für Rohstoffe, und zu einem weiteren Zentrum für die Verbreitung der neuen Volkswirtschaft. Es verdient jedoch festgehalten zu werden, daß die aufgezwungenen Elemente der ägyptischen Zivilisation in Byblos tendenziell statisch blieben. Das Imperium veränderte die Natur der eingeborenen Gesellschaft, die einige ihrer kulturellen Merkmale dadurch erhielt, daß es sie an die neue Struktur anpaßte, doch konnte Byblos nach Art der klassischen Kolonie mit den weiteren Entwicklungen in Ägypten nicht Schritt halten. Während die Ägypter ihre Schrift verbesserten, behielten die Gibliten zum Beispiel über ein Jahrtausend lang die archaischen Schriftzeichen bei, die sie ursprünglich übernommen hatten. Durch den imperialistischen Prozeß wurde sodann der Wohlstand der ägyptischen Oberschichten vermehrt und Byblos durch die unmittelbare Auswirkung der Arbeitsteilung, die für die Belieferung mit Rohstoffen für die verbundenen Aufgaben der Verwaltung und Verteidigung erforderlich war, in ein Kleinägypten verwandelt. Dies wiederum führte dazu, daß die Mehrheit der mit Fischerei und Landwirtschaft beschäftigten Bevölkerung verarmte und in Abhängigkeit geriet.

Eine ähnliche Kette von Ereignissen wurde durch den imperialistischen Drang Mesopotamiens ausgelöst, der nach 2000 v. Chr. dazu führte, daß die neolithischen Gemeinschaften zerschlagen und durch eine städtische Zivilisation ersetzt wurden. Auch hier blieben die »zweitrangigen Zentren« im Vergleich zu den »dynamischen« großstädtischen Mächten provinziell. Doch wurde diese metastatische Vermehrung, die sowohl Zweck als auch Bedürfnis des imperialistischen Zentrums ist, nicht immer so unmittelbar erreicht. So weigerten sich zum Beispiel die Nomaden des Sinai, diese »elenden Beduinen«, für die Ägypter als Gegenleistung für unnützen Klimbim Kupfererz zu brechen. Diese Arbeit mußte von Arbeitern aus Ägypten unter dem Schutz der königlichen Armee geleistet werden. Und in anderen Gebieten, wie in Ninive, wurden die primitiven bäuerlichen Niederlassungen mit Gewalt in Städte des Imperiums verwandelt. Diese Zivilisationen des Altertums (Ägypten, Sumer, Indien) reproduzierten sich schließlich durch direkte oder indirekte Eroberung in der ganzen Welt des Altertums. Ursprünglich wurden an den Grenzen von Ägypten, Babylonien und dem Industal – in Kreta und auf den griechischen Inseln, in Syrien, Assyrien, Iran und Belutschistan und noch weiter weg auf der griechischen Halbinsel, der Hochebene Anatoliens und in Südrußland Dörfer zu Städten verwandelt, und selbstversorgende Nahrungsmittelproduzenten spezialisierten sich auf Handel. Diesem Prozeß konnten nur die entgehen, die in den entferntesten Gegenden lebten; nur die Wüstennomaden ließen seine Realität nicht gelten. Wie die Primitiven, die vor der Zivilisation fliehen, verweigern sie die Kooperation oder die Veränderung ihres Selbstbilds in einer Zeit, in der der Imperialismus sich auf jedes Zentrum zweiter und dritter Ordnung ausdehnt.

Mehr als 2000 Jahre nach der Entstehung der urtümlichen Formen des Imperialismus sind dieselben Imperative immer noch wirksam. Im Jahre 416 n. Chr. weigerte sich das Athen des Plato und des Sokrates, das sich zu jener Zeit im Krieg mit Sparta befand, das Recht der Bewohner der Insel Melos auf Neutralität anzuerkennen. Thukydides berichtet, wenn nicht faktentreu, so doch treu im Geiste, über ein Gespräch zwischen den Melern und den athenischen Abgesandten, in welchem letztere kein einziges vernünftiges und menschliches Argument gelten lassen. Alles was in dieser Welt zählt, so sagen sie, ist Macht; und es wäre besser für Athen, von Sparta besiegt zu werden, als mit der Annahme der Freundschaft des wehrlosen

Melos den anderen unterworfenen Völkern eine so entscheidende Schwäche zu zeigen. Die Meler bestehen auf ihrer Unabhängigkeit und lehnen die Ehre ab, eine athenische Kolonie zu werden. Die Athener greifen sodann Melos an, töten die erwachsenen Männer und verkaufen die Frauen und Kinder als Sklaven. Danach kolonisierten sie Melos selber. Es handelte sich dabei um dasselbe Athen, das ein paar Jahre später Sokrates als Verräter zum Tod verurteilte. Nehmen wir die beiden Vorgänge zusammen, wobei der eine Imperialismus nach außen, und der andere Unterdrückung nach innen darstellt, werden wir an die noch viel ältere Verbindung zwischen dieser Doppeldynamik des Staates erinnert, die an den Ursprüngen der Zivilisation selbst zu einem einzigen Prozeß konvergiert. Es ist immer nützlich, wenn man sich in Erinnerung ruft, daß in Athen zur Blütezeit seiner Kultur mindestens drei Sklaven auf einen freien Mann kamen. Diese Tatsache spiegelt sich in den klassischen utopischen Entwürfen der Zivilisation wie z. B. im Werk von Thomas Morus wider, wo angenommen wird, daß die »niedere Arbeit« von einer besonderen Klasse ohne Wahlrecht geleistet wird. Und in Platos »Staat«, diesem Musterbild einer Apologie des Staates, stellen die Arbeiter und Bauern die unterste Stufe der menschlichen Existenz dar.

Die Zivilisation mußte immer mit Gewalt durchgesetzt werden, nicht als psychodynamische Notwendigkeit oder eine repressive Form des entwikkelten gesellschaftlichen Lebens, wie dies Freud annahm, und nicht nur bezogen auf das Sicherungsbestreben der Staatsmacht gegen ihre eigenen Untertanen, sondern auch eingedenk der barbarischen oder primitiven Völker, die sich an den Grenzen herumtrieben. Eingeborene Gemeinschaften waren der Grund, aus dem die frühesten territorial definierten Zivilisationen mit Klassenstruktur erwuchsen. Innerhalb dieser Zivilisationen wurden diese eingeborenen Völker in die »Massen« von Bauern und Proletariern verwandelt, die den Staatsapparat trugen. Ohne Rücksicht darauf, wie »notwendig« die politische Struktur der Zivilisation ursprünglich gewesen sein mag, bleibt es doch eine geschichtliche Wahrheit, daß die unabhängigen eingeborenen Gemeinschaften in fortschreitendem Maße unterdrückt und zerstört wurden. Keine Rechtfertigung der Existenz des frühen Staates kann an der Tatsache rütteln, daß aus der Mehrheit des Volks immer mehr Steuern in Form von Gütern und Arbeit herausgepreßt wurden, als sie vom Staat in Form von Schutz und Dienstleistungen zurückerhielt.

Selbst wenn wir die auf den Bevölkerungsdruck, die Knappheit von Grund und Boden, Wasser und anderen Ressourcen zurückzuführende Notwendigkeit für politische Zwänge in den frühesten Stadien der Staatsbildung anerkennen, gibt es keinen zwingenden Grund dafür, daß diese eine solche Unterdrückungsform annehmen mußte, mit Ausnahme der wachsenden Beunruhigung derer, die mit der unmittelbaren Produktion nichts mehr zu tun hatten, über ihre eigene wirtschaftliche und politische Sicherheit. Diese Sicherheit scheint umso problematischer gewesen zu sein, wenn wir mit Marx, Morgan, Engels, Radin, Childe und Redfield annehmen, daß die primitiven Gesellschaften stark auf Demokratie und Gemeinwirtschaft ausgerichtet waren, und außerdem, daß man die Struktur der neolithischen Siedlungsgemeinschaften, die dem Aufkommen der frühesten Zivilisation unmittelbar vorangingen, ähnlich definieren kann. Primitive Sitten und Gebräuche, die sich in so langer Zeit herausgebildet hatten, ließen sich kaum ohne sehr große Widerstände verändern. Der Kampf, der sich daraus zwischen dem Staat – der zivilen Autorität – und der Gesellschaft ergab, die sich aus Sippen oder sippenähnlichen Einheiten zusammensetzte, ist der grundlegende gesellschaftliche Kampf in der Menschheitsgeschichte. Er spiegelt sich immer noch, wenn auch verzerrt, im Lokalpatriotismus und institutionellen Schranken gegen die Zentralgewalt wider.

Ihre Besorgnis darüber, daß sie sich nicht selbst ernähren konnten, scheint im Zusammenhang mit der Erwartung eines derartigen Widerstands das Motiv dafür zu sein, daß die oberen Klassen auf so umfangreiche und komplizierte Art und Weise den unmittelbaren Produzenten ihren Reichtum abpreßten. Aber selbst wenn wir die Notwendigkeit der politischen Umwandlung der Gesellschaft anerkennen, und zustimmen, daß kein Staat überleben konnte, wenn keine von den in Entstehung begriffenen Bauern und Arbeitern geschaffenen »überschüssigen« Güter zur Ernährung der nicht unmittelbar in der Produktion beschäftigten Klassen angeeignet wurden, erklärt dies noch lange nicht die rasch zunehmenden Ungleichheiten in der Vermögensverteilung. Die zunehmende Kluft zwischen Reichen und Armen im Verlauf der Entwicklung der Zivilisation des Altertums konnte weder allein der Knappheit, noch dem Bedarf nach Unterstützung von Spezialisten geschuldet sein, die der Erwerbstätigkeit fernstanden. Sie ergab sich vielmehr aus der zunehmenden Enteignung. Der Abstand zwischen den Klassen war nämlich, wie Marshall Sahlins nachwies, umso größer, je reicher die Gesellschaft und je größer die Vermögenskonzentration an der Spitze war. Auch war die Konzentration von Vermögen im Altertum nicht die Folge einer angeblich rationalen Reinvestition. Der Einsatz dieses Vermögens war nicht nur irrational und führte damit zu einer Inflation der Tautologie der Macht. Die Umverteilung in Form öffentlicher Arbeiten oder Dienstleistungen erweiterte schließlich auch die Kluft zwischen den Klassen mehr, als daß sie sie schloß. Die Dynamik der archaischen Zivilisationen enthüllt die Pathologie des Reichtums – Reichtum als Macht oder Luxus als »Lebensgefühl« – und die Unzulänglichkeiten der Verteilung dieses Reichtums. Um 300 v. Chr. treten im Nahen Osten bereits Rechtfertigungen für den Staat auf, die auch auf den Monopolkapitalismus anwendbar sind. Wie Marx richtig bemerkte, läßt sich der Prozeß der Staatsbildung und der Funktion des Staates über die spezifische Form des jeweiligen Staats hinaus verallgemeinern.

Das entscheidende Problem liegt in der sozio-ökonomischen Ausbeutung und dem damit zusammenhängenden Verlust der kulturellen Schöpferkraft und Selbständigkeit für die große Mehrheit der Menschen. Die auffällige Auspressung von Arbeitern und Bauern war eine Bestätigung der Macht; doch festigte die so bestätigte Macht nicht nur den sozialen Status, sie räumte auch die Ängste über die tatsächliche Machtlosigkeit der Privilegierten aus, die sich daraus ergaben, daß sie die unmittelbare Beherrschung über ihre Umwelt verloren hatten. Die Anhäufung von Reichtum als Selbstzweck, die Antithese zur primitiven Subsistenzwirtschaft, erfolgte daher kompensatorisch, und war ein Zeichen für die Angst vor der Ohnmacht des Menschen, der seine Wurzeln verloren hat. Sie stellt eine Reaktion der Entfremdeten bei ihrem Streben nach Sicherheit dar; und die Manipulation von Menschen tritt an die Stelle der Beherrschung von Sachen. In dem Maße, wie sich die Zivilisation ausdehnt und vertieft, wird der Mensch, sein artspezifisches Dasein, zum Objekt, beherrscht von den Gesetzen des Imperialismus.

Nach Ansicht der deterministischen Evolutionstheoretiker war jedoch die Unterstützung der aufkommenden Handwerker, Soldaten, Bürokraten und Priester durch die Arbeiter und Bauern, die Arbeitsteilung und Klassenspaltung, die angeblich in einem bestimmten Gebiet, das unter dem Druck steigernder Bevölkerungszahlen und schwindender Ressourcen stand, eine höhere Produktivität gewährleistete, rational, wenn sie nicht gar spontan entstand. Es heißt, daß die Spezialisierung der Funktionen das ökonomische Ergebnis maximiert (die politische Frage hierbei ist jedoch immer »für wen«); sie beseitige die mehrdimensionale Funktion der Person in der primitiven neolithischen Gemeinschaft und führe zur Institutionalisierung der Arbeitsteilung, die nicht nur dadurch determiniert, sondern auch sozial erwünscht sei. Die Arbeitsteilung wiederum sorge dafür, daß die nach Klassen strukturierte Gesellschaft nicht ihrer inneren Logik und Kohärenz entbehre. Märkte, Händler, Verwaltungsfachleute seien deshalb erforderlich geworden, weil Eigentum geschützt und geregelt werden und Tauschwerte bestimmt werden mußten; und auf diese Weise würden die Beziehungen gegenseitiger Abhängigkeit zwischen den Produzenten der Basis, der Mittelschicht und den Herrschern in der Struktur des Staats »vervollständigt« (mystifiziert). Der Staat erscheint als die unvermeidliche Summe seiner gesellschaftlichen Teile; seine Ideologie besteht darin, daß er gegenüber den »von Natur aus« differenzierten Einzelbürgern eine Einheit projiziert. Wenn sich der Prozeß der Zivilisation auf diese Weise einfach als ein Anpassungsapparat entfaltet hätte, könnten alle sozialen Ungerechtigkeiten einer unterentwickelten Technik oder der »geometrischen« Bevölkerungszunahme zugeschrieben werden; und im Zusammenhang damit könnten die Knappheit und daher die Konkurrenz um knappe Güter und Dienstleistungen als der Hauptfaktor für die Entwicklung des Staates angesehen werden. Die Knappheit kann sogar als das übergeordnete Prinzip aufgefaßt werden, als eine Existenzbedingung der Menschheit, welche, wenn sie in einem Bereich einmal befriedigt ist, Grund für die Konkurrenz in einem anderen darstellen kann. Die Knappheit wird so nicht als soziales, sondern als natürliches Phänomen aufgefaßt.

Der springende Punkt liegt darin, daß die kapitalistische Gesellschaftsdynamik und die daraus abgeleitete Logik der Knappheit wie die abstrakte Konsumwut (die Kehrseite der Medaille des Wohlstands) in Verbindung mit dem Positivismus der protestantischen Kultur die Dynamik der Zivilisation als in der menschlichen Natur verwurzelt begründet hat. Die menschliche Natur wird als ein System von Reflexen begriffen, das darauf eingestellt ist, Knappheit festzustellen und zu überwinden. Die Gesellschaft, ganz zu schweigen von der Zivilisation, wird von Anfang an als die sichtbare Struktur des Kampfes um das aufgefaßt, was knapp ist – Nahrung, Frauen, Grund und Boden, Rohstoffe, Macht. Erst wenn sich der positivistische Geist unter dem Einfluß von Drogen oder Alkohol abreagiert, ist eine weniger eingeschränkte Sicht der menschlichen Vergangenheit und des menschlichen Potentials möglich, und auch dann sind deren Bilder tendenziell mechanisch, zusammenhangslos und zugegebenermaßen unwirklich. Gewöhnlich jedoch gibt der positivistische Geist die Unwägbarkeiten der Geschichte zugunsten der eng begrenzten Gewißheiten der Evolution auf. Sein Prüfstein ist das Recht, oder wie Tylor es ausdrückte »wenn das Recht irgendwo ist, ist es überall« – und die Zivilisation wird als rationaler Vertrag aufgefaßt, der zwischen Menschen abgeschlossen wurde, die im Vollbesitz ihrer geistigen Fähigkeiten und sich ihrer Beschränkungen bewußt sind. So sieht auch der Kapitalismus den Charakter der Zivilisation, und diese Sicht spiegelt den in 7000 Jahren gewachsenen Mythos des Staates wider. Die Vertreter dieses Mythos werden jedoch selbst bei seiner besten Form, im liberalen Reformrationalismus, die Macht des Staates anrufen, wenn sie sich von der Aussicht auf radikale Veränderungen bedroht sehen. Die kapitalistische Sicht stellt nur eine kleine Abweichung von der aristokratischen Auffassung dar, die die überkommene Klassen- und Berufsstruktur als rationale Einheit auffaßt, jedoch jeden an seinem richtigen Platz sehen möchte. Einige, so scheint es, sind durch Geburt, Begabung, Ausbildung und Fähigkeiten Führer, und andere Gefolgsleute. Wenn die Betonung auf der Begabung liegt, löst sich die aristokratische Begründung für den Staat wie in Platos »Staat« in eine meritokratische Betrachtungsweise auf. Und letztere läuft wiederum immer Gefahr, im Rassismus zu enden, der wiederum das Argument des Geburtsrechts verstärkt und bisweilen genetisch zuspitzt.

Keine dieser Auffassungen trifft zu. Für das Vorhandensein der Zivilisation sind sie jedoch die einzig mögliche Erklärung, wenn wir uns nicht auf das gegensätzliche Vorhandensein primitiver Gesellschaften und auf eine Theorie der Ausbeutung stützen, die sich nur auf letztere gründen läßt. In primitiven Kulturen, schrieb Malinowski, »gibt es keine Reichen und Armen, keine Menschen mit großer Macht; und es gibt auch noch keine Menschen, die unterdrückt sind; keine Arbeitslosen, und keine Unverheirateten.« Und weiter: »Vor dem Aufkommen militärischer Bestrebungen und politischer Macht, die in der Entwicklung des Menschen sehr spät auftreten, gab es keine Besteuerung, keine Konfiszierung von Privateigentum durch Häuptlinge oder andere Stammespotentaten.«

Die Ausbeutung ist daher der verborgene Prozeß, der im Widerspruch zu allen totalitären oder reformistischen Rationalisierungen für die Staatsmacht steht. Jede revolutionäre Theorie beruht auf diesem Zivilisationsprozeß. Insbesondere identifizierte Marx die Ausbeutung als die Aneignung eines Überschusses – ursprünglich, in den frühesten bürgerlichen Gesellschaften, in der unmittelbaren Form von Tribut und Arbeitsleistungen. Ihre moderne, in Geld ausgedrückte und letzte Form ist der Mehrwert – d. h. die Aneignung eines bestimmten Teils der Arbeitskraft des Arbeiters durch den Kapitalisten, die in einem unzulänglichen Lohn zum Ausdruck kommt. In marxistischer Sicht stammen alle »privaten« Profite aus dem Mehrwert, wenn auch die Organe des Staats die alten und direkteren Formen der Expropriation beibehalten haben – Besteuerung, Konskription, Hoheitsrechte, usw. Der springende Punkt dabei ist, daß die Theorie der Aneignung der Mehrproduktion, einschließlich der Aneignung des Mehrwerts, für Revolutionäre die entscheidende Frage ist. Jede Lehre von der Veränderung der Gesellschaft, die dies unterschlägt, reduziert sich auf eine Vermögensumverteilung innerhalb eines bürokratischen Staats, der im wesentlichen als rational und notwendig und, wenn er grausam ist, als zwangsläufig so geartet begriffen wird.

Die Gelegenheit zur Ausbeutung wird verschleiert durch die Betonung der Verpflichtung zum Dienen; der Bürokrat steht angeblich im Dienste der Öffentlichkeit, der Monarch ist der erste Diener seines Staates, usw. Was für die Einheit des Staates vorgebracht wird, ist nichts anderes als eine Mystifizierung der Ausbeutung.

Von Anfang an ergab sich diese conditio sine qua non, die kontinuierliche Hervorbringung eines »Überschusses« zum Unterhalt des Staatsapparats, nicht spontan; sie mußte durch die politische Autorität vermittelt werden. Wie Robert Mc. Adams betonte, liegt in der Produktion von Überschuß keine Eigenlogik. Daß primitive Ackerbauer einen Überschuß erzeugen können, heißt noch lange nicht, daß sie dies tatsächlich tun – oder anders gesagt: die gelegentliche Verwendung eines Überschusses für zeremonielle oder symbolische Zwecke oder solche des Tauschhandels hat eine ganz andere Dimension als die routinemäßige Mehrproduktion eines Überschusses zum Unterhalt anderer Klassen und Berufsgruppen. Diese klassische Problemformulierung ist jedoch unzulänglich. Die Begriffe müssen schärfer gefaßt werden, wenn wir zu einem ansatzweisen Verständnis des Prozesses gelangen wollen. Die Erhebung eines Naturalientributs von örtlichen Gemeinschaften, z. B. im Niltal, kann nicht so verstanden werden, daß sie auf einer Produktionsbasis beruhe, die sich irgendwie aufteilt in einen Abschnitt des »Lebensunterhalts« (zum Unterhalt und zur Reproduktion herkömmlicher Gruppenfunktionen), und einen der »Mehrproduktion« (die für den Steuereintreiber bereitgehalten oder auf andere Art und Weise dem Unterhalt der Nichtproduzenten zugeführt wird). Die Mehrproduktion ist keine abstrakte ökonomische Kategorie. Sie stellt vielmehr den Anteil von Gütern und Dienstleistungen dar, um den der unmittelbare Produzent zum Zweck des Unterhalts anderer Klassen oder Berufsgruppen enteignet wird. Diese Expropriierung jedoch greift unmittelbar in die sogenannte Subsistenzproduktion ein; sie verringert den Anteil des unmittelbaren Produzenten an seinem eigenen Produkt; und sie steht für die Entfremdung seiner Arbeitskraft. Die Subsistenzproduktion unter primitiven Völkern sollte als die ökonomische Anstrengung verstanden werden, die erforderlich ist, um die Gesellschaft insgesamt zu reproduzieren, eine Gesellschaft, an der das Individuum voll und ganz teilhat.

Mit dem Aufkommen des Staates jedoch wird die Produktion mehr oder weniger rasch bis zu dem Punkt hinabgedrückt, wo lediglich die biologischen Funktionen des Ackerbauers innerhalb eines eng begrenzten Rahmens sozialer Funktionen aufrechterhalten werden. Hier handelt es sich um die eigentliche *Subsistenz*produktion, wohingegen der übliche Gebrauch des Terminus in Bezug auf staatenlose Gesellschaften lediglich das Nichtvorhandensein spezialisierten Anbaus für kommerzielle Vermarktung impliziert. Die Auffassung der Mehrproduktion lediglich als einer Produktionszunahme über das hinaus, was zur Reproduktion der traditionalen Gesellschaft einer eingeborenen Bevölkerung erforderlich ist, ist ein von der Politik erfundener ökonomischer Mythos.

Die Trennung nach Berufen und Klassen, die von den Grundproduzenten abhängig ist, vollzieht sich natürlich nicht abrupt. In den frühesten Phasen der Staatenbildung war der Bauer auch ein Handwerker. So galt z. B. im Staat der Ureinwohner von Dahomey als selbstverständlich, daß ein Mann ein Dach decken, eine Mauer hochziehen und ein Feld mähen konnte. Und die meisten Leute in den größeren »Städten« der Yoruba in Westafrika arbeiten auch als Bauern, genau wie viele der Einwohner der größten Gemeinden bei den Sumerern und in Mexiko vor der spanischen Eroberung. Ein »beträchtlicher Anteil« der Einwohner der islamischen Städte im Mittleren Osten waren ebenso Bauern, die Felder in der näheren Umgebung bestellten. Die Expropriation der Arbeitskraft war nämlich ursprünglich ein Prozeß der *relativen* Verarmung; durch die Unreife und relative Schwäche des frühen Staates und durch die daraus folgende Anerkennung des aufkommenden Bauern- Handwerkers als der Quelle allen Reichtums waren ihr Schranken gesetzt.

Die Trennung der Funktion von Bauer und Handwerker wurde durch die unmittelbare Konfiszierung der Arbeitszeit des Handwerkers, ja sogar des Handwerkers selbst durch die Staatsmacht beschleunigt; der Zimmermann oder Töpfer stand buchstäblich »im Dienste Seiner Majestät«. Die Handwerker dürften sich bei der Herstellung militärischer Ausrüstungsgüter weiter spezialisiert haben, und dies wiederum verstärkte die entstehenden Klassenunterschiede. Die wirksamste Unterwerfung des Handwerkers unter die Staatsmacht erfolgte jedoch durch die Prachtentfaltung der Königshöfe mit ihren tausenden von Dienstboten. In Susa belief sich das Palastpersonal in der frühen Periode der dritten Dynastie auf etwa 950 Personen; nach der Einigung Mesopotamiens durch Sargon I. wird jedoch berichtet, daß mehr als 5000 Personen täglich im königlichen Palast aßen.

In dem Maße, wie sich aus dem primitiven Ackerbauer der Bauer entwickelte, differenzierte sich der Handwerker vom Bauern, so daß Handwerker und Bauer auch als getrennte Personen nicht auf denselben Haushalt angewiesen waren. Zur gleichen Zeit ermöglichte der traditionelle Tauschmarkt die Konfiszierung von Gütern durch die Staatsgewalt, und legte somit den Handwerker stärker auf seine Identität als Handwerker fest. Indem der mal hier, mal da beschäftigte Spezialist von Markt zu Markt, von Gruppe zu Gruppe wanderte, und seine Dienstleistungen anbot, um seine Steuern bezahlen und leben zu können, nahm auch seine Bodenständigkeit ab. Entscheidend dabei ist, daß die Arbeitsteilung, genau wie die Produktion eines »Überschusses« von der politischen Macht vermittelt werden mußte; auf diese Weise gehen sowohl die Produzenten als auch die Konsumenten allmählich ihres menschlichen Daseins verlustig. Armut, politischer Zwang und sozialer Abstieg reduzierten das Leben des arbeitenden Menschen auf einen ökonomischen Imperativ, auf die Frage des reinen Lebensunterhalts, und der symbolische Inhalt und die soziale Bedeutung der Arbeit gingen immer weiter zurück. Sogar die Werkzeuge und Gebrauchsgegenstände des täglichen Bedarfs der unteren Klassen, die gewöhnlich von Handwerkern hergestellt werden, die damit ein größeres Angebot von Gebrauchsgegenständen produzieren, lassen sich von den kunsthandwerklichen Gebrauchsgegenständen unterscheiden, welche von Spezialisten hergestellt wurden, die sich auf ein recht enges Fertigungsgebiet konzentrieren konnten. Eine Hausfrau des Berberstammes kann zwar ihre Felle selbst gerben, doch erfordert die Herstellung von marokkanischem Saffianleder in Fes zwanzig aufeinanderfolgende Arbeitsgänge, von denen jeder von einer anderen hochspezialisierten Arbeitsgruppe ausgeführt wird. Im Ergebnis läuft dies darauf hinaus, daß den Armen hochwertige Werkzeuge in zunehmendem Maße entzogen wurden und gleichzeitig ihre ästhetischen und schöpferischen Impulse zurückgingen. Die Auswirkungen dieses Prozesses, der mit der Zivilisation einsetzt, werden verständlich, wenn man sich daran erinnert, daß die ursprünglichen Erfindungen, auf denen die Zivilisation selbst beruhte, das Werk primitiver Ackerbauern des Neolithikums waren. Gleichzeitig stellen die spezialisierten Handwerker, die in Zünfte unterteilt sind und unter dem Kommando des königlichen Hofes stehen, ihre Kunstgegenstände im Rahmen eines Gewerbes anstatt in einer menschlichen Umwelt her, und erfüllen damit eine von außen kommende, spezialisierte und auffallende Nachfrage. Es kann durchaus sein, daß dies zum Aufblühen bestimmter Stilformen führt – »ein Schnitzmeister kann ein Arbeitsstück entwerfen und ihm den letzten Schliff geben« – doch führt es auch zur Langeweile: in dem Maße, wie der Ruhm des Meisters zunimmt, wird der spezialisierte Lehrling oder Geselle gezwungen, die grobe Arbeit mit dem Schnitzmesser auszuführen.

Diese Abwertung des Handwerkerlebens um des Gegenstands willen ist auch im Grunde ökonomisch motiviert, da dadurch wie beim Fließbandverfahren die Kosten gesenkt werden. Die Kostensenkung, die als eine der Begründungen für die Arbeitsteilung herhalten muß, ist jedoch ein politischer und nicht ein eigentlich »ökonomischer« Prozeß. Denn weder stellen die Leistungsfähigkeit und die hohen fachlichen Ansprüche, die angeblich dazugehören, für die Mehrheit der Handwerker eine Belohnung dar, noch gelangen ihre Erzeugnisse in die Hände der Mehrheit der Konsumenten. Durch die Mobilisierung der Handwerker wurde lediglich erreicht, daß deren Erzeugnisse für die oberen Klassen zu den Preisen und Mengen erschwinglich wurden, die diese für gesellschaftlich erwünscht hielten.

Die unteren Klassen mußten zwar einen sozialen Abstieg hinnehmen, und die Handwerker wurden sogar gefangen gehalten, doch waren die nicht arbeitenden Klassen nur in ihrer Einbildung frei – ihre Abhängigkeit von der Arbeit anderer war, wie wir gesehen haben, ein pathologischer Zustand. Gleichzeitig wurde ihre symbolische Lebensführung durch ihre unvollständige und illusionäre Funktion in der Welt deformiert. Diese zunehmende Teilung zwischen Klassen und Berufen und deren daraus folgende Verdinglichung stellt die soziale Grundlage für die menschliche Bewußtseinsspaltung dar, die die Zivilisation institutionalisiert. Die potentielle

Einheitlichkeit der Person bleibt unverwirklicht; nur die Gesellschaft insgesamt scheint einheitlich zu sein, und die Auffassung der Einzelperson als einer Widerspiegelung des Sozialen wird glaubhaft, weil sie die gesellschaftliche Realität widerspiegelt. Der damit zusammenhängende Bruch zwischen Handarbeit und Kopfarbeit, auf den Marx anspielt, ist sowohl Symptom als auch Ursache für die Entfremdung des Menschen von sich selbst, die sich in dem Dualismus von Körper und Geist widerspiegelt, den die Zivilisation beschwört; und dieser wiederum stellt sich im Aufkommen der akademischen Philosophie dar.

Diese Dualität, die die Klassenstruktur und die Arbeitsteilung in Zivilisationen des Altertums widerspiegelt, trat im nordwestlichen Kambodscha in klassischer Form in Erscheinung. Während eines unbestimmten Zeitraums, bis etwa zum Jahre 800 n. u. Z., gab es längs des Mekong eine Anzahl von Gesellschaften, die eben im Begriff waren, zentralisiert zu werden. Beschrieben worden sind sie als »Königreiche mit lockerem Zusammenhang . . . mit Häuptlingen . . . Dörfern . . . (oder) Dorfgemeinschaften.« Innerhalb der autonomen lokalen Gruppen war die Bauernschaft immer noch relativ frei, die Arbeit relativ undifferenziert, und die Autorität relativ traditional. Mit der Entwicklung der »Bewässerungslandwirtschaft« wurden jedoch ein neuer Staat, eine neue Religion und eine neue herrschende Klasse möglich und auch wirklich. In dem Maße, wie die Bewässerung zu mehreren Ernten im Jahr und zu einer höheren Bevölkerungsdichte führte, wurde der Bauer zum einfachen Landarbeiter spezialisiert. Auf dieser Produktionsbasis entwickelte sich ein stark zentralisierter Staat, dessen äußeres Zeichen ein Kaiserkult für den »Gottkönig auf dem Berge« war. Die Festigung der königlichen Autorität war hier wie anderswo ein Widerspruch in sich – je mehr der König zum politischen Fetisch vergegenständlicht wurde, desto mehr war ihm sein Handeln vorgeschrieben und desto machtloser wurde er in Wirklichkeit. Im Vergleich zu den alten Häuptlingen der Dörfer des späten Neolithikums, die dem Aufkommen des Staates vorhergingen, war er machtlos, an die geltende Ordnung gebunden, und nach dem Muster zivilisierter Götter müßig und unerreichbar. In Wirklichkeit wurde der kambodschanische Staat von Aristokraten und Theokraten gelenkt. In dem Maße, wie diese reicher und abgehobener wurden, sanken die Dorfbewohner zu reinen Arbeitstieren herab, und wenn sie in den Inschriften der Priester namentlich erwähnt werden, werden sie als »Hund«, »Katze«, als »schmutzige« und »stinkende Tiere« bezeichnet. In dem Maße, wie die Bevölkerung weiter zunahm, nahm auch die Mehrproduktion zu – d. h. die Konfiszierung der Früchte der lokalen Arbeit –, während das gemeine Volk, das nicht in der Lage war, sein traditionales soziales Leben zu reproduzieren, »in noch größeres Elend stürzte.« Und währenddessen »leuchteten die riesigen Dämme im Sonnenlicht«, und »Reisfeld nach Reisfeld« erstreckten sich »bis zum Horizont.« Im selben Maße, wie die örtlichen Gemeinschaften immer mehr an Kunst und Kunsthandwerk verloren, erhoben sich immer größere und schönere Tempel und legten Zeugnis von den Fähigkeiten der Handwerker ab. Angkor Wat war und ist der materielle Beweis für die unerhörte Entfremdung eines ganzen Volkes. Die es bauten und die mit ihrer Arbeit für seinen Bau bezahlten, planten weder das Endprodukt, noch beherrschten sie es; die Tempel von Angkor Wat erhoben sich riesenhaft über ein unterdrücktes Bauernvolk, und in dem, was von der Dorfgemeinschaft übrig geblieben war, hatten sie keinen Platz. Die herrschende Minderheit manipulierte die Bedeutung dieser Monumente zu Machtsymbolen. Und für die Handwerker waren diese Monumente nicht mehr ihre Arbeit, Ausdruck ihres Menschseins, sondern lediglich Gebäude, zu deren Errichtung sie unter Zwang ihre Arbeitskraft beitragen mußten.

Solche zeremoniellen Zentren der Macht und Tributpflichtigkeit waren natürlich im Altertum weit verbreitet. Die Verwaltungsfachleute, Soldaten, Feudalherren und Handwerker, die das traditionelle chinesische Verwaltungszentrum Ch'eng bevölkerten, bezogen ihren Unterhalt aus Tributen, Pacht oder Steuern, die der Bauernschaft des Hinterlandes abgepreßt wurden. Im Tal von Mexiko war Tenochtitlán das Zentrum jährlicher Tributzahlung in Luxusgütern aller Art, Kleidungsstücken und über 50000 Tonnen Nahrungsmitteln, die die Stadt auf den Schultern von Trägern erreichten. Der aufgeblähte Reichtum des römischen Imperiums oder der mongolischen Hauptstadt Karakorum beruhte auf ähnlichen Grundlagen. In jedem dieser Fälle war der Monarch in der Lage, in regelmäßigen Zeitabständen einen bestimmten Teil dieses Tributs an die Einwohner der Hauptstadt umzuverteilen. Dies bewirkte den klassischen Imperiumseffekt, die Beherrschten in der Hauptstadt durch eine Interessengemeinschaft an den Herrscher zu binden. Mit Marx müssen wir uns jedoch in Erinnerung rufen, daß die Menschen in dem Umfang, wie sie gesellschaftlich determiniert sind, Agenten der Geschichte sind, die keine eigene Verantwortung haben. Zur revolutionären Perspektive, ganz zu schweigen von den Imperativen der revolutionären Situation, gehört nicht die moralische Verurteilung. Eine moralische Bewertung schließt dies jedoch nicht aus.

Es ist z. B. sehr wahrscheinlich, daß die Bauern und Arbeiter des Altertums an ihrer eigenen Ausbeutung mitwirkten. Wenn erst einmal die Struktur der ursprünglichen Gemeinschaft geschwächt oder verwandelt worden war, könnte das reine Bedürfnis, Leib und Seele zusammenzuhalten, den häuslichen Verpflichtungen nachkommen, mit dem polizeilichen und militärischen Zwang fertig zu werden, im Zusammenhang mit der Hoffnung auf individuelle Belohnungen, mit der Mystifikation durch die Priester und mit anderen bekannten Faktoren sehr wohl dazu gedient haben, die Menschen davon abzuhalten, nach ihren im eigentlichen Sinne menschlichen Interessen zu handeln oder auch diese nur zu erkennen. Rebellionen konnte dies natürlich nicht verhindern. Andererseits bewahrten sich die lokalen Gruppen, die die Mittel zum Erhalt des Staates produzierten, so viel Autonomie, um das System lebensfähig zu machen; die Oligarchien von Priestern, Militärs und Bürokraten konnten nicht die Grundlagen ihres Lebensunterhalts zerstören, ohne sich selbst zu vernichten. Der Staat erlaubte also, wo er nicht befehlen konnte. In dem Maße, wie sich die Zivilisation fortentwickelt, erlaubt die zentrale Autorität weniger und befiehlt mehr, der Staat wird mehr und nicht weniger totalitär.

Wir müssen den Schluß ziehen, daß die Entwicklung der frühen Zivilisationen als Mittel der Unterdrückung nicht das Ergebnis irgendeines Imperativs der Umwelt oder Technik war, sondern ein Ergebnis der neuen Machtmöglichkeiten, die zu pflegen und zu legitimieren Menschen in bestimmten Positionen für nötig hielten. Wie Starobinski bemerkte, wurde die Idee der Freiheit als einer Chance des Menschen erst in der französischen Revolution erfunden. »Wiedererfunden« trifft die Sache besser, denn wie Boas und Marx bemerken, existiert die Freiheit als Begriff unter primitiven Völkern nicht, weil die Gesellschaft nicht als unterdrückend wahrgenommen wird. Die Ausbeutung ist genauso wie die Vorstellung der Freiheit eine komplexe sozial-ökonomisch-psychologische Erfindung, die sich mit der Zivilisation selber ausbreitet. In diesem Sinne sind die hervorstechenden Ungleichheitsaspekte der Zivilisation zufällig und nicht vorherbestimmt. Diese Ansicht setzt natürlich allerhand über die menschliche Natur voraus – in der Hauptsache jedenfalls, daß manche Menschen, wenn sie die Chance dazu haben und von einem bestimmten Bedürfnis getrieben sind, ihren Profit anhäufen und nach einer illusorischen Freiheit streben, die auf der Ausübung der Macht auf Kosten anderer beruht. In Wirklichkeit natürlich sind sie an diejenigen gekettet, die sie ausbeuten. Andererseits gibt es genügend historische Belege dafür, daß die überwältigende Mehrheit der Menschen der politischen Macht als solcher stets mißtrauisch und ablehnend gegenüberstand. Die einzelnen Gesellschaften, in denen alle Mitglieder mitbestimmen, sind die primitiven; sie weisen keine ausgeformten politischen Strukturen und infolgedessen keine Ausbeutung im grundlegenden, zivilisierten Sinne des Begriffes auf. Ganz gleich, was sich sonst über Menschen als politische Wesen sagen läßt, es ist offensichtlich, daß die Mehrheit die Ausübung politischer Macht entweder als bedeutungslos für ihre Alltagsbedürfnisse oder als diesen abträglich angesehen hat.

Wir haben indessen keine Möglichkeit, in Erfahrung zu bringen, wie viele gescheiterte Aufstände von Sklaven oder Bauern unternommen wurden, die durch Steuern und Frondienste zur Verzweiflung gebracht wurden, oder von Handwerkern, die Zwangsarbeit für die herrschende Klasse in den Zivilisationen des Altertums verrichten mußten. Allerdings ist z. B. bekannt, daß in Polynesien während der ersten Ansätze zur Staatsbildung, als die großen Häuptlinge die Verteilung der Güter der Gemeinschaft in Übereinstimmung mit Sitte und Überlieferung einstellten, örtliche Aufstände die Folge waren. Im alten China lebten viele Landbesitzer in ummauerten Städten, weil deren Garnisonen ein Mittel der Verteidigung gegen Bauernaufstände waren. Und es gibt ein seltenes ägyptisches Dokument etwa aus dem Jahre 2000 v. u. Z. – »Die Geschichte des klagenden Bauern« – in der das erpresserische Verhalten der Bürokraten angegriffen wird. Ein anderes erhaltenes Dokument, das einige Jahrhunderte später datiert, ist ein Brief von einem Vater an seinen Sohn, in dem der Empfänger mit größter Eindringlichkeit beschworen wird, Schreiber zu werden, um auf diese Weise dem entehrten Leben eines Handarbeiters oder Bauern zu entgehen.

Fünftausend Jahre lang haben die Bauern rebelliert, indem sie die Auflagen der Zentralgewalt umgingen oder deren Vertreter unmittelbar angriffen. Erst in unserem Jahrhundert jedoch sind die Bauern zu einer revolutionären Kraft geworden. Im Westen sind die Bauern mit dem Aufkommen von Handel und Industrie gesellschaftlich als Klasse aufgelöst worden. Der Bevölkerungsanteil auf dem Land nahm konstant ab – so leben z. B. in den Vereinigten Staaten und in Großbritannien heute nur etwa 4% der Bevölkerung auf dem Land – und die verbleibenden sind natürlich keine Pachtbauern, sondern Wanderarbeiter, Vollbauern oder Arbeiter in landwirtschaftlichen Genossenschaften. Daher hat sich hier das Problem des Bauern als solchem gelöst, wenn auch in einem kapitalistischen Rahmen. Für andere Länder gilt dies jedoch nicht. Die Prozesse der Verstädterung und Industrialisierung, im Verlaufe des revolutionären Aufstiegs der Bourgeoisie führten in den meisten Ländern Europas zu einer raschen Reduzierung der Bauernschaft. An ihre Stelle traten Bauern, die für den Markt produzierten, während das Land durch die neue Technik zu einem Anhängsel der Großstadt wurde. Eine solche Entwicklung ist in den alten Agrarländern in Afrika, Asien, Lateinamerika oder im Nahen und Mittleren Osten nicht eingetreten. In diesen Ländern stellen die Bauern, die in manchen Gebieten zum ländlichen Proletariat herabgestuft worden sind, entweder ein Unruhepotential dar oder sie sind bereits revolutionär. Die Tatsache, daß sie neue ländliche Organisationsformen finden, ihr Verhältnis zu den nationalstaatlichen Institutionen und zur Bevölkerung der Städte sowie ihr gegenwärtiges und potentielles politisches Gewicht sind von entscheidender Bedeutung für jede Zukunftsvorstellung im Weltmaßstab. Im Gegensatz zur Bauernschaft des Abendlands, die »sich selbst vernichtete«, ist nicht zu erwarten, daß die vorhandenen Bauernschaften im größten Teil der Welt an sozialer und ökonomischer Abnutzung eingehen werden. Ihre unerträglichen Lebensbedingungen, die sich seit dem späten Neolithikum ständig verschlechtert haben, und ihr Selbstbewußtsein werden nicht hinhalten, bis die blinden Prozesse der Verstädterung und Industrialisierung eintreten, die in Europa die Umrisse der Gesellschaft und die Demographie veränderten. Diese Bauern sind da; sie machen den größten Teil der Weltbevölkerung aus, die Verbindung zwischen archaischen und modernen Zivilisationen. Es sind die Armen, die in dem Maße, wie der Westen immer reicher wird, sowohl auf nationaler Ebene als auch im internationalen Maßstab immer ärmer werden.[1]

Die Problematik des Bauern ist sehr vielseitig. Er hängt zwischen einem primitiven Subsistenzanbau und einer Marktwirtschaft in der Luft. Selbst in sogenannten »geschlossenen« Bauerngesellschaften innerhalb eines größeren Staatsverbands – wie in Teilen von Bolivien – hemmt das relative Fehlen von Vermarktungsmöglichkeiten keineswegs unmittelbare oder mittelbare politische oder religiöse Bindungen an irgendeine etablierte Macht. Im großen und ganzen ist es jedoch der Zugang zum nationalen Markt, der das Paradigma für die Verbindung der Bauern zu dem größeren und politisch organisierten nationalen Zentrum ergibt. Das heißt, daß die Bauernschaft, wie eine Anzahl von Theoretikern behauptet hat, eine »Teilkultur« darstellt; eine Gesellschaft, die historisch gesehen die Kraft zur Selbstregenerierung verloren hat. Wie wir bereits bemerkten, haben sich die Pachtbauern typischerweise in »archaischen« Zivilisationen des einen oder anderen Typs entwickelt und darin eine Funktion gehabt. Ihr freiwilliger Anschluß an das Machtzentrum ist stets ohne Bedeutung gewesen. Wie in der russischen Dorfgemeinde vor der Revolution gab es keine straffe Machtausübung durch den Staat, sondern es wurde eher ein Tribut in Naturalien oder Dienstleistungen über die Vermittlung eines indikreten Gemeindeführers geleistet. Die Bauern im aufstrebenden Teil der Welt und insbesondere in Afrika sind mit dem Staat nicht im positiven Sinne eng verbunden. Derartige Bauernschaften haben sich als Folge des Zusammenbruchs der archaischen politischen Gesellschaften vor dem Ansturm des Kolonialismus entwickelt, oder aber aus der Gefangenschaft primitiver Völker in modernen Marktstrukturen und neuen politischen Zusammenhängen. Die Bauern sind nämlich in ihrer revolutionären Ausdauer und Bewegung durch ihr traditionelles Mißtrauen gegenüber politischen und ökonomischen Verpflichtungen nach außen behindert. Wenn außerdem der Bauer zu einer annehmbaren Übereinkunft mit einer außenstehenden Autorität gelangen kann, ist der Verlauf dieser Übereinkunft tendenziell durch Rückkopplung verstärkt – wie z. B. im nördlichen Nigeria – und eine

[1] Die ökonomischen Widersprüche sind natürlich wohlbekannt und in zahlreichen Arbeiten behandelt worden.

revolutionäre Betätigung kann sogar eher als Gefahr denn als Hoffnung betrachtet werden. Im Grunde werden Bauern stärker ausgebeutet, als sie selbst ausbeuten. Hier handelt es sich um eine sozialpsychologische und politische Tatsache, die tendenziell im Widerspruch zu einer revolutionären Initiative von Seiten der Bauern steht oder diese zumindest schwierig macht. Die Bauernschaften arbeiten unmittelbar auf ihrem Grund und Boden, bauen für ihre eigene Subsistenz an, sind typischerweise bei ihrem Bemühen, einen anständigen Preis für den Verkauf ihrer Ernte zu erzielen, den städtischen Märkten auf Gnade oder Ungnade ausgeliefert. In Bezug auf Arbeitszeit und den Zugang zu den Gütern des gehobenen Bedarfs können die Familienmitglieder zwar »ausgebeutet« sein, doch wird ein Großteil der unmittelbaren Spannungen durch kooperative Regelungen innerhalb der Familie und zwischen Familien aufgehoben.

In Anbetracht dieser allgemeinen Merkmale der Bauernschaft ist es verständlich, daß ihr Bild vom revolutionären Wandel sich nicht mit dem des städtischen Arbeiters, des Liberalen des Mittelstands oder des traditionellen revolutionären Theoretikers deckt. Der Bauer wünscht sich in erster Linie eine ausreichende Anbaufläche, niedrige Steuern, minimale staatliche Eingriffe in sein Netz lokaler Zusammenschlüsse, und einen anständigen Preis für seine Produkte. Der Bauer, der motiviert genug war, sich aus seinem Zustand unerträglicher Ausbeutung zu befreien, dürfte seine revolutionäre Betätigung einstellen, sobald er die eben erwähnten Ziele erreicht hat. Andererseits hat sich der Bauer dort, wo entweder eine gesellschaftlich bedingte Knappheit von Ressourcen oder ein neuer Überfluß die Möglichkeit einer sozio-ökonomischen Schichtung innerhalb einer bereits wirtschaftlich unterdrückten zivilisierten Bauernschaft eröffnet, als durchaus fähig erwiesen, im ersteren Fall landlose Mitbürger auszubeuten, und im zweiten Fall zahlreiche Besitztitel zusammenzuraffen, um so die Stellung eines kleineren Großgrundbesitzers zu erreichen. Auf jeden Fall trifft die Verallgemeinerung, daß der Bauer »gewöhnlich« unmittelbar den Boden bearbeitet und niemand auf Dauer ausbeutet, immer noch zu.

Daher ist die Schlußfolgerung zu ziehen, daß der Bauer zu einer zusammenhängengenden und zweckgerichteten revolutionären Tätigkeit durch Kader (einschließlich Bauern) angeleitet werden muß, die aus drei Gründen eine Gesamtsicht der sich herausbildenden gesellschaftlichen Verhältnisse für sich in Anspruch nehmen können: Erstens infolge der unzulänglichen Identifizierung der Bauernschaft mit einem nationalen Zentrum; zweitens und paradoxerweise infolge der konservativen Neigungen, die die Bauernschaft hat, sobald sie zu irgendeinem modus vivendi mit dem Zentrum gelangt ist; und drittens infolge des unvollständigen Charakters der revolutionären Ziele der Bauern. In jedem Falle muß der Bauer des Westens als gesellschaftlicher Typus, der im Westen untergegangen ist, infolge der Dialektik der revolutionären Entwicklung die Bereitschaft entwickeln, selbst eine Wandlung im Sinne der aufkommenden Welt durchzumachen. Das Landleben muß in der einen oder anderen Form weiter bestehen; die Agrarproduktion bleibt natürlich überaus wichtig, doch der Bauer, so wie er traditionell definiert ist, fällt dieser Entwicklung schließlich zum Opfer. An seiner Stelle entwickeln sich Kommunen, Staatsdomänen und Kollektive. Viele Bauern wandern vorübergehend oder endgültig in die Städte ab, und das bäuerliche Leben wird durch ständigen revolutionären Druck verwandelt, ohne Rücksicht darauf, welche überlieferten Formen es hatte. Alle diese Paradoxe und historischen Gewachsenheiten stehen dort einer nationalen und/oder sozialistischen Revolution im Wege, wo die Mehrzahl der Bevölkerung im Bauernstand verharrt, sich an reformistische Vorstellungen über ihre eigenen Interessen als Bauern klammert und der tatsächlichen und möglichen weiteren Ausbeutung traditionell wachsam gegenübersteht.

Ebenso bemerkt werden sollte aber auch, daß Vertreibungen im großen Umfang auf dem Land infolge von Kriegen und der Anwesenheit einer fremden Militärgewalt einen Widerstand der heutigen Bauern auslösen kann – der zuerst nationalen und dann sozialistischen Charakter hat, wie z. B. in China und Vietnam. Genau hieran läßt sich jedoch die Zwiespältigkeit des Bauern messen: er stellt das revolutionäre Potential dar, bleibt jedoch das Zentralproblem der Revolution.

Die Umwandlung eines primitiven Volks in eine archaische Bauernschaft ist daher ein Prozeß, der so alt ist wie der Staat selbst, doch er beschränkt sie sich nicht auf die großen Ursprungszivilisationen. Er läßt sich z. B. auch im englischen Staat nachweisen, wie sich dieser in der späten angelsächsischen Periode herauszubilden begann. Mit der weltweiten Hegemonie der modernen europäischen Zivilisation wurde das Geschäft der Staatsbildung einschließlich der Integration von Eingeborenenvölkern derart durch ausländische Imperialisten monopolisiert und durch die moderne Technik und die Erfordernisse des Markts beschleunigt, daß sich der Charakter der inneren Dynamik gewandelt hat. In den frühesten Zivilisationen dürfte die Entwicklung der Bauernschaft von einem primitiven Ursprung aus eine lange und komplizierte Angelegenheit gewesen sein, da es sich dabei nur um einen Aspekt der Entwicklung bisher nicht vorhandener politischer und ökonomischer Institutionen handelte – von Klassenstrukturen, Handelsmärkten, einer zentralisierten Regierung und einer »komplizierteren und effizienteren« Arbeitsteilung. Im Gegensatz dazu hat der moderne Imperialismus selbstgenügsame primitive oder unterdrückte Bauern in Afrika oder Ostasien in Bauern verwandelt, die für den Export produzieren. Die in der Hauptstadt angesiedelte Macht zwingt die Menschen, auf Plantagen und in Bergwerken zu arbeiten, und Straßen zu bauen, um die Hauptstadt mit Häfen zu verbinden, die sich zu Städten entwickeln; zur gleichen Zeit werden die vorindustriellen Städte der archaischen Zivilisation wie z. B. Ibadan in Westnigeria von modernen Strukturen durchdrungen.

Die Zwangsarbeit in einer Vielzahl von Formen ist ein allgemein verbreitetes Phänomen des Kolonialismus. Hauptsächlich jedoch ist es die Steuererhebung, mit der die imperialistische Macht den Eingeborenen neue Wege vorschreibt, sich Bargeld zu verdienen, und ihn dadurch zum Ackerbau für den Export oder zur Lohnarbeit in europäischen Einrichtungen zwingt und ihn auf diese Weise an den Markt bindet. Die Rollen des Eingeborenen als eines Händlers und Konsumenten, der auf künstlich erzeugte Bedürfnisse reagiert, verstärken sich wechselseitig. Im Einklang damit stimuliert der moderne Imperialismus unter Einschluß des Kolonialismus eine Reaktion, die die imperialistische Machtstruktur selbst widerspiegelt. Die Völker des ausgebeuteten Gebiets werden in eine losgelöste Masse oder in ein Proletariat verwandelt, das letztendlich nur mit der Hauptstadt in Verbindung steht. Wenn die modernen Imperien politischen Gemeinschaften, die sie willkürlich in Kolonialgebieten gebildet haben, »die Unabhängigkeit verleihen«, ergibt sich daraus logisch, daß die Erben der Macht mehr oder weniger freundliche Gegenspieler der abdankenden Herrscher sind und die bilateralen Beziehungen auf vielerlei Weise beibehalten werden. Die Voraussetzungen der Unabhängigkeit können nur im Verlauf eines nationalen Befreiungskriegs begriffen werden, der gleichzeitig ein ethnisch-genetischer Kampf ist, der Kampf um die Gestaltung einer Nation, der die Energien aller Schichten des Volks in Anspruch nimmt. Es ist zwar eine Binsenwahrheit, daß die Unabhängigkeit nicht gewährt werden kann, sondern verdient werden muß, doch ist es genauso einleuchtend daß die Aggressoren in nationalen Befreiungskriegen unvermeidlich die Kolonialmächte und ihre eingeborenen Vertreter sind. Daher dürfte es offensichtlich sein, weshalb die zwei größeren Revolutionen des zwanzigsten Jahrhunderts nicht in konventionell definierten Kolonialgebieten stattfanden, sondern in einer archaischen Zivilisation (China) und in einem überlebten europäischen Staatsverband (Rußland). Es hat den Anschein, daß die Reaktion umso weniger revolutionär ist, je unmittelbarer und gründlicher der Kolonialismus erfahren wurde. Rußland, das einem unmittelbaren Einfluß des Westens ausgesetzt war, wurde einem allgemeinen europäischen Modell entsprechend modernisiert und bewegt sich daher darauf zu.[2] China, eine Zivilisation mit größerer Autonomie, Kontinuität und Tiefe, erzeugt neue Formen

[2] Das Beispiel Rußland ist ein Musterfall für die Ergebnisse einer erzwungenen Modernisierung in riesigem Umfang. Die Parteieliten schufen eine neue Gesellschaft – und eine moderne Arbeiterklasse – und wurden dann zu deren Propheten. Die Sowjetunion dürfte nun für eine sozialistische Revolution reif sein.

des gesellschaftlichen Lebens – die mit dem Geist der Vergangenheit in dialektischer Beziehung stehen, sich jedoch nicht zu eng an die Vergangenheit anlehnen.

Die Chinesen, die eine lange und ungebrochene Erfahrung mit der Zivilisation haben, machen zur Zeit den Versuch, das Wachstum der Bürokratie auszuschalten, das Bildungswesen zu entmystifizieren, und die Stadt mit dem Land, die Kopfarbeit mit der Handarbeit zu verbinden – um das Entstehen neuer Klassen zu verhindern. Bei der langsamen und fleißigen Verbesserung ihres allgemeinen Lebensstandards vermeiden sie außerdem auch eine künstliche Konsumhaltung und die üble Zurschaustellung und Verwendung von Reichtum, die in der westlichen Gesellschaft ererbtes Lebensziel und Antrieb ist. In China ist eine oberflächlich moderne, im Grunde jedoch archaische Bauernzivilisation im Begriff, sich in ein sozialistisches Gemeinwesen zu verwandeln. Die Folgen dieses Prozesses für eine dialektische Evolution im Gegensatz zu einer einseitigen Modernisierung liegen auf der Hand. Die Chinesen wissen nämlich, daß keine Zentralmacht, sei es im Altertum oder heute, je über die chinesische Bauernschaft insgesamt und über ihr Territorium geherrscht hat. Der Kernbereich der chinesischen Zivilisation lag innerhalb des großen Bogens des Huang Ho – und der traditionelle chinesische Staat hat immer nach mehr gegriffen, als er im Griff behalten konnte. Dies gilt für alle Zivilisationen des Alterums (so reichte z. B. die indische nicht weit über das Industal hinaus). Die Chinesen scheinen jedoch diese Frage sowohl als revolutionäres Problem als auch als antibürokratische Chance anzugehen.

Die Zivilisation hat sich also in zwei Hauptphasen im Altertum und in der Neuzeit entwickelt. Die Staatsgebilde des Altertums in China, Ägypten, Babylonien und Indien beruhten, sowohl was ihren unmittelbaren beschränkten Einzugsbereich als auch was ihre Satelliten und die Staaten angeht, die daraus später entstanden, auf der Bauernschaft und entwickelten sich sehr langsam. Diese älteren Zivilisationen sind aber insofern primär, als sie der ursprüngliche Ort für die einfachste Gesellschaftsumwandlung waren. Der imperiale Expansionsdrang dieser Kernzivilisationen regte fast überall in der von Ureinwohnern besiedelten Welt außerhalb dieser Staaten trotz mancher Variationen in der Machart und Unterschieden der Größenordnung die Staatsbildung an. Die klassischen Zivilisationen Griechenlands und Roms, die Vorläufer der abendländischen Zivilisation, sind selbst die Erben der Kulturen im Nahen Osten. Also müssen wir unser Hauptaugenmerk auf den tatsächlichen Verlauf der Geschichte richten, und nicht bloß auf logische, abstrakte und vorbestimmte Entwicklungsabschnitte. Bevor die Geschichte zum Schicksal des Menschen wurde, war sie dem Willen der Menschen unterworfen, und die abstraktesten und abscheulichsten Verbrechen werden stets im Namen der Menschheit begangen. In der Zivilisation ist den Angehörigen der antagonistischen Klassen ein zunehmend falsches Bewußtsein gemeinsam, das sich bis zu dem Augenblick hält, wo sie die Vorstellung der Unvermeidlichkeit und Gottgewolltheit ihrer jeweiligen Positionen ablehnen, ohne Rücksicht darauf, wie weit diese begründet oder sanktioniert sind.

In ihrer imperialistischen Phase dringt die politisch dynamische Zivilisation der Neuzeit in die statischen Zivilisationen der Antike ein. Die erstarrten politischen Konflikte zwischen den traditionellen örtlichen Gruppierungen und den antiken Zentren werden in zunehmendem Maße durch neue umfassende Bewegungen der Anpassung an die Neuzeit verdrängt. Diese »Modernisierung« beschränkt sich zum größten Teil auf die Entstehung der neuen Mittelschicht, die sich aus Verwaltungsfachleuten, Intellektuellen, Managern und Geschäftsleuten zusammensetzt. Gleichzeitig verschlechtern sich die Lebensumstände der Bauern und der Besitzlosen in den Städten. Der Kreis der Zivilisation schließt sich also in der imperialistischen Periode der Neuzeit, zu dem Zeitpunkt, als die Engländer Indien besetzen und Ägypten zum »Schutzgebiet« erklären; die Franzosen den Libanon annektieren usw. Die Europäer schließlich, die Amerika »entdecken« und dorthin auswandern, rotten die Ureinwohner dort ungeniert aus. Diese Primitiven zu Bauern zu machen, war nicht mehr möglich, weil es sich insbesondere in Nordamerika um eine Konfrontation von Primitiven mit einer Agrar- und Industriegesellschaft handelt. Auch in Mittel- und Südamerika werden die primitiven Völker dezimiert und es überleben lediglich die Bauern, die in der mexikanischen Senke und unter den Inkas das Land bestellten, aber sogar diese werden Plantagenarbeiter, Leibeigene und Peones. Die sich ausbreitende Zivilisation drängt die verbleibenden primitiven Völker zunehmend an den Rand, nicht nur geographisch, sondern auch kulturell. Sie stellen nicht mehr das Rohmaterial für den Prozeß der Staatsbildung dar. Sie sind überflüssig und werden daher ausgerottet, wenn sie nicht umerzogen werden können. Die Bedingungen ihrer Umerziehung werden im Namen der Zivilisation von den imperialistischen Mächten und ihren Agenten diktiert.

Primitive Völker sind von der Zivilisation fasziniert, abgestoßen, erobert, verwaltet und dezimiert worden, sie haben sich jedoch kaum jemals freiwillig dafür entschieden, sich selbst zu zivilisieren. Rousseau hatte dies in der Mitte des achtzehnten Jahrhunderts sehr wohl begriffen:

> Es ist eine außerordentlich bemerkenswerte Sache, daß die Europäer nach den vielen Jahren der Bemühung, die Wilden verschiedener Gegenden der Welt zu ihrer Lebensweise zu bekehren, nicht einen einzigen gewinnen konnten, selbst nicht dank des Christentums. Wohl machen unsere Missionare oftmals Christen aus ihnen, aber niemals zivilisierte Menschen. Nichts kann den unbesiegbaren Widerstand überwinden, den sie gegen die Annahme unserer Sitten und unserer Lebensweise haben.

Wenn diese armen Wilden so unglücklich sind, wie man vorgibt, aus welcher unbegreiflichen Verderbnis des Urteils weigern sie sich dann beharrlich, sich nach unserem Vorbild zu kultivieren oder unter uns glücklich leben zu lernen? Wo doch Franzosen und andere Europäer, wie man allenthalben liest, sich freiwillig unter diese Völker geflüchtet und bei ihnen ihr ganzes Leben verbracht haben, ohne solch eine fremde Lebensart wieder aufgeben zu können . . . (Rousseau 1955, 209).

Trotz alledem versteifen wir uns darauf, die Zivilisation als fortschrittlich zu definieren. Wenn dies der Fall ist, ergibt sich daraus, daß das Hauptmittel der Ausbreitung der Zivilisation – der Imperialismus – letztendlich ebenso fortschrittlich ist. Diese Meinung ist sowohl von Reaktionären als auch von Radikalen vertreten worden. Ein britischer Gouverneur von Nigeria als Beispiel für die reaktionäre Argumentation kann durchaus einräumen, daß England zunächst überhaupt kein Recht hatte, sich in Afrika niederzulassen, daß die Regierung aber, nachdem dies einmal geschehen war, angeblich eine bestimmte Verantwortung übernommen hatte, und dieser Verantwortung bestens gerecht wurde. »Zugegebenermaßen unter Gewaltanwendung« ist eine gute Regierung und Verwaltung an die Stelle der Tyrannei gesetzt worden, Menschenopfer und Sklaverei waren abgeschafft und materieller Wohlstand für das Land gewährleistet worden. »Unter der Pax Brittannica ist das Land reich geworden.« Wie wir erfahren, wurde dies erreicht, »ohne jeden Versuch, Nigeria alle die zweifelhaften Vorzüge der modernen Zivilisation aufzudrängen . . . Jedem Stamm wurde erlaubt, diejenigen seiner Sitten und Vorstellungen beizubehalten, die der natürlichen Gerechtigkeit und Menschlichkeit nicht zuwiderlaufen, ja er wurde sogar darin bestärkt.« Eingeräumt wird jedoch, daß »die noch schrecklichere Angst vor dem Übernatürlichen immer noch vorhanden ist und bleiben wird, bis der Aberglaube durch Christentum und Bildung ausgetrieben worden ist.« Die Argumente zugunsten des Imperialismus sind immer falsch, widersprüchlich oder irrelevant, und haben, wie der Fall des Kriegs zwischen Nigeria und Biafra enthüllt, keinerlei Vorhersagewert. Es fällt leichter, den treuherzigen Rechtfertigungen des Imperialismus Glauben zu schenken, als sie zu bezweifeln, denn dies würde bedeuten, die Grundannahmen der westlichen Kultur in Frage zu stellen, und damit stünde die Bedeutung der Zivilisation auf dem Spiel.

Wenn wir uns speziell mit Nigeria beschäftigen (dem klassischen Fall einer Kolonie), so stellen wir fest, daß das Land in erster Linie die Erfindung einer Kolonialmacht war, die nach Handel, Märkten und geopolitischen Vorteilen strebte. Bei einer Bewertung von Nigeria begutachtet der Kolonialist sein eigenes Werk. Es ist kaum zu erwarten, daß das Urteil negativ ausfällt. Das Spiegelbild erklärt auch die Leiden der Entkolonialisierung; die Kolonie ist nicht nur ein Profitunternehmen, sie stellt auch die imperialistische Kultur auf die Probe und entlarvt sie. Die Investitionen erfolgen nicht nur in Öl, Nickel, Zinn und einem günstigen Markt, sondern auch in Sprache, Kulturstil, einer Interpretation der Geschichte und einer zivilisatorischen Mission, in der Ideologie und ökonomische Interessen eine enge Verbindung eingehen. Der Imperialismus ist unter anderem auch eine komplizierte Übung in kulturellem Narzißmus. Die Oberschichten im imperialistischen Zentrum sehen sich dazu veranlaßt, um ihre Macht und ihr Selbstbild zu bewahren. Dies ist ein Grund dafür, weshalb Kolonien auch dann nicht aufgegeben wurden, wenn sie für die Regierung des imperialistischen Zentrums ein Zuschußobjekt zu sein schienen. Eine Niederlage in den Kolonien wird als Symbol für innenpolitisches Versagen wahrgenommen, was zu Unruhe der unteren Klassen im eigenen Land führen könnte.

Ich habe jedoch keineswegs die Absicht, die offensichtlichen ökonomischen Gründe unterzubewerten. Eine Kolonie ist ein Stück Grundbesitz, und Grundbesitz braucht nicht unbedingt stets gleichbleibende Rendite zu bringen. Gehalten werden kann er auch aus Gründen zukünftigen Bedarfs oder Profitmöglichkeiten. Ein angebliches staatliches Defizit in bezug auf die Kolonie wird mehr als ausgeglichen durch die Profite, die Handels- oder Bergwerksgesellschaften oder multinationale Gesellschaften wie die United Africa Company machen – ganz zu schweigen von den persönlichen Profit- und Prestigechancen, die die Kolonie für Bürger des imperialistischen Zentrums bietet. Außerdem schaffen Imperialismus und Kolonialismus Abhängigkeiten und hemmen damit die Entwicklung gesellschaftlicher Alternativen in den beherrschten Gebieten. Dadurch werden sowohl die ökonomischen Interessen als auch die Lebensart innerhalb des imperialistischen Bereichs gegen Konkurrenz abgeschirmt.

Die Gleichsetzung von »Zivilisation-Imperialismus« und »Fortschritt-Wohlstand« funktioniert auch aus anderen Gründen nicht. Es gibt keine Möglichkeit, wie wir im Vergleich zu uns das Wohlergehen von Eingeborenengesellschaften messen wollen, die nicht als kapitalistische oder vorkapitalistische Staaten organisiert sind. Wie wäre z. B. »Knappheit« zu messen? Selbst wenn dies möglich wäre, ist der »Wohlstand« der Bevölkerung des besetzten Landes eine Illusion. Es wird z. B. gesagt, wenn auch nicht verstanden, daß Nigeria, nachdem es erst einmal geschaffen war, sich im Sinne und zum Nutzen Englands entwickelte. Doch konnte sich innerhalb Nigerias selbst nur eine Elite tatsächlich »verbessern«, und diese war von ihrem eigenen Volk abgeschnitten. Diese Elite hatte zwei Schichten: zum einen Teil bestand sie aus mittelbar Regierenden, aus eingeborenen Amtspersonen, die von den Engländern dafür bezahlt wurden, daß sie deren Willen ausführten, wodurch sie ihrer traditionellen Positionen verlustig gingen und sich zu einer nackten herrschenden Klasse entwickelten, wie z. B. die Emire in Nordnigeria. Der zweite Teil dieser Elite bestand aus ansässigen Geschäftsleuten, Politikern und Intellektuellen; diese waren durch ihr Sozialprestige und ihren wirtschaftlichen Wohlstand von der Mehrheit der Bauern, Arbeiter und Kleinhändler abgesondert. Durch die Entwicklung Nigerias zum Markt für englische Erzeugnisse, durch den Anbau zum Export gegen bar, durch Besteuerung, durch die Einbeziehung von eingeborenen Völkern in Handelsnetze und die Entwicklung von Städten zu Zentren des Imports und Exports und durch damit zusammenhängende Faktoren wurde überdies die Substanz des Lebens der Eingeborenen aufgebraucht, die durch die indirekte Regierung angeblich erhalten werden sollte. Die Spaltung zwischen den eingeborenen Behörden und den aufstrebenden jungen Politikern, Geschäftsleuten und Intellektuellen (diese neuen Berufe wurden häufig von ein und derselben Person ausgeübt) war vielleicht noch die geringste, die vom Kolonialismus erzeugt wurde. Neue Klassen – Formen eines ländlichen und städtischen Proletariats, einer marktorientierten Bauernschaft und einer Mittelschicht, die in großem Umfang von der Kolonialmacht abhängig war – entwickelten sich und kämpften um die Ressourcen, die in der Kolonialwirtschaft für sie übrig blieben. Diese Spaltungen im Inneren waren das zwangsläufige Ergebnis der Kolonialherrschaft, und diese versuchte alsdann, aus diesen Spaltungen ihre Rechtfertigung abzuleiten – die Kolonialmacht strebt danach, als Schiedsrichter der Konflikte in der Kolonie aufzutreten, die sie ursprünglich selbst ausgelöst hat. Damit übernimmt sie genau die Rolle, die jede zivilisierte politische Autorität sowohl im Inland wie im Ausland beansprucht – die Rolle des Staates als Schiedsrichter. In Wirklichkeit jedoch unterstützt die Kolonialmacht stets diejenige Gruppe oder Klasse oder die Personen, die ihren eigenen Interessen am nächsten stehen, genauso wie ein Staat im Inneren langfristig den Interessen dient, die ihn geschaffen haben. In der kriegerischen Auseinandersetzung zwischen Nigeria und Biafra unterstützte z. B. England, das angeblich über den kämpfenden Parteien stand, den Staatenbund, den es selbst geschaffen hatte. Die Rolle der Kolonialmacht als Schiedsrichter wird weiterhin begründet mit den ethnischen Konflikten, die sich aus der willkürlichen Festlegung kolonialer Grenzen und der Erzwingung »nationaler« Identitäten ergeben, die rein politisch sind und nur geringe oder gar keine kulturhistorische Bedeutung haben.

Das Streben nach einer auf Tradition beruhenden nationalen Identität wird daher als separatistisch betrachtet, wie z. B. bei Biafra oder beim Sudan. Dieses Urteil kann jedoch nur dann gefällt werden, wenn man von vornherein die Falschetikettierung durch den Kolonialismus zugrundelegt. Daher wächst der imperialistischen Macht eine ungeheure »Verantwortung« zu, da sie nicht in der Lage ist, die Widersprüche aufzuheben, die sie durch ihre eigene Herrschaft geschaffen hat. An diesem Punkt der Entwicklung wird der Druck, der Kolonie die formale Souveränität zurückzugeben, selbst dann sehr stark, wenn keine mächtige und geeinigte Unabhängigkeitsbewegung vorhanden ist. Wenn es aber eine solche Bewegung gibt, dürften sich ihre Absichten – die Unabhänigkeit zu erreichen – vermutlich mit denen der Kolonialmacht decken. Offen bleibt dann lediglich die Frage, ob das Verhältnis zwischen der ehemaligen Kolonie und dem imperialistischen Zentrum den herrschenden Klassen in beiden Ländern immer noch von Nutzen ist. Wenn die Antwort auf diese Frage tendenziell negativ ausfällt, wird im Zeichen der Unabhängigkeit der Neokolonialismus errichtet, ein Kolonialismus ohne »Verantwortung«. An der Elfenbeinküste gibt es z. B. eine oberflächliche Wirtschaftsblüte, die auf Darlehen der ehemaligen Kolonialmacht, dem Tourismus, dem Hotelwesen und einem Agraranbau primär für den Export beruht. Wenn die Antwort jedoch positiv ausfällt und die herrschende Gruppe in der ehemaligen Kolonie den Antagonismus zwischen sich selbst und dem imperialistischen Zentrum begreift, und sich einer vereinigten antikolonialistischen Bewegung anschließt, werden bisweilen aufschlußreiche Entscheidungen gefällt. Als Guinea im Jahre 1958 als einzige unter den früheren französischen Kolonien in Afrika gegen einen Beitritt zum Zusammenschluß französischer Staaten stimmte, zog de Gaulle innerhalb von Stunden alle französischen Techniker zurück und stellte jede weitere Hilfe ein. Die Brüskierung durch Guinea wurde als grundlegende kulturelle Absage und als Mißtrauensvotum gegenüber der französischen Regierung aufgefaßt. Entsprechend konnten französische Investitionen in diesem Land nicht mehr als sicher betrachtet werden. Ähnlich verhielt es sich, als China die ideologische Vorherrschaft der Sowjetunion und den sowjetischen Sozialismus in Frage zu stellen begann, und die Russen sich weigerten, nach 1956 ihr Wirtschaftshilfeabkommen zu erneuern. 1959 widerriefen sie abrupt den Atombeistandspakt, den sie mit den Chinesen abgeschlossen hatten, und im Jahre 1960 zogen sie alle verbliebenen sowjetischen Techniker innerhalb weniger Tage zurück. Der springende Punkt liegt darin, daß in der imperialistischen Vorstellung Alternativen in untergeordneten Gebieten weder zulässig sind noch begriffen werden können, und daß alle verfügbaren Mittel eingesetzt werden, um sie zum Scheitern zu bringen. Auf diese Weise erfüllt der Imperialismus seine eigene Prophezeiung; die Großmacht versucht ihre konkrete Gesellschaftsform als Wachstumstheorie aufzuzwingen.

Die britischen Behauptungen über Nigeria, dem Dreh- und Angelpunkt des englischen Kolonialismus, verdienen insbesondere deswegen größere Aufmerksamkeit, weil sie so typisch sind – z. B. in Bezug auf das Argument, daß durch die Kolonialmacht die Sklaverei abgeschafft worden wäre. Sklavenhandel und Sklavenbesitz in großem Umfang, die im fünfzehnten Jahrhundert an der Küste Westafrikas von den Europäern eingeführt wurden, übertrafen bald die früheren arabischen Bemühungen im Binnenland. Die »Sklaverei« unter den Eingeborenen in Afrika, zu der Verpfändungen und ähnliche Praktiken gehörten, war relativ mild gewesen: Sklaven konnten Besitz erben, Familienväter werden, und ihre Kinder erwarben typischerweise den Status freier Männer; auf diese Weise wurden sie in die Sippe und in die Dorfgemeinschaft aufgenommen. Im Eingeborenenstaat Dahomey z. B. war jeder im Land geborene Mann ungeachtet dessen, wer seine Eltern waren, per Definition ein freier oder »gemeiner« Mann. Die Sklaverei unter den Arabern war bisweilen ebenso grausam wie bei den Europäern, doch traten insbesondere in den afrikanischen Gebieten, die unter dem Einfluß des Islam standen, die innenpolitischen Aspekte der Sklaverei stärker hervor als dort, wo sie von den Europäern betrieben wurde.

Die Imperialisten nehmen zwar für sich in Anspruch, als Christen dem Sklavenhandel ein Ende gemacht zu haben (in Großbritannien wurde er 1807 abgeschafft), doch geben sie selten zu, daß sie ihn eingeführt haben und daß sie ihn in einem Ausmaß und mit einer ausgeklügelten Grausamkeit betrieben, die in der Geschichte der Menschheit ohne Beispiel ist. Die Sklaverei war im sechzehnten Jahrhundert genauso unmoralisch und unchristlich wie im neunzehnten; und sie wurde keineswegs infolge gewandelter moralischer Maßstäbe aufgegeben, denn das Wesen des Christentums hatte sich nicht verändert. Von den stärker kommerzialisierten europäischen Nationen wurde die Sklaverei vielmehr im Gegensatz zu den mehr feudalistischen und agrarischen deswegen aufgegeben, weil sie erstens mit den lukrativeren Handelsquellen wie z. B. Palmenöl in Widerspruch geriet; und zweitens weil der Sklavenmarkt übersättigt worden und durch das Aufkommen der Fabrikproduktion veraltet war. Es war vielleicht billiger, einen Industriearbeiter zu unterhalten, der einen minimalen Lohn bekam, als einen Sklaven, für dessen gesamtes Wohl und Wehe der Herr angeblich die Verantwortung hatte, obwohl Sklaven, ganz zu schweigen von »freien« Arbeitern, zu Tausenden starben, weil nicht ausreichend für sie gesorgt wurde. Außerdem wäre es absurd gewesen, Sklaven für die Arbeit in Bergwerken oder Fabriken zu importieren, da sie in Konkurrenz zu einheimischen Arbeitskräften getreten wären, die mehr als ausreichend vorhanden waren. Auch hatte England keine Möglichkeiten, Sklaven auf dem Land zu absorbieren: es gab keine Plantagen, und bereits im sechzehnten Jahrhundert war der englische Bauer seit langem als »freier« Mann definiert. Zu Profitzwecken wurde die Sklaverei nur noch auf den ausgedehnten Plantagen der Neuen Welt, insbesondere in den amerikanischen Südstaaten betrieben, wo einheimische Arbeitskräfte auf dem Land knapp waren und Sklaven billig untergebracht, ernährt und versorgt werden konnten. Überdies konnten Sklaven einer fremden Rasse in einem politischen Gemeinwesen, in dem sie keine Geschichte und daher keine Rechte hatten, mit Leichtigkeit als Objekte behandelt werden.

Der Verlust der amerikanischen Kolonien verringerte das Interesse Englands am Sklavenhandel, da doch der Imperialismus keine konstanten Grundsätze außer seinen eigenen Interessen hat. Die englische Regierung unter Palmerston unterstützte die amerikanischen Südstaaten während des Bürgerkriegs und hätte zu derselben Zeit, als sie den Sklavenhandel an der Küste Westafrikas unterband, beinahe den Nordstaaten den Krieg erklärt. Die britische Regierung, die zu diesem Zeitpunkt in den Händen der Aristokratie lag, hatte natürlich Sympathien für die großgrundbesitzenden Kavaliere des amerikanischen Südens. Außerdem spekulierte sie jedoch auch auf billige amerikanische Baumwolle für die Webereien von Lancashire und auf einen wachsenden amerikanischen Markt für Fabrikwaren aus Großbritannien, der gesichert war, wenn der Süden die Oberhand behielt. Die puritanischen Nordstaaten waren andererseits ein potentieller Konkurrent und führten in Wirklichkeit Krieg, um ihren Handel und ihre Industrie auf die gesamte Nation und bis zur vorgeschobenen Westgrenze auszudehnen. Was die Sklaverei anging, war England bemüht, sie in Westafrika durch andere Handelsformen zu ersetzen, und durch einen Sieg des Südens wäre es nur in Prinzipienfragen, nicht aber in der Realität kompromittiert worden. Der natürliche Geburtenüberschuß in den Vereinigten Statten hätte auch ohne weiteren Sklavenhandel mit Afrika den Markt im wesentlichen mit genügend schwarzen Sklaven versorgt. Außerdem war die Produktivität der schwarzen Plantagenarbeiter durch die Baumwollentkernungsmaschine exponentiell gestiegen und hatte die Sklavenhaltung wirtschaftlicher als je zuvor gemacht, so daß ein weiterer Import von Sklaven kaum erforderlich war. Aber selbst wenn die Berechnungen Englands nicht in diese Richtung gegangen wären, wird die imperialistische Apologetik doch durch die Unterstützung des Südens und die damit verbundene Förderung politisch instabiler Verhältnisse in der früheren Kolonie Lügen gestraft. Nicht die Männer, die die politische Macht hatten, sondern die Arbeiter und die aufstrebende Bourgeoisie, die dem industriellen Norden zuneigten, hielten die britische Regierung davon ab, den Nordstaaten den Krieg zu erklären.

Das Aufkommen der modernen Sklaverei war also eine Reaktion auf soziale und ökonomische Bedingungen; die Frage der Moral war abstrakt und irrelevant. Der Verlauf der Sklavenhaltung in der Neuzeit ist ein Musterbeispiel für falsches Geschichtsbewußtsein mit Ausnahme derjenigen Sklaven, die sich mit ihrem Schicksal nicht abfanden, oder denjenigen tatsächlichen oder potentiellen Sklavenhaltern, die die Verwendung von Sklaven ablehnten und das gesellschaftliche Risiko auf sich nahmen, das eine derartige Handlung nach sich zog. Sklaverei und Sklavenhandel waren die direkteste und brutalste Form, die Inkarnation des Imperialismus. Als sie nicht mehr erforderlich waren, wurden sie durch den Handelskolonialismus ersetzt, und schließlich durch den Neokolonialismus – durch die ökonomische Beherrschung auf Distanz. Der Imperialismus entwickelt sich weiter, hebt sich aber nie von selbst auf.

Im Zusammenhang mit der Abschaffung der Sklaverei ist auch die Mission des Christentums als Impuls für den Imperialismus der Neuzeit dargestellt worden. Die Vertreter des Kolonialismus nahmen an, daß »universalistische« Religionen, für die das Christentum repräsentativ war, von Natur aus dem »Heidentum« der örtlichen Kulte überlegen seien. Es braucht jedoch kaum darauf hingewiesen zu werden, daß die Konkurrenz zwischen den Missionswerken der verschiedenen christlichen Sekten im Zusammenhang mit den beinahe ständigen Kriegen zwischen verschiedenen christlichen Staaten, die sich in den Kolonien widerspiegelten, die Heiden kaum beeindruckte. Außerdem waren die primitiven Religionen durchaus in der Lage, die wesentlichen christlichen Symbole und Bedeutung losgelöst von der Kolonialmacht aufzunehmen. Der »Partikularismus« primitiver Religionen kann nicht mit einem Mangel an Tiefe gleichgesetzt werden, er ist vielmehr Ausdruck der territorialen Begrenztheit der Gesellschaften, in denen sie vorherrschten. Theologisch gesehen standen die christlichen Kirchen in eindeutigem Zusammenhang mit etablierten gesellschaftlichen und wirtschaftlichen Interessen. Dies gilt weniger für primitive Religionen, deren symbolische Formulierungen sich aus der menschlichen Existenz insgesamt entwickeln und mit ihr in enger Berührung bleiben, und die daher Ausdruck eines echteren religiösen Bewußtseins sind, als dies beim kirchlichen Dogma festzustellen ist. Entscheidend ist, daß die primitiven Religionen zwar kulturspezifisch partikularistisch sind, daß sie jedoch innerhalb einer bestimmten Kultur mit ihrer Synthese von Mensch, Gesellschaft und Natur einen universalen Anspruch haben. Es sei daran erinnert, daß das Christentum erst dann ökumenisch wurde, als es in der römischen Kirche verwandelt worden war; und nach Ansicht der Kirche hatten es bis vor kurzem nichtkatholische Christen schwer, der Verdammnis zu entgehen. In den weniger exklusiven primitiven Religionen gibt es jedoch keine Hölle.

Der Allgemeingültigkeits-Anspruch des Christentums ist nichts weiter als ein Symptom dafür, daß die westliche Zivilisation den Kulturraum anderer Völker unter ihrer imperialistischen Verfügungsgewalt hatte. Entsprechend dazu verbindet das Christentum über die Zeit hinweg die klassische mit der feudalen und die feudale mit der neuzeitlichen Zivilisation. Das institutionalisierte Christentum ist daher ein Aspekt des modernen Imperialismus. Die Kirche hat die Unabwendbarkeit des Fortschritts – d. h. die Unvermeidlichkeit des Triumphs des Abendlands – kaum je in Frage gestellt, noch hat sie im Mutterland je eine bedeutende Kritik am Imperialismus geleistet. Sie hat vielmehr als Bindeglied zwischen den Klassen gedient und dabei die Kontinuität der politischen Autorität sanktioniert. Der »Konflikt« zwischen Kirche und Staat ist stets eine Spaltung innerhalb ein und derselben etablierten Machtgruppe, ganz gleich, welche Vorstellung die Kontrahenten selbst darüber haben. Einzelne Christen, ob protestantisch oder katholisch, können natürlich ihren Glauben zuhause wie im Ausland emanzipatorisch interpretieren und anzuwenden versuchen, sie sind jedoch dabei fast immer gezwungen, das kirchliche Establishment zu unterlaufen, wie dies heute in Brasilien, Chile und Columbien der Fall ist; die Radikalisierung der Kirche dort bedeutet nicht mehr als die Radikalisierung einzelner Prälaten. Ungeachtet dieser Faktoren entbehrt die britische Behauptung, daß der Imperialismus das Christentum unmittelbar verbreitete oder daß er in seinen Absichten zutiefst christlich war, jeder Substanz. In Nordnigerien waren christliche Missionen bis kurz vor der Unabhängigkeit in Übereinstimmung mit dem Mythos der indirekten Regierung verboten, der angeblich die eingeborene und mehr oder minder islamische Autorität bewahren sollte.

Die Apologeten des Imperialismus, ob sie nun Reaktionäre oder Radikale sind, führen häufig die Bildung als ein weiteres Beispiel der fortschrittlichen Auswirkung des Imperialismus an – wenn das auch nicht, wie dies die Radikalen sagen, dessen Absicht war. Der Lehrstoff wurde jedoch, wenn wir uns hier wiederum Nigeria als Beispiel nehmen, ziemlich selektiv bestimmt. Die eingeborene Elite mit Universitätsausbildung wurde in die britische Form gepreßt; sie studierte britische Geschichte, englische Literatur, die Geisteswissenschaften und die Klassiker. Ihre Abschlüsse erhielten sie nach den Maßstäben des britischen Bildungssystems und in enger Verbindung mit ihm. Sie erwarben englische Gewohnheiten, Verhaltensweisen, Einstellungen und Erwartungen. Schwarz-Afrika war zwar ihr Herkunftsort, doch wurde ein afrikanisches England zu ihrer bewußten oder unbewußten Zukunftsprojektion. Ihrer kulturellen – wenn nicht ökonomischen – Definition nach gehörten sie nach den Maßstäben der Kolonialmacht zur oberen Mittelschicht, und dieses Bewußtsein wurde im universitären Milieu beständig verstärkt. Die Angehörigen der schwarzen Elite mit Universitätsausbildung erwarben jedoch keine Gleichberechtigung gegenüber ihren Ausbildern, sondern nur eine gewisse Anerkennung von ihnen. Gleichzeitig wurden sie ihrem eigenen Volk und ihrer eigenen Tradition immer weiter entfremdet. Das vorhersagbare Ergebnis dieser ganzen Entwicklung war ein akademischer Dünkel. Die afrikanische Elite übernahm die Einstellungen ihrer englischen Vorbilder gegenüber »ungebildeten Engländern«, eine Abart des weißen Mannes, der gegenüber man sich mit Recht überlegen fühlen konnte. Der gebildete Schwarze wurde aufgefordert, auf ungebildete Schwarze und Weiße gleichermaßen herabzusehen, und konnte auf diese Weise die Feindseligkeit verdrängen, die er normalerweise seinen kolonialistischen Mentoren gegenüber hätte empfinden können. Sein Dünkel war ein wichtiges Abwehrmittel gegen das Gefühl, nicht voll anerkannt zu werden; es war der Dünkel des englischen Emporkömmlings. Die Ausbildung der Elite mit Universitätsstudium und in gewissem Ausmaß auch der Oberschulabsolventen war daher eine Parallele zum Klassencharakter der höheren Bildung im kolonialistischen Zentrum. Der Unterschied lag darin, daß die eingeborene Elite, die sowohl von Schwarzen wie auch von Weißen der Unterschicht isoliert und vom Eingeborenen-Establishment losgelöst war, nur ihre eigenen Interessen verfolgen konnte. Im Gegensatz dazu repräsentierten die Privatschulen und Universitäten in England die Traditionen der britischen Herrschaft sowohl im Innern wie im Ausland.

Im Lehrplan der Kolonialuniversitäten ging man technischen und wissenschaftlichen Themen aus dem Wege, da sie für die Schaffung des Gentleman-Verwaltungsbeamten als nicht erforderlich betrachten wurden. Wichtiger noch war, daß eine technische und wissenschaftliche Ausbildung teuer war; geeignete Lehrer und Ausrüstungen konnten kaum für den Kolonialdienst abgezweigt werden. Eine technische Ausbildung ohne akademische und wissenschaftliche Verzierungen, die den Bedürfnissen des Landes entsprochen hätte, wurde ebenfalls vernachlässigt. Die Stellen, die den Auffassungen der Kolonialmacht über die Bedürfnisse der Kolonie entsprachen, konnten mit weißen Auswanderern besetzt werden. Vor allem aber bedeutete eine wissenschaftliche und technische Ausbildung die Übergabe der Schlüsselgewalt – Macht als die Drohung einer wirklichen Autonomie war in der Wissenschaft symbolisiert und in der Technik vergegenständlicht. Sogar im Mutterland legte die Kolonialmacht großen Wert auf diese Mittel. Die Wissenschaft war ein bürokratisches Geheimnis, die Technik hingegen rein pragmatisch, und infolgedessen war der Ingenieur im Mutterland entweder der Gefangene der Regierung oder der Wirtschaftsmächte, und dies wurde auch Definition von Wissenschaft und Technik für die Kolonien.

Die Ausbildung in der westlichen Auffassung der klassischen Disziplinen stellte jedoch eine Art Entwurzelung dar; sie war eine Form der kulturellen Konditionierung. Die eingeborene Sprache, Literatur und Geschichte wurde kaum gewürdigt. Was die Sozialwissenschaften anging, sorgte die Versachlichung dafür, daß der revolutionäre Eifer abgekühlt, lebendige Probleme in klinische Fälle verwandelt, die Theorie säuberlich von der Praxis geschieden wurde. Der Kandidat für einen akademischen Beruf wurde zu Wertfreiheit, aber auch zur Anpassungsbereitschaft an die Anforderungen seiner Karriere erzogen. Wenn die Sozialwissenschaften in Verbindung mit den akademischen Humanwissenschaften schon im Mutterland den status quo bewahrten, galt dies für die Kolonien umso mehr.

Die Juristen bewegten sich natürlich innerhalb der britischen Tradition. Schon durch die juristische Fachsprache wurde der eingeborene Jurist dazu gebracht, die Ansichten der Kolonialmacht über Gerechtigkeit und Politik zu übernehmen. Wie der Sozialwissenschaftler lernte auch der Jurist, auf seine Wertfreiheit stolz zu sein, ebenso auf das ordentliche Verfahren verpflichtet zu sein, wie der Wissenschaftler auf seine Verfahrenstechnik. In Wirklichkeit war er opportunistischer Angehöriger eines Stands, der seine eigenen »legitimen« materiellen und beruflichen Interessen vertrat. Der Jurist ist dem Engagement abgeneigt; sein natürlicher Arbeitsbereich ist das Gericht, das höchste Symbol des zivilisierten und kolonialen Establishments. Dort verdient er seinen Lebensunterhalt, indem er sich abstrakten juristischen Auseinandersetzungen widmet. Er befaßt sich mit Fällen im Kontext von juristischen Prinzipien, politische Prinzipien jedoch, zu denen auch die Begründung für das Vorhandensein von Gerichten überhaupt gehört, werden nicht hinterfragt. Sowohl das Recht als auch die, die es anwenden, sind konservativ. Daraus ergibt sich, daß eine juristische Ausbildung, die eine Ausbildung nach englischem Recht bedeutete, sowohl von den Kolonialmächten als auch von den Studenten hochgeschätzt wurde. Für erstere trug sie dazu bei, die Bande zwischen der Kolonie und der Kolonialmacht zu verstärken, und für letztere war sie ein sicherer Weg nach oben.

Daher waren die Universitäten und in geringerem Maß auch die Oberschulen offensichtliche Agenturen des Imperialismus. Lehrinhalte und Prüfungsanforderungen waren ein Abklatsch der Akademien der Kolonialmacht oder standen unmittelbar damit in Verbindung. Die Grundschulerziehung in Südnigeria jedoch wurde nicht von der Kolonialregierung, sondern von den Missionen eingeführt und getragen. Zum Teil ist es auf diesen Umstand zurückzuführen (da die Missionen hauptsächlich katholisch und die Kirche der Kolonialmacht anglikanisch war), daß die Grundschulen unter den igbo-sprechenden Völkern des Südostens in die zahlreichen Dorfgemeinschaften integriert wurden und mehr oder minder der örtlichen Kontrolle unterstanden. Bei den Yoruba im Südwesten war das Bildungssystem in Übereinstimmung mit den ursprünglichen Organisationsunterschieden zwischen Igbo und Yoruba straffer zentralisiert und rationalisiert. Die Igbo waren vielleicht einzigartig in ihrer Befähigung, die westliche Grundschulausbildung den Lokalbräuchen anzupassen. So konnten z. B. Studenten in einem bestimmten Dorf zu einer kooperativen Arbeitsgruppe zusammengefaßt werden, die bei Bedarf nichtakademische Aufgaben erfüllte. Die älteren Schulkinder halfen auch mit und sahen darauf, daß die jüngeren ihre Pflichten verstanden, wodurch die Isolierung und mechanische Zusammenfassung von Gleichaltrigen, die dem fremden Bildungswesen eigen ist, stark vermindert wurde. Die Konkurrenzelemente der westlichen Erziehungsstruktur wurde in eine Art Titelverleihung umgewandelt, die eine Widerspiegelung der Konkurrenz um Titel in der traditionellen Gesellschaft war, ohne die Bedeutung einzubüßen, daß ein höherer Titel höhere Verantwortung nach sich zog. Schließlich wurde die westliche Ausbildung unter den Igbo von den Igbo selbst als rein pragmatische Aufgabe aufgefaßt, die zwar durch das Individuum vermittelt wurde, jedoch zum Nutzen der Gruppe stattfand.

In fast jedem anderen Fall in der ganzen kolonialen Welt war jedoch die Struktur des Schulwesens ein Abklatsch des Fabriksystems, eine aufgezwungene Form der industriellen Kultur. Die neuen Hierarchien im Schulwesen, die Schule als Sozialisationsagentur, lösten den Schüler von seiner lokalen Umgebung und statteten ihn dafür angeblich mit individuellen Möglichkeiten der Mobilität in der kolonialen Gesellschaft aus. Das Schulwesen stützte sich nicht auf lokale Bräuche; das traditionelle Lernen war ohne solche formalen Institutionen und vermittels der üblichen Vielzahl sozialer Gruppen und Tätigkeiten erfolgt. Diese Merkmale gelten jedoch nicht für das nördliche Nigeria, wo eine allgemeine Schulbildung für die Massen der unterdrückten Bauern infolge des praktisch fast völligen Fehlens von Missionsschulen nicht vorhanden war. Bereits vor der kolonialen Eroberung war das nördliche Nigeria, das die größte Bevölkerung von Schwarzafrika hat, etwa 1000 Jahre lang der Sitz archaischer Zivilisationen, und es war daher für eine indirekte britische Herrschaft bestens geeignet. »Die zweifelhaften Vorzüge der westlichen Zivilisation«, wie dies ein früherer Gouverneur von Nigeria mit der gezwungenen Ambivalenz des gebildeten Beamten ausdrückte, wurden diesem Landstrich nicht zuteil. Der christliche Glaube war nicht in nennenswertem Umfang eingeführt worden, und genauso wenig das Schulwesen, das im südlichen Nigeria mit der christlichen Mission verknüpft war. Sogar die Sklaverei wurde im Norden noch geduldet, obwohl Raubzüge zum Sklavenmachen verboten waren. Das heißt, daß diejenigen, die zum Zeitpunkt der kolonialen Machtergreifung Sklaven gewesen waren, durch die britische Herrschaft nicht unmittelbar befreit wurden. In Anbetracht des Verbots der Raubzüge wurden entsprechend dem Erlaß, daß alle nach dem 1. April 1901 geborenen Kinder als frei zu betrachten seien, davon ausgegangen, daß die Sklavenhaltung aussterben würde. Die vorkoloniale Struktur zeigt sich jedoch in den subtilen Klassen- und Rangunterschieden, die sich im nördlichen Nigeria erhalten haben. Ein Forscher hat die Situation folgendermaßen beschrieben:

»Durch das Verbot des Sklavenmachens unter der britischen Herrschaft wurden diese Beziehungen nicht angetastet. Ungeachtet dessen, ob der ehemalige Sklave und sein Herr in Berührung bleiben, sind der ehemalige Sklave oder seine Nachkommen immer noch die *dimajai* des Herrn, während der Herr selbst *unbangiji* (der Vater des Erbes) ist. Auf diese Weise hat sich die Sklavenhaltung in Leibeigenschaft verwandelt, und die *dimajai* von heute werden von den Herren je nach Kontext als *talakawa* (Gemeine), *bayi* (Sklaven) oder *yanuwa* (Sippenmitglieder) bezeichnet. In einer Hinsicht sind die *dimajai* heute noch genauso Sklaven wie im letzten

Jahrhundert, in anderer jedoch sind sie freie Gemeine, wie andere *talakawa*, und sind nun vor dem Gesetz formal verantwortlich für ihre eigenen Straftaten. Wenige lassen sich wirklich von anderen moslemischen Habe unterscheiden, deren Kultur sie nun übernommen haben.«

Die ökonomischen Veränderungen, die sich im nördlichen Nigeria abspielten, waren das Ergebnis der kolonialen Einbeziehung der Bauern in den Weltmarkt. Die politischen Veränderungen waren eine Reaktion auf dynamische Vorgänge im südlichen Nigeria, eine Reaktion, die überwiegend auf die kolonialistisch ausgerichtete nördliche Elite beschränkt war. Die Situation im nördlichen Nigeria, dem strategischen Gebiet Britisch-Afrikas läßt klar erkennen, daß auch die offen verbreiteten Behauptungen des Imperialismus keine Geltung haben. Wenn also radikale Wissenschaftler wie Thomas Hodgkin und konservative Verwaltungsfachleute wie Sir Alan Burns sich darin einig sind, daß der Zweck der Eroberung Westafrikas durch die Europäer im neunzehnten Jahrhundert darin bestand, die christliche Zivilisation auszubreiten, das Schulwesen zu entwickeln und dem Sklavenhandel ein Ende zu machen, haben sie beide gleichermaßen Unrecht. Daß sie sich jedoch einig sind, enthüllt, wie tief die imperialistische Mentalität reicht, die unter dem Zwang steht, sich selbst als fortschrittlich zu definieren.

Diese Frage der Fortschrittlichkeit ist kritisch, die Vorstellung selbst recht merkwürdig. Auch andere Zivilisationen als der heutige Westen waren ethnozentrisch und glaubten von sich selbst, daß sie der Gipfel menschlichen Strebens seien. Die Ägypter, Chinesen, Griechen, der Islam im Mittelalter, die Römer, die europäische Kirche im Feudalismus, sie alle definierten sich als unvergleichlich. Der Zweck des Imperialismus jedoch, soweit er von vorindustriellen Gesellschaften ausging, bestand in der politischen und ökonomischen Machtausübung. Andere Kulturen mögen als fremdartig oder unterlegen beurteilt worden sein, es wurde jedoch keineswegs ausdrücklich davon ausgegangen, daß die imperialistische Mission darin bestünde, deren Gesellschaft nach dem Bilde der vorherrschenden Macht umzuformen, selbst wenn dies in gewissem Maße tatsächlich eintrat. Mit dem Aufkommen des Industriezeitalters und der damit zusammenhängenden Ideologie der Wissenschaft wurde die totale und bewußte Umwandlung von Gesellschaft und Natur zum ersten Mal in der Geschichte der Menschheit sowohl für möglich als auch für wünschenswert erachtet. Der Imperialismus wird daher zu einem Unternehmen, das verschiedene Bereiche gleichzeitig erfaßt. In dem Maße, wie sich eine Kolonialmacht in Richtung auf größere Leistungsfähigkeit, komplizierte Technik und Beherrschung der Umwelt entwickelt, zieht sie innerhalb der untergeordneten und abhängigen Kulturen dieselben Motive heran. In der heutigen Ära besteht die Mission der Zivilisation ganz einfach in der Zivilisation selbst, und die Idee des Fortschritts wird zu einem Ideal, das zu erreichen sich sowohl das Imperium als auch die aufstrebenden Gesellschaften anstrengen. Ihre Zukunft ist abgesteckt, weil von der Annahme ausgegangen wird, daß ihre Vergangenheit entweder in Scherben liegt oder irrelevant ist.

Europa zieht die Überlegenheit seiner Technik oder seiner Visionen nicht in Zweifel; der Imperialismus ist eine Mission, die »objektiv« bewertet werden kann. Wenn sie erfüllt werden soll, setzt dies jedoch eine weltweite politische Gemeinschaft voraus. Der Imperialismus wird als eine ausgleichende und gleichzeitig progressive Kraft begriffen. Die Kulturen der Gesellschaften überall werden auf den gemeinsamen Nenner ihrer jeweiligen Kolonialmacht reduziert, und der Imperialismus als eine weltweite Hegemonie wird zum Paradigma für eine Weltregierung. Entsprechend stehen die Imperialisten, in schöner Eintracht mit den Anhängern einer Weltregierung, dem bodenständigen Nationalismus mißtrauisch gegenüber. Die Nation ist jedoch, wie Malinowski in unbewußter Übereinstimmung mit Marx bemerkte, im Gegensatz zum Staat die Grundlage der Kultur. Die Nation erzeugt Brauch und Sitte, den schöpferischen Aspekt eines gesamten Volks, Sprachgemeinschaft und Tradition, die durch eine Gesellschaft innerhalb eines zusammenhängenden Territoriums verbunden sind. Der Angriff auf die Nation oder die staatsmännische Verzerrung der Nationalität, die zum Chauvinismus führt, sind gleichwertige politische Angriffe auf die Kreativität eines Volks. (Der finstere und einfallslose Appell der Faschisten an das Volk stellt das Extrem des Chauvinismus dar; die Sehnsucht des Volks nach einer echten Gemeinschaft wird als Hebel für die politische Manipulation benutzt.)

In dem Maße, wie Nationen von Staaten unterworfen und in diese einverleibt werden, wird der Chauvinismus zur politischen Waffe. Er ist jedoch ein Zeichen für kulturelle Unsicherheit, einen Mangel an kultureller Definition innerhalb der bürokratischen Reichweite des Staats. Echte Nationen sind geschichtlich vor den Staaten vorhanden und überleben diese meist. Historisch gesehen sind sie die Kulturformen, die die primitive Gesellschaft ablösen. So stellten z. B. im vorkolonialen östlichen Nigeria die Igbo-sprechenden Völker, die etwa 4 Millionen Menschen zählten, eine primitive Nationalität dar; sie hatten keine zentralisierte Bürokratie und keine sozio-ökonomischen Klassen. Die autonomen Dörfer handelten miteinander und heirateten untereinander. Das Ausmaß dieser Beziehungen umfaßte aber nie das Land der Igbo insgesamt. Personen in einem beliebigen Gebiet können sich durchaus nicht darüber klar gewesen sein, daß es über ihren unmittelbaren territorialen Horizont hinaus auch igbosprechende Menschen gab. Nichtsdestoweniger waren den Igbo eine gegenseitig anerkennbare Kultur und bestimmte beschränkte, wenn auch wirksame soziale Mechanismen gemeinsam; sie sprachen auch Dialekte derselben

Sprache. Allein mit den selbstbewußten, mikrokosmischen Heirats- und Sprachgrenzen des Stammes ließ sich aber die Situation der Igbo insgesamt nicht definieren. Genauso wenig bildeten die Igbo einen territorial definierbaren Frühstaat. Als objektiv definierbare und ihrer selbst nicht bewußte primitive Nationalität – eine Nation von konkret, jedoch unvollständig miteinander verbundenen Dörfern – tragen sie und andere Völker durch den Gegensatz dazu bei, den bürgerlichen Nationalstaat zu erhellen, der in der westlichen Zivilisation der Neuzeit entsteht. Letzterer jedoch bestimmt die gebräuchlichen politischen und akademischen Erkennungsmerkmale des heutigen Problems der Nationalität; Angehörige der westlichen Zivilisation fassen Nationen als bürgerliche Nationalstaaten auf. Daher sind diese »aufgeklärten« Menschen des Westens nicht in der Lage, die kulturelle Mission der Nation abgelöst vom Staat zu begreifen.

In der nachbourgeoisen Welt könnten die fortdauernden Bemühungen der Basken, Bretonen, Serbokroaten, der australischen Ureinwohner, der Schwarzen in der Neuen Welt und der Indianer, der Biafraner, der Italo-Amerikaner, der Schotten und Waliser und vieler anderer, sich mit den derzeitigen bürokratischen Staaten zu identifizieren, ein bezeichnendes Symptom für ökonomische Benachteiligung sein; ebenso stellt dieses Bemühen aber auch die dialektische Rückkehr zu einer ethnischen Bewußtheit dar. In diesen Bewegungen kommt die vom Staat bewirkte Verzerrung des Nationalbewußtseins zum Ausdruck. Im Kern jedoch sind sie Ansprüche auf eine Bewahrung der kulturellen Verschiedenheit in einer politis h lebensfähigen Form auf einer ökonomisch lebensfähigen Grundlage. Der Imperialismus oder jede andere Bewegung zur Weltregierung ist bestrebt, die Neuformulierung alter und die Bildung neuer Nationen zu hemmen. Verkörpert wird der Imperialismus heute von den multinationalen Konzernen, doch ist dieses technokratische Modell im Weltmaßstab, das alle signifikanten Facetten der Kultur beherrscht, zur Zeit auf die Vorstellungswelt des Westens beschränkt. Es ist eine Projektion der sozio-ökonomischen Bedürfnisse und kulturellen Realitäten in Europa und Amerika. Der historische Widerspruch ist offensichtlich: eine »Weltregierung«, die für ein entwickeltes spezifisches Bewußtsein stünde, müßte nicht durch Gewalt errichtet werden, sie wäre nicht imperialistisch, d. h., sie müßte überhaupt nicht errichtet werden. Die politischen Gemeinschaften, aus denen sie sich zusammensetzen würde, hätten ein Ausmaß der Entwickeltheit und freien Kommunikation erreicht, das eine internationale politische Bürokratie überflüssig machen würde. Gleichzeitig würden diese Teilgemeinschaften, soweit man sich hierbei an die bisherige Geschichte halten kann, sobald sie vom bürokratischen Zwang befreit wären, eine Vielzahl kultureller Formen und Sprachen schaffen und auf höherer Ebene die symbolischen Prozesse entsprechend der Vielfalt von Formen, die in primitiven

Gesellschaften zutage tritt, erweitern. Damit würde die Ethnogenesis, die Schaffung kultureller Gruppen, zu einem kontinuierlichen Prozeß.

Der Imperialismus ist bestrebt, alle Widersprüche zu absorbieren und auszugleichen; doch die Vorstellung des Fortschritts bleibt seine grundlegende apologetische Rechtfertigung. In diesem Zusammenhang werden sowohl die Brutalität der Eroberungsmittel, die Zerstörung anderer kultureller Chancen, die Notwendigkeit der politischen Vormundschaft und sogar die ökonomische Ausbeutung zugunsten der Kolonialmacht gerechtfertigt. Deren unabsichtliche Folgen werden als positiv aufgefaßt; das aufgeklärte Eigeninteresse löst sich der Vorstellung nach letztendlich zum universellen Guten auf. Die offensichtliche »wissenschaftlich beweisbare« Überlegenheit des Westens scheint die logische Lösung der Geschichte der Menschheit zu sein. Und hier heir wird der gegenwärtige Zustand mit all seinen offensichtlichen und zugegebenen Unzulänglichkeiten durch das Ideal der abendländischen Zivilisation mystifiziert; es wird als das Ziel der Menschheit schlechthin ausgegeben, das alle vernünftig denkenden Menschen anstreben müssen. Wenn Europa seinem eigenen Erbe treu bleibt, so lautet die Begründung weiter, und sein Potential voll realisiert, muß es zwangsläufig zur Weltzivilisation und zum Schicksal aller werden. Missionare, Geschäftsleute, Soldaten, koloniale Verwaltungsfachleute, Anthropologen, alle gehen demgemäß fremde Kulturen als Rohmaterial an, das sie nach ihren eigenen Interessen bearbeiten.

Der soziale Fortschritt war angeblich mit der Durchsetzung dieser politischen, kommerziellen und wissenschaftlichen Interessen gewährleistet; und dies wiederum ist ein Reflex der illusorischen Kulturlogik des Merkantilismus – daß nämlich die Summe des Verhaltens einzelner, die nach Profit streben, den Wohlstand und Fortschritt der Gesellschaft insgesamt gewährleistet. Ganz gleich aber, wie die Frage im Mutterland oder im Ausland gestellt wird, mit dem Glauben an den Fortschritt als Ergebnis ihrer Technologie und ihres Gedankenguts rechtfertigen sich die zivilisierten Menschen des Westens vor sich selbst. Dieser Glaube beherrschte die Vorstellungswelt der ganzen abendländischen Zivilisation. Die Vorstellung des Fortschritts kann der westliche Mensch nicht aufgeben, ohne die Begründung für seine gesamte Zivilisation zunichte zu machen. Ganz gleich, wie kritisch er den Tatbeständen seiner Gesellschaft gegenübersteht, klammert er sich an seinen Fortschrittsglauben, wie er sich an seine geistige Gesundheit klammern würde. Genau die Vorstellung des Fortschritts vermittelt seine Entfremdung, und ermöglicht ihm, eine Realität zu konstruieren, die er tatsächlich nicht erfährt.

Diese Verpflichtung auf den Fortschritt ist aber in Wirklichkeit weniger eine Überzeugung als eine Zwangsvorstellung. Ganz gleich, welche Aspekte der westlichen Kultur er für tatsächlich oder potentiell den Kulturen anderer Zeiten und Orte für überlegen hält, sind die Argumente, mit denen sich eine solche Überlegenheit begründen ließe, stets schwächer als die Heftigkeit seiner Argumentation. Die Argumentation ist daher grotesk und stellt eine Deformierung des Bewußtseins dar. Die Idee des Fortschritts beruht nämlich nicht auf einer rationalen Analyse unserer Zivilisation. Sie entspringt dem Ungleichgewicht des Systems, in dem sich der Mensch im Westen befindet. Die Gesellschaftsstruktur der Vereinigten Staaten schränkt z. B. die Anwendung der Technik ein. Der Kapitalismus der Konzerne wird als »freies Unternehmertum« oder als die Verwirklichung des revolutionären Geistes des achtzehnten Jahrhunderts dargestellt. Die moderne Technik, Gesellschaft und Ideologie sind stets gegeneinander verschoben; und das Gefühl dieser Ungleichzeitigkeit erzeugt die Idee des Fortschritts. Befangen in den Widersprüchen der Gesellschaft, sehen sich die Menschen des Westens als Chiffren der Geschichte, die unvollständig sind und stets darauf warten, vervollständigt zu werden. Zersplittert durch die auf die Spitze getriebene Arbeitsteilung, durch die Konkurrenz um Güter und Dienstleistungen und durch die Rivalität um Statuspositionen nehmen sie die Integration zwanghaft vorweg. Die Idee des Fortschritts ist vor allem das Ergebnis ungelöster sozialer und persönlicher Konflikte in der modernen Zivilisation, die sich wechselseitig verstärken. Das Bewußtsein von diesem Konflikt erzeugt im Zusammenhang mit den Lösungsbemühungen das Gefühl einer unüberlegten Bewegung auf spezifische Ziele hin, die als progressiv definiert werden.

Ein Vergleich mit primitiven Gesellschaften versetzt uns in die Lage, dieses Argument besser zu verstehen, denn die Struktur primitiver Gesellschaften wird als feststehend wahrgenommen. Der Fortschritt ist eine Realität der Persönlichkeitsentwicklung, ein Fortschritt *durch* die Gesellschaft, nicht der Gesellschaft, der sich vollzieht, indem das Individuum von Erfahrung zu Erfahrung auf der von den Winnebago so bezeichneten »Straße des Lebens und des Todes« fortschreitet. Das Kleinkind kann als wiedergeborener Geist eines verstorbenen Vorfahren aufgefaßt werden. Auf das Kleinkind folgen typischerweise das Kind und der Erwachsene in einem rituellen Zyklus, der Lernen und Erfahrung in einer geheiligten Ordnung sanktioniert, und der darin kulminieren kann, daß das Individuum ein Dorfältester wird, der, nach dem er für die Welt gestorben ist, als Geist der Vorfahren wieder auftritt, bisweilen aus dem Schoße der Frau eines Enkels. Die primitive Sitte, einen Elternteil nach dem Namen des Kindes zu nennen, die fachlich als »Teknonymie« bezeichnet wird, ist ein Ausdruck dieses Zyklus.

Der »Fortschritt« in primitiven Gesellschaften, wenn sich diese westliche Vorstellung überhaupt auf alle anwenden läßt, wäre also eine Metapher für geistigen Wandel. Die Widersprüche der Entwicklung durch die verschiedenen Phasen des Lebenszyklus hindurch werden sozial anerkannt, rituell ausgedrückt und dialektisch gelöst.

Die *couvade,* wie sie in den tropischen Wäldern Südamerikas praktiziert wird, ist ein Beispiel dafür. Nach diesem Brauch zieht sich der Ehemann mehrere Tage während der Wehen seiner Frau und unmittelbar, nachdem sie das Kind geboren hat, in seine Hängematte zurück. Er geht mit ungewöhnlicher Umsicht vor, da angenommen wird, daß er den Geist des Kleinkindes in seiner Obhut hat. Er verhält sich, als ob er selber die Erfahrung der Geburt gemacht hätte, und die Genealogie des Kindes wird durch seine Handlungen unterstrichen. Von größerer Bedeutung jedoch ist, daß die couvade ein sichtbares Symbol einer komplexen Verschiebung der zur Geburt des Kindes gehörenden Beziehungen ist, da sie sich auf den männlichen Partner als Bezugspunkt konzentriert. Durch die Geburt werden die jeweiligen Rollen der Geschlechter und das Verhältnis zwischen ihnen umgekehrt. Der Mann verwandelt sich vom Liebhaber zum Ehemann, vom Sohn zum Vater, im allgemeinen steigt er von einer Position geringerer zu einer Position größerer gesellschaftlicher Verantwortung auf. Die Frau ist in komplementäre Verwandlungen einbezogen, in ihrem Fall aber symbolisiert die Geburt ihre eigene Realität. Die Konzentration auf den männlichen Partner kompensiert nicht nur das Fehlen eines scharf umrissenen kritischen Ereignisses in seinem Leben, sondern bezieht auch die Frau in die Bedeutung der männlichen Erfahrung ein – zu der auch die Kontinuität seiner Verbindung zum Kind gehört – ganz genauso, wie er auf die Bedeutung ihrer Erfahrung während der Schwangerschaft und unmittelbar danach hingewiesen wurde. Wie bei anderen Ritualen, die sich auf ein Geschlecht konzentrieren, wird dabei auch eine Veränderung im Verhalten des anderen abgekürzt, auch wenn die letztere Umwandlung weniger öffentlich ist. Die couvade kann also als Krisenritus verstanden werden, der der soziale Ausdruck einer existentiellen Verwandlung ist, die innerhalb des kulturellen Kontexts eines bestimmten Volks als gefahrenträchtig und bedeutungsschwer angesehen wird. Auf den Kontrast zu dem üblicherweise nicht engagierten und nicht angeleiteten männlichen Partner in ähnlichen Situationen in unserer Gesellschaft braucht kaum hingewiesen zu werden.

Genauso wie die systematischen Konflikte in der modernen Zivilisation unsere Idee des sozialen Fortschritts erzeugen, so erzeugen die unvermeidlichen Entwicklungskonflikte die Idee des persönlichen Fortschritts in einer primitiven Gesellschaft. Solche primitiven Konflikte jedoch werden gelöst; sie werden allgemein geteilt, verstanden und sozial strukturiert. Die Person entwickelt sich tatsächlich im Aufstieg durch Hierarchien des Seins. In unserer Zivilisation jedoch wird die Person auf einen Status, einen Reflex der Gesellschaft reduziert, und von dieser Gesellschaft wird angenommen, daß sie dem Fortschritt unterliegt. In primitiven Gesellschaften wird das »Werden« der persönlichen Entwicklung durch das »Sein« der persönlichen Verwirklichung auf allen bedeutsamen Ebenen des Daseins ausgeglichen, und daher ist unsere Wahrnehmung der Geschichte einfach irrelevant. Andererseits versuchen die Menschen des Westens, von ihren

Konflikten zwanghaft getrieben, stets konkrete Beweise für ihre Überlegenheit zu finden; sie glauben, daß sie das Abendland, das geistige Erbe der Vergangenheit und die Zivilisation selbst repräsentieren.

Unser kulturelles Zwangsbedürfnis, an den Fortschritt zu glauben, ist eine Sache, ob aber stichhaltige Daten dafür vorliegen, ist etwas ganz anderes. In Wirklichkeit ist das Beweismaterial schwach, verdient jedoch überprüft zu werden. Die Anthropologen scheinen über diese Frage mehr nachgedacht zu haben als die Historiker, und vielleicht auch expliziter als die Philosophen, da es ihnen um die Vielfalt, Evolution, Entwicklung und den Niedergang der Kultur von ihren prähistorischen Anfängen bis zur Gegenwart geht. Man könnte daher annehmen, daß die Anthropologen den zivilisierten Ansprüchen auf Überlegenheit skeptischer gegenüberstehen, und daß sie weniger ethnozentrische und verantwortungsbewußtere Urteile fällen als andere Wissenschaftler. Bevor wir aber betrachten, was für den Fortschritt spricht, muß die zugrundeliegende Vorstellung genauer definiert werden. »Fortschritt« bedeutet das Aufrücken in bessere Lebensumstände, und nicht lediglich Evolution oder Entwicklung. Evolution impliziert die fortschreitende Entwicklung einer Form aus einer anderen (so kann man z. B. von der Evolution des Autos aus dem Karren mit Rädern oder des Dampfers aus einem Segelschiff sprechen). In ähnlicher Weise kann man von der Evolution von Institutionen wie Ehe oder Familie sprechen, die sich von Polygamie zu Monogamie, von ausgedehnten Gruppen zu Kerneinheiten entwickelt hat. Oder man könnte auch an die Evolution ganzer Gesellschaften denken, wie z. B. die Evolution des Kapitalismus aus dem Feudalismus. Evolution ist aber nicht das gleiche wie Entwicklung – Institutionen, Werkzeuge und Ereignisse können sich alle entwickeln, ohne sich zu verändern. Sie können sich einfach vervielfachen oder ausdehnen, wie im Fall der Automobilindustrie. Die moderne Industriezivilisation begründet ihre Vorstellung von Fortschritt jedoch nicht mit Evolution oder Entwicklung, sondern mit ihrer Überlegenheit, und beruht daher auf der Vorstellung des Wandels durch Fortschritt.

Die Wissenschaftler berufen sich fast einhellig auf die Idee des Fortschritts, was in Anbetracht des Usprungs der akademischen Berufe im Priestertum und Mönchswesen leicht verständlich ist. Franz Boas, der Begründer der akademischen Disziplin der Anthropologie in den Vereinigten Staaten, bildet hier eine Ausnahme. Er sagte, daß er bei wichtigen Fragen mit Ausnahme technischer Probleme mehr auf die Meinung einfacher Leute gäbe, wenn diese Meinung klar genug ausgedrückt würde, da die Intellektuellen an Konventionen gebunden seien und sich zum größten Teil mit der überkommenen Autorität identifizierten. Doch sogar Boas glaubte in bestimmter Weise an den Fortschritt der Zivilisation, eine Meinung, die er mit A. L. Kroeber, seinem bekanntesten Schüler, teilte. Boas und Kroeber definierten den Fortschritt, der in der Zivilisation tatsächlich eingetreten ist, und die Bereiche, in denen er noch eintreten kann, wie folgt:

BOAS

1. in Wissenschaft und Technik
2. bei der Ausbreitung gruppenspezifischer ethischer Gebote gegen Mord, Vergewaltigung, Diebstahl usw. auf immer größere Gruppen außerhalb.
3. in der Zunahme von Gesundheit, Sicherheit und Komfort für das Individuum.

Fortschritt läßt sich jedoch nicht nach der Gesellschaftsform definieren. Das Ideal eines Menschen kann die Anarchie sein, und das Ideal des anderen eine zentralisierte Autorität, usw.

KROEBER

1. in Wissenschaft und Technik
2. im Rückgang des magischen Denkens (hier nimmt er die Religion aus).
3. im Fehlen gesellschaftlicher Zwangsvorstellungen über psycho-physiologische Prozesse wie Pubertät und Menstruation.
4. in der Abnahme von körperlichen Verstümmelungen zu religiösen oder Verschönerungszwecken.
5. in der Zunahme der Humanität der Zivilisation, in der Gegnerschaft gegenüber Sklavenhaltung, Folter, Ermordung von Kriegsgefangenen usw. zum Ausdruck kommt.
6. in der quantitativen Akkumulation von Kulturmerkmalen.

Nach dieser Aufzählung jedoch macht er einen Rückzieher und stellt fest, daß der Fortschritt in weiserer Lebensführung und in Glück besteht, und zweifelt im Widerspruch zu seiner eigenen scheinbaren Beurteilung, ob ein solcher Fortschritt in Wirklichkeit eingetreten ist.

In der Oberflächlichkeit dieser Urteile wird die soziokulturelle Situation des Anthropologen erkennbar; seine Schlußfolgerungen stehen daher in keiner Beziehung zu seiner Kompetenz oder zu den Voraussetzungen, die zu seiner Arbeit gehören. Zunächst stehen Wissenschaft und Technik nicht unbedingt in Beziehung zueinander. Der Mensch war ein Techniker, lange bevor er sich zum Wissenschaftler entwickelte; und noch relevanter ist, daß Wissenschaft und Technik, verdinglicht und vom menschlichen Zusammenhang und der gesellschaftlichen Anwendung abgelöst, lediglich mechanische Fetische sind. Der Glaube an den Fortschritt einer abstrakten Wissenschaft oder Technik ist ein Fehlschluß, der der westlichen Zivilisation eigen ist. Der Mensch des Westens phantasiert verständlicherweise, daß er eines Tages vom Roboter oder Computer ersetzt werden wird. Dies jedoch ist eine Projektion seiner eigenen unmittelbaren Gefühle über sein zeitgenössisches Selbst; dieses Verdrängtwerden hat bereits angefangen. Daher scheint der Fortschritt nur *vom Standpunkt der Maschine her* möglich, die für die emotionslose Kategorie von »Wissenschaft und Technik« steht; und um die Fiktion des Fortschritts aufrechterhalten zu können, geben sich die Menschen des Westens der Vorstellung der Negation der Menschheit selbst hin. Dies wiederum steht im Zusammenhang mit der irrationalen Warenproduktion, über die gewöhnliche Sterbliche keine Verfügungsgewalt haben, die zu konsumieren sie aber konditioniert werden. In der gemeinsamen Perspektive des Arbeiters und Konsumenten nimmt die Maschine ein Eigenleben an – schließlich haben sie sie nicht erfunden und haben kein Stimmrecht dabei, wie sie benutzt oder vervielfältigt wird. Das gebieterische Klingeln des Telefons unterbricht z. B. jede andere Tätigkeit. Daran, wie beiläufig, losgelöst und zwanghaft es gebraucht wird, wird sowohl der entfremdete Charakter der Gesellschaft erkennbar, die es so hoch schätzt, wie auch die internationalen Konzerne, die Nutzen daraus ziehen. So wird das Telefon, wie es gewöhnlich gebraucht wird, zum Zeichen nicht der Kommunikation, sondern des Kommunikationsmangels, und des daraus folgenden zwanghaften Wunsches, mit anderen Beziehungen herzustellen, dies jedoch auf Distanz – und nur in mündlicher Frustriertheit. Das Telefon ist kein im abstrakten Sinne oder an sich »rationales« Instrument, sondern ein integraler Aspekt der repressiven Kultur des Monopolkapitalismus.[3] In unserer Gesellschaft wird die Maschine zum Vermittler und schließlich sogar zum Ort losgelöster persönlicher Impulse.[4]

Auch Kroebers Betonung der quantitativen Anhäufung von Kulturmerkmalen kann nicht hingenommen werden. Sie setzt voraus, daß der Fortschritt vom Standpunkt einer Kultur, eines Riesenorganismus, gemessen werden kann. Das wirkliche Problem ist jedoch qualitativer Art: es betrifft die Teilnahme an einer Kultur und die persönliche Verfügung über kulturelle Möglichkeiten. So steht z. B. die bloße Existenz eines zivilisierten Wörterbuchs mit 100000 Wörtern in keiner Beziehung zum Alltagswortschatz eines Bankangestellten, der unter Umständen noch ärmer ist als der eines Eskimos oder eines ungebildeten schwedischen oder griechischen Bauern. Die bloße Aufsummierung von Kulturmerkmalen in der Gesell-

[3] Der Monopolkapitalismus ist bestrebt, seine Widersprüche dadurch zu überwinden, daß er Güter und Dienstleistungen produziert, die die Aufmerksamkeit auf sich ziehen und von der Vereinzelung und Frustration ablenken, die durch seine Gesellschaftsform erzeugt werden. Diese Gegenstände und Dienstleistungen werden sodann zum Bedürfnis, zum Zeichen von Fortschritt, zum Nachweis des Prestiges für diejenigen, die sie »besitzen«, zum Symptom der Klassenkollaboration und zu einer Möglichkeit, die Bevölkerung insgesamt auszunehmen, die über keine anderen Alternativen verfügt. In anderen Worten handelt es sich dabei um Suchtmittel.

[4] Diese sozialpsychologische Tatsache veranlaßte Norbert Wiener, den Erfinder der Kybernetik, zu einer Kampagne gegen seine eigene Schöpfung.

schaft ist eine abstrakte Rechnung, die keine Aussage über die Kompetenz und Fähigkeiten von Personen erlaubt. Es ist typisch, daß Kroeber wie auch andere Anthropologen dazu neigt, die Kultur zu verdinglichen, sie so zu sehen, als wüchse und entwickle sie sich mit einem Eigenleben, wie die Korallenskelette von Meerespolypen.

Boas behauptet, daß sich die ethischen Gebote von kleinen Gruppen nach außen verbreitet hätten, doch liegt natürlich nichts dergleichen vor. So z. B. spricht die Tatsache, daß die überwältigende Mehrheit der Morde in den Vereinigten Staaten in Familien oder unter engen Freunden und Bekannten vorkommen, der Logik dieser fortschreitenden Ausbreitung Hohn. Außerdem ist die Heftigkeit und lange Dauer des modernen Kriegs infolge der modernen Wissenschaft und Technik unter Primitiven nicht nur unbekannt, sondern auch Mord, Vergewaltigung oder Diebstahl kommen in der primitiven Kleingruppe selten vor. Ein weiteres Kriterium, die Zunahme an Gesundheit, Sicherheit und Komfort für das Individuum, kann nicht nur unmöglich »objektiv« gemessen werden, sondern würde auch, wenn sie wie beschrieben meßbar wäre, einen bourgeoisen Maßstab erfordern. Als Anthropologe läßt Boas die Transzendenz, die geistige Entwicklung oder Reifung außer Acht. Und er übersieht, daß neue Krankheiten entstanden sind – Krebs, Schizophrenie und Arteriosklerose. Die wiederentdeckte Umweltverschmutzung (Rousseau dokumentierte sie im 18., Marx und Engels im 19. Jahrhundert), die Zunahme der Zahl der Arbeitsunfälle und die ungesunden Bedingungen des Alltags sprechen dagegen, daß sich die Menschheit in diesen Bereichen verbessert hat. Außerdem ist kaum zu verstehen, wie Boas die zunehmende Verelendung der meisten Völker der Welt in den letzten 5000 Jahren übersehen konnte. Er schließt mit einer Bemerkung, die genau falsch ist: daß es keinen Fortschritt der Gesellschaftsformen selbst geben könne, da diese sich nach den jeweiligen Präferenzen richteten, die der Anthropologe relativistisch auffassen müsse. Die gesellschaftliche Organisation und Kultur des Kapitalismus im historischen Gegensatz zu beispielsweise einer Eskimogruppe ist es jedoch, die zur Chance der menschlichen Erfüllung und zum Verständnis der Lebensumstände des Menschen in Beziehung gesetzt werden muß. Boas' negatives Argument entspringt der unmöglichen Perspektive eines Verstands, der sich völlig außerhalb der Gesellschaft begibt: anstatt die Grundlage der menschlichen Möglichkeiten zu sein, wird die Gesellschaft bei ihm zu einer Angelegenheit der freien Wahl, zu einer bloßen Modeerscheinung.

Kroeber betont andere, aber damit im Zusammenhang stehende Umstände. Die Behauptung, daß das magische Denken abgenommen hätte, läßt sich kaum mit den Zwangsneurosen vereinbaren, die Freud als zentralen Prozeß in der Persönlichkeit des westlichen Menschen der Neuzeit identifiziert hat. Dementsprechend verdrängt das magische Denken im westlichen Bewußtsein die Religion, und nicht etwa andersherum. Die mechanische Manipulierung von Mensch und Natur, die Identifizierung des Ichs mit Außenstehenden, der Triumph der Säkularisation und die Blüte von tausendundeinem Kult, die ohne realistischen Hintergrund Belohnungen versprechen, die weite Verbreitung von Drogen, die bedeuten, daß der Verstand wie eine Maschine behandelt wird – alle diese miteinander zusammenhängenden Prozesse bezeichnen die Zunahme des modernen »magischen« Denkens, das mit dem primitiven nicht verwechselt werden darf.

Das angebliche Fehlen einer Fixierung auf das, was Kroeber »physiologische Prozesse« nennt (für einen Anthropologen eine merkwürdige Formulierung), ist in Wirklichkeit das Fehlen einer rituellen Konzentration auf die Lebenskrisen, welche die physiologischen Prozesse symbolisieren. Im primitiven Bewußtsein ist der Körper sowohl eine Realität als auch ein Symbol: er wird erlebt, erfahren und verstanden. Deshalb ist Kroebers »Fixierung« (»obsession«) in Wirklichkeit eine Erhöhung und keine Erniedrigung. Ebenso bezeichnet er den Rückgang von körperlichen Verstümmelungen zu religiösen Zwecken als Rückgang der Religion, und die Flucht vor dem Schmerz als Symbol fortschreitender Entwicklung. Was in Wirklichkeit abgenommen hat, ist die Wahrnehmung und das Verständnis des Opfers als einer symbolischen Gabe des Körpers an den Geist. Die körperliche Verstümmelung aus kosmetischen Gründen hat hingegen zugenommen. Chirurgische Eingriffe an Gesichtern und Busen, die Anwendung aller möglichen Kunstgriffe zur Verbesserung der Erscheinung des bekleideten Körpers und die Hochkonjunktur der Kosmetikindustrie machen deutlich, daß in der heutigen westlichen Zivilisation das Selbst auf den Status, die Realität auf die Erscheinung reduziert wird.

Kroebers nach dem Zweiten Weltkrieg geäußerte Meinung über die angebliche zivilisierte Ablehnung der Sklaverei, der Folter und der Tötung von Kriegsgefangenen verdient kaum Beachtung. Er unterscheidet weder zwischen den verschiedenen Formen der »Sklaverei« – der Primitiven, der des Altertums und der Neuzeit, noch wird die Folter ethnologisch interpretiert – die Folterung der Kriegsgefangenen bei den Irokesen war z. B. eine grausame Prüfung und Herausforderung, beruhte jedoch nicht auf ideologischen Gründen; sie hatten keinerlei Absicht, an ihren Feinden eine »Gehirnwäsche« vorzunehmen. Tatsächlich wurden die Gefangenen der Irokesen häufig in den Stamm aufgenommen und sorgten so für Arbeitskräfte, konnten aber schließlich ihre Würde wiedergewinnen und den Status von Irokesen erlangen, entweder selbst oder durch ihre Kinder.

Kroebers letzte Bemerkung steht auf festeren Füßen als die von Boas; er ist sich letztendlich seiner Sache nicht sicher und hat das Gefühl, daß »weisere Lebensführung und Glück« die wirklichen Fragen sind, um die es geht. Im Gegensatz zu seinen eindeutig definierten Indikatoren des Fortschritts macht Kroeber jedoch keinerlei Anstrengung, weisere Lebensführung oder Glück zu definieren. Die eigenartig seichten Bemerkungen Kroebers wie auch Boas' hierzu, die mit ihrem Verständnis der primitiven Welt nicht zur Deckung zu bringen sind, werfen ein bezeichnendes Licht auf die akademische Borniertheit des Ethnologen, seine grundlegende Unfähigkeit, seine eigene Gesellschaft ernsthaft zu kritisieren, und seine Bereitschaft, sich einer Sprache zu bedienen, die seine Erfahrungen leugnet.

Von einem anderen Anthropologen, V. Gordon Childe (genauer: einem Archäologen) erfahren wir jedoch: »Es ist ebenso unnütz, den Aberglauben der Vergangenheit zu betrauern, wie sich über ein unansehnliches Gerüst zu beklagen, das zum Aufbau eines wunderschönen Hauses notwendig ist. Es ist kindlich, zu fragen, warum der Mensch nicht geradewegs von dem Unrat einer noch nicht in Klassen geteilten Gesellschaft zu der Herrlichkeit des klassenlosen Paradieses aufgestiegen ist, das bisher noch nirgends ganz verwirklicht worden ist.« (Die Berechtigung der Frage bestreitet er, stellt sie aber doch). »Vielleicht machen gerade der Widerstreit und die Widersprüche, die wir oben enthüllt haben, die Dialektik des Fortschritts aus. Jedenfalls sind es geschichtliche Tatsachen. Wenn wir sie mißbilligen, so bedeutet das nicht, daß der Fortschritt ein Blendwerk ist, sondern nur, daß wir weder die Tatsachen, noch den Fortschritt noch den Menschen verstanden haben. Der Mensch hat den Aberglauben und die Maßnahmen der Unterdrückung ebensowohl geschaffen, wie er die Wissenschaft und die Werkzeuge der Produktion geschaffen hat. In beiden hat er sich selbst Ausdruck verschafft, sich selbst gefunden, sich selbst geschaffen.« (Childe 1956, 236)

Die Betonung des Fortschritts ist zwar hier raffinierter als in den Schriften von Kroeber und Boas, aber deswegen nicht weniger mechanistisch. Eine dialektische Argumentation würde nicht auf die Vorstellung der Selbstfindung des Menschen zurückgreifen, sondern eher den Blick auf die Notwendigkeit einer revolutionären Umwandlung der westlichen Zivilisation richten. Es ist überhaupt nicht »kindlich« zu fragen, warum der Mensch nicht unmittelbar vom Elend einer Gesellschaft ohne Klassen zum Glanz des klassenlosen Paradieses überging. Genau an dieser Stelle erhebt sich die Frage der Ausbeutung, und sie muß unmittelbar gestellt und nicht als Fortschritt rationalisiert werden. Theoretisch gesehen gibt es nämlich überhaupt keinen Grund dafür, warum es in einer politisch organisierten Gesellschaft eine stark verzerrte Verteilung und einen unterschiedlichen Verbrauch des geschaffenen Wohlstandes geben muß. Die gegenteilige Annahme ist nämlich die Begründung für den modernen Sozialismus. Mit der Rede vom Elend der Vergangenheit und vom Glanz der Zukunft enthüllt der Archäologe jene Art verbitterter Distanziertheit, die dazu führt, daß man den Menschen einer modernen Zivilisation so auffaßt, daß er sich

»selbst ausdrückt, findet und gestaltet«, und damit den ganzen Verlauf der Zivilisation als unvermeidlich rechtfertigt. Unter der Verkleidung des Menschen, der sich selbst bestimmt, erkennt er den Menschen als bestimmt an. Alles was in der Zukunft geschieht, muß daher ähnlich aufgefaßt werden, was zu dem Schluß führt, daß die Zivilisation von heute trotz aller ihrer Nachteile die fortschrittlichste aller Zivilisationen ist.

Bedeutsamer ist jedoch, daß diese Anthropologen den Problemen des Konflikts und der Entfremdung ausweichen. Wie ich zu zeigen versuchte, fühlte sich die Bauernschaft immer entfremdet vom Zentrum, und hat trotz ihrer Verarmung ein Netz von Verteidigungsmaßnahmen gegen den Angriff des Staates errichtet. Erst in unserer modernen Zivilisation wird die im sekundären Imperialismus zusammengefaßte Dynamik des Staats totalitär und die Trennung von unseren menschlichen Möglichkeiten in zunehmendem Maße akut. Die moderne Zivilisation läßt sich nicht einfach nach abstrakten Waagschalen von Verheißung und Verbot, Unterdrückung und Freiheit, Wissenschaft und Aberglaube gewichten – insbesondere nicht zu einer Zeit, wo die reine Wissenschaft selbst zum Aberglauben geworden ist, und wo der Aberglaube der primitiven Vergangenheit als Glaubenssystem verstanden wird, das Ausdruck einer mehrdimensionalen Realität ist. Es geht vielmehr darum, die Gründe für unsere Entfremdung zu erfahren, die Unvermeidlichkeit der Geschichte zu bestreiten und die Tatsache zu begreifen, daß der Mensch 40000 Jahre lang ohne Staat überleben und seine Existenz bestimmen konnte. Der Mensch im Westen kann es sich nicht leisten, seine Situation als »progressiv« zu mystifizieren, es sei denn in dem Sinne, wie es Marx gemeint hat. Vielleicht können sich die am meisten entfremdeten Menschen befreien, indem sie Front gegen ihre eigenen Lebensumstände machen und auf sie einwirken. Nur dann können wir von Fortschritt sprechen, der stets zum Teil ein Rückgriff auf Primitives ist, eine Neuformulierung alter Impulse in neuen Situationen und Gesellschaftsstrukturen.

Kapitel 2: Die Idee des Primitiven

Der Begriff des Primitiven ist so alt wie die Zivilisation selbst, da die Zivilisierten infolge ihrer Existenzbedingungen stets versuchen mußten, zu einem Verständnis ihrer Ursprünge und menschlichen Chancen zu gelangen. Das Umgekehrte gilt jedoch nicht. Die primitiven Gesellschaften haben meines Wissens keine systematische Vorstellung oder Idee und ganz gewiß keine Vision der Zivilisation hervorgebracht. Ich meine, daß dies bemerkenswert und bezeichnend ist. Was sollen wir davon halten? Dürfen wir sagen, daß primitive Völker keinen Begriff von Fortschritt oder Entwicklung und auch kein Geschichtsbewußtsein haben, und daher keine Grundlage dafür, ein Bild der Zivilisation zu entwerfen? Ich glaube nicht. Zunächst haben primitive Völker starke Überzeugungen und Wahrnehmungen der Persönlichkeitsentwicklung. Die primitive Gesellschaft ist von der konkreten Idee der Persönlichkeitsentwicklung durchdrungen. Zweitens ist die primitive Welterklärung häufig im umfassendsten, metaphorischen Sinne entwicklungsspezifisch. Den Primitiven fehlt nicht die allgemeine Fähigkeit, die Entwicklung oder den Formenwandel im Zeitverlauf begrifflich zu erfassen, ihre Wahrnehmungen haben keinen statischen Charakter. Auch kennen sie durchaus einfache Chronologien; das Gedächtnis primitiver Völker funktioniert in Anbetracht der fehlenden Schriftsprache außergewöhnlich gut. Geschichte ist aber für sie die Aufzählung geheiligter Bedeutungen im Rahmen einer zyklischen und nicht etwa einer geradlinigen Zeitwahrnehmung. Das rein pragmatische Ereignis, das nicht zum geheiligten Zyklus gehört, liegt außerhalb der Geschichte, weil es für die Aufrechterhaltung oder Wiederbelebung der traditionellen Gesellschaftsformen ohne Bedeutung ist. Daher ist es meiner Ansicht nach richtig, wenn man feststellt, daß die Primitiven kein *weltliches* Geschichtsbewußtsein und keine geradlinige *Idee* des gesellschaftlichen Fortschritts und infolgedessen auch kein prophetisches *Ideal* davon haben. Außerdem ist der Fortschritt als Abstraktion für sie ohne Bedeutung.

Offensichtlich ist das nicht das Ergebnis fehlender Phantasie, sondern eines fehlenden Bedürfnisses. In den primitiven Mythen, Volksmärchen, Legenden und mündlichen Überlieferungen im allgemeinen wimmelt es von den eindringlichsten und scharfsinnigsten symbolischen Kommentaren über das menschliche Leben, doch nimmt ihr Inhalt in keinem der mir bekannten Fälle jenes Niveau der Gesellschaftsstruktur und jene Qualität des Kulturdaseins vorweg, die wir Zivilisation nennen. Die zivilisierte Lebensweise des Menschen ist für primitive Völker *unvorstellbar*. Sie findet nicht einmal als mythologische Alternative Raum.

In der Geschichte ist der Kulturwandel immer eine Frage der Eroberung gewesen. Entweder zerschmettert die Zivilisation unmittelbar eine primitive Kultur, die ihr zufällig das historische Vorfahrtsrecht nimmt, oder eine primitive Volkswirtschaft wird im Griff eines zivilisierten Markts so geschwächt und ausgemergelt, daß sie die traditionale Kultur nicht mehr am Leben erhalten kann. In beiden Fällen können Flüchtlinge aus den untergehenden Gruppen sich die Maßstäbe der mächtigeren Gesellschaft zu eigen machen, um als Individuen zu überleben. Diese aber werden von der Zivilisation zwangsrekrutiert, sie schließen sich ihr nicht freiwillig an. Eine Vorstellung von der Zivilisation entstand deshalb bei den Primitiven immer erst nach der realen Konfrontation mit ihr und sie scheint dann negativ, bruchstückhaft und ohne Zusammenhang mit einer großartigen Vorstellung der Zivilisation als solcher aufgefaßt zu werden. Häufig ist ihre Auffassung der Zivilisation eine peinliche Karikatur unserer niedrigsten Wünsche. Bezeichnenderweise ist bei den überragenderen politischen Führern in den aufstrebenden früheren Kolonialstaaten in solchen Gebieten, wo primitive Kulturmerkmale noch vage bestehen, kein entwurzelter und weltlicher Glaube an den Fortschritt festzustellen. Vielmehr findet sich dort immer die Auffassung, daß man sich auf das Gemeinschaftsethos und die disziplinierte Ausdrucksfähigkeit der primitiven Gemeinschaft besinnen soll, eine *Rückwendung*, die durch eine neue Technik und breiter verankerte Gesellschaftsformen bewerkstelligt werden soll. Wie wir noch sehen werden, war dies eine typische Haltung während der Aufklärung. Es ist merkwürdig, daß die Führer Afrikas zu einem Zeitpunkt, wo die letzten Ausläufer der Französischen Revolution diesen Kontinent erreichen, nach dem Geist der Vergangenheit ihrer eigenen Völker blicken, auf jene »wilden Stämme«, die die Phantasie bestimmter *Philosophen* beflügelten, und die diese zur Darstellung bestimmter Wahrheiten, als Leitfaden und Losung für die Zukunft benutzten. Wenn das alte Europa und die Neue Welt ihre eigene Zivilisation überleben sollen, die sich immer mehr verhärtet, müssen wir auf jene »wilden Stämme« blicken, die jetzt ins Licht der Geschichte treten. Zerrissen von der abendländischen Welt, jedoch noch frei von den meisten unserer verbrieften Interessen und gewachsenen Kapitalstrukturen, nicht so zivilisiert und kränklich wie wir, könnten sie, wenn sie die Verfügung über ihre Naturschätze und ihre Technik haben, immer noch den Beweis für die Richtigkeit der Aufklärung liefern. Dies deuten jedenfalls ihre besten Führer an, wenn sie im Geiste unserer Ahnväter aus dem 18. Jahrhundert sprechen. Ihre politischen Gemeinschaften sind jedoch nicht mehr primitiv, sie nutzen die Überlieferungen und den ererbten Reichtum der unpolitischen menschlichen Zusammenschlüsse in den Ortschaften aus. Keine primitive Gesellschaft ist je zur Zivilisation als zu etwas besserem übergegangen – in den aufstrebenden Gebieten stellt sich die Frage einfach so, daß die noch vorhandenen primitiven Quellen genutzt werden müssen.

Es ist ein Faktum (so unerhört dies auch für die Mentalität der Zivilisierten sein mag), daß der größte Teil der Menschheit während der längsten Zeit der menschlichen Geschichte und Vorgeschichte primitive Gesellschaften ökonomisch, gesellschaftlich und geistig (oder wie wir sagen würden, ideologisch) für lebensfähig befunden hat. Das Fehlen von Revolutionen und Reformbewegungen, die oppositionellen Erweckungsbewegungen, die sich immer dann erheben, wenn primitive Kulturen unter dem Ansturm der Zivilisation stehen, die spontane und deutliche Abneigung, die (trotz selektiver Übernahme mächtiger Werkzeuge und Waffen) immer dann festzustellen ist, wenn die primitive Kultur noch eine Grundlage behält, von der aus sie die Zivilisation betrachten kann, das Fehlen jeder alternativen Lebensform der mündlichen Überlieferung bei den Primitiven – dies alles ist symptomatisch dafür, daß die primitiven Institutionen den Menschen angemessen sind. Selbst dann, wenn eine relativ geschlossene und abwehrbereite primitive Gesellschaft von der Zivilisation ein überlegenes Werkzeug für einen bestimmten Zweck übernimmt, wird der Versuch gemacht, das neue Element in die bereits vorher vorhandene Glaubens- und Handlungsstruktur zu integrieren. Daß dieses Werkzeug auch noch andere Konsequenzen haben könnte, entzieht sich der Vorstellung. Wie oft haben sich primitive Menschen in der Zivilisation verirrt, weil sie sich kein Bild von den Reaktionen machen konnten, die von ihnen in einer neuen Umgebung erwartet wurden! Wie oft haben sie Absichten fehlinterpretiert, Zeichen oder Symbole falsch aufgefaßt, oder nach Brüdern gesucht, wo nur Fremde wohnten! Kleine Irrtümer wie der, die Stadt für den Dorfverband zu halten, den Europäer für einen Ältesten oder einen Gleichrangigen, oder das Geld in der Hand für die Fähigkeit, allein zu leben, brauchen nur einmal vorzukommen, und sie wirken gemütszerstörend.

Das zyklische Zeitbewußtsein im Einklang mit dem Rhythmus von Mensch und Natur und das Fehlen der Idee des Fortschritts und jeder Vision der Zivilisation sind natürlich Phänomene, die miteinander zusammenhängen; außerdem stehen sie in Zusammenhang mit dem Gegensatz zwischen dem Charakter der primitiven und der zivilisierten Technik. Wenn wir die Zivilisation des Altertums (Ägypten, Babylonien, Griechenland, China, Rom) oder heutige kommerziell-industrielle Zivilisationen untersuchen, stellen wir fest, daß der Takt des Lebens, der von den Anforderungen des Markts, der staatlichen Autorität oder der Maschine bestimmt wird, in zunehmendem Maße an die Stelle des Rhythmus von Natur und Mensch tritt. Sowohl in der Sklavenhalter- wie auch in der Maschinengesellschaft sind die ausdrucksvollen, musikalischen Bewegungen der primitiven gemeinschaftlichen Arbeitsgruppe in Vergessenheit geraten. Die primitive Arbeitsgruppe ist traditional und erfüllt vielerlei Funktionen; die Arbeit ist natürlich nützlichkeitsbezogen, ist jedoch aber auch geheiligt – ein Sport, ein Tanz, eine Feier, eine Sache für sich selbst. In der Zivilisation wird die Gruppenarbeit zum Zwangsmittel. In einer Gesellschaft des Altertums können Sklaven in großen einheitlichen Gruppen unter Aufsehern arbeiten und öffentliche Einrichtungen in Zwangsarbeit erstellen; oder sie können auch unter äußerstem Druck bei Anwendung von rationalisierten und mechanischen Bewegungsabläufen arbeiten, um in einer bestimmten Zeit so viele landwirtschaftliche oder Handelsprodukte wie möglich herzustellen, um den Profit ihrer Herren und Meister zu maximieren.

In den Gesellschaften des Maschinenzeitalters verkörpert die Maschine die Forderungen der Staatsmacht oder des Marktes, das Leben der Gesellschaft, aller Klassen und Schichten muß sich ihrem Rhythmus anpassen. Die Zeit wird linear, verweltlicht, »kostbar«; sie wird auf eine räumliche Ausdehnung reduziert, die ausgefüllt werden muß, und die geheiligte Zeit verschwindet. Die Sekretärin muß sich der Geschwindigkeit ihrer elektrischen Schreibmaschine anpassen, der Fabrikarbeiter dem Fließband, der Direktor dem Fahrplan von Flugzeug oder Eisenbahn, der Kraftfahrer den Autobahnen, der Leser dem endlosen Strom von Gedrucktem aus Hochgeschwindigkeits-Druckmaschinen, und sogar der Schüler der genauen Zeiteinteilung eines Stundenplans, und der Mensch »im Mußezustand« einer mechanisierten häuslichen Umgebung und dem Fluß wirksam programmierter Unterhaltung. Die Reduktion der Zeit auf eine Quantität, die von Maschinen geeicht und gemessen wird, hat unseren natürlichen und menschlichen Rhythmus verballhornt und dazu beigetragen, daß wir uns von uns selber gelöst haben. Heute schon lieben wir kaum mehr die Erde, sehen kaum noch mit den Augen oder lauschen mit den Ohren, und wir hören erst auf unser Herz, wenn es aus Protest streikt. Die Maschinen als treue und genaue Diener erscheinen als fremde Macht, die uns immer wieder dazu überredet, unsere Absichten einzulösen, die wir in sie hineinkonstruiert haben und die sie darstellen – ähnlich wie der perfekte Leibdiener seinen Herrn der Routine unterwirft und schließlich zur Nebensache macht.

Von solchen tatsächlich vorhandenen oder möglichen Dingen haben primitive Gesellschaften keinen Begriff. Derartiges übertrifft ihre schlimmsten Träume von der Entfremdung von Dorf oder Familie oder der Erde selbst. Sie haben dafür nur eine annähernde Analogie: die Furcht vor dem Ausgestoßenwerden aus der Stammeseinheit, aus den persönlichen Beziehungen, durch die Mensch, Gesellschaft und Natur in einem endlosen Entwicklungszusammenhang verbunden sind. Das Gefühl, isoliert und entpersönlicht zu werden und daher den dämonischen Kräften auf Gnade und Ungnade ausgeliefert zu sein – eine unter primitiven Völkern weit verbreitete Furcht – kann als Andeutung dafür genommen werden, wie sie auf die sachlichen Entfremdungsprozesse der Zivilisation reagieren würden, wenn sie sie verstehen könnten. Das heißt, daß wir nur durch die Analogie den Abscheu und die Furcht der Primitiven gegenüber der Zivilisation verstehen können, indem wir ihre Haltung in Bezug auf das Ausgestoßenwerden aus dem Gefüge natürlicher und gesellschaftlicher Stammesbeziehungen begreifen.

Die primitive Gesellschaft kann als ein gleichgewichtiges System angesehen werden, das sich wie ein Kaleidoskop, jedoch an einem relativen Fixpunkt, um seine eigene Achse dreht. Die Zivilisation darf als ein System mit innerem Ungleichgewicht betrachtet werden; die Technik oder die Ideologie oder die Gesellschaftsordnung sind immer ungleichzeitig zueinander – und genau das ist es, was das System auf seiner vorgezeichneten Bahn vorwärtstreibt. Unser Gefühl der Bewegung, der *Unvollständigkeit*, trägt zur Idee des Fortschritts bei. Daher gehört die Idee des Fortschritts wesensmäßig zur Zivilisation, und unsere Idee der primitiven Gesellschaft als einer Gesellschaft, die sich im Zustand dynamischen Gleichgewichts befindet und Ausdruck des Rhythmus von Natur und Mensch ist, ist ein logisches Wunschbild zivilisierter Gesellschaften und steht im Widerspruch zum derzeitigen Zustand der Zivilisation. Es deckt sich aber auch mit der tatsächlichen historischen Verfassung primitiver Gesellschaften. Die Sehnsucht nach einer primitiven Daseinsform ist kein bloßes Hirngespinst oder eine sentimentale Anwandlung, sie stimmt überein mit grundlegenden menschlichen Bedürfnissen, deren Erfüllung (wenn auch in anderer Form) die Bedingung dafür ist, daß wir überleben können. Selbst der skeptische und zivilisierte Samuel Johnson, der Boswell für sein intellektuelles Techtelmechtel mit Rousseau verspottete, hatte geschrieben:

> »Als der Mensch anfing, nach Privateigentum zu streben, traten Gewalt, Betrug, Diebstahl und Raub auf den Plan. Bald danach brachen Stolz und Neid in der Welt aus und brachten einen neuen Maßstab des Reichtums mit sich, denn die Menschen, die sich bis dahin für reich gehalten hatten, wenn ihnen nichts fehlte, schätzten nun ihr Verlangen nicht nach den natürlichen Bedürfnissen, sondern nach dem Überfluß der anderen ein, und fingen an, sich für arm zu halten, wenn sie gewahr wurden, daß ihre Nachbarn mehr Besitztümer hatten als sie selbst.«

Als ethnologische Betrachtung mag dies unzulänglich sein, es war jedoch der Aufschrei eines zivilisierten Menschen nach einer Erlösung vom bloßen Konsumzwang und Erwerbsstreben, und so interpretiert ist darin eine zutreffende Annahme über primitive Gesellschaften enthalten, nämlich, daß durch Raub erworbenes Eigentum und die Produktion zum Zwecke des Profits in diesen Gesellschaften nicht existiert.

Die Suche nach dem Primitiven ist daher so alt wie die Zivilisation selbst. Es ist die Suche nach dem Utopia der Vergangenheit, in die Zukunft projiziert, wobei die Zivilisation zeitlich die Mittelstellung einnimmt. Die Suche nach dem Primitiven ist von der Vision der Zivilisation untrennbar. Kein Prophet und Philosoph von Rang hat die imperative seiner Version einer höheren Zivilisation formuliert, ohne bestimmte Konstanten der menschlichen Natur und Elemente einer primitiven Lebensweise vorauszusetzen, ohne sich also kurz gesagt auf die Anthropologie einzulassen. Ein Utopia, das ohne diese zwei Säulen auskommen will, – ohne das Bewußtsein der menschlichen Natur und das Bewußtsein der Vergangenheit *vor* der Zivilisation – wird zum Alptraum. Denn dabei muß dann davon ausgegangen werden, daß die Menschheit unendlich anpassungsfähig und daher nicht in der Lage sei, die Geschichte zu verstehen oder sich selbst zu verbessern.

Die zeitgenössische Zivilisation entwickelt sich überall zur Kollektivierung, ob nun auf »öffentlicher« oder »privater« Grundlage; und diese ist nicht das Schreckbild eines einzelnen Systems. Daher schmieden die Staaten von heute entweder die Geschichte oder lassen sie außer Acht; sie erzeugen politische Mythen, die die offizielle Version über die menschliche Natur und eine unvermeidliche Vergangenheit verbreiten, die die Gegenwart voll und ganz rechtfertigt. Die Fähigkeit, primitive Mythen zu erzeugen, die die Ambivalenz des Menschen und den unaufhörlichen Kampf um eine gemeinsame Identität des Menschen aufdecken, verkümmert wie ein Muskel des Menschen, der nicht benutzt wird.

Die Idee des Primitiven ist so alt wie die Zivilisation, weil sie die Zivilisation in ihrer Suche nach der menschlichen Identität selber schafft. Dies war bereits in den Werken von Herodot, Tacitus, Ovid, Horaz, Hesiod und anderen Dichtern und Gelehrten des klassischen Altertums zu erkennen. Sie versuchten die Natur ihrer eigenen Vorfahren zu begreifen und sich einen Begriff von den barbarischen Fremden zu machen, die sich an den Grenzen ihrer Staaten des Altertums drängten. Ich sage »begrifflich erfassen« und nicht »beschreiben«, weil jeder Akt des historischen Verstehens darin besteht, daß in das Verhalten anderer eine systematische Bedeutung hineingelesen wird. Auf der Suche nach dem Verständnis für die primitive Welt, der sie entstammten und deren Nachklang überall um sie herum zu hören war, mußten diese frühen Chronisten, die selber das Produkt politischer Gesellschaften waren, auch die Tiefen ihrer eigenen tatsächlichen oder potentiellen Erfahrung ausloten. Das heißt, die Aufgabe bestand nicht nur in der abstrakten Begriffsbildung, sondern auch in der Wahrnehmung, und sie verlangte jene Art von introspektiver Vorstellungskraft, die Terenz zu dem

Satz veranlaßte: *Nil humani a me lienum puto ergo sum* (»Nichts Menschliches ist mir fremd; daher bin ich ein Mensch«). Es handelt sich um eine Bemerkung, zu der jeder Historiker und jeder Anthropologe (denn die Anthropologie liegt im Bereich der Geschichte) fähig sein muß, oder er schweigt besser. Dennoch läßt sich eine solche Überzeugung nicht empirisch überprüfen. Kein Anthropologe verfügt über Erfahrungen aus mehr als einigen wenigen Gesellschaften; kein Historiker kann in der Zeit leben, von der er uns berichtet.

Entscheidend ist, daß die absolute Vorbedingung eines geschichtlichen Bewußtseins in einer unnachsichtigen Erforschung des Selbst liegt, so wie es vorhanden und vorstellbar ist. Die Fakten anderer Kulturen, die künstlerischen, geistigen und sozialen Gebilde, sind die äußerlichen Phänomene, das indirekte Datenmaterial, das bis auf seine menschlichen Quellen zurückverfolgt werden muß. Die begriffliche Erfassung einer anderen Kultur oder einer anderen Geschichtsepoche (es handelt sich um dasselbe Problem) ist das Ergebnis einer Interaktion des Selbst-Bewußtseins mit den Artefakten aus anderer Zeit und von anderen Orten. Die Idee des Primitiven ist daher ein Konstrukt. Damit wird lediglich anerkannt, daß alles historische Denken »konstruierend« ist, wodurch das historische Wissen aber nicht rein subjektiv wird. Vielmehr wird von der Annahme ausgegangen, daß die Menschen als Angehörige derselben Gattung in der Lage sind, die innere Natur der Handlungen anderer Menschen zu verstehen. Das historische Wissen ist daher eine Form der *Kommunikation*, die analog dem unmittelbaren Austausch zwischen lebenden Menschen ist.

Beide Kommunikationsformen beruhen auf derselben Grundannahme. Wenn wir mit anderen Menschen kommunizieren, gehen wir davon aus, daß sie so sind wie wir. Das heißt, wir sind uns darüber gewiß, daß gemeinsame Bedeutungen durch ein stillschweigendes Einverständnis über die Bedeutung der entsprechenden Symbole verstanden und ausgedrückt werden können. Zu diesem Prozeß gehört auch der idiosynkratische und im höchsten Maße persönliche Gebrauch von Symbolen wie zum Beispiel dann, wenn man einen Roman oder ein Gedicht liest, dessen Sprache symbolisch reicher und subtiler sein kann als die Alltagssprache. Der Verfasser des Romans oder Gedichts, das heißt, die Person, mit der wir unmittelbar kommunizierten, ist aber für uns genauso wenig greifbar wie ein Akteur in einer anderen Zeit oder an einem anderen Ort. Wir interpretieren sein Bewußtsein auf der Grundlage symbolischer Akte. *Was der andere ist*, ist für uns, wenn dies überhaupt verständlich sein sollte, nicht greifbar; seine Handlungen sprechen für ihn. Das Paradigma des historischen Wissens liegt also in der unmittelbaren Kommunikation zwischen Menschen: wir nähern uns einem Verständnis von Völkern der Vergangenheit oder von Völkern anderer Kulturen dadurch, daß wir die Bedeutung ihrer Emotionen einschätzen, wie sich diese in Zeichen, die unmittelbar sichtbare Daten darstellen, oder in Symbolen ausdrücken. Unser Bewußtsein als Art ist es also, das uns in die Lage versetzt, das nachzuvollziehen, waran wir nicht unmittelbar Anteil nehmen können. Vom echten

Historiker kann daher gesagt werden, daß er durch Ausbildung und Begabung eine sehr hohe Ausprägung des Artbewußtseins erreicht hat. Er geht andere Gesellschaften aus anderen Zeiten mit der Zuversicht an, daß sein Menschsein der Aufgabe gewachsen ist, Unterschiede festzustellen. Und dies ist zwar nicht das einzige, jedoch das entscheidende Element jeder zwischenmenschlichen Kommunikation.

Der Anthropologe muß ein Historiker dieser Art sein. Bei der begrifflichen Erfassung einer primitiven Gesellschaft interpretiert er Zeichen und Symbole, indem er sich in die Akteure des untersuchten Systems hineinversetzt. Die bloße Katalogisierung oder auch systematische Verknüpfung von Institutionen und Artefakten ist bedeutungslos, wenn nicht die Bemühung hinzukommt, das soziale Bewußtsein, das kulturelle Dasein des Volkes zu reproduzieren, das auf seine Weise lebt und produziert. Natürlich muß bei dieser Anstrengung jede verfügbare Methode angewandt werden, doch darf die Methode nicht zum Selbstzweck werden. Wenn wir die sozialen Formen und Werkzeuge von den Personen ablösen, und sie typologisch im Dienste dieser oder jener Methode oder als abstrakte, deduktive Modelle an- oder umordnen, verlieren wir den Kontakt zur konkreten sozialen Realität, zu den Ungereimtheiten des menschlichen Verhaltens und zu seiner tatsächlichen Bedeutung zu einer bestimmten Zeit. Die bloße logische Entwicklung von Strukturen der Stammesverwandtschaft, des Weltbilds und der Sprache, die wir einem Volk überstülpen können, ist nicht unbedingt Ausdruck des Bewußtseins der Akteure und kann sogar zu einem grotesken Verhaltensbegriff führen, wenn sie in entsprechendes Verhalten umgesetzt werden soll. Die abstrakte Beschäftigung mit der Entwicklung der Energieformen, die keine feststellbare historische Abfolge darstellt, ist von ähnlicher Irrelevanz, wenn man sie zum Beispiel mit der Beschreibung dessen vergleicht, was es im Gegensatz zum Knöpfedrücken an einer automatischen Drehbank oder zur Arbeit in einem Bergwerk bedeutet, daß man ein primitives Werkzeug verfertigt und beherrscht. Die Untersuchung des Kulturapparats gelangt zu ihrer grundlegenden Bedeutung in dem Versuch, das gesellschaftliche Bewußtsein zu verstehen, das er sowohl widerspiegelt als auch erzeugt. Andernfalls ist die Untersuchung des Menschen nicht die Untersuchung des Menschen, sondern die Untersuchung sozialer, ideologischer, ökonomischer oder technischer Formen, also eine Art von Physik der Kultur. Der Zweck liegt jedoch nicht in der Methode, sondern in dem Bemühen, diejenigen zu verstehen, die sich von uns kraft dessen unterscheiden, was sie geschaffen haben, indem wir darauf so reagieren, wie wir dies unseres Wissens nach in ihrer Lage tun würden.

Die Möglichkeiten der begrifflichen Erfassung einer primitiven Gesellschaft (ja sogar jeder beliebigen Gesellschaft) sind unerschöpflich. Ständige Variablen dabei sind Absicht und Ausgangspunkt des Beobachters. Der

Schwerpunkt der Beobachtungen kann verschieden sein, wenn diese jedoch den untersuchten Daten treu bleiben und klare Absichten verfolgen, werden sie sich nicht widersprechen, sondern sich gegenseitig ergänzen.

So zum Beispiel befaßt sich die Anthropologie des neunzehnten Jahrhunderts kaum mit dem Problem des Krieges, wohingegen wir uns in dem letzten Jahrzehnt in zunehmendem Maße auf Natur, Definition und Umfang von Krieg und daher auf den Konflikt zwischen Menschen im allgemeinen fixiert haben. Dies hängt zweifellos damit zusammen, daß das neunzehnte Jahrhundert zwar von einigen Bürgerkriegen und Kolonialkämpfen gezeichnet war, aus der reinen Sicht der Europäer und Amerikaner jedoch eine Ära relativer internationaler Freundschaft war. Das entscheidende Problem des zwanzigsten Jahrhunderts hat unsere Aufmerksamkeit als Anthropologen in verstärktem Maße auf die Kriegführung unter den Primitiven gelenkt, und es ist der Schluß zu ziehen (wie dies Malinowski schon vor einer Generation tat), daß sich ihre Art von der der Neuzeit qualitativ unterscheidet. In der primitiven Gesellschaft sind abstrakte ideologische Konflikte und Massenvernichtungsmittel unbekannt. Der Krieg unter den Primitiven besteht aus stark ritualisiertem Geplänkel (Malinowski weigert sich, sie als »Krieg« zu definieren), mit Ausnahme der Fälle, wo es um das Überleben einer Kultur geht.

Es scheint auf der Hand zu liegen, daß die Komplexität und Relevanz unserer Vorstellungen über Gesellschaften der Vergangenheit in dem Maße, wie sich die menschliche Gesellschaft entwickelt, eher zunimmt als abnimmt. Die Unterscheidungen zwischen diesen Bildern der primitiven Gesellschaft haben in weiterem Sinne instrumentalen Charakter, wir beschreiben das System durch ständige Neudefinitionen und Verfeinerung der Probleme, wie sie in unserer Zeit existieren.

Es gibt also kein endgültiges oder statisches oder ausschließlich objektives Bild der primitiven Gesellschaft. *Wir* machen eine Momentaufnahme, wobei wir für unterschiedliche Zwecke Filme von unterschiedlicher Lichtempfindlichkeit benutzen. Außerdem gibt es kein »endgültiges« Porträt der primitiven Gesellschaft, das uns von einem Akteur innerhalb des Systems überliefert werden kann, eben genau deswegen, weil es unsere Zivilisationserfahrung ist, die uns auf Fragen bringt, die der Primitive wahrscheinlich über seine Kultur nicht stellt, und auf Problemstellungen (für uns), wo er nur den Alltag wahrnimmt. Die Schwierigkeiten zum Beispiel, denen die unmittelbare zwischenmenschliche Kommunikation in der zeitgenössischen Industriegesellschaft (im schroffen Gegensatz zur Vervielfältigung der mechanischen Kommunikationsmittel) unterliegt, sind primitiven Kulturen fremd. Da die Erfahrung der Zivilisation fehlt, entziehen sich diese vermutlich dem primitiven Begriffsvermögen. Daher kann nur ein Vertreter unserer Zivilisation die Unterschiede im einzelnen genügend nachweisen und dazu beitragen, eine Vorstellung vom Primitiven zu schaffen, die von den Primitiven selbst normalerweise nicht konstruiert werden könnte.

Wir bedürfen solcher Vorstellungen über den Primitiven, doch werden sie dadurch nicht weniger »objektiv« oder gültig. Der komplementäre Charakter von Systemen, die Möglichkeit unterschiedlicher, jedoch unabhängig voneinander logischer und zweckgerichteter Interpretationen, die sich an die Daten halten, liegt in der Natur des historischen Wissens selbst. Eine solche Betrachtungsweise liegt auch, wie Niels Bohr schrieb, der Natur unseres Wissens über physikalische Systeme zugrunde.

Die unmittelbareren Ursprünge der Idee des Primitiven in der Neuzeit liegen in der europäischen Aufklärung. Der Zusammenbruch des Feudalismus hatte natürlich viele mittelalterliche Annahmen über die Natur des Menschen, die Stellung des Menschen in der Gesellschaft und die Lage der Erde im Weltall zerstört. Zwei aufs engste miteinander verbundene Traditionen, die seither das Denken von Anthropologen polarisiert, jedoch nie vollständig gespalten haben, und die daher als ambivalent beschrieben werden können, begannen sich im achtzehnten Jahrhundert klarer herauszubilden, insbesondere in Frankreich, aber auch im übrigen Westeuropa. Vor allem Rousseau, aber auch Monboddo, der junge Herder, Schiller und andere stehen für die *retrospektive* Tradition, d. h. für die bewußte Suche in der Geschichte nach einer im tieferen Sinne ausdrucksfähigen, dauerhaften menschlichen Natur und kulturellen Struktur im Gegensatz zu den in Entstehung begriffenen Realitäten der Neuzeit, die zu jener Zeit vom revolutionären Bürgertum geschaffen wurden. Das davorliegende »Zeitalter der Entdeckungen«, der Entdeckungen aus der Sicht der Europäer, hatte dem Abendland eine »exotische« Welt zugänglich gemacht, und dies wurde zum Dreh- und Angelpunkt des Versuchs, die zeitgenössische Szene in einem Europa zu verstehen, das durch die unmittelbar zurückliegende Renaissance und die Reformation sogar noch vor der Aufklärung selbst in zunehmendem Maße zivilisiert und »aufgeklärt« worden war. Das Zeitalter der Entdeckungen hielt einem Europa, das anfing, aus den mittelalterlichen Anschauungen auszubrechen und sich von der dogmatischen katholischen Weltsicht freizumachen, und dabei auf seine eigenen primitiven Wurzeln »zurückblickte«, das konstante Bild eines anderen Aspekts des Menschseins vor.

Das Zeitalter der Entdeckungen, in dem auch der Kolonialismus entstand, bot die Gelegenheit für die unmittelbare Untersuchung grundlegend verschiedener Völker, die der Vorläufer der Feldstudie und der teilnehmenden Beobachtung war. Die letztere Methode, ein grundlegender methodischer Beitrag der Anthropologie, ist eine Weiterentwicklung der Vorstellung der romantischen Historiker, daß Engagement gegenüber dem »Gegenstand der Untersuchung« für ein historisches Verständnis unverzichtbar sei. Die Mehrheit der späteren Historiker von Belang, ob sie nun mit der romantischen Tradition in sachlichem Zusammenhang stand oder nicht, hat dieses Prinzip als notwendige Vorbedingung historischen Wissens akzeptiert. Marc Bloch hat das so ausgedrückt: »Hinter den Landschaftsmerkmalen, hinter Werkzeugen oder Maschinen, hinter den anscheinend formalisiertesten Dokumenten und hinter den Institutionen, die von ihren Begründern fast völlig abgelöst zu sein scheinen, stehen Menschen, und Menschen sind es, die die Geschichte begreifen will.« (Bloch 1955, 151)

Die bloße Untersuchung von Formen verstellt uns also den Zugang zu funktionalen Äquivalenten, mit denen verschiedene Formen verglichen werden können. Darunter leidet unser umfassenderer Sinn für die geschichtlichen Ebenen, und wir berichten in unserer formalen Arbeit zum Beispiel nicht darüber, *was es heißt*, sich in einer menschlichen und natürlichen Welt der Stammesverwandtschaft im Gegensatz zu einer technisch und sachlich definierten Schicht der zivilisierten Gesellschaft zu bewegen. Die Untersuchungen des phantastischen Fächers von unveränderlichen Kulturformen, die die Menschen erfunden haben, kann als Raster für eine kritische Ästhetik dienen; sie sind auch der Grund dafür, daß es Museen gibt, diese Ablagen für die Beute von Raubzügen und Hinterlassenschaften imperialistischer Macht. Die tiefere Betrachtung ästhetischer Formen verlangt jedoch nach dem menschlichen Kontext, für die funktionale Innerlichkeit gibt es keinen Ersatz.

Trotz ihrer vorwiegenden Konzentration auf Abstraktes und Formales bekundet die Mehrzahl der Anthropologen nebenher eine tiefe Zuneigung und Achtung für ihre primitiven Gesprächspartner. In dem Buch *In the Company of Man* gelangt eine Anzahl von Anthropologen, die ein breites Spektrum von geographischen und thematischen Interessen repräsentieren, übereinstimmend zur gleichen Meinung über den außergewöhnlichen Charakter ihrer Gesprächspartner: sie werden als ausdrucksstark, scharfsinnig, tapfer, würdevoll und als starke Persönlichkeiten usw. beschrieben. In anderen Werken dokumentieren Colin Turnbull, Elizabeth Marshall, Laura Bohannon, Monica Wilson, Knut Rasmussen und Peter Freuchen, um nur ein paar zu nennen, die vielschichtige Menschlichkeit primitiver Völker. Häufiger steht dies, wie bereits bemerkt, im scharfen Gegensatz zu mehr technischen Aspekten ihrer Arbeit. Das heißt, daß die untersuchten Gesellschaftsformen nicht mit dem Kulturzustand in Zusammenhang gebracht werden, der mit mehr persönlichen Aussagen beschrieben wird.

Wenn sie sich also auf teilnehmende Beobachtung einlassen, stehen die Anthropologen in der romantischen Tradition der historischen Forschung, die wiederum auf der retrospektiven Tradition der Aufklärung beruht, die ihren Ausdruck im Zeitalter der Entdeckungen fand. Die Bereitschaft, mit der die meisten Anthropologen die Leitsätze der teilnehmenden Beobachtungen in kleinen Gemeinschaften akzeptieren, läßt auf etwas schließen, was über den bloßen Stolz auf ein Verfahren hinausreicht. Meiner Ansicht nach ist dies ein Symptom für eine Haltung, die den Anthropologen als zivilisierten Individuen in Bezug auf die Unzulänglichkeit zivilisierter menschlicher Zusammenschlüsse gemeinsam ist. Wir Anthropologen nehmen die weit zurückliegende Vergangenheit ernst. Wir versuchen, uns zum Sprecher für Gesellschaften zu machen, denen nicht gestattet wurde, für sich selbst zu sprechen, und wir schätzen die Dinge, die Menschen schaffen. Unsere Aufgabe ist die Erhaltung, nicht die Zerstörung. Wir sind Spezialisten für Tradition in einem Zeitalter, das zunehmend traditionsloser wird, und wir haben uns immer noch in großem Umfang selbst dafür entschieden, Völker abseits des Hauptstroms der gegenwärtigen Zivilisation zu untersuchen. Wir haben eine genügend hohe Meinung von solchen Völkern, daß wir unter ihnen leben, von ihnen lernen, sie achten und im Lichte dieser Erkenntnisse uns selbst und unsere Gesellschaft überprüfen können. Ein weiterer und positiver Ausdruck unseres Grenzgängertums liegt darin, daß wir nach einer Kultur suchen, der wir uns anvertrauen können. Man sollte uns nicht mit den Anhängern einer abstrakten und juristischen Vorstellung der Weltregierung verwechseln. In dieser vielleicht letzten Phase der Ära imperialistischer Staaten, nicht der Nationen oder Nationalitäten, könnte dies eine gefährliche Einstellung sein. Wir sind uns klar darüber, daß sich die Chancen für kulturelle Vielfalt in der Welt von heute verengen, daß Gebräuche und Sprachen verloren gehen. Wir machen uns darüber Sorgen, und wir lassen uns von politischer Propaganda oder Fortschrittsbeteuerungen nicht irremachen. Ein Leitsatz wie »Unser einziges Erzeugnis ist der Fortschritt« stößt uns ab, und die meisten von uns würden Lévi-Strauss zustimmen, wenn er schreibt: »Die Zivilisation erzeugt eine Monokultur wie die der Zuckerrüben.« Dies jedenfalls ist unser Selbstbild und die *Ideal*position, die wir vertreten.

Wenn Anthropologen (oder Personen in verwandten Disziplinen, die die Methode von uns übernommen haben, genau wie wir sie von den romantischen Historikern übernommen haben) sich auf teilnehmende Beobachtung in ihren eigenen Gesellschaften einlassen, können wir dies sowohl als wissenschaftliche wie auch als persönliche Anstrengung auffassen, menschliche Bindungen zu erzeugen, die in der zeitgenössischen Industriegesellschaft in hohem Maße eingeschränkt, abgeschwächt oder spezialisiert sind. Eben der *Bedarf* nach Feldarbeit unter Menschen aus unserer eigenen Gesellschaft ist natürlich ein Symptom für die Auflösung, die wir mit der »Komplexität der Gesellschaft« verwechseln, da die Feldstudien unter der Mittelschicht natürlich von Intellektuellen aus der Mittelschicht durchgeführt werden. Daß sie entsetzt sind über das, was sie erfahren, kommt häufiger vor als das Gegenteil. Dies läßt auf ein Ausmaß an sozialer und menschlicher Ignoranz über uns selbst schließen (ich meine das nicht abwertend, das gilt für uns alle), das unter primitiven Menschen unvorstellbar ist. Die außergewöhnliche Zunahme psychologischer Berater jeder nur vorstellbaren Art – die keine Schamanen, keine Dramatiker, keine Schöpfer von Bedeutung sind, sondern Anpassungshilfen, jene störungsanfälligen Sicherheitsventile für den emotionalen Untergrund unserer rationalisierenden Zivilisation – ist ein paralleles Symptom dafür, wie sich die zwischenmenschlichen Beziehungen verhärten und in Förmlichkeit erstarren.

Der »Wilde«, schrieb Rousseau, »führt sein Leben in sich selbst: der zivilisierte Mensch . . . lebt in der Meinung der anderen.« (1960, 28) Wir können dies neu formulieren: In der zeitgenössischen Zivilisation löst sich die Person tendenziell im Status oder in der Rolle auf. Bei den Primitiven dagegen werden neue Statuspositionen von der Person assimiliert, die sich durch Krisenriten so weit entwickelt, daß sie sie ausfüllen kann, durch rituelle Dramen, die psychologisch und körperlich schmerzhaft sein können, dem Primitiven aber eine Reihe von Sternstunden im lebenden Drama auf einer sozialen Bühne mit einem Chor von Stammesverwandten verschaffen.

Die teilnehmende Beobachtung stellt in unserer Gesellschaft eine Anstrengung dar, hiner die unendliche Regression sozialer Masken zu kommen, die die überzivilisierten Soziologen, die sich in einem verdinglichten Labyrinth von Rollen und Statusuntersuchungen verirrt haben, mit der persönlichen Realität und einer Art ewiger menschlicher Wahrheit verwechseln. Dies entspricht dem Bedürfnis der Anthropologen als Vertreter der Zivilisation, eine Vorstellung vom Primitiven zu konstruieren; die deswegen an primitiven Gesellschaften *teilnehmen*, um uns sagen zu können, was es heißt, einer menschlichen Situation zu begegnen, und was es bei einer Feldstudie in unserer eigenen Gesellschaft heißt, bloß eine menschliche Begegnung zu suchen. Der Erfolg in jeder dieser beiden Bemühungen kann sogar im Gegensatz zum beruflichen Erfolg stehen, da sich der Anthropologe dafür entscheiden kann, zu schweigen.

Die Aufklärung brachte eine reifere Version des Primitiven hervor (im Unterschied zu dem früheren »Primitivismus«), die von *Rousseau* definiert wurde und im zwangsläufigen Zusammenhang stand mit seiner harten Kritik der in Entstehung begriffenen modernen Kultur; sie war natürlich auch der Anfangspunkt einer modernen Sicht der aufkommenden weltlichen Zivilisation. Bestärkt durch die neuen Techniken, die zur Kontrolle der natürlichen Umwelt zur Verfügung zu stehen scheinen, und begeistert durch die Chancen und die Möglichkeiten einer neuen Wissenschaft, die auf Newton, Bacon und Locke fußte, suchten die englischen Vorläufer der Aufklärung, die Enzyklopädisten im allgemeinen, nach einer empirisch abgeleiteten, rationalen logischen Periodeneinteilung der Gesetze von Natur und Gesellschaft und nach der Enthüllung eines neuen Menschen, der von allen Formen des Aberglaubens und des Vorurteils der Vergangenheit befreit wäre. Dieser vorwärtsblickende Trend im Denken der Aufklärung, dieser evolutionäre Drang in die Zukunft hing aufs engste mit seinem scheinbaren Gegenteil zusammen: mit den retrospektiven Bemühungen um eine dauerhaftere Definition der Natur des Menschen und um die Erfüllung der menschlichen Bedürfnisse in einer geeigneten sozialen Umwelt. Das Denken der Aufklärung versenkte sich in die Vergangenheit, um ein lebensfähigeres Zukunftsbewußtsein zu entwickeln. Die Denker der Aufklärung neigten jedoch dazu, sich auf einen oder den anderen dieser beiden Hauptströme zu konzentrieren. Rousseau, der von der aufkommenden Bourgeoisie, der neuen Verstädterung, dem alles durchdringenden Kommerzialismus und Erwerbsstreben, den sturen Bürokratien und der Ablösung der Menschen von natürlichen und menschlichen Rhythmus befremdet war, widmete den größten Teil seiner geistigen Schaffenskraft der rückblickenden Suche nach der Möglichkeit, eine Einheit aus technischer Ausbildung und menschlicherer Sozialisierung zu schaffen, und er wandte sich der Rolle des menschlichen Willens bei der Schaffung und Duldung von Regierungen zu. Wichtig ist jedoch, sich daran zu erinnern, daß dies eine Frage der Schwerpunktbildung war. Ungeachtet der Epigramme Voltaires hat Rousseau nie den Rat gegeben, zu irgendeinem historisch spezifischen »Naturzustand« zurückzukehren, ja er verwarf eine solche Rückkehr als unmöglich. Zwar wunderte er sich darüber, warum die Menschen jenes relativ schöpferische Leben aufgegeben haben, das wir wahrscheinlich als frühes Neolithikum bezeichnen würden –, ein Problem, das alles andere als gelöst ist –, doch er beantwortet seine Fragestellung verblüffend gut und nimmt in allgemeinen Umrissen die Arbeit der evolutionären Prähistoriker, von *Gordon Childe*, *Graham Clark* und anderen vorweg. Es kann kein Zweifel daran sein, daß seine *Abhandlung über die Ursprünge der Ungleichheit* die erste systematische Anstrengung von Belang ist, eine umfassende Theorie der Entwicklung von Kultur und Mensch zu konstruieren; sie ist der erste Entwurf eines allgemeinen anthropologischen Werks.

Rousseau sprach durchgehend von der »Vervollkommnungsfähigkeit« des Menschen, er glaubte an die Möglichkeit des Fortschritts. Für ihn war der Fortschritt das Ergebnis einer Dialektik zwischen Vergangenheit und Gegenwart, kein blindes Sichstürzen auf das Neue, kein mechanistischer Zwang. Er erkannte jedoch, daß bestimmte menschliche Chancen auf *unnachahmliche* Weise in den lebensfähigen Gesellschaften primitiver Völker schöpferisch realisiert worden waren. Im Gegensatz dazu gehörten *Condorcet*, *Quesnay* und die meisten Philosophen ihrer Zeit hauptsächlich zur vorwärtsblickenden Richtung – Condorcet schrieb seinen *Abriß einer historischen Darstellung des Fortschritts des menschlichen Verstandes*, während er sich vor dem Terror versteckte, er beging vermutlich in Robespierres Gefängnissen Selbstmord; er war nicht progressiv genug, da er sich gegen die Todesstrafe für den entthronten König ausgesprochen hatte. Hat je ein bedeutender Philosoph das dialektische Bewußtsein der Rückkehr ganz aufgegeben, durch das die Zukunft lebenswert wird, und das das Kennzeichen des echten Historikers ist?

Die moderne Anthropologie ist also der natürliche Erbe der Aufklärung, des entscheidenden Zeitalters der zeitgenössischen Zivilisation. Unser grundlegendes Bemühen um den Primitiven entspringt der Nutzanwendung, die Rousseau und andere aus dem Zeitalter der Entdeckungen (oder der unmittelbar bevorstehenden Eroberung) ziehen wollten. Die teilnehmende Beobachtung, diese weitere Verfeinerung der Feldstudie, beruht auf einem Sinn für Geschichte, auf dem Bemühen, das Bewußtsein der Akteure der Vergangenheit zu durchdringen und unser soziales Dasein im Vergleich zu ihrem zu bewerten. Unsere progressiven, evolutionären, gesetzmäßigen, materialistischen und weltlichen Interpretationen der Entwicklung des Menschen verbinden uns mit den vorwärtsblickenden Enzyklopädisten. Unser Ringen mit dem Problem der menschlichen Natur, mit seiner Vielfalt und Einheit, unsere Wertschätzung der kulturellen Vielfalt, unser Mißtrauen gegenüber der Zivilisation, und unsere Beschäftigung mit den kontrastierenden Werten der primitiven Gesellschaft stellen uns in die retrospektive Tradition.

Es gibt jedoch ein Erbe der Aufklärung, das wir verloren haben: die theoretisch-instrumentale Einheit von Denken und Handeln. Kein Denker der Aufklärung hatte das Gefühl, daß er in den Wind redete; sie entwickelten alle ihre Ideen in einer experimentierenden, gefährlichen und sich wandelnden Umwelt. Im Guten wie im Schlechten wurde der geborgene Scholastiker als Gegner aus dem Mittelalter begriffen. Die Denker der Aufklärung sprachen einerseits den gewöhnlichen Bürger an (die Enzyklopädie erfuhr in Frankreich eine umfassende Verbreitung, die sich natürlich auch nach der Verbreitung des Lesens und Schreibens richtete; die Streitschriften der amerikanischen Revolution wurden beim Frühstück gelesen) und wirkten andererseits als Revolutionäre, Staatsminister und Lehrer (aber unabhängige Lehrer) von Königen. Kein Denker der Aufklärung hätte mit *Ralph Linton* den Schluß ziehen können, daß

»klare Anzeichen dafür vorhanden sind, daß sich auch diese Ära der Freiheit ihrem Ende nähert, und kaum Zweifel daran bestehen kann, daß der neuen Ordnung die Untersuchung von Kultur und Gesellschaft als erstes zum Opfer fallen wird. Im totalitären Staat gibt es dafür keinen Platz. Tatsächlich ist es eine Kritik der bestehenden Ordnung, ein Hinweis darauf, daß ihre Vollendung angezweifelt wird, wenn Menschen sich für diese Dinge interessieren. Wenn die Geschichte sich nicht irrt, wird der Sozialwissenschaftler den Weg des griechischen Philosophen gehen. Er wird jedoch . . . ein Erbe von Methoden zur Untersuchung und von ausgemachten, jedoch ungelösten Problemen hinterlassen; eine neue Außengrenze, über die freie Köpfe bisweilen hinaus ins Unbekannte drängen werden. Wenn diese Zeit anbricht, vielleicht nach Jahrhunderten der Verdunkelung und des Stillstands, werden die Menschen auf uns zurückblicken wie wir auf die Griechen.«

Hier also haben wir einen Anthropologen, der seiner Verbitterung darüber Ausdruck gibt, daß er gesellschaftlich und politisch ohnmächtig ist, und damit seinen Wunsch gesteht, anders zu sein, wie die Aufklärer zu sein. Der einzige praktische Nachhall des Imperatives zum Handeln der Aufklärung findet sich im zweifelhaften Milieu der angewandten oder handelnden Anthropologie, die bei den grundlegenden gesellschaftlichen Entscheidungen unserer Zeit keine Stimme hat, sondern vielmehr deren Abklatsch ist. Unsere Vorfahren aus dem achtzehnten Jahrhundert haben ihre revolutionären Impulse auf eine Vielzahl von Arten eingelöst, sie haben jedoch keine revolutionäre Wissenschaft geschaffen, obwohl dies eindeutig Rousseaus Absichten entsprach.

Genau wie ihre großen Vorfahren der Aufklärung ist keiner der heutigen Anthropologen vollständig auf die retrospektive oder vorausschauende Richtung verpflichtet. Die Disziplin blickt gleichzeitig voraus und zurück, und hängt gleichzeitig unbequem über der Kluft zwischen Wissen und Handeln. Es lassen sich jedoch einige herausragende Gestalten unterscheiden. *Radin, Redfield* und *Sapir* sind bedeutende Vertreter der retrospektiven Tradition. Als typisch dafür können wir *Sapir* betrachten. Seine Unterscheidung zwischen echten und falschen Kulturen läßt sich mit Leichtigkeit in eine historische Aufeinanderfolge von primitiv und zivilisiert verwandeln. Die affektiv-kognitiv-instrumentelle Einheit zahlreicher primitiver Tätigkeiten dient als Grundlage für Sapirs Kritik der Zivilisation (man vergleiche z. B. seine Analyse der affektiven Isolierung der Telefonistin), jedoch ist es Sapirs Ziel, den heutigen Zustand zu verstehen und zu verbessern.

In einem typischen Zwiespalt befinden sich Redfield und Lévi-Strauss. Im Schlußkapitel seines Buchs *Primitive World and Its Transformations* sieht sich *Redfield* gezwungen, sich zum prospektiven Anthropologen zu wandeln. Er versucht, den Fortschritt objektiv zu definieren, indem er Kroebers problematischen Kriterien mehr oder weniger folgt, obwohl Kroeber selber in Bezug auf die subjektive Gültigkeit der Vorstellung des Fortschritts als solchem zur Skepsis neigte. Es besteht hier kein Anlaß, Redfields Indikatoren des Fortschritts zu untersuchen (er war im Grunde ein brillanter retrospektiver Anthropologe), denn sie sind nicht besonders umwerfend. Wichtig ist bei ihm das ambivalente und unverarbeitete Erbe der Aufklärung.

Lévi-Strauss zieht aus seiner Zusammenfassung seines bisherigen Lebens als Anthropologe den Schluß, daß sich alle menschlichen Anstrengungen auf die Anordnung und Umordnung von Elementen zur Bildung vergänglicher Strukturen reduzieren lassen; der Mensch und seine Werke werden schließlich spurlos wieder in den Fluß der Materie zurücksinken. Näher kommt Lévi-Strauss jedoch nicht an eine Zukunftsprognose. Sie stellt zwar eine ziemlich negative Formulierung der Ideen der Physiokraten, insbesondere derer des Baron d'Holbach dar, ist jedoch mit diesen Ideen verbunden. Wir können seine Ansicht logisch, nicht nur historisch, verstehen, wenn wir uns in Erinnerung rufen, daß Lévi-Strauss ein Strukturalist in der französischen Tradition mit einer gewissen Achtung vor der primitiven Gesellschaft ist. Da der Primitive angeblich auf Nimmerwiedersehen untergegangen ist, und da Lévi-Strauss die Chancen der Zivilisation zutiefst skeptisch beurteilt, (nicht jedoch die des verdinglichten zivilisierten Verstands), beschränkt er sich auf die Aussage, daß sich das menschliche Bemühen in der Zukunft wie in der Vergangenheit in nichts auflösen wird.

Julian Steward, Leslie White, Gordon Childe und einer ihrer Vorläufer, *Tylor,* sind in erster Linie vorausschauende Anthropologen. Tylor definierte als Quäker die Anthropologie als die »Reformwissenschaft«, was ein pädagogisches Echo des Zeitalters der Aufklärung aus dem neunzehnten Jahrhundert mit retrospektiven Untertönen ist. *White* nimmt trotz seines mechanischen Materialismus (der bei den Physiokraten angedeutet wird) an, daß eine primitive Integrationsebene eine historische Realität ist. Er hat eine begeisterte Einschätzung des gegenwärtigen Zustands der Zivilisation gemieden und er hat, wenn auch in Form einer Autopsie, emphatisch über die primitive Sicht der Welt nach ethnologischem Brauch geschrieben. Stewards Evolutionstheorie ist ähnlich gefärbt; an einem bestimmten Punkt seiner wissenschaftlichen Laufbahn interessierte er sich für die Stellung des Clowns in primitiven Gesellschaften, und deutete so einen wesentlichen Unterschied zur Zivilisation an, den er jedoch nicht weiterverfolgte – nämlich die Art und Weise, wie uneindeutige und persönlich ambivalente Einstellungen in primitiven Gesellschaften stukturiert werden.

Die meisten Anthropologen waren jedoch mehr oder minder bewußt auf eine der beiden Traditionen der Aufklärung verpflichtet. *Kroeber, Benedict, Boas* und *Linton* lassen unter anderem mehr zufällig sowohl retrospektive als prospektive Neigungen erkennen. In diesem Zusammenhang ist *Benedicts* Relativismus besonders interessant. Sie scheint einerseits von dem Wunsch geleitet gewesen zu sein, in Übereinstimmung mit der romantischen Vorstellung des historischen Wissens über den in der Struktur einer Kultur erkennbaren Stand des gesellschaftlichen Bewußtseins nachzudenken. Andererseits widerlegt ihr Relativismus durch den Versuch, die Vielfalt der menschlichen Ausdrucksformen in der primitiven Gesellschaft aufzudecken, in Wirklichkeit die Behauptung, daß die primitiven Völker nicht menschlich seien, und daß ihre Untersuchung irrelevant sei. Vielleicht läßt sich Benedicts Absicht, die viel bedeutender als ihre Leistung ist, als Versuch darstellen, durch eine genaue Untersuchung der *Werte* primitiver Gesellschaften festzustellen, welchen Wert die Untersuchung dieser Gesellschaften hat. Trotz offensichtlicher Kritikpunkte, die hier nicht erörtert zu werden brauchen, bleibt bemerkenswert an Benedicts Werk, die Anthropologie als Waffe zur Kulturkritik an der modernen Zivilisation zu gebrauchen. Man kann ihre Arbeit als metaphorische Kritik ihrer eigenen Zeit auffassen, – als Kritik an der Stellung der Frau, an unserem Erwerbsstreben, an unserer Massenkultur, an unseren Rassenvorurteilen, an der Unzulänglichkeit unseres Bildungssystems, an unseren falschen Auffassungen von Freiheit usw. – die zwar stilistisch hervorragend und mit großem Einsatz, jedoch ohne Lösung formuliert ist. Diese Abart des Relativismus muß also als ein Versuch betrachtet werden, eine chaotische und immer enger werdende Gesellschaft zu einer weiträumigeren Sicht der menschlichen Chancen zu erziehen, und schon aus diesem Grunde erwies er sich als provokanter und populärer als ein orthodoxes Werk. Benedict ging die Untersuchung der Kultur mit einem Problembewußtsein an; doch das ist natürlich nur der *erste* Schritt bei der Konstruktion einer faktentreuen und aussagefähigen Geschichte oder einer Kritik, die über den Relativismus hinausgelangen muß, wenn sie Integrität beansprucht und zum Handeln führen soll.

Es gibt auch noch andere Hinweise dafür, daß diese mittlere Gruppe an die Tradition gebunden ist. *Kroeber* schreibt sehr verständig über den Charakter der Volkskultur und stellt ihn der Zivilisation gegenüber. Er tadelt die Sowjets dafür, daß sie die eifrigsten Vertreter eines umfassenden, progressiven Industriestaats und daher eines entfremdenden Kollektivismus im Gegensatz zu den gemeinschaftlichen Werten, dem Personalismus und der vollen Beteiligung der Person an der Gesellschaft, sind. *Linton* vertritt die These, daß der Verfall der lokalen Gruppe in der zeitgenössischen Gesellschaft, d. h. der Niedergang von Bewußtsein und Realität der Gemeinschaft, das grundlegende Problem des modernen Menschen ist – da die Menschen nur durch die lokale Gruppe lernen, wie sie ihr Menschsein verwirklichen können. Hier handelt es sich um einen entscheidenden anthropologischen Begriff, die lokale Gruppe leitet sich aus Erfahrungen in der primitiven Ortschaft ab, die sich aus sich wechselseitig ergänzenden Personen zusammensetzt und von innen heraus wächst, im Gegensatz zu dem von außen aufgezwungenen, sachlich entfremdenden modernen Kollektiv. *Boas* konstruiert objektive Kriterien des Fortschritts, doch durch sein gesamtes Werk, insbesondere auf dem Gebiet der Kunst, zieht sich eine Wertschätzung der Leistungen primitiver Völker und auch ein ausdrückliches Bemühen, ihre Formen des ästhetischen Bewußtseins zu verstehen, das er für intensiver hielt, als dies in der Zivilisation gewöhnlich der Fall ist. Seine aktive Sorge um den Zustand der modernen Gesellschaft, sein Kampf gegen das Establishment der Anthropologie und dessen Fügsamkeit gegenüber dem imperialistischen Mißbrauch dieser Wissenschaft brauchen kaum nachgewiesen zu werden. *Malinowski* teilte diese Sorge und entwarf eine Art von Modell der Funktionsweise der primitiven Gesellschaft, – die er als frühdemokratisch und nicht ausbeutend charakterisierte – um durch den Kontrast den Charakter des politischen Staats zu beleuchten und seiner Opposition diesem und dem modernen Totalitarismus gegenüber Ausdruck zu geben. Können wir daran zweifeln, daß sein »Funktionalismus« jenen kreisförmigen, institutionell integrierten (aber nicht konfliktfreien) Prozeß widerspiegelt, der ökonomische, soziale und ideologische Verhaltensaspekte in einzelne unveränderliche Akte der primitiven Gesellschaft zusammenfaßt? Der Funktionalismus ist eher eine synthetische als eine analytische Konzeption – er trennt nicht zwischen Ursache und Wirkung, sondern befaßt sich mit selbststeuernden Systemen – innerhalb derer die Idee des Fortschritts deswegen irrelevant ist, weil das institutionelle Ungleichgewicht nie so drastisch ist, daß es dramatische Formen inneren Wandels hervorruft. Der Funktionalismus könnte die Betrachtung des primitiven Systems von innen heraus durch einen gebildeten Außenseiter sein, eines Systems, dem Malinowski die höchste Achtung zollte. Sein Ausgangsfehler lag jedoch in der Annahme, daß der Funktionalismus ein Werkzeug der allgemeinen Gesellschaftsanalyse und nicht eine Theorie sei, die auf der menschlichen Erfahrung auf einer bestimmten Ebene der Geschichte beruht. Später wurde er sich darüber klar, daß seine funktionalistische Grundhaltung, die die Legitimität und Eignung primitiver Gesellschaften für den Menschen als gegeben hinnahm, sich nicht mechanistisch auf zivilisierte und in zunehmendem Maß totalitäre Staaten anwenden ließ; das heißt, daß letztere nicht deswegen zwangsläufig gut oder lebenswert waren, weil sie zu funktionieren schienen. Diese Position untersucht er in seinem letzten Buch, *Kultur und Freiheit*.

Es liegt also auf der Hand, daß es den Anthropologen irgendwie gelingt, beide Betrachtungsweisen der Aufklärung, die retrospektive und die prospektive, in ihren Einstellungen miteinander zu vereinen, und in geringerem Umfange auch in ihrer Arbeit – auch wenn dies unbewußt und ohne Lösung geschieht. Bewußte Bemühungen um eine Synthese, um eine Gegenüberstellung und Überwindung unserer historisch entwickelten Ambivalenz sind jedoch selten. *Lewis Henry Morgan* steht in dieser Hinsicht fast allein. Hand in Hand mit Rousseau schließt er sein Buch *Acient Society* wie folgt ab:

»Seit dem Eintritt der Zivilisation ist das Wachstum des Reichtums so ungeheuer geworden, seine Formen so verschiedenartig, seine Anwendung so umfassend und seine Verwaltung so geschickt im Interesse der Eigentümer, daß dieser Reichtum, dem Volk gegenüber, eine nicht zu bewältigende Macht geworden ist. Der Menschengeist steht ratlos und gebannt da vor seiner eigenen Schöpfung. Aber dennoch wird die Zeit kommen, wo die menschliche Vernunft erstarken wird zur Herrschaft über den Reichtum, wo sie feststellen wird sowohl das Verhältnis des Staats zu dem Eigentum, das er schützt, wie die Grenzen der Rechte der Eigentümer. Die Interessen der Gesellschaft gehn den Einzelinteressen absolut vor, und beide müssen in ein gerechtes und harmonisches Verhältnis gebracht werden. Die bloße Jagd nach Reichtum ist nicht die Endbestimmung der Menschheit, wenn anders der Fortschritt das Gesetz der Zukunft bleibt, wie er es war für die Vergangenheit. Die seit Anbruch der Zivilisation verflossene Zeit ist nur ein kleiner Bruchteil der verflossenen Lebenszeit der Menschheit; nur ein kleiner Bruchteil der ihr noch bevorstehenden. Die Auflösung der Gesellschaft steht drohend vor uns als Abschluß einer geschichtlichen Laufbahn, deren einziges Endziel der Reichtum ist; denn eine solche Laufbahn enthält die Elemente ihrer eigenen Vernichtung. Demokratie in der Verwaltung, Brüderlichkeit in der Gesellschaft, Gleichheit der Rechte, allgemeine Erziehung werden die nächste höhere Stufe der Gesellschaft einweihen, zu der Erfahrung, Vernunft und Wissenschaft stetig hinarbeiten. Sie wird eine Wiederbelebung sein – aber in höherer Form – der Freiheit, Gleichheit und Brüderlichkeit der alten Gentes.« (Morgan, Zit. in: Engels, *MEW* 21, 172 f.)

Das ist die wirkungsvollste zusammengefaßte Aussage bei *Morgan*, die sich logisch aus seiner Sicht der Irokesen und seiner Auffassung über das Aufkommen der Zivilisation ergibt, die sich nach ihm in den Frühphasen der Staaten Griechenlands und Roms verfolgen läßt. Die Aussage ist freidenkerisch in ihrer Absicht und interessanterweise der Form nach dialektisch, und entstammt daher ebenso der Aufklärung wie die der deutschen romantischen Kulturhistoriker, deren Höhepunkt (wenn auch in einer platonischen Form) *Hegel* darstellt. Die Frühmarxisten, die geistige Brüder Morgans waren und sich ebenso mit anthropologischen Problemen befaßten, versuchten die Ambivalenz der Aufklärung ähnlich zu lösen, indem sie eine Zukunft vorhersagten, in der der Staatsapparat verkümmern und die neue Technik in höherer Form mit den Prinzipien der primitiven Kommune vermählt würde. Auf diese Weise blickten sie mit Rousseau zurück und schauten mit Condorcet und seinesgleichen in die Zukunft. *Marx* fand Morgans Werk kongenial, weil sie bei der Arbeit an gleichgelagertem Material mit gemeinsam ererbten kulturellen Werkzeugen zu sich wechselseitig ergänzenden Schlüssen gelangt waren.

Morgans Anstrengung, eine Synthese unseres Erbes aus der Aufklärung zu erreichen, war bedeutend, wir brauchen jedoch noch größere Anstrengung. Ich glaube, daß es notwendig für uns ist, daß wir eine präzisere und subtilere Vorstellung, ein induktives Modell der primitiven Gesellschaft bei voller Einsicht in die Probleme der Zivilisation entwickeln – ebenso wie sich *Morgan* mit dem Problem des Eigentums und *Malinowski* mit Krieg und Totalitarismus befaßte –, das zu sich wechselseitig ergänzenden Auffassungen über die primitive Gesellschaft führen könnte, durch die entscheidende Aspekte *unserer* Zivilisation in eine kritische Perspektive gerückt werden könnten.

Bei dem Versuch, für den Menschen zu sprechen, und nicht für Staaten und Systeme, wird die Anthropologie eine umfassend kritische Rolle spielen müssen. Diese Rolle muß auf unserer Achtung und Kenntnis der menschlichen Natur und der »unveränderlich« menschlichen, ich würde sagen, primitiven Vergangenheit beruhen – eine Vergangenheit, die wir durch die imperialistischen Apparate der Zivilisationen, insbesondere derer des europäisch-amerikanischen Weltteils, in den letzten fünfhundert Jahren in die Vergangenheit verbannt haben.

Kapitel 3: Die Suche nach dem Primitiven

Es mag überraschen, daß sich die Anthropologen nicht über eine Definition des Wortes *primitiv* einig werden können. Schließlich haben wir Völker, die mit diesem Wort charakterisiert wurden, mindestens ein Jahrhundert lang mehr oder weniger systematisch untersucht. Einige Anthropologen streiten sogar ab, daß es in Eingeborenenkulturen besonders hervorgehobene Merkmale gibt, die die Anwendung des Begriffs *primitiv* rechtfertigen könnten. Dies sollte uns jedoch nicht irreleiten; in unserem überanalytischen Zeitalter ist dies lediglich eine Modeerscheinung. An dieser Stelle soll die Feststellung genügen, daß unserem Zögern bei der Definition des Wortes »primitiv« in den meisten anderen wissenschaftlichen Disziplinen ein ähnliches Zögern bei deren grundlegenden Themen entspricht. Dieses Zögern ist kein Ergebnis mangelnden Wissens, sondern eines wissenschaftlichen Stils, der sich in überspitzter Opposition gegenüber der Vorstellung von Grundannahmen, von Synthese und von Begriffsmodellen entwickelt hat, so wichtig eine derartig skeptische Grundhaltung auch sein mag. Dennoch gilt, daß jede Human- oder Naturwissenschaft, die vor der Wissenschaftstheorie und vor der »Metaphysik« (in Collingwoods Sinne die Wissenschaft der Grundannahmen) zurückschreckt, sich letztendlich auf eine gedankenlose Methodik reduziert.

Der entscheidende Terminus

Das Wort *primitiv* ist meiner Ansicht nach der entscheidende Terminus der Anthropologie, der Dreh- und Angelpunkt des Untersuchungsfelds, doch entzieht es sich der Definition, da es eine Reihe von miteinander zusammenhängenden gesellschaftlichen, politischen, ökonomischen, geistigen und psychischen Bedeutungen vereint, sie jedoch nie völlig trifft. Das heißt, mit primitiv wird eine bestimmte Geschichtsebene und eine bestimmte Kulturform bezeichnet, die ich in diesem Kapitel versuchen werde, erneut zu formulieren.

Diese Kulturform wird durch die Zivilisationsprozesse beständig verdeckt oder abgebaut, und dies weitaus einschneidender, als wir gewöhnlich anzuerkennen willens oder in der Lage sind; infolgedessen ist das Bild einer identifizierbaren, über die Kulturen hinweg *vor* jeder Zivilisation bestehenden, ja sogar im vorhinein gegebenen Chance des Menschen praktisch aus unserer Vorstellungswelt verschwunden. Der unnachgiebige Kulturrelativismus, der Kulturdeterminismus und der gesellschaftswissenschaftliche Szientismus sind zum Teil und jeder auf seine Weise Rationalisierungen einer Zivilisation, die vergessen hat, welche Fragen sie sich selbst zu stellen hat. Diese Einstellungen haben dazu beigetragen, den Sinn für allgemeingültige menschliche Bedürfnisse, Konflikte und Erfüllungen abzustumpfen, der in der Vergangenheit in Religion und Kunst seinen hervorragenden Ausdruck fand. Die Aufgabe der Anthropologie besteht darin, bei der erneuten Formulierung relevanter Fragen der Lebenserhaltung Hilfestellung zu geben.

Die Suche nach dem Primitiven ist der Versuch, eine ursprüngliche Möglichkeit des Menschen zu definieren. Ohne ein solches Modell (oder, da wir es mit Menschen und nicht mit Sachen zu tun haben, ohne eine derartige Vision) wird es zunehmend schwierig, den pathologischen Zustand unserer derzeitigen Welt und ihre Chancen einzuschätzen oder zu verstehen. Ohne eine Anthropologie, die darauf gerichtet ist, den Charakter der menschlichen Natur wiederzuentdecken, wird z. B. die medizinische Wissenschaft durchaus bestehen bleiben, die Kunst des Heilens jedoch absterben. Das Heilen nämlich ergibt sich aus der Einsicht in primäre, »vorzivilisatorische« menschliche Prozesse; sie setzt ein Wissen über das Primitive, einen Sinn für das minimal Menschliche, einen Sinn für das voraus, was wesentlich dafür ist, daß der Mensch Mensch ist.

Um uns selbst verstehen und in diesem Zeitalter abstrakten Schreckens heilen zu können, müssen wir den Sinn für die Totalität und die Unmittelbarkeit des menschlichen Erlebens wiedergewinnen. Um bestimmen zu können, wo wir uns überhaupt befinden, müssen wir Silbe für Silbe lernen, wo wir gewesen sind. Das Geschichtsbewußtsein ist für eine Gesellschaft, die sich in der Krise befindet, dasselbe, was die psychoanalytische oder anderweitige Selbsterforschung für das Individuum in der Krise darstellt – es erlöst und bereichert, es ist kathartisch und schöpferisch, und es könnte das einzige sein, was sich für uns als lebensrettend erweist. Die Geschichte ist das Maß unserer Fähigkeiten, die Verbindung zwischen Mensch und Mensch, der Schlüssel zu uns selbst. Das Fehlen eines Geschichtsbewußtseins oder die mechanistische Ansicht, daß die Geschichte unveränderlich und zwangsläufig sei, bedeutet den Tod des Menschen.

Der Mensch der Zukunft wird häufig als »nachgeschichtliches« Wesen gezeichnet, das zwanghaft in einem Büro geronnen und auf die Erfüllung einer Funktion reduziert ist (Seidenberg 1957). Dieses Bild der menschlichen Termiten von morgen, von denen jede ihr spezialisiertes bißchen Kultur als Beitrag zu dem absondert, was als ein unermeßlich reiches und nahezu greifbares soziales Ganzes aufgefaßt wird, gehörte zu den beliebtesten Voraussagen *Kroebers,* bei denen er sich auf *Wheelers* Arbeiten über Insekten und auf seine eigene Einstellung gegenüber Menschen stützte (Wheeler 1928, 44). All' diejenigen, die die Menschheitsgeschichte mit der Naturgeschichte vergleichen oder sie mechanizistisch darstellen, tragen dazu bei, das Geschichtsbewußtsein abzustumpfen und die Menschen daran zu hindern, mit sich selbst konfrontiert zu werden. Die Strafe, die wir für die Abstumpfung des Geschichtsbewußtseins zu zahlen haben, ist die Auflösung sowohl der Gesellschaft als auch des Individuums; das Auslösen des Zeitzünders der Bombe wird unter solchen Umständen lediglich der letzte Vorfall im Verlauf einer tödlichen Kulturkrankheit sein – etwas abstraktes, das wir nichtsdestoweniger ausführen.

»Wenn wir die Vergangenheit, d. h. die Geschichte betrachten« schrieb *Hegel,* »sehen wir als erstes nichts anderes als Ruinen.« Aus diesen Ruinen der Zivilisation müssen wir eine konkrete Gesamtsicht des Menschen gewinnen. Jeder Denker von Bedeutung seit Beginn der industriellen Revolution bis zur Gegenwart hat auf die eine oder andere Weise nachdrücklich auf diese Notwendigkeit hingewiesen. Darwin, Freud, Marx, Einstein, L. H. Morgan, Tylor, Henry Adams, Paul Tillich, Boas, Kierkegaard und Sartre haben auf eine Vision der Verantwortlichkeit und Autonomie des Menschen gedrängt. Der Keim der modernen Anthropologie entstand aus der Suche nach dem historischen Gegensatz zu unserer eigenen unerträglichen Verfassung, d. h. auf der Suche nach dem Primitiven. Sie war zweifellos ein Ausdruck der Reue für die ideologische und technische Eroberung des Planeten durch die Europäer.

Die moderne Anthropologie ist die Suche nach dem Menschen in der Geschichte, die von einer Gesellschaft unternommen wird, die vom Automatismus bedroht ist. Aus einer umfassenderen Sicht heraus könnte man sagen, daß die Anthropologie mit dem Beginn der Zivilisation einsetzt, mit Sicherheit schon bei den Griechen, vielleicht schon bei den Babyloniern, den Ägyptern, den Indern oder Chinesen des Altertums. Überall dort, wo eine Zivilisation aufkommt, wird das Primitive im Menschen unterworfen; es schrumpft, wird abgeschwächt oder ersetzt. Daher setzt die rätselnde Suche danach ein, was abgebaut wurde, die Suche nach verschiedenen Möglichkeiten, Mensch zu sein, die Suche nach dem Primitiven (also die Anthropologie). Sogar *Plato,* der vielleicht in der Geschichte der wohltuendst zivilisierte Mensch gewesen ist, zollt zu Beginn seiner Schrift *Der Staat* den Vorzügen seiner bukolischen Version des primitiven Lebens Tribut, die durch sein übermächtiges und durchgängig zivilisiertes Utopia zu ersetzen er sich gezwungen fühlt. Plato war sich sehr wohl darüber klar, daß der zivilisierte Mensch nicht wissen kann, was gewonnen wurde, bevor er nicht gelernt hat, was verloren ging.

Platos ganzes Werk ist eine Art von Anthropologie der Zivilisation, eine umfassende Erforschung der politischen Gesellschaft. Von Interesse für uns dürfte sein, daß es pessimistisch endet. In seinen *Gesetzen* bemüht sich Plato nämlich nicht mehr darum, die Zivilisation als Teil eines sich ausweitenden menschlichen Bewußtseins zu begreifen und zu schaffen; seine abschließende Erklärung zur Gesellschaft ist rundheraus repressiv und pragmatisch, und die Verheißung wird zur bloßen Vorhersage. In den *Gesetzen* ist die menschliche Natur zum Feind geworden, und wir erkennen die Zivilisation. Doch werden wir mit seiner Schrift *Der Staat* im Gegensatz zu den *Gesetzen*, ob wir es wollen oder nicht, von der Vision des Menschen gebannt, der sich in der Zivilisation wiederfindet, jedoch auf eine Art und Weise, die kaum lebenswert ist, da sie den Primitiven ausschließt und nicht in sich aufnimmt.

Plato beschäftigte sich zu einer Zeit mit den Problemen der Zivilisation, von den ästhetischen bis zu den technischen und juristischen, als die Zivilisation in Griechenland zu einem unlösbaren Problem geworden war. Andere Philosophen, Schriftsteller, Weltreisende und Historiker haben sich mehr mit unzivilisierten Völkern befaßt. Ihre Beschreibungen weichen stark voneinander ab, und manche enthalten eindeutige Projektionen oder sind anderweitig verzerrt, was sich jedoch durch alle von ihnen zieht, ganz gleich, ob sie von Herodot oder Tacitus, Ovid, Seneca oder Horaz, Columbus oder Camöens, Montaigne oder Gide, Rousseau oder Monboddo, de Bougainville oder Melville oder Conrad stammen, ist das Gefühl eines Kontrastes.[5] Zivilisierte Menschen sehen sich hier mit dem konfrontiert, was sie als das Urwüchsige annehmen; sie sagen sich: »So also waren wir, bevor wir das wurden, was wir jetzt sind, dies ist die andere Seite unseres Menschseins.« Genau dies ist die anthropologische Aussage, und dies wird immer das anthropologische Problem bleiben.

Paradoxerweise wächst und gedeiht die Anthropologie in dem Maße, wie eine Zivilisation an Tiefe und Ausdehnung zunimmt, sie wird jedoch auch zunehmend professionalisiert. Das Dringende des zentralen Problems verschwindet aus dem Blickfeld, das Problem wird sogar verleugnet und eben deswegen verdrängt, weil es so dringend ist und wir beim Versuch einer Antwort darauf Risiken eingehen müssen. Derselbe Umstand also, der zu einem verstärkten Bedürfnis nach anthropologischer Forschung führt, nämlich die Ausdehnung der Zivilisation, verwandelt ebenfalls die Anthro-

[5] Es braucht kaum darauf hingewiesen zu werden, daß dieses Problem des Kontrastes ein explizites Hauptthema im Werk vieler neuzeitlicher Gesellschaftswissenschaftler ist, z. B. bei Redfield, Radin, Sapir, Tylor, Boas, Maine, Maitland, Morgan, Marx, Engels, Tönnies, Freud, Fromm, Weber, Durkheim, Mauss – und ein Nebenthema bei Kroeber, Linton, Benedict, Fortes und einer Vielzahl anderer.

pologie in eine beschränkte Disziplin mit mechanizistischen Methoden und trivialen Zielen. Es kann sogar eintreten, daß das zentrale Problem – welchen Teil unseres Menschseins wir verloren und wie und warum wir es verloren haben und wie und in welcher Form wir es wiedergewinnen können – aufhört, für die Anthropologie überhaupt interessant zu sein. Vielleicht werden bedeutsame Aussagen über den Menschen nicht mehr von Anthropologen gemacht werden, genauso wenig wie die meisten Soziologen noch irgendetwas Aufregendes über die Gesellschaft, oder die Politikwissenschaftler über die Politik, die Ökonomen über die Ökonomie usw. sagen können, eben deswegen, weil diese Arbeitsgebiete, als Abbild der umfassenderen Arbeitsteilung in unserer Kultur und deren zunehmend analytischen Einstellungen, sich immer weiter auseinander entwickelt haben. Der Mensch jedoch läßt sich nicht ad infinitum aufteilen; die feinsten Gewebe sind dem Skalpell nicht zugänglich; untersucht werden muß der gesamte Organismus. Ebenso läßt sich auch die Geschichte nicht quantifizieren.

Ganz zu Beginn führten die Bürokratien Zählungen durch – von Menschen, Besitztümern, Grund und Boden –, um schätzen, Steuern erheben und Macht ausüben zu können, um diejenigen Tatsachen aufzuzeichnen, die zur Grundlage der staatlichen Zwangsgewalt wurden. Im Verlauf der historischen Entwicklung wird die Quantifizierung zum Zweck an sich, und nicht zu einem problematischen und nur in Grenzen anwendbaren Mittel, wie sie dies in den Humanwissenschaften immer ist. Das Prinzip der Bewertung wird diesem Zahlenspiel untergeordnet oder von ihm absorbiert. Dabei ist dieses Zahlenspiel eine abstrakte Verschiebung von Zählmarken, die politischen Entscheidungen, Prinzipien und Bedeutung dadurch aus dem Wege geht, daß sie den Anspruch erhebt, darüber zu stehen. Die neue Pedanterie ist die Pedanterie der Maschine.

Die Anthropologie wird zu zivilisiert, zu abstrakt und zu bürokratisiert. Sie ist dabei, in eine zusätzliche spezialisierte Übung verwandelt zu werden, in ein Symptom unserer Zivilisation, das nicht deren Antithese darstellt, sondern mit ihr deckungsgleich ist. Die Antithese jedoch ist ihr wahres Erbe, und es sollte die Pflicht der Anthropologen sein, diese Wahrheit zu verbreiten.

Ich behaupte, daß der Terminus *primitiv* in der Anthropologie einen Inhalt hat, und daß der Versuch, seinen Bedeutungsgehalt zu erforschen, eben genau deswegen unsere zentrale Aufgabe bleibt, weil wir so zivilisiert sind und ein so starkes Bedürfnis nach einem tieferen Verständnis des Menschen haben. Auf diese Weise kann die Anthropologie zu einer revolutionären Disziplin werden, wenn es auch oft den Anschein haben mag, daß sie die weltfremdeste und exzentrischste aller Wissenschaften ist.

Zur Etymologie des Wortes ›primitiv‹

Es besteht allgemeine Einigkeit darüber, daß das englische Wort *primitiv (primitive)* eine unmittelbare Übernahme der altfranzösisch-neuzeitlichen französischen Form *primitive* ist, welche die Femininform von *primitif* darstellt. Die einzige Veränderung dabei, abgesehen von der Verschiebung der Betonung von der ersten auf die letzte Silbe ist die Verkürzung des Endungs-*i* im Englischen. Die erste nachgewiesene Verwendung des Wortes im Englischen ist eine mittelenglische Abhandlung über Chirurgie etwa aus dem Jahre 1400, in der es *prymytiff* geschrieben wird und die Bedeutung »primär« oder »ursprünglich« (*causes prymytiff*) hat, eine Denotation, die dem Wort durch seine ganze Geschichte hindurch geblieben ist. Eine andere sehr frühe Verwendung erscheint in einer Erklärung von Heinrich VII. in York, etwa um das Jahr 1486, die die Formulierung *»primative patrone«* enthält. *Primative* impliziert hier »frühest«, »ursprünglich« und »primär«, nicht nur zeitlich, sondern auch der Rangfolge nach. Das *a* in *primative* dürfte Ausdruck einer Dialektvariation sein oder – was noch wahrscheinlicher ist – von dem alten französischen *primat* abgeleitet sein, mit dem ein hoher kirchlicher Würdenträger bezeichnet wurde. Es ist nicht uninteressant, wenn man feststellt, daß die Doppelbedeutung des zeitgenössischen Wortes *primate* (»ein führender kirchlicher Würdenträger« und eine »biologische Ordnung, die Lemuren, Affen, Menschenaffen und Menschen« umfaßt) ihren Ursprung in der Verknüpfung zwischen den beiden Abstammungslinien aus dem ursprünglichen lateinischen Terminus *primus* hat, wobei die eine die Rangordnung und die andere die zeitliche Abfolge bezeichnet.

Die erste moderne Schreibweise des Wortes (die Übernahme der französischen Femininform) scheint im Titel eines 1581 veröffentlichten Buchs aufzutreten – *Positions wherein those Primitive Circumstances be Examined which are Necessarie for the Training up of Children.* Als Anthropologe finde ich, daß dies ein besonders passender Text ist. Hier hat primitiv die Bedeutung von »primär«, mit der zusätzlichen Schattierung von »grundlegend«. Das französische *primitif* ist von dem mittelalterlich lateinischen *primitivus* (*primus* = der erste + *ivus*, eine spätere Adjektivendung) abgeleitet, das das früheste oder älteste bedeutet. *Primitivus* wurde ursprünglich im nachklassischen Latein als grammatischer Terminus zur Bezeichnung altertümlicher Worte gebraucht (*verba primitiva*). Erst im Mittelalter nahm primitivus allmählich die Bedeutung »primär«, »frühest« oder »am ältesten« an. Tatsächlich taucht es in englischen und irischen Kirchentexten erst im 12. Jahrhundert auf, wo es allmählich an die Stelle von *pristinus* und *priscus* tritt.

Primitivus läßt sich schließlich auf das klassisch-lateinische *primus* zurückverfolgen, über das abgeleitete Adverb *primitus* (»an erster Stelle«), und das Adjektiv gleichen Stamms *primituus. Primus* bedeutet natürlich »zuerst« oder »am frühesten« und ist der Superlativ, der dem lateinischen Komparativ *prior* (»früher«) entspricht. *Primus* ist überdies mit *pristinus* verwandt (»im ursprünglichen oder fast im ursprünglichen Zustand vorhanden«) und mit *priscus,* das mit *pristinus* mit Ausnahme dessen synonym ist, daß die dargestellte Sache nicht mehr vorhanden ist; beide Worte wurden schließlich wie angegeben durch *primitiv* ersetzt. Die Denotationen dieser Begriffe waren rein temporal und spiegelten Ciceros Verwendung von *cascus* (»Alt« oder »altertümlich«) wider, einem mit *priscus* stammverwandten Wort, das in Bezug auf die Vergangenheit gebraucht wurde. Lucretius ist, wie man bemerken wird, noch vorsichtiger; in *De Rerum Natura* verwendet er einfach Konstruktionen wie *tunc* (»dann«) und *nunc* (»jetzt«).

Die klassischen lateinischen Formen beruhen wahrscheinlich auf dem homerischen Adverb und der attischen Präposition und Konjunktion *prin,* die »vorher« bedeutet. Diese wiederum leitet sich von der wahrscheinlichen vor-indo-europäischen Wortwurzel *pri* ab, die ebenfalls die Bedeutung von »vorher« hat. Im Lateinischen sind die Präfixe *prim, prin* und *pris* daher Verlängerungen des vor-indo-europäischen *pri.* Ein stammverwandtes Präfix *pra* existiert im Sanskrit (auch im dorischen Griechisch); in dieser Sprache bedeuten die Worte *prakkalina* und *prathamakalina* »zu einer früheren Zeit gehörig«, was dem etymologischen »primitive« sehr nahekommt.

Alle europäischen Hauptsprachen des Griechischen scheinen das Wort *primitive* aus einer mittelalterlichen (kirchlichen) lateinischen Quelle übernommen zu haben; ob aber das Wort über das Altfranzösische weitergegeben wurde, wo es im 14. Jahrhundert zuerst auftauchte, läßt sich mit Ausnahme des Falls England schwer bestimmen. Im Spanischen, Italienischen und Portugiesischen ist die geläufige Form *primitivo;* im Rumänischen (das es unmittelbar vom nachklassischen Latein entliehen haben dürfte), im Deutschen, Holländischen, Flämischen, Dänischen, Norwegischen, Schwedischen und Ungarischen wird *primitiv* verwendet; im Lettischen *primitius* usw. Im Griechischen gibt es ein paralleles Wort *protogonos,* das »zuerst geboren« d. h. »frühest« oder »ältest« bedeutet.

In keiner dieser Sprachen hat der Terminus *primitive* etymologisch eine pejorative Bedeutung. Obwohl alle Sprachen, die mit zivilisierten politischen Gemeinwesen zusammenhängen, über Worte zu verfügen scheinen, die etymologisch die Minderwertigkeit anderer Gruppen zu implizieren scheinen, wie das sanskritische Wort *mlechha,* das griechische *barbaros* und das englische *uncivilized,* fehlt dem Wort *primitive* diese strukturelle Bedeutung. Sogar *savage* (wild) bezeichnet in seiner Ableitung nichts weiter als »im Walde lebend«, d. h. »der Natur nahe« (aus dem Lateinischen *siluaticus*, einem Adjektiv zum lateinischen silva). Und das Wort *pagan* (heidnisch) leitet sich schließlich vom Lateinischen *pagus* ab, was »Dorf« bedeutet, jedoch ursprünglich »einen in die Erde gerammten Grenzpfosten«. Genauer leitet sich das lateinische *paganus* von *pagus* ab und bedeutet im Zeitverlauf nacheinander »Dörfler«, »Bauer«, »Zivilist« und schließlich »Heide«. Daher spiegelt sich die Entwicklung Roms von einem »in den Boden gerammten Grenzpfosten«, d. h. einem Zusammenschluß von Dörfern bis zum Aufkommen der römisch-katholischen Kirche in der Geschichte des Wortes *pagan* wider. Für den größten Teil der römischen Geschichte vor Konstantin war ein *pagan* ein Dörfler, ein Bauer und vielleicht durch den Wortsinn ein Mann des Friedens (*pax*) im Gegensatz zu den zivilen und militärischen Vertretern des Staates.

Primitive, *pagan* und *savage* (Primitiv, heidnisch und wild) sind daher drei durchaus anständige Wörter. In den Weltsprachen ist jedoch *primitiv* in den am leichtesten erkennbaren Formen am weitesten verbreitet und hat sogar heute noch die wenigsten pejorativen Assoziationen, da es lediglich einen früheren Zustand der Dinge, eine relative Ursprünglichkeit bedeutet. Daher sehe ich keinen Grund dafür, das Wort aufzugeben, wie dies immer wieder vorgeschlagen wird, es in Anführungszeichen zu setzen, ihm die unausgesprochene Ironie des »sogenannt« voranzustellen oder es durch beschränkte und irreführende Ausdrücke wie »analphabetisch« (»pre-literate«) zu ersetzen.[6] Es stellt sich vielmehr die Aufgabe, dieses Wort genauer zu definieren und eine Übereinkunft darüber zu erzielen, was *primitiv* eigentlich bedeutet.

[6] Das Vorhandensein oder Fehlen einer Schriftsprache ist ungeeignet als Kriterium für Primitivität. Die komplexen und fortgeschrittenen Ackerbaugesellschaften der Küste Guineas und Südamerikas kannten keine Schriftsprache, doch waren sie, wie wir noch sehen werden, archaische *Zivilisationen*. Eine andere Schwierigkeit, die mit dem Gebrauch des Kriteriums des Alphabetismus oder Analphabetismus zusammenhängt (ganz zu schweigen von der im Präfix *pre* von *pre-literate* enthaltenen Vorhersage) ist die unterschiedliche Verteilung des Alphabetismus innerhalb von Gesellschaften, die als des Lesens und Schreibens kundig und daher als nicht primitiv klassifiziert worden sind. Während der ganzen chinesischen Geschichte war z. B. die überwältigende Mehrheit der Chinesen nicht in der Lage, zu lesen oder zu schreiben. Dies gilt auch für ausgedehnte bäuerliche Bevölkerungen in Europa. Im Gegensatz dazu heißt es von Japan, dessen Gesellschaftsgrundlage bis zum Zweiten Weltkrieg eine relativ intakte Bauernschaft war, daß es den höchsten Prozentsatz der Alphabetisierung in der ganzen Welt erreicht hatte.

Es kann kein Zweifel daran sein, daß von einem bestimmten sozioökonomischen Niveau ab die Kenntnis des Lesens und Schreibens in jeder beliebigen Gesellschaft eine zwangsläufige Entwicklung ist; sie ist unerläßlich für die beschleunigte Zu-

Wie sollen wir primitive Völker in Raum und Zeit lokalisieren? Beim Versuch der Antwort auf diese Frage werde ich mich vorläufig des folgenden Schemas bedienen, das sich auf vier recht umfassende Entwicklungsphasen stützt. Die erste Phase erstreckt sich von dem ursprünglichen Auftreten von Kultur im unteren Paläolithikum vor etwa einer halben Million Jahren bis ungefähr zum Jahre 10000 vor unserer Zeitrechnung, also im großen und ganzen auf die Periode des Übergangs vom Paläolithikum zum Neolithikum. Diese ungeheure Spanne umschließt unter dem Gesichtspunkt aufeinanderfolgender Phasen betrachtet die Phase der *Ursprünge der Kultur*. Das, was an Informationen verfügbar ist, beruht auf ziemlich dürftigem archäologischem Material. Über die Ursprünge oder damals vorhandenen Formen von Sprache, gesellschaftlicher Organisation, Religion usw. wissen wir so gut wie gar nichts; die meisten der gestaltenden und nicht materiellen Aspekte der Kultur sind uns unzugänglich. Auch die Untersuchung zeitgenössischer primitiver Völker wirft kein klares Licht auf diese Dinge; durch derartige Studien erhalten wir keinen Einblick in die Entstehungszeit des menschlichen Bewußtseins, da wir unsere Annahmen auf materielle – einschließlich ästhetischer – Artefakte stützen, wobei wir immer davon ausgehen, daß unser Wissen über zeitgenössische vorzivilisierte Gruppen anwendbar ist, und damit wird das Argument natürlich zur Tautologie.

Damit will ich sagen, daß der anthropologische Terminus *primitiv* auf die Lebensumstände des Menschen vor dem Aufkommen der Zivilisation und unmittelbar nach jenen frühesten Perioden der kulturellen Entwicklung anzuwenden ist, die im oberen Paläolithikum kulminierten. Die typischen Institutionen primitiver Völker, die ich weiter unten abhandeln werde, haben jedoch eine lange etablierte Geschichte; soweit mir bekannt ist, sind wir niemals Zeuge der ersten Ursprünge dieser Institutionen geworden, und genausowenig verfügen wir über Aufzeichnungen darüber.

Die zweite Phase beginnt etwa 9000 v. u. Z. und dauert bis zum ersten Auftreten einer archaischen Form der staatlichen Organisation oder Zivili-

nahme der zunehmend komplexen fiskalischen und militärischen Machtmittel, die mit der Zivilisation zusammenhängen. Dadurch, daß die Kenntnis des Lesens und Schreibens nur bei einem winzigen Bruchteil der Bevölkerung vorhanden sein kann, wie z. B. in China vor dem Zweiten Weltkrieg, wird diese Kenntnis zu einem sehr ungewissen Maßstab. Zu einem geeigneten Mittel der geschichtlichen Diagnose wird die Kenntnis des Lesens und Schreibens also erst durch den Gebrauch, der von ihr gemacht wird, durch das Verhältnis, in dem sie zur Gesellschaft insgesamt steht. Die Schlußfolgerung daraus lautet, daß die Kenntnis des Lesens und Schreibens ein sekundäres und kein primäres Werkzeug und Symptom der Zivilisation ist.

sation, die sich etwa 5000 Jahre vor unserer Zeitrechnung im mittleren Osten herausbildete, deren zeitliches Auftreten jedoch in der Welt stark verschieden ist. So entwickeln z. B. Grenzvölker der nigerianischen Hochebene oder im Innern Neu-Guineas erst jetzt allmählich politische Gesellschaften. Diese Phase, zwischen dem Übergang vom Paläolithikum zum Neolithikum zu der einen oder anderen Frühform des Staates, ist die Keimperiode kultureller Formen, die als primitiv bezeichnet werden dürfen und die als Periode einer anthropologischen Überprüfung und Rekonstruktion annähernd zugänglich ist. Dies ist der Zeitabschnitt, den *Lévi-Strauss* als primitiv betrachtet, und es ist, wie *Lovejoy* bemerkt, die Bedingung der festen Ansiedlung, die *Rousseau* sehr treffend in seinem *Discours sur l'Origine de l'Inégalité* zu umreißen versuchte (Lovejoy 1960, 29–37). An diesem Schnittpunkt, der an verschiedenen Orten zu verschiedenen Zeiten erreicht wird, lassen sich die historischen und zeitgenössischen Dimensionen des Begriffs *primitiv* heuristisch auf eine wissenschaftlich akzeptable Art und Weise zur Deckung bringen.

Die Suche nach den Ursprüngen kann sinnvoll nicht weiter als bis zum Übergang vom Paläolithikum zum Neolithikum betrieben werden. Selbst die Völker des absoluten Grenzbereichs – wie die Buschmänner, Eskimos, Pygmäen und australischen Ureinwohner – haben so viele grundlegende Merkmale mit vielen anderen Ureinwohnergruppen gemeinsam, daß sie kaum als repräsentativ für eine frühere Entwicklungsphase angesehen werden. Primitiv bezieht sich also auf weit verbreitete, gut organisierte Institutionen, die bereits unmittelbar vor dem Aufkommen der Zivilisationen des Altertums vorhanden waren. Diese wohlverankerten primitiven institutionellen Strukturen verschwinden jedoch nicht mit dem Aufkommen archaischer Zivilisationen, der dritten Phase in diesem provisorischen Schema, die politische Gesellschaften im Mittelmeerraum, im Nahen Osten, im Fernen Osten und in beiden Amerika erfaßt.

Zu diesen archaischen Gesellschaften gehören Völker, die primitiv sind: die sich im Übergang vom Status des Primitiven zu dem des Bauern befinden, oder die eine voll entwickelte Bauernschaft hervorgebracht haben, die von Markthandelszentren kulturell beeinflußt und ökonomisch abhängig ist. Kennzeichnend für sie sind vorindustrielle Städte, deren Bürger und Sklaven kommerzielle, zeremonielle, verwaltungsmäßige und militärische Funktionen erfüllen.[7] Wahrscheinlich lebt der größte Teil der Weltbevöl-

[7] Ich möchte anmerken, daß ich hier die irreführende Kategorie *feudal* meide. In Europa und wahrscheinlich auch in Japan folgte der Feudalismus, der in erster Linie ein Typ der politischen Gesellschaft ist, auf die Auflösung der archaischen Staatssysteme. In Teilen von Ostafrika wurden z. B. die feudalen Bedingungen bei den Ankole anscheinend dadurch geschaffen, daß primitive Ackerbauer von kriegerischen

kerung immer noch in dieser archaischen sozialen Umwelt. Mit Sicherheit ist die Mehrzahl der von den Anthropologen untersuchten Völker innerhalb der einen oder anderen Abart archaischer politischer Strukturen zu finden, ob diese Strukturen nun bewahrt worden sind oder nicht. In manchen Fällen können die zentralisierenden Apparate sogar untergegangen sein, lokale Gruppen jedoch überlebt haben und immer noch eine Resonanz ihrer früheren Assoziationen aufweisen, wie unter den mittelamerikanischen Bauern und den Haussa in Afrika und in einem historischen Falle in der Normandie des Mittelalters nach dem Zerfall des karolingischen Reichs (Bloch 1961, 445).

Ich möchte erneut betonen, daß diese dritte Kulturphase sich entweder vor oder bei totalem Fehlen von Ackerbau und Schriftsprache entwickeln kann. Fortgeschrittene Ackerbauer in Westafrika produzierten z. B. einen beträchtlichen Überschuß, der zum Unterhalt eines Organisationstyps diente, zu dem gehörte: (1) ein kompliziertes System der Besteuerung und Konskription; (2) ein in der Entwicklung begriffenes Schichtsystem; (3) eine in Anfängen vorhandene Bürokratie, deren Hauptfunktion die fiskalisch-militärische Verwaltung von recht genau umschriebenen Territorien war; (4) ein pragmatisch entwickeltes Recht, das zunächst zur Erleichterung der Besteuerung und Konskription diente; und (5) Häuptlinge oder Könige, die anfingen, die weltliche Macht in den Anfängen einer politischen Struktur auszuüben, die unter Veränderung der Substanz viele der Formen der vorigen primitiven Institutionen beibehielt. Gleichzeitig beruhen diese fortgeschrittenen Ackerbaugesellschaften darauf, daß sie ihre Kraft aus einer Quelle beziehen, und sogar eben deswegen nur überleben können, die nach den Kriterien, die ich weiter unten aufführen werde, im echten Sinne primitiv geblieben ist.

Die vierte Kulturphase ist der moderne Staat, d. h. die zeitgenössische Zivilisation, die mit der weitgehenden Politisierung der Gesellschaft zusammenfällt. Dieser Prozeß begann mit der Revolution des Handels und der Wissenschaft und setzte sich durch die industriellen Revolutionen in Westeuropa fort. Heute breitet sie sich natürlich in einer Vielzahl von Formen rasch über die ganze Welt aus, mit der Konsequenz, daß innerhalb ihrer Grenzen und an ihren Fronten primitive und archaische Strukturen in sich zusammenbrechen. Die Krankheit der Zivilisation besteht meiner Ansicht nach darin, daß es ihr nicht gelingt, das Primitive in sich aufzunehmen (und nur dadurch über seine Grenzen hinauszugelangen).

Hirtenvölkern unterworfen wurden. Diese Form des Feudalismus vor einer Staatsbildung kommt in den verschiedenen Formen der Leibeigenschaft und des Landbesitzes zum Ausdruck, die sich entwickelten (Oberg 1955, 121–61).

Das Primitive – eine positive Definition

Aus dem vorstehenden ergibt sich, daß es für die Untersuchung primitiver Gruppen zwei Möglichkeiten gibt. Entweder kann man sich den wenigen verbleibenden peripheren Völkern widmen, die mit keinem irgendwie gearteten archaischen Überbau zu tun haben und nur von den oberflächlichsten Ausläufern der zivilisierten Einflüsse der Neuzeit erreicht worden sind; oder man kann alternativ dazu die entlegeneren lokalen Gruppen untersuchen, die mit noch existierenden archaischen Zivilisationen assoziiert sind, wobei man allerdings stets den Versuch machen muß, zwischen primitiven und bäuerlichen Merkmalen zu unterscheiden.[8] Dadurch, daß wir diese unmittelbar zugänglichen Formen des Primitiven mit archäologischem einschließlich dokumentarischem Material in Beziehung setzen, können wir zu einer allgemeinen Vorstellung des primitiven Lebens gelangen, in der die Informationen aus Geschichte und Gegenwart eine Verbindung eingehen.

Damit soll die Einzigartigkeit oder gesellschaftliche Individualität einer primitiven Gruppe im Vergleich zu einer anderen nicht bestritten werden. Die Möglichkeit unterschiedlicher kultureller Schwerpunkte scheint sogar unter relativ abgelegenen und selbstversorgenden primitiven Gesellschaf-

[8] Ich hatte das Glück, eine Feldstudie bei einer Randgruppe von Ackerbauern, bei den Anaguta in der mittleren Religion von Nigeria und in einer archaischen Gesellschaft bei den Bergarabern an der israelisch-jordanischen Grenzen durchführen zu können. Ich habe ebenfalls eine moderne und in gewissem Sinne überzivilisierte Gruppengemeinschaft untersucht: den israelischen Kibbuz. Entscheidend ist, daß der durchschnittliche Anthropologe wahrscheinlich im Rahmen seiner wissenschaftlichen Laufbahn lediglich zwei oder drei verschiedene Gesellschaften untersucht; seine weitere Schulung erfolgt durch Nachdenken und Lesen. Daher hat die empirische Grundlage seiner Verallgemeinerungen stets enge Grenzen. Außerdem haben unsere wichtigsten Verallgemeinerungen interpretierenden Charakter, wie dies bei jeder historischen Disziplin der Fall sein muß, die sich mit dem Problem der Bedeutung und nicht lediglich mit der Oberfläche sozialer Fakten befaßt.

Es gibt zur Zeit keine endgültige Autorität in diesen Dingen, und es ist sogar zweifelhaft, ob zusätzliche Informationen erforderlich sind. Vielmehr handelt es sich um ein Problem der Integration und Synthese; jedoch ist, wie Kierkegaard vielleicht als erster bemerkte, wissenschaftlich kein totales oder total objektives System möglich, da der Mensch in der Geschichte nie vollendet ist (Kierkegaard I, 1959–71). Letztendlich können wir über die bedeutendsten Dinge der Anthropologie oder benachbarter Disziplinen nur wohl erwogene Meinungen abgeben; wie klug diese jeweils sind, wird davon abhängen, wie tief der Beobachter schürft, wie viel Phantasie er hat, und wie weit er sich engagiert; ob die Hypothesen bestätigt werden, hängt davon ab, wofür sich die Menschen in der Geschichte entscheiden, und selbst diese Bestätigung kann objektiv uneindeutig oder schlimmer noch rein akademisch sein. Wie dem auch sei, es ist zumindestens klar, daß die grundlegenderen Fakten *nicht* für sich selber sprechen.

ten größer, wenn auch subtiler zu sein, als unter zivilisierten Gruppen. Eine Gesellschaft kann auf die Zurschaustellung von Eigentum Wert legen, die andere auf die Herstellung von Körben aller möglichen Formen und Größen, usw. Jeder Schwerpunkt kann dabei die Überbetonung von verbreiteten oder ursprünglichen, sozialen, ökonomischen oder psychologischen Neigungen sein, die häufig den idiosynkratischen Charakter von Sport oder Spiel haben. Im Gegensatz zur Zivilisation jedoch treten diese Unterschiede in dem Maße in den Hintergrund, wie die grundlegenden Ähnlichkeiten herausgearbeitet werden, denn die Variationen, die tatsächlich auftreten, sind Ausschmückungen derjenigen grundlegenden Themen, die eben die Definition des Primitiven darstellen; sie erfolgen innerhalb bestimmter Grenzen und bedrohen den Zusammenhalt der Gesellschaft nicht. Außerdem sind historische Unterschiede zwischen primitiven Gesellschaften und entwickelten Zivilisationen sehr viel grundlegender als: (1) »horizontale« Variationen zwischen primitiven Gesellschaften, die ihren Lebensunterhalt auf ähnliche Weise sichern; und (2) als Unterschiede zwischen primitiven Gesellschaften, die sich ihren Lebensunterhalt auf verschiedene Weise sichern, wie z. B. beim Unterschied zwischen Jägern und Sammlern einerseits und einfachen Feldbauern andererseits. Natürlich sind die Unterschiede zwischen einem Grenzfall der Jägergesellschaft und einer lokalen Gruppe in einer fortgeschrittenen Ackerbaugesellschaft in vieler Hinsicht sehr bedeutsam, doch mich interessieren hier eher die grundlegenden Ähnlichkeiten, die sogar in solchen Fällen vorliegen.

Ich werde mich hier nicht mit negativen Definitionen von primitiv aufhalten, also nicht mit dem, was in Sprache, Religion, Magie, Kunst, psychologischer Funktion usw. nicht primitiv ist. Das historische Modell, das ich einführen möchte, ist eben ein Modell, ein Konstrukt, das die Variationsbreite auf einer als primitiv bezeichneten Organisationsebene eingrenzt und definieren hilft. Wenn spezifische Fälle und Bräuche zitiert werden, bedeutet dies nicht, daß sie allgemeingültig seien, was die Form angeht. Die funktionalen Äquivalente für dargestellte formale Ausdrucksformen scheinen jedoch mit Sicherheit überall in der primitiven Welt vorhanden zu sein, und bestimmte grundlegende Zuweisungen von Bedeutungen scheinen ebenfalls unter Primitiven Allgemeingültigkeit zu besitzen.

Zunächst möchte ich jedoch wiederholen, daß alle primitiven Völker gegenüber dem Hauptstrom der modernen Geschichte peripher liegen, in erster Linie deswegen, weil sie »zufällig« entfernt von den Entwicklungszentren der Zivilisation ansässig sind. Im bereits zitierten Sinne können wir grob gesprochen zeitgenössische Primitive als unsere zeitgenössischen vorzivilisierten Vorfahren ansehen. Ihre zehn miteinander zusammenhängenden typischen Merkmale, die Aspekte eines Prismas sind, sollen in den folgenden Abschnitten dargestellt werden.

Gemeinwirtschaften

Primitive Gesellschaften beruhen auf einer gemeinwirtschaftlichen ökonomischen Grundlage. Dies bedeutet nicht, daß alles in solchen Gesellschaften gemeinsam besessen wird, was eindeutig nicht der Fall ist, sondern daß diejenigen materiellen Güter, die für das Überleben des Individuums oder der Gruppe entscheidend sind, entweder im positiven Sinn gemeinsam besessen werden, oder, was das Äquivalent dazu ist, jederzeit zugängliche ökonomische Güter darstellen. Die Gruppe läßt sich definieren als die übliche kooperative Arbeitseinheit, deren Größenordnung sich von einer oder mehr Kernfamilien wie bei den Eskimos bis zu über verschiedene größere Formen von Clans oder Gruppen von Clans erstreckt; die Gruppe läßt sich ebenfalls definieren als Dorfgemeinschaft, als Teil eines Dorfs oder als Ansammlung von Dörfern. Die Größe der Arbeitseinheit kann sich außerdem noch je nach Jahreszeit, Zweck und Bedarf verändern.

Ausnahmen von diesen gemeinschaftlichen Besitzverhältnissen lösen sich bei genauer Betrachtung in Wohlgefallen auf. So wird z. B. behauptet, daß Mitglieder von Großfamilien bei den Hottentotten »Eigentümer« von besonderen Kühen in der Herde der Familie seien. Es läßt sich jedoch feststellen, daß sie über diese Kühe nicht privat verfügen können. Ebenfalls wird behauptet, daß Individuen »Eigentümer« von bestimmten Wasserstellen seien, doch es läßt sich feststellen, daß anderen Personen, die Wasser brauchen, der Zugang dorthin nicht verwehrt wird (Hoernle 1923, 514–26).

Andererseits gibt es unter Primitiven echtes Privateigentum in Form von Werkzeugen, die vom Individuum hergestellt worden sind, in Form von Lendenschurzen, Rückenkratzern und ähnlichen »Attributen der Persönlichkeit.« Privateigentum dieses Typs stellt jedoch keinen primitiven Kapitalismus dar. Das Privateigentum, das sich ausmachen läßt, ist entweder für das Überleben der Gruppe nicht wichtig, oder es kann von jedem Individuum der Gesellschaft jederzeit hergestellt werden und braucht daher nicht im Gemeinbesitz zu sein, oder aber es hat so persönlichen Charakter, daß es gar nicht gemeinsam besessen werden kann.

Die Vorstellung, daß es einen primitiven Kapitalismus gibt, ist zwar eine Illusion, doch die entscheidende Frage, ob es ein primitives Privateigentum gibt, ist unglücklicherweise sowohl von den Befürwortern als auch den Gegnern des primitiven Kommunismus in den Hintergrund gedrängt worden. Die Befürworter scheinen also häufig die Meinung zu vertreten, daß sich in primitiven Gesellschaften alles in Gemeineigentum befindet, in einem bestimmten Stadium einschließlich der Frauen und Kinder, und damit ein falsches Bild eines absoluten, monolithischen, sozialen, ökonomischen und psychologischen Kollektivismus zu zeichnen (Engels, MEW 21, 27f).

Genauso oft haben ihre Gegner jedoch die Natur und Funktion des privaten oder persönlichen Eigentums, das es bei Primitiven tatsächlich gibt, falsch verstanden. Von Individuen wurde z. B. behauptet, daß sie geistiges Eigentum »besäßen« – Gesänge, Zaubersprüche, Heilrituale usw. Dies mag durchaus stimmen, doch ist es irrelevant für die ökonomische Basis einer primitiven gemeinwirtschaftlichen Gesellschaft. Außerdem sind solche Vorrechte im allgemeinen stark gestreut; selbst dann, wenn manche davon in den Händen von Schamanen oder Medizinmännern konzentriert sind, stehen sie anderen Personen im Austausch für keineswegs knappe Güter oder Dienstleistungen jederzeit zur Verfügung. Auch das Wissen um geheime Bräuche ist ebenfalls weit verbreitet. Jeder Stammesälteste dürfte die Einzelheiten eines besonderen medizinischen Ritus kennen, wenn auch seine Anwendung der Beruf und das ausschließliche Vorrecht bestimmter Individuen sein kann. Aber auch dieses Vorrecht kann in Abwesenheit, bei Krankheit oder Tod dieser besonders sanktionierten Personen verfallen. In authentisch primitiven Gemeinschaften scheinen Kenntnisse über geheime Bräuche weitaus weniger geheim zu sein, als wir dies gewöhnlich angenommen haben.

Einstellung und soziales Verhalten sind auch auf andere Art und Weise mit grundlegenden ökonomischen Funktionen verwechselt worden und haben damit noch mehr Verwirrung in die Streitfrage getragen, ob es ein primitives Privateigentum gibt. So legen primitive Gesellschaften häufig Wert auf konkurrenzbetonte Spiele, Zeremonien, Zurschaustellung von Eigentum, Verschenken von Eigentum usw., aber eine derartige Konkurrenz, ob sie nun ökonomische Formen annimmt (wie im Kwakiutl Potlach) oder ästhetische (wie in den wundervoll spontanen und satirischen Eskimoliedern), ist für das gemeinwirtschaftliche Funktionieren der ökonomischen Grundlage irrelevant und gefährdet dieses nicht. Diese Art von Konkurrenz läßt sich nämlich sogar dann, wenn sie anderen Funktionen untergeordnet ist, in einem rituellen Kontext verstehen. Die Eskimolieder z. B. sind schöpferische und sozial angebundene Formen, Feindseligkeiten im Alltag abzubauen; sie dürfen uns nicht dazu verleiten, die Eskimogesellschaft als konkurrenzbetont im kommerziellen und kapitalistischen Sinne zu verstehen.

Selbst in den Vorformen des Staats in Ostafrika und Westafrika arbeiten die grundlegenden sozialen Einheiten, die Großfamilien oder Sippen kooperativ und haben gemeinsamen Landbesitz, wenn auch ein bestimmter Anteil der produzierten Überschüsse zur Aufrechterhaltung einer in Ansätzen vorhandenen Staatsmacht abgezogen wird.

Allgemein kann also festgestellt werden, daß primitive Gesellschaften einheitlich über eine gemeinwirtschaftliche ökonomische Grundlage verfügen; eine ökonomische Ausbeutung des Menschen durch den Menschen, wie wir sie in Zivilisation des Altertums und der Neuzeit antreffen, gibt es nicht. Selbst dort, wo sich ein gewisses Ausmaß der Ausbeutung entwikkelt, wie in den Vorformen des Staates – gewöhnlich durch die Zahlung eines Tributs oder durch Arbeitsleistungen – geht diese selten so weit, daß eine Gruppe oder ein Individuum durch andere ruiniert wird. So können wir feststellen, daß in einer primitiven Gesellschaft unter gewöhnlichen Umständen keiner hungrig zu sein braucht, während der andere zu essen hat. Wie Evans-Pritchard schreibt, »kann man im allgemeinen sagen, daß niemand in einem Dorf der Nuer Hunger zu leiden braucht, es sei denn alle seien am Verhungern.« (Evans-Pritchard 1951, 3) Laurens van der Post sagte hierzu folgendes aus: »Ein alter Jäger in Afrika, der einfachste und weiseste Mann, den ich je kennengelernt habe, sagte einmal zu mir, ›Der Unterschied zwischen dem weißen Mann und dem schwarzen Mann besteht darin, daß der weiße Mann ›hat‹ und der schwarze Mann ›ist‹.« (van der Post 1955, 115)

Entsprechend dazu gibt es keine ökonomischen Schichten in dem Sinne, daß sich von einer Gruppe sagen läßt, daß sie die Produktionsmittel besitzt, wenn auch ein Häuptling in seiner Person die Eigentumsrechte einer bestimmten sozialen Einheit symbolisieren kann. Hieraus ergibt sich, daß primitive Wirtschaften Naturalwirtschaften sind und es in ihnen kein echtes Geld gibt. Damit meine ich, daß dem primitiven Geld die drei miteinander zusammenhängenden und definitorischen Merkmale des zivilisierten Geldes fehlen, d. h. daß das Geld kein abstraktes, für sich selbst wertloses Mittel zur Aneignung des Mehrwerts, zur Schatzbildung, und zum Aufschub der Zahlung oder zur Verzögerung des Tausches ist. Das primitive Geld dient als Zählmarke oder Symbol des Werts, wie in Dahomey, wo Kaurimuscheln dazu benutzt wurden, einen Tribut darzustellen, der in Wirklichkeit durch die Beauftragten des Königs in Naturalien eingetrieben wurde.

Selbst in dieser Form spielt das primitive Geld nur eine Nebenrolle. Der Tausch bei den Primitiven vollzieht sich gewöhnlich auf dem Weg des Naturaltauschs oder der Schenkung. Diese Geschenke entwickeln sich in Richtung auf Gaben, die mit Opfern verwandt sind (Moody 1957, 176–206), d. h., es werden nicht lediglich Güter gegeben, sondern man gibt sich selbst. Bei solchen Transaktionen wird der Gegenstand in zunehmendem Maße angereichert, sein symbolischer Charakter verstärkt sich. Im Gegensatz dazu reduziert im rationalen modernen Markt jeder teilweise und unpersönliche Tausch den symbolischen Gehalt auf eine Berechnung, auf ein Zeichen. Während das zivilisierte Geld tendenziell den Menschen von seiner Arbeit dadurch entfremdet, daß es sie in eine abstrakte Ware verwandelt, hat der primitive Tausch eine umgekehrte Auswirkung: der soziale Wert und die soziale Anstrengung werden stets unmittelbar ausgedrückt und verstanden; sie verstärken den Sinn für die Gemeinschaft. Die Hauptbetonung bei den meisten Formen des primitiven Tauschs scheint tatsächlich auf dem *Geben* zu liegen, und dieses wiederum kann von Einstellungen begleitet sein, die von Feindseligkeit bis zur Großzügigkeit reichen. Barnett sagt über die Indianer der Nordwestküste: »Eine Akkumulation einer beliebigen Menge durch Borgen oder auf andere Art und Weise ist in der Tat undenkbar, es sei denn, sie erfolge zum Zweck unmittelbarer Verteilung.« (Barnett 1938, 349–58)

Die Winnebago z. B. erzählen uns, daß sie wie folgt geben:

1. Jemand macht eine Puppe aus Gras und bekleidet sie jeweils mit den Gegenständen, die er als Geschenke erhalten will. Wenn er ein Pferd will, legt er kreuzweise einen Zügel über den Körper der Puppe; wenn er Kleider will, bekleidet er die Puppe mit indianischen Kleidern.
2. Derjenige, der die Puppe verfertigt hat, stellt sie dann dort auf, wo sich Menschen versammeln, oder wo er erwartet, daß eine solche Versammlung stattfinden wird. Er setzt sich in der Nähe dieser Puppe auf den Boden.
3. Wenn ein zweiter Teilnehmer die Puppe sieht, geht er hin und tritt oder schlägt den Mann, der sie verfertigt hat, und gibt ihm gleichzeitig einen der Gegenstände, die er wünscht. Andere können sich unter den gleichen Bedingungen beteiligen.
4. Die Teilnehmer hören erst dann auf, den Verfertiger der Puppe zu treten, wenn irgendeiner, vorzugsweise ein Krieger, der zu irgendeinem Zeitpunkt einen Feind im Krieg in Stücke gehackt hat, die Puppe zerschneidet.

Sobald ihm das trotz seiner Prellungen möglich ist, steht derjenige, der die Puppe verfertigt hat, auf, rafft seine Geschenke zusammen und geht nach Hause (Rothenburg 1972, 189).

Das primitive Geschenk kann durchaus innerhalb eines Systems auf Gegenseitigkeit einen »ökonomischen« Zweck erfüllen, wie alle bedeutsamen Tätigkeiten in der primitiven Gesellschaft ist es jedoch multifunktional und der Punkt, an dem eine weite Skala von Gefühlen und Absichten ausgedrückt werden kann.

Wir können also den Schluß ziehen, daß es in der primitiven Gesellschaft keine morbide individuelle Angst in Bezug auf das Grundrecht gibt, als Gleicher unter Gleichen zu arbeiten; das Problem stellt sich ganz einfach nicht. Die Erwartungen in Bezug auf Nahrung, Bekleidung, Obdach und Arbeit sind nicht einklagbar, weil sie unveräußerlich sind. Die damit zusammenhängenden Rechte und Pflichten sind vollständig in Brauch und Sitte verankert. Die ökonomische Grundstruktur funktioniert rational.

Die Rolle der Führer

Die primitiven Gesellschaften sind die Hauptfunktionen und Rollen der Führung gemeinschaftlich und traditional, und nicht politisch oder profan. Der Häuptling einer Sippe, oder der Patriarch einer Familie werden als Verkörperung von Sippe, Familie oder Stammeserbe verehrt. In vielen Gesellschaften ist der Sippenhäuptling einfach das älteste Mitglied der Gruppe. Der Gehorsam gegenüber diesen Gestalten ist symbolisch, ein Zeichen der Achtung gegenüber der eigenen Tradition und daher der Selbstachtung. Er beruht nicht auf Zwang oder auf einem institutionellen und manipulativen sozialen Akt.

Die Führung kann auch situationsbezogen sein und auf besonderen Kenntnissen und Fähigkeiten beruhen. In primitiven Gesellschaften wimmelt es von »Häuptlingen«. In ein und demselben Stamm kann es einen Jagdhäuptling, einen Arbeitshäuptling, einen Tanzhäuptling, einen Frauenhäuptling, einen Altershäuptling und einen Fischfanghäuptling geben. Diese Führer haben nur in spezifischen Zusammenhängen und in begrenzten Zeitabschnitten Funktionen; gewöhnlich beruht ihr Vorrang auf Fähigkeiten bei der jeweiligen Tätigkeit. Er ist nicht auf das Alltagsleben übertragbar und fast jeder in der Gesellschaft befindet sich zu irgendeinem Zeitpunkt in einer Häuptlingsposition. W. H. Rivers unterstreicht diesen Punkt wie folgt:

»Als ich untersuchte, wie die Bevölkerung der westlichen Salomon-Inseln Krieg führt, war ich nicht in der Lage, irgendwelche Indizien für eine bestimmte Führungsrolle zu entdecken. Wenn ein Boot den Ort erreichte, an dem eine Kopfjagd durchgeführt werden sollte, gab es keine Bestimmung darüber, wer der Anführer sein sollte. Es hatte den Anschein, als ob man dem ersten, der aus dem Boot stieg oder die Führung übernahm, ohne Frage folgte. Auch gibt es bei den Beratungen dieser Leute weder Abstimmungen noch irgendwelche andere Mittel, die Meinung der Gesamtheit festzuhalten. Reisende, die unter wilden Völkern in verschiedenen Teilen der Welt gelebt haben, haben berichtet, wie sie Versammlungen der Eingeborenen beiwohnten, in denen Angelegenheiten diskutiert wurden, die sie selbst angingen. Wenn der englische Beobachter nach einer bestimmten Zeit feststellte, daß die Teilnehmer ein völlig anderes Thema diskutierten und nachfragte, wann sie über die Frage entscheiden würden, an der er interessiert war, wurde ihm gesagt, daß sie bereits entschieden sei, und daß sie zu anderen Angelegenheiten übergegangen seien . . . Den Mitgliedern der Beratung war es an einem bestimmten Punkt klar geworden, daß sie sich einig waren, und es war nicht erforderlich, diese Einigung ausdrücklich kenntlich zu machen.« (Rivers 1924, 95 ff.)

Die Führung kann auch eine Funktion eines allgemeinen Rangs und Status sein, der jedem normalen Mitglied der Gruppe automatisch dadurch zufällt, daß es ein bestimmtes Alter erreicht hat oder bestimmte Erfahrungen durchlaufen hat. Im letzteren Falle ist eine Prüfung erforderlich. Jeder normale Mann wird die Gelegenheit haben, über bestimmte Erfahrungen eine Statusposition zu erwerben, doch werden nicht alle dabei den gleichen Erfolg haben. In einer primitiven Gesellschaft können Statuspositionen hierarchisch angeordnet sein, sie sind jedoch nicht knapp, und ihre formale Verteilung und Funktion ist Teil eines historisch selektiven, wenn auch »ungeplanten« rationalen Paradigmas.

Die Verbindung von grundsätzlicher traditionaler Führung mit übertragbaren, situtationsspezifischen und »automatischen« Typen statusbezogener Führung reduziert außerdem die Anlässe dafür, was man als »umfassende« soziale Feindseligkeit bezeichnen kann, und verringert gleichzeitig die Entfremdung, die sich als Reaktion auf willkürliche, aus der Ferne ausgeübte und unpersönliche Autorität entwickelt. In dieser Hinsicht und in anderen verschleudern primitive Systeme nicht ihre Substanz durch Ungleichheiten im sozialen Gewebe. In einem zutiefst psychologischen Sinne sind primitive Gesellschaften demokratisch, obwohl sie nicht im negativen Sinne »gleichmacherisch« sind. Im primitiven Leben wird die Gleichheit nicht als Identität konstruiert. Die Führung ist sinnvoll verteilt und wird sinnvoll ausgeübt.

Brauch und Sitte

Es ist eine logische Binsenweisheit und eine historische Wahrheit, daß es in primitiven Gesellschaften Gesetze, so wie wir sie kennen, nicht gibt. Die Gesellschaft funktioniert nach Brauch und Sitte und nach wohlverstandenen informellen Sanktionen, und nicht vermittels eines juristischen Apparats, der von oben im Interesse dieser oder jener Gruppe eingesetzt wird, d. h. nicht durch kodifiziertes Recht.

Es gibt keine spezialisierten juristischen Funktionsträger und es gibt keinen spezifischen und ausschließlich juristischen Apparat. Die zahlreichen Rechtsstreitigkeiten, mit denen wir in der Zivilisation vertraut sind, aus handelsrechtlichen Auseinandersetzungen, Steuererhebungen durch die Regierung und bürokratischer Verwaltung, sind in der primitiven Gesellschaft einfach nicht gegeben. Tylor sagte dazu: »Eines der wesentlichsten Dinge, die wir von einfachen Stämmen lernen können, ist, wie eine Gesellschaft funktionieren kann, ohne daß Polizisten die Ordnung aufrechterhalten müssen.« (1946, 134) Gegenüber dieser Verallgemeinerung gibt es einige Ausnahmen, z. B. die Büffeljagdpolizei bei den Plains-Indianern, doch sind dies Ausnahmen, die die Regel bestätigen, da sie aus besonderen Umständen zu erklären sind; sie stellen weder ständig vorhandene formale Gruppen noch Anzeichen für eine alles bestimmende juristische Ordnung dar (Lowie 1956, 5ff.).

In den staatlichen Vorformen hatte natürlich die Entwicklung von Recht, Gerichten und Richtern eingesetzt, doch funktionierte an der primitiven Basis dieser archaischen Gesellschaften der traditionelle Apparat von Brauch und Sitte unbeeinträchtigt weiter (Nadel 1942, 68).

Unter den Primitiven gibt es also kein kodifiziertes Recht und keinen ständigen bewaffneten Apparat zu dessen Durchsetzung, der von der Bevölkerung insgesamt abgesondert ist und über ihr steht. Daher kann sich jener merkwürdige Aspekt der Entfremdung, der in allen politischen Gesellschaften entsteht, die Spaltung zwischen dem »Wir« und dem »die da oben«, zwischen dem Bürger und der verfaßten öffentlichen Macht gar nicht erst entwickeln (Moore 1960, 642–62). Das Volk und die bewaffnete Macht, das Volk und die Tradition sind praktisch untrennbar miteinander verschmolzen. Unter den Primitiven ist die öffentliche Macht tatsächlich repräsentativ; es gibt auch keine Verfassungstheorie. In der Zivilisation steht die Theorie der öffentlichen Macht, die mit der einen oder anderen Regierungsform assoziiert ist, an erster Stelle, doch wird die Repräsentation zum Problem.

Konservatismus und Konfliktlösung

Primitive Gesellschaften sind tendenziell konservativ. Im Vergleich zu von der Technik beherrschten Kulturen verändern sie sich relativ langsam und infolgedessen sind ihnen die inneren Wirren fremd, die untrennbar zu Zivilisationen des Altertums oder der Neuzeit gehören. Daß Sanktionen üblich sind, ist nicht der einzige Grund dafür, daß das primitive Leben relativ konservativ ist. Ein bedeutsamerer Faktor besteht darin, daß primitive Gesellschaften im allgemeinen Gleichgewichtssysteme darstellen. Institutionelle Konflikte führen bei ihnen zum Bruch, obwohl sie klar strukturierte und häufig zyklische Konflikte zwischen Institutionen kennen und es natürlich auch persönliche Konflikte gibt. In der Tat ist es so, daß die eingebauten sozialen Mechanismen für die Bekundung von Feindseligkeit, die diese strukturierten Konflikte zum Teil darstellen, dazu beitragen, die sozialen Bindungen zu stärken; die Gesellschaft erkennt sozusagen einen breiten Fächer menschlicher Ausdrucksformen an und stellt ihnen den nötigen Spielraum zur Verfügung.

Trotz dessen oder vielmehr genau deswegen erfaßt der Primitive die Gesellschaft als einen Teil der natürlichen Ordnung, als die Kulisse, vor der das Drama des individuellen Lebens abrollt. Die Gesellschaft wird durch den Mythos geheiligt, im Ritual enthüllt und von der Tradition untermauert. Das soziale Gefüge wird als mehr oder minder stabile Anordnung von Personen zueinander wahrgenommen. Da die Grundbedürfnisse nach

Nahrung, Bekleidung, Obdach und, wie wir noch sehen werden, persönlicher Mitbestimmung, in allen primitiven Kulturen auf eine Art und Weise befriedigt werden, der die Ausbeutung fremd ist, sind revolutionäre Aktivitäten meines Wissens nach unbekannt. Man kann sogar die Behauptung wagen, daß es in einer primitiven Gesellschaft nie eine Revolution gegeben hat. Tatsächlich sind die messianischen und nativistischen Bewegungen, die periodisch primitive Kulturen erfaßten, die unter einer Bedrohung von außen standen, ein Hinweis auf den relativen Zustand institutioneller Unschuld, innerhalb dessen ihre Funktionen gewöhnlich ablaufen.

Der Primitive ist also konservativ. Seine Gesellschaft verändert ihre Wesensform nur unter der Einwirkung von außen oder als Reaktion auf tiefgreifende Veränderungen der natürlichen Umgebung. Institutionelle Disharmonien spitzen sich nie bis zur sozialen Destruktion oder entsprechend bis zur unheilbaren und weitverbreiteten individuellen Zerrüttung zu.

Die kulturelle Integration

Hieraus ergibt sich, daß die verschiedenen Ausdrucksformen der Kultur in primitiven Gesellschaften in hohem Maße integriert sind. Zwischen Religion und Gesellschaftsstruktur, Gesellschaftsstruktur und ökonomischer Organisation, ökonomischer Organisation und Technik, zwischen dem Magischen und dem Pragmatischen gibt es komplizierte und harmonische Wechselbeziehungen. Diese Wechselbeziehungen haben zwei hauptsächliche Auswirkungen: (1) sie wirken sich in Richtung auf eine optimale praktische Effizienz des Systems aus; und (2) sie integrieren eine ganze Reihe von Emotionen und Einstellungen in eine bestimmte Tätigkeit, anstatt diese Tätigkeit zu isolieren oder sie von ihrem menschlichen Kontext zu abstrahieren. Ein einleuchtendes Beispiel für den ersten Effekt ist die maximale Nutzung der Technik durch primitive ökonomische Systeme. Meines Wissens ist kein primitives ökonomisches System dysfunktional in Bezug auf die zur Verfügung stehende Technik. Auch wird die Technik nicht auf verschwenderische oder ineffiziente Art und Weise benutzt, ungeachtet dessen, welche ausgefallenen Methoden angewandt werden, um den über die Deckung der Subsistenzbedürfnisse der Gruppen hinaus anfallenden Überschuß zu beseitigen oder den Tausch zu intensivieren. Ein Beispiel für den zweiten Effekt ist die Bestätigung praktischer Tätigkeiten durch magisch-religiöse Mittel, wie im klassischen Fall des Spezialisten für die Herstellung von Kanus bei den Trobriandern, der jeden Schritt der Konstruktion des Bootes mit magischen Beschwörungen absichert.

Dieser typische primitive Brauch muß von der Magie in der zivilisierten Gesellschaft unterschieden werden. Letztere ist meist von einer pragmatischen Tätigkeit abgelöst und in der Tat ein Surrogat für ein Handeln in der Welt. Die primitive Magie integriert trotz ihres mechanischen Charakters die Tätigkeit in ein traditonelles Weltbild, während die zivilisierte Magie die Möglichkeit einer Leistung ohne Anstrengung darstellt – den Geist aus der Lampe – und dies aus Verzweiflung über die Unmöglichkeit, in der Welt selbst zu handeln. Dieser »Abrakadabra«-Effekt, ob er sich nun in neurotischen Zwangshandlungen, in den blühenden Kulten im südlichen Kalifornien, in den Weissagungen von Astrologen und Handlesern oder in der Verdinglichung beispielsweise des »Geldes« als dem Schlüssel zum »Glück« ausdrückt, steht stets für die Praxis der reinen Magie, die sich, wie *Redfield* in seinen Untersuchungen über Yucatan feststellte, mit der Zivilisation entwickelt, und – wie noch hinzuzufügen wäre – auf Kosten des religiösen Bewußtseins. Die Magie der Neuzeit entwickelt sich nämlich logisch aus unserer Auffassung der Natur als einer Maschine.

Ein grobes und vereinfachtes Modell der funktionalen Integration in die primitive Gesellschaft stellt ein Typ der Großfamilienstruktur dar, der in Afrika weit verbreitet ist, wenn auch in anderen ethnographischen Gebieten Parallelen dazu zu finden sind. Der Kern einer solchen (vorwiegend) unilateralen und an einem Ort ansässigen Familie besteht aus dem Patriarchen, einem oder mehreren jüngeren Brüdern und seinen und deren Söhnen und unverheirateten Töchtern; um diesen Kern herum bewegen sich die Frauen der männlichen Mitglieder. Die Kultur, innerhalb deren diese seßhafte Einheit die entscheidende soziale Gruppe ist, funktioniert auf drei primären und miteinander verbundenen Ebenen:

vorherrschende ideologische Betätigung	=	Ahnenverehrung
vorherrschende soziale Einheit	=	Großfamilie
vorherrschende ökonomische Tätigkeit	=	wandernder Ackerbau.

Diese drei sich wechselseitig ergänzenden Ebenen der Gesellschaft stellen den Kern der Kultur dar. Sie können sozusagen als Querschnitt der wichtigsten Bereiche der Kultur betrachtet werden. In ihnen ist natürlich nicht die gesamte Kultur eingeschlossen, doch ist jede Ebene von entscheidender Bedeutung und steht in funktionaler Beziehung zu den entscheidenden Formen und Bräuchen auf den anderen Ebenen. Wenn wir sagen, daß sich eine derartige Kultur verändert, meinen wir damit in Wirklichkeit, daß sich die Kernprozesse verändert haben, und diese verändern sich stets in nachweisbarer Beziehung zueinander.

In diesem System müssen umfangreiche Anbauflächen regelmäßig gerodet, unter Verwendung von Hacken bebaut und regelmäßig wieder aufgegeben werden. Dies erfordert eine kooperative Arbeitseinheit, die zufällig von einer Gruppe von Kernfamilien effizient gewährleistet ist, die zusammen wohnen und in generationsmäßiger Beziehung zueinander stehen, wie in diesem Beispiel durch die männliche Linie – also in einer Großfamilie innerhalb einer Struktur, die durch Ahnenverehrung geheiligt ist.

Ich behaupte keineswegs, daß wandernder Gartenbau (horticulture) Großfamilienstruktur und Ahnenverehrung zwangsläufig miteinander verbundene Merkmale seien. Ahnenverehrung gibt es auch in Systemen, die nicht auf wanderndem Gartenbau beruhen. Großfamilien gibt es auch bei Fehlen jeder Art von Gartenbau. Und der wandernde Gartenbau ist auch zusammen mit ideologischen und sozialen Komplexen zu finden, die sich eben nicht genau als Ahnenverehrung oder Großfamilien-Organisation definieren lassen. Die Verbindung der Formen in dem oben dargestellten Modell ist historisch und funktional determiniert, jedoch nicht unvermeidlich. Außerdem unterstelle ich nicht, daß die Religion ein bloßes Randphänomen einer bestimmten sozio-ökonomischen Grundlage ist – wenn sich auch z. B. die Ahnenverehrung so lange hält, wie das System von Großfamilie und Gartenbau seinen Zusammenhalt wahren kann. Die Eingeborenen-Religion kann unter der intensivsten Einwirkung von Missionaren christliche Elemente annehmen, wenn die Wirtschaftsform relativ unangetastet bleibt, sie löst sich jedoch rasch auf, wenn die Gesellschaft zusammenbricht, für die sie unmittelbar relevant ist. In diesem Sinne darf die sozioökonomische Grundlage als unabhängige Variable und die Religion als abhängige Variable betrachtet werden. Dies gilt jedoch nur für eine besondere *Form* der Religion und nicht für die Religion überhaupt. Sogar die spezifischen Formen der Religion müssen als gesellschaftliche Erfindungen betrachtet werden und nicht als automatische Projektionen einer bestimmten gesellschaftlichen Ökonomie, genauso wie die in Bezug auf eine bestimmte Technik lebensfähige Gesellschaftsform ebenfalls eine Erfindung und keine logisch unausweichliche Entwicklung darstellt. Dies kann man auch auf andere Weise ausdrücken: in primitiven Gesellschaften läßt sich der Überbau nicht auf die ökonomische Basis zurückführen. Dieser Reduktionsprozeß setzt sich erst mit den ökonomischen Ausbeutungsverhältnissen der Zivilisation ein. »All unser Erfinden und unser ganzer Fortschritt«, schreibt Marx, »scheinen darauf hinauszulaufen, daß sie materielle Kräfte mit geistigem Leben ausstatten und das menschliche Leben zu einer materiellen Kraft verdummen.« (MEW 12, 4).

Dies heißt, daß die Religion qua Religion eine grundlegende Form des Kulturverhaltens ist, die mit anderen Formen in Wechselbeziehung steht, jedoch von ihnen nicht verursacht wird. Die Annahme, daß die Religion ihren Ursprung in ökonomischen und gesellschaftlichen Faktoren hat, ist meiner Ansicht nach genauso absurd wie die Behauptung des Gegenteils – daß die Wurzeln der ökonomischen (oder gesellschaftlichen) Tätigkeit in der Religion liegen. Hierbei beziehe ich mich natürlich nicht auf »religiöse« Herrschaftsstrukturen, sondern auf das erhabene Gefühl für die Möglichkeiten des Menschen. Es handelt sich dabei um gleiche und gleich alte Bedürfnisse, um Fähigkeiten und Neigungen der menschlichen Natur, die in ihrer Allgemeingültigkeit auf unglaublich komplexe und alles andere als einsichtige Art und Weise miteinander verbunden sind.

Kehren wir zur Großfamilienstruktur zurück; das Land kann dort nicht veräußert oder verkauft werden, weil der innerhalb des Systems lebende Primitive den Grund und Boden als den Wohnort seiner Vorfahren ansieht; dieser ist *terra sancta.* Auf diese Weise können wir eine funktionale Verbindung zwischen der Religion und dem ökonomischen Faktor Landbesitz herstellen.

Der Patriarch ist das religiöse Oberhaupt der Familie, die lebende Verbindung zu den Vorfahren und daher die Verkörperung der Familientradition. Dennoch dient er auch als Koordinator – wenn auch nicht zwangsläufig als Ackerbauhäuptling – der kooperativen Arbeitseinheit und als Verteilerkanal für die produzierten gesellschaftlichen Güter. Die Familie selbst ist nicht nur eine Arbeitskraft, sondern auch eine religiöse Gruppe; sie ist sozusagen ihre eigene Gemeinde. Auf diese Weise lassen sich die Verbindungen zwischen sozio-ökonomischen und ideologischen Faktoren leicht erkennen.

Der Patriarch erfüllt außerdem die Funktion eines Schiedsrichters bei Streitigkeiten innerhalb der Familie und in vielen Fällen auch bei Streitigkeiten unter verschiedenen Familien. Er erfüllt daher eine soziale Aufgabe, die sowohl politische als auch rechtliche Aspekte hat.

Wenn die Familie über die Größenordnung hinaus anwächst, die bezogen auf die Umweltbedingungen ökonomisch sinnvoll ist, spaltet sich eine neue Großfamilie ab und läßt sich in unbebautem Land der Sippe oder des Dorfes nieder. Der neue Patriarch, der im ursprünglichen Kampong ein jüngerer Bruder oder ein älterer Sohn gewesen sein mag, baut eine neue Siedlung auf. Dies wird kulturell als heroischer Akt gesehen. Er kann innerhalb seiner Kultur als Held betrachtet werden, und auf diese Weise vermischen sich die von der Umwelt ausgeübten Zwänge mit einem moralischen Ziel, welches für den Primitiven, der sich innerhalb des Systems bewegt, von anderen Zielen nicht zu trennen ist, und sogar als primär angesehen werden kann.

Kurz gesagt entwickeln sich innerhalb der typischen Großfamilienstruktur komplexe Wechselbeziehungen zwischen ökonomischen, gesellschaftlichen (einschließlich politischer und juristischer) und ideologischen Faktoren; bestimmte Personen erfüllen eine Vielzahl von Funktionen, und bestimmte Tätigkeiten schließen einen großen Fächer von Reaktionsmöglichkeiten ein. Diese Wechselbeziehungen umfassen nicht *alle* ökonomischen, gesellschaftlichen und ideologischen Tätigkeiten; es sind jeweils nur die hauptsächlichen auf jeder Ebene einbezogen, die in ihrer Summe für das

Überleben der Gruppe von entscheidender Bedeutung sind. Die anderen Tätigkeiten, ob sie nun ökonomisch, gesellschaftlich oder ideologisch sind, sind untergeordnet, wie z. B. das Fischen bei Ackerbauern.

Für den Primitiven, der innerhalb der Gesellschaft handelt, durchdringen sich die Hauptelemente seiner Kultur in einer kreisförmigen Art und Weise unter wechselseitiger Verstärkung: alle Aspekte des Verhaltens konvergieren in einem System, das ein maximales Gleichgewicht anstrebt. Wir natürlich können die Einzelteile des Systems analysieren und tun dies auch. Als Außenseiter können wir nachweisen, daß von Europäern eingeführte Veränderungen in der Technik oder in der Art und Weise, wie der Lebensunterhalt verdient wird, die Struktur der Großfamilie zerbrechen und damit schließlich auch die Ahnenverehrung. Die Zivilisation steht unter dem Zwang, die Leichen zu sezieren, die sie produziert. Der Primitive jedoch bewegt sich innerhalb seines Systems als einbezogene Person. Seine Gesellschaft ist weder in Abteilungen unterteilt, noch setzt sie sich aus Bruchstükken zusammen, und keiner ihrer Bestandteile befindet sich in einem tödlichen Konflikt mit den anderen. Daher nimmt er sich selbst nicht als unterteilt in einen *homo economicus*, in einen *homo religiosus* und einen *homo politicus* usw. wahr. So kennen z. B. die Yir-Yiront, ein Volk Australiens, keine sprachliche Unterscheidung zwischen Arbeit und Spiel. Der Primitive steht im Zentrum eines synthetischen ganzheitlichen Universums von konkreten Tätigkeiten, und zeigt kein Interesse für den Kausalzusammenhang zwischen diesen, da das Interesse an der Kausalanalyse der Gesellschaft nur durch ständige Krisen geweckt wird. Genau die pathologische Disharmonie der Bestandteile der Gesellschaft zwingt uns, einen vom anderen akribisch zu trennen und nach ihren wechselseitigen Auswirkungen aufeinander zu fragen. Wie Sapir bemerkte, steht diese primitive Gesamtsicht in einem überraschenden und bezeichnenden Gegensatz dazu, wie konfliktgeladen, vereinzelnd und abstrakt – bzw. zunehmend zivilisiert – wir unsere eigene Gesellschaft erfahren (Sapir 1951, 308–31).

Die Teilnahme an der Gesellschaft

Das Durchschnittsmitglied einer primitiven Gesellschaft nimmt an einem viel größeren Ausschnitt seiner sozialen Ökonomie teil als Individuen in Zivilisationen des Altertums und in den technisch komplizierten Zivilisationen der Neuzeit. So ist z. B. der durchschnittliche Mann bei den Nama ein hervorragender Jäger, ein genauer Beobachter der Natur, ein Handwerker, der sich seine Werkzeuge und Waffen selbst verfertigen kann, ein Hirte, dem die Gewohnheiten und Bedürfnisse des Viehs bekannt sind, ein unmittelbarer Teilnehmer an einer Vielzahl von Stammesriten und Zeremonien und es ist wahrscheinlich, daß er in Bezug auf die Legenden, Erzählungen und Sprichwörter seines Volkes gut beschlagen ist (für die Frau bei den Nama ließe sich eine ähnliche Liste aufstellen). Der durchschnittliche Primitive ist im Verhältnis zu seiner sozialen Umwelt und dem erreichten Niveau von Wissenschaft und Technik im Wortsinne viel umfassender gebildet als die meisten zivilisierten Individuen. Er nimmt seine kulturellen Chancen umfassender und unmittelbarer wahr, und dies nicht als Konsument oder stellvertretend, sondern als aktiv engagierte, vollwertige Person. Ganz gleich, wie wir uns die Zukunft der Zivilisation vorstellen mögen, war daher die primitive Gesellschaft zweifellos die Quelle dieses Aspekts der Marx'schen Definition des Kommunismus: Für die Menschen wird es möglich werden, »heute dies, morgen jenes zu tun, morgens zu jagen, nachmittags zu fischen, abends Viehzucht zu treiben, nach dem Essen zu kritisieren, (. . .) ohne je Jäger, Fischer, Hirt oder Kritiker zu werden.« (Marx, *MEW* 3, 33)

Einer der Hauptgründe für diese funktionale Integriertheit liegt darin, daß der Primitive die Produktionsprozesse beherrscht; d. h., daß er bei der Erzeugung eines Werkzeugs dieses von Anfang bis Ende schafft, es mit Geschick gebraucht und vollständig beherrscht. Er hat nicht das schizoide Gefühl, daß das Werkzeug ihn beherrscht, und die Früchte seiner Arbeit, die auch den Ansprüchen auf Gegenseitigkeit seiner Stammesverwandten unterworfen sind, sind im unmittelbar zugänglich. Diese subtilen Ansprüche auf Gegenseitigkeit sollen hier nicht tiefschürfend und im einzelnen untersucht werden, doch spiegeln sie sich in Kenyatta's Worten zur Genüge wider:

»Vor der Ankunft des weißen Mannes waren die Institutionen der Leibeigenschaft und des Lohnarbeiters den Gikuyu unbekannt. Nach dem überkommenen Stammesrecht war die Freiheit und Unabhängigkeit jedes Stammesmitglieds anerkannt. Gleichzeitig waren alle sozial, politisch-ökonomisch und religiös durch ein System gegenseitiger Hilfe miteinander verbunden, das sich von der Familiengruppe auf den Stamm erstreckte.« (Kenyatta 1962, 168)

Werfen wir im Gegensatz dazu wieder einen Blick auf das häufig gezeichnete Bild des gespaltenen Arbeiters, der sich in den Zivilisationen der Neuzeit entwickelt (ganz zu schweigen vom Leibeigenen oder Sklaven vor ihm), der dazu gezwungen ist, seine Arbeitskraft als Ware zu verkaufen. Tatsächlich begann der Arbeiter, der nach der Industriellen Revolution in Erscheinung trat, sich selber als Ware, als Werkzeug oder als Verlängerung eines Werkzeugs zu betrachten – das genaue Gegenstück zur Haltung der Primitiven, sich des Werkzeugs als einer Verlängerung der Persönlichkeit zu bedienen. Der Arbeiter der Neuzeit, und in unterschiedlichem Ausmaß sein Vorläufer in Zivilisationen des Altertums, wurden im Produktionsprozeß spezialisiert und moralisch entfremdet. In der Geschichte der industriellen Entwicklung tritt dies klar zutage; wenn der Arbeiter darauf reduziert wird, einen Handgriff auszuführen, kann er von einer Maschine ersetzt werden. Die in der Zivilisation jedoch durchgängig vorhandene Wertschätzung handgefertigter Gegenstände im Gegensatz zu maschinell gefertigten spiegelt historisch und existentiell den Widerstand gegenüber diesem Prozeß wider. Entsprechend dazu wurde die Verfügungsgewalt der »Eigentümer« oder leitenden Angestellten zu einer inhumanen Macht.[9] Ihre Freiheit jedoch ist eine Pseudofreiheit, denn sie beruht auf der Ausübung von Zwang über untergeordnete Gruppen; sie sind an diejenigen gefesselt, die sie ausbeuten. Ihre sozialen Bindungen werden manipulativ und ihre Privilegien unverantwortlich. Auch die Manager, Techniker, Bürokraten und Angestellten können diesem Schicksal nicht entgehen. Es ist die gegenwärtige Agonie und Gefahr, in der alle Schichten und Abstufungen der zivilisierten Gesellschaft stehen. Wenn die industrielle Produktion dazu beigetragen hat, den modernen Menschen aufzulösen und ihm sein moralisches Zentrum zu nehmen, trug die primitive Produktion dazu bei, den primitiven Menschen in die Gesellschaft zu integrieren.

Die moralische Ordnung und die Stammesorganisation

Eine Hauptursache für den ganzheitlichen und moralischen, jedoch nicht moralisierenden Charakter der primitiven Gesellschaft besteht darin, daß sie auf einer Sippen- oder Stammesbasis und nicht auf einer politischen organisiert ist. Alle bedeutenden ökonomischen, sozialen und ideologischen Funktionen werden innerhalb von Sippen oder sippenähnlichen Gruppierungen erfüllt. Die Gesellschaft funktioniert daher auf einer persönlichen, gemeinschaftlichen und traditionalen Grundlage, und nicht auf einer un-

[9] Goldenweiser gibt hiervon eine interessante sprachliche Veranschaulichung: »Wenn der Direktor spricht, kommen Worte von seinen Lippen, die mechanischen Werkzeugen nicht unähnlich sind, welche, nachdem sie den Kontakt mit den Angesprochenen hergestellt haben, bewirken, daß diese bestimmte Handgriffe ausführen. Diese Worte sind kurz, so präzise wie möglich und völlig unpersönlich.«

Er fährt fort, indem er den Gegensatz zu einem Beispiel einer primitiveren Funktion der Sprache aufzeigt: »Wir sprechen aber auch, um Inhalte zu enthüllen, wobei wir den Angesprochenen auffordern, an unserem Ich teilzunehmen ... Hier tritt die Persönlichkeit in den Vordergrund, die Zeit vergeht rasch, und was zählt ist der Zauber des Augenblicks infolge des psychischen Wechselspiels ... So spielte sich auch die Unterhaltung bei den Primitiven ab ... Hier gedieh die Volksweisheit und die Mythologie und nahm ihre Gestalt an. So sehen auch die Gespräche von Bauern aus, mit ihren Sprichwörtern, Anspielungen, Metaphern, ihren deftigen Beschreibungen und abgerundeten Erzählungen.« (1931, 108f.)

persönlichen, staatlichen und individualisierten. Bezeichnend hierfür sind die Worte eines Pomo-Indianers:

»So, wie die Weißen leben, ist die Familie nicht so wichtig. Die Polizei und die Soldaten schützen euch, die Gerichte verschaffen euch euer Recht, die Post befördert eure Botschaften, die Schule unterrichtet euch. Bei euch wird alles geregelt und versorgt, sogar die Kinder, wenn ihr sterben solltet, bei uns aber muß die Familie all' das erledigen. Ohne die Familie sind wir nichts, und in der alten Zeit, bevor die Weißen zu uns kamen, war die Rücksicht auf die Familie die erste Überlegung eines jeden, bevor er überhaupt etwas tat. Deshalb kamen wir auch zurecht. Bei uns war die Familie alles. Heute ist sie nichts. Wir werden immer mehr wie die Weißen, und das ist schlecht für die Alten. Wir hatten keine Altersheime wie ihr. Die alten Leute waren wichtig. Sie waren weise. Eure alten Leute müssen Narren sein.« (Hoebel 1958, 355f.)

Die primitive Gesellschaft setzt sich also aus Sippeneinheiten zusammen und außerdem aus Einheiten, die rein sachlich gesehen keine Sippen sind, jedoch nach ihrem Bild strukturiert sind (Altersgruppen, besondere Freundschaften, kooperative Arbeitsgruppen, Cliquen von Frauen oder Männern usw.). Die unmittelbare biologische Familie tritt überall in Erscheinung, geht jedoch gewöhnlich innerhalb einer größeren Einheit auf. Entscheidend ist, daß alle sozialen, ökonomischen und ideologischen Beziehungen Sippencharakter oder übertragenen Sippencharakter haben. Selbst bei den umfangreichsten Clan-Organisationen, in denen angeblich Hunderte von Personen von einem gemeinsamen Vorfahren abstammen und die tatsächlichen Blutsverwandten entweder außerordentlich entfernt oder vollständig Fiktion sind, verhalten sich die Menschen immer noch zueinander, als seien sie miteinander verwandt.

Dieser Personalismus, ist das historisch bedeutsame Merkmal des primitiven Lebens und erstreckt sich von der Familie bis auf die Gesamtgesellschaft und letztlich sogar auf die Natur selbst (Hallowell 1960, 19–52). Er scheint allen anderen Unterscheidungsmerkmalen des primitiven Denkens und Verhaltens zugrundezuliegen. Primitive Menschen leben in einer persönlichen, körperlichen Welt, einer Welt, die gegenüber dem subjektiven »Ich« mehr ein »Du« als ein »Es« ist.

Negative Merkmale der primitiven Gesellschaft wie der Hexenkult sind die Kehrseite dieses Personalismus. Doch scheint sich der primitive Hexenkult auf signifikante Weise von der zivilisierten Abart zu unterscheiden, die offensichtlich das Ergebnis streng unterdrückter Triebe und projizierter Schuldgefühle ist. Bei den primitiven scheint sich die Zauberei eher aus der Intensität des persönlichen Lebens zu ergeben, das ein ungewöhnliches Einfühlungsvermögen gegenüber anderen Personen und in gewissen Gebieten eine gefährliche Empfindlichkeit bewirkt. Der Glaube allerdings, daß Menschen andere Menschen krank machen können, enthält eine offensichtliche Wahrheit; er braucht nicht auf einer chronischen Unsicherheit in zwischenmenschlichen Beziehungen zu beruhen und ist nicht das Ergebnis wissenschaftlicher Ignoranz. In der Tat dürften weitere Untersuchungen der Personentypen, die in einer bestimmten primitiven Gesellschaft und auf kulturvergleichender Ebene als Hexen betrachtet werden, äußerst aufschlußreich sein, z. B. hinsichtlich der Wahrnehmung der Hexe als einer außergewöhnlich narzistischen Person, einer schlechten Mutter oder einer unbefriedigten Frau. Die Gikuyu sagen dazu: »Mit anderen leben heißt teilen und Barmherzigkeit gegeneinander üben,« und: »Die Medizinmänner wohnen und essen allein.« (Kenyatta 1962, 172)

In seinem positivsten Sinne jedoch ist der primitive Personalismus die »Berührung der Natur, die die ganze Welt zu unseresgleichen macht« Er suggeriert die Eigenschaft der »co-naissance«, der allumfassenden Verwandtschaft, des Zusammengeborenseins, welche interessanterweise der französische katholische Existenzialist Paul Claudel in seinem Werk dargestellt hat, indem er auf sein eigenes Bewußtsein zurückgriff.

Die nichtplatonische Denkweise

Primitive Denkweisen sind ihrem Wesen nach konkret, existenziell und nominalistisch innerhalb eines personalistischen Kontexts.[10] Dies läßt nicht darauf schließen, daß die Fähigkeit zur Abstraktion fehlt (jede Sprache, jede Kultur und Sitte ergibt sich aus dieser phylogenetischen Begabung des Menschen), sondern weist auf einen Schwerpunkt hin, der für die Sippenstruktur der primitven Gesellschaft funktional ist, und auf ein mangelndes Interesse für den spezifischen Typ der Abstraktion, der in der zivilisierten Welt des Abendlandes platonisch genannt werden dürfte. *Boas* schrieb:

> Der primitive Mensch hat bei der Unterhaltung mit seinen Mitmenschen nicht die Gewohnheit, abstrakte Ideen zu diskutieren. Unterhaltungen über Eigenschaften ohne Verbindung zu dem Gegenstand, zu dem diese Eigenschaften gehören, oder von Tätigkeiten oder Zuständen abgelöst von der Vorstellung des Handelnden oder Subjekts in einem bestimmten Zustand dürften in der primitiven Sprache kaum vor-

[10] Ich gebrauche hier Termini, die sich innerhalb einer philosophischen Tradition der Zivilisation entwickelt haben. Dies soll jedoch nicht heißen, daß die Primitiven im technischen Sinne oder ihrem eigenen Bewußtsein nach existenzialistisch nominalistisch usw. sind. Wir können jedoch ihre Denkweisen annähernd so klassifizieren. Vielleicht wäre es passender, von existenzialisierenden und nominalisierenden Tendenzen zu sprechen, doch ist dies ein Wortspiel, da die substantivischen Formen derartiger Etiketten auch zur Identifizierung der entsprechenden zivilisierten Denksysteme nicht benutzt werden können.

kommen. So dürfte der Indianer nicht von der Güte als solcher sprechen, obwohl er durchaus von der Güte einer Person sprechen kann. Er wird auch nicht von dem Zustand der Verzückung getrennt von der Person sprechen, die sich in diesem Zustand befindet. Er wird die Sehkraft nicht erwähnen, ohne ein Individuum zu bezeichnen, das über eine solche Sehkraft verfügt. So kommt es, daß in den Sprachen, in denen die Idee des Besitzes durch Bestandteile ausgedrückt wird, die Hauptwörtern untergeordnet sind, alle abstrakten Termini stets im Zusammenhang mit positiven Elementen auftreten. Es ist jedoch durchaus vorstellbar, daß ein im philosophischen Denken geschulter Indianer dazu überginge, die zugrundeliegenden substantivischen Formen der possessiven Elemente zu entkleiden und auf diese Weise zu abstrakten Formen zu gelangen, die genau den abstrakten Formen unserer modernen Sprachen entsprechen . . . Wenn wir uns ein richtiges Urteil bilden wollen, müssen wir berücksichtigen, daß unsere europäischen Sprachen, so wie sie zur Zeit vorzufinden sind, in großem Umfang vom abstrakten Denken von Philosophen gestaltet worden sind. Termini wie »Wesen, Substanz, Existenz, Idee, Realität,« von denen viele nunmehr im allgemeinen Gebrauch sind, waren ursprünglich Kunstgriffe, um die Ergebnisse des abstrakten Denkens ausdrücken zu können. Hierin dürften sie den künstlichen und unidiomatischen abstrakten Termini ähneln, die in primitiven Sprachen gebildet werden können (Boas 1938, 216ff.).

Ich kann nur hinzufügen, daß meine eigenen Erfahrungen mit primitiven Denkweisen dies vollständig bestätigen. So zählen z. B. die Anaguta auf der nigerianischen Hochebene niemals abstrakt, sondern nur in Bezug auf konkrete Objekte oder Personen; die Zahlwörter wandeln ihre Form entsprechend den Objektklassen, die gezählt werden, stehen jedoch grammatisch nicht im Einklang mit ihnen. Dennoch sind die Anaguta vollständig in der Lage, die Zahl ohne Beziehung zu einem bestimmten Objekt zu begreifen. Sie verehren oder verdinglichen die Zahl jedoch nicht; hierfür gibt es in ihrer Gesellschaft keinen Anlaß, und die Vorstellung scheint ihnen bedeutungslos zu sein.

Ähnlich dazu wird bei der Erklärung der Bedeutung eines Sprichworts stets ein konkreter Kontext dargestellt, denn die abstrakte Vorstellung wird als unzulänglich betrachtet. Die verankerten Denkaspekte sind eher Kontext und Existenz als Wesen. So sagen die Anaguta z. B.: »Man kann den Charakter eines Menschen herabsetzen, nie aber den Menschen selbst.« Dies bedeutet, daß ein Mensch danach beurteilt werden muß, was er *tut*, denn das, was er *ist*, ist nicht nur ungreifbar, sondern kann auch zu vielen widersprüchlichen Handlungen führen. Das heißt, daß über diesen Mann nie ein endgültiges Urteil erreicht werden kann, nur über diesen oder jenen Aspekt seines Verhaltens.

Hier ist die Bemerkung angebracht, daß *Dorothy Lee* bei der Klassifizierung des Denkens der Trobriander als »essentialistisch« das Wort Wesen (essence) mehrdeutig gebraucht (1949, 401–15). Sie übernimmt nicht die platonische Definition (das Wesen als eines Ideals oder einer universalen

Form, die in irdischen Dingen unvollständig und verschieden widergespiegelt wird), sondern behauptet in der Tat, daß jedes konkrete Ding (z. B. Schilfrohr in verschiedenen Zuständen oder Stadien seines Wachstums) gesondert benannt und so aufgefaßt wird, als habe es ein eigenes Dasein oder Wesen. Doch ist dies in Wirklichkeit eine nominalistische im Gegensatz zu einer begriffsrealistischen Position. Die einzelnen Dinge beziehen sich nicht zurück auf ein abstraktes Allgemeines; das einzelne Ding ist die letzte Realität. Lee's reine Wesentlichkeiten der Trobriander lassen sich meiner Ansicht nach besser als einzeln existierende Dinge beschreiben: die Kategorie wesentlich (»essential«) verwirrt nur das Problem.

Lee weist außerdem auf die existentialistische und nicht etwa auf die technisch essentialistische Denkweise der Trobiander hin, wenn auch unabsichtlich, wenn sie erklärt: »Der Zauberer verursacht nicht bestimmte Dinge, er tut sie . . . Hieraus ergibt sich, daß der Trobriander Handlungen wegen der Tätigkeit selbst durchführt . . .«

Ich würde auch Lee's Hervorhebung der Tatsache, daß die Kausalität für die Trobiander irrelevant ist, als Widerspiegelung der typisch primitiven ganzheitlichen und synthetischen Sicht umformulieren, wie ich dies oben dargestellt habe. Das mangelnde Interesse an der Kausalität läßt sich auf diese Weise als das Fehlen eines analytischen, spezialisierten, »wissenschaftlichen« Ansatzes gegenüber Natur und Gesellschaft verstehen. Es muß jedoch hervorgehoben werden, daß dieser Mangel an Interesse sich auf die Erarbeitung objektiver Kausalitätstheorien bezieht; er ist keine Behinderung für die Abfolge empirischer Bemühungen, die zu einer beliebigen Aufgabe gehören.

Schließlich hat es den Anschein, daß sich Lee selbst widerspricht, wenn sie behauptet, daß selbst dann, wenn die Stellung einer Sache oder eines Ereignisses in einer Struktur für die Trobiander von hervorragender Bedeutung ist, dies nicht auf ein Interesse an Beziehungen schließen läßt. Es liegt auf der Hand, daß ich die gegenteilige Ansicht vertrete, nämlich, daß die komplizierten Stellungen von Personen jeweils zueinander, der Sippencharakter der primitiven Kultur sich in einem Interesse an Struktur und Ordnung und Unordnung bei Sachen und Ereignissen widerspiegeln.

Die Anwendung der rituellen Dramatisierung

In der primitiven Gesellschaft ist die rituelle Dramatisierung immer dann ein umfassendes kulturelles Ausdrucksmittel für die Gruppe an das Individuum in kritischen Phasen des sozialen Kreislaufs oder persönlichen Lebenszyklus, wenn diese Krisen von der natürlichen Umwelt verursacht oder kulturell definiert werden. Bei derartigen Zeremonien verschmelzen

Kunst, Religion und Alltag, und kulturelle Bedeutungen werden auf einer Bühne, die so groß ist wie die Gesellschaft selbst, erneuert und neu geschaffen.

Im Entwicklungsverlauf von den Zivilisationen des Altertums zu denen der Neuzeit können wir den Prozeß verfolgen, durch den Religion, Drama und Alltag voneinander getrennt wurden. Die Dramatisierung, die primäre Kunstform, zieht sich auf das Theater zurück, und die Religion flüchtet in die Kirche. Die Sakramente, die formalisierten Überbleibsel der primitiven Krisenriten und das »Theater«, das »Spiel« entwickeln sich zu sorgfältig gepflegten und eng umgrenzten Konventionen. Die zivilisierte Teilnahme an der Kultur wird in zunehmendem Maße passiv, in dem Maße, wie die Kultur zunehmend säkularisiert wird.

Unter den Primitiven sind Rituale kathartisch und kreativ. Kathartisch sind sie insoweit, als sie als Anlässe für eine offene, wenn auch kulturell vermittelte Kundgebung ambivalenter Gefühle über geheiligte Traditionen, verfaßte Autorität, Natur von Tier und Mensch und die Natur insgesamt dienen.

Ein gutes Beispiel für den kathartischen Ausdruck von Ambivalenz gegenüber dem Geheiligten tritt in einer Hesi-Zeremonie der Wintun auf, die Berret »den Höhepunkt der Zeremonien bei den Wintun« nennt. Der Spaßmacher richtet seine komischen Angriff auf den Führer:

> »Während der Häuptling des Dorfs, in dem wir zu Gast waren, singend innerhalb des Tanzhauses herummarschierte, stellte sich einer der Possenreißer vor ihm auf und ging langsam im Gleichschritt mit ihm rückwärts, während er gleichzeitig witzige Bemerkungen über die Sangeskunst des Führers und über den besonderen Gesang machte, den dieser vortrug. Dies schien den Sänger nicht im geringsten zu stören, der todernst weitersang: sein Gesang wurde jedoch nicht mit dem üblichen Ernst aufgenommen.« (Barret 1919, 437–88)

Ein ritueller Ausdruck der Ambivalenz gegenüber der verfaßten Autorität läßt sich auch bei den Anaguta veranschaulichen. Männer, die in den Status des Dorfältesten eingeführt wurden, hatten das Recht, bereits lang amtierende Dorfälteste, die immer noch körperlich bei Kräften waren, zu einem Duell mit Keulen herauszufordern. Dieses spielte sich innerhalb eines Kreises junger, gerade initiierter Männer ab, die langsam zur Musik von Trommeln und Hörnern tanzten. Keiner durfte oberhalb des Rumpfes getroffen werden. Für diejenigen aber, die einen solchen Wunsch hatten, bot die Endphase der Initiationszeremonie der Männer die Gelegenheit, ihre Feindschaft gegen besondere Älteste abzubauen, die ihre Autorität mißbraucht haben könnten. Zum Teil waren schmerzhafte Verletzungen die Folge. Körperliche Feigheit oder Aufschneiderei wurden bloßgestellt, hingen einem Mann jedoch nicht über die Situation hinaus an, und wie bereits bemerkt gab es keine Pflicht, sich zu beteiligen, obwohl es ehrenvoll war, wenn man es tat. Auch wurde durch die Zeremonie nicht der allgemeine Respekt bedroht, der den Ältesten entgegengebracht wurde; ganz im Gegenteil trug die institutionalisierte Kundgebung der Ambivalenz dazu bei, die Sozialstruktur insgesamt zu kräftigen.

Diese Rituale sind auch in der dramatischen Enthüllung von Symbolen und in der Antizipation und Entwicklung neuer Rollen für Individuen kreativ; sie machen Bedeutungen explizit und erneuern die Vitalität der Gruppe. Sie ermöglichen Erfahrungen, die zu einer hierarchichen Entwicklung des sozialen Selbst führen, welches umgekehrt widersprüchliche Formen des Verhaltens ohne traumatische Konsequenzen assimilieren kann. Bei den Indianern der amerikanischen Ebenen konnte z. B. auf den Status eines Kriegers der Status eines höheren Rangs folgen – der des »Friedenshäuptlings«, der wegen seiner Weisheit und Erfahrung geehrt wurde. Er war der Hüter des Wohlergehens des Volkes; sein abgewogenes Urteil setzte sich gegenüber den Sonderinteressen der Krieger durch.

Anders gesagt sind die primitiven Rituale kreativ im Sinne einer Verringerung und kulturellen Anwendung von Angst, die sich aus einer Vielzahl von existentiellen Situationen ergibt. Geburt, Tod, Pubertät, Eheschließung, Scheidung, Krankheit – allgemein gesprochen die Übernahme neuer Rollen, Verantwortungen und psychologischer Zustände in dem Maße, wie diese sozial definiert und von der Natur herbeigeführt werden – dienen als Anlässe für das rituelle Drama.

Diese Erfahrungen lassen sich als fortschreitende Spiritualisierung der Person im Verlauf ihres Lebenszyklus wahrnehmen. Bei bestimmten Völkern heißt es, daß eine Frau dadurch schwanger wird, daß sie einen großen Geist der Väter in sich aufnimmt, der dann bei der tatsächlichen Geburt des Säuglings wiedergeboren, jedoch nicht genau dupliziert wird. Das soll nicht heißen, daß die primitiven Völker sich über die Verbindung zwischen Geschlechtsverkehr und Empfängnis nicht klar sind, sondern daß sie in der Lage sind, beide Realitäten, die metaphorische und die biologische, ohne Widerspruch zu ertragen. Ähnlich dazu kann bei den australischen Stammesältesten der Ureinwohner, wenn sie ihre Stiergebrüll-Instrumente oder Huringas an einer Schnur schwirrend um sich kreisen lassen, von denen gesagt wird, daß sie die Stimmen der Vorfahren darstellen, bis zum dem Augenblick, wo den jungen Männern im Initiationsritus die »Wahrheit« klargemacht wird, der Doppelcharakter dieser Wahrheit durchdrungen werden. Denn es wird davon ausgegangen, daß die Stammesältesten die Macht haben, die Stimmen der Vorfahren anzurufen und zu erzeugen. Leider hat der Positivismus der im Westen ausgebildeten Anthropologen diese immer wieder dazu verführt, irrelevante Unterscheidungen zwischen den in diesen Beispielen dargestellten beiden Realitätsaspekten zu treffen. Jedenfalls sind die Lebenszyklen primitiver Völker nicht lediglich eine Reihe von Augenblicken, die durch einzelne rituelle Strukturen miteinander verbunden sind, sondern die rituellen Strukturen symbolisieren im Gegenteil den kontinuierlichen und dynamischen Prozeß der sozialen Reifung. Natürlich variiert die formale Struktur des Rituals von Kultur zu Kultur, doch lassen sich ihre Funktionen jeweils miteinander vergleichen.[11]

Das primitive Ritual unterscheidet sich von den Ritualen in der zivilisierten Gesellschaft, die der Unterdrückung der Ambivalenz, und nicht ihrer Anerkennung und ihrer kulturellen Nutzung dienen. Man kann sich kaum vorstellen, daß eine »Verspottung des Geheiligten« (Steward 1931, 187–207) z. B. bei einer patriotischen Feier vorkommt; in diesem Sinne haben alle staatlichen Strukturen totalitäre Tendenzen. Bei den Primitiven jedoch werden geheiligte Ereignisse häufig und in aller Öffentlichkeit selbst während ihres Verlaufs verspottet. In den primitiven Ritualen wird das, was wir die grundlegenden Paradoxe des menschlichen Lebens nennen würden – Liebe und Haß, das Komische und Tragische, Hingebung und Ablehnung und ihre Ableitungen – spezifiziert, freigegeben, manchmal schrankenlos, sogar bis zum mörderischen »Spiel« ganz im Sinne, wie Huizinga dieses Wort gebraucht.[12]

[11] Diese Rituale sind meiner Ansicht nach in erster Linie expressiv im Gegensatz zu dem vorwiegend bindenden, zwanghaften »ritualistischen« Verhalten, das bei zivilisierten Individuen als neurotisches Phänomen anzutreffen ist. Hierzu mag ein Spiel der Eskimos, das ans Ritual grenzt und von Peter Freuchen berichtet wird, zur Veranschaulichung dienen: »Außerdem gab es das ziemlich beliebte Spiel des Lichtausmachens. Die Regeln waren einfach. Viele Leute versammelten sich in einem Haus, und alle waren völlig nackt. Dann wurde das Licht ausgemacht und es herrschte Dunkelheit. Niemand durfte etwas sagen, und alle wechselten ständig den Platz. Bei einem bestimmten Signal griff sich jeder Mann die zunächst stehende Frau. Nach einer Weile wurden die Lichter wieder ausgemacht, und nun konnten zahllose Scherze über das Thema gemacht werden: ›Ich wußte schon die ganze Zeit, wer du bist, weil . . . Viele alte Geschichten handeln von diesem Volksvergnügen. Hinzugefügt werden sollte, daß dieser Brauch – so roh er sein mag – häufig einem sehr praktischen Zweck diente. Nehmen wir z. B. einmal an, daß eine Gruppe von Eskimos durch schlechtes Wetter in einem Haus oder in einem Iglu gefangen ist. Die Öde und äußerste Einsamkeit der Arktis kann dann, wenn sie ihre schlechte Seite zeigt, selbst denjenigen auf die Nerven gehen, die sie kennen und lieben. Eskimos könnten verrückt werden, weil das schlechte Wetter immer ein ungewisses Schicksal bedeutet. Dann macht plötzlich irgendjemand das Licht aus und jeder rennt im Dunkeln herum und findet schließlich einen Partner. Dann wird das Licht wieder angemacht, und die ganze Gesellschaft macht Witze und ist gut gelaunt. *Eine psychologische Explosion – unter Umständen mit Blutvergießen – ist vermieden worden.«* (Hervorhebung Freuchen 1961, 92).

[12] »Der Begriff des Spiels«, schreibt Huizinga, »verbindet sich ungezwungen mit dem der Weihung und der Heiligkeit . . . ein jeder Vers der Tragödie beweist das.

Wir wollen uns jedoch in Erinnerung rufen, daß sogar der ritualisierte Kannibalismus oder die Folterung des eigenen Selbst oder anderer, um ein extremes Beispiel zu zitieren, das konkrete Menschsein des Subjekts anerkennt und unmittelbar konfrontiert. Der Zweck des rituellen Kannibalismus besteht nicht nur darin, den Feind zu demütigen, sondern auch seine heldenhaften menschlichen Eigenschaften in sich aufzunehmen. Der Kannibalismus war in einer Art und Weise, die unserer zivilisierten Empfindlichkeit zuwider ist, ein blutiges Sakrament, vielleicht sogar das erste Sakrament. Die Marter, ob sie nun dem eigenen Körper oder anderen zugefügt wird, ist natürlich sadistisch und masochistisch, war jedoch häufig eine Prüfung der Ausdauer, der Männlichkeit und der Fähigkeit zur geistigen Selbstversenkung. So z. B. sagen die Eskimos: »Man soll einen, der eine Vision haben will, sich am Halse aufhängen lassen. Wenn er im Gesicht violett wird, soll man ihn herunternehmen und ihn dann beschreiben lassen, was er gesehen hat.« (Rothenberg 1972) Es verdient jedoch festgehalten zu werden, daß in keinem Falle die primitive Marter den Zweck hat, das Opfer zu den Ansichten des Peinigers zu überzeugen; hier geht es nicht um ideologische Imperative.

Allerdings können die blutigen und schreckenerregenden Aspekte des primitiven Lebens, die die zivilisierten Individuen kaum aushalten könnten, eben deswegen, weil sie in unmittelbaren persönlichen Zusammenhängen auftreten, in keiner Weise mit dem unpersönlichen und rationalisierten Massenschlachten konkurrieren, das an Umfang in demselben Maße zunimmt, wie sich die Zivilisation ausbreitet und vertieft.

Diese unpersönlichen Prozesse sollten nicht verwechselt werden mit der Einstellung von Primitiven gegenüber Fremden. Es ist häufig angenommen worden, daß von den Mitgliedern einer beliebigen primitiven Gesellschaft der Fremde nicht als Mensch wahrgenommen wird, und infolgedessen unmenschlich behandelt werden kann. Dieser Vorstellung, die in keiner Weise mit der zivilisierten Entfremdung verwechselt werden darf, widerspricht jedoch sowohl die psychologische Deduktion als auch das ethnologische Material. Psychologisch gesehen, sprechen die zutiefst persönlichen einschließlich der totemistischen Assoziationen, die den Menschen mit der Gesellschaft und die Gesellschaft mit der Natur verbinden, gegen die Gültigkeit der Annahme, daß der Fremde eine Ausnahme darstellt und ausgeschlossen bleibt. Marshall Sahlins schrieb: »Gewöhnlich sind Wilde darauf stolz, daß sie Fremden gegenüber gastfreundlich sind.« (1972, 217) Ebenso wenig läßt die Tatsache, daß viele primitive Völker sich mit einem Begriff bezeichnen, der für »Mensch« steht, auf irgendetwas anderes schließen als

Wenn man die ganze Sphäre der sogenannten primitiven Kultur beständig als eine Spielsphäre betrachtet, eröffnet man sich die Möglichkeit eines viel direkteren und allgemeineren Verständnisses für seine Eigenart als durch eine scharfgeschliffene psychologische oder soziologische Analyse . . . es (das primitive Ritual) ist ein heiliges Spiel, unentbehrlich für das Wohl der Gemeinschaft, trächtig von kosmischer Einsicht und spezialer Entfaltung . . .« (Huizinga 1938, 42) lediglich darauf, daß sie ihre Einzigartigkeit im Zustand der Natur erkennen. Die Dialektik zwischen der Einzigartigkeit des Menschen und dem Verständnis seiner Gemeinsamkeit mit der Natur definiert nämlich die dynamische Wahrnehmung in der primitiven Kultur. Die Einstellung des Primitiven gegenüber dem Fremden ist daher kein Ausdruck dessen, daß letzterer als Mensch nicht existiert, sondern nur, daß ihm der Status einer sozialen Person fehlt. Hieraus ergibt sich, daß eine Möglichkeit gefunden werden muß, den Fremden in ein anerkanntes Status-System zu integrieren, bevor irgendjemand persönlich mit ihm in Beziehung treten kann. Bei den australischen Aborigines setzt das komplexe System der Heiratsklassen und der Abstammungsgruppen ein Individuum unmittelbar in den Stand, sich auf dem Stammesgebiet eines fremden Stammes Hunderte von Meilen von seinem eigenen Gebiet entfernt zu orientieren. Die Adoption von Kriegsgefangenen oder die Einfügung eines Weißen in das Universum lebender Geister der Ureinwohner dient einem ähnlichen Zweck. Entscheidend ist, daß in einer primitiven Gesellschaft eine Person sozial eingeordnet und benannt sein muß, bevor ihr menschliches Potential in eine kulturelle Identität umgewandelt werden kann. Bei den igbo-sprachigen Völkern des südöstlichen Nigeria, die ein typischer Fall hierfür sind, ist ein Säugling zwar ein Mensch, jedoch kein soziales Wesen, bevor ihm nicht bei einer komplizierten Zeremonie einige Monate nach seiner Geburt ein Name verliehen worden ist. Die Verleihung von Namen ist tatsächlich während des ganzen Lebenszyklus bei vielen primitiven Völkern ein Ausdruck des Bedürfnisses, alle Aspekte der in Entwicklung begriffenen Persönlichkeit in die soziale Gruppe zu reintegrieren. Es kann vorkommen, daß Personen zu jeder beliebigen Zeit in ihrem Leben eine Vielzahl von Namen führen, und neue Namen können auch gegeben werden, wenn sie neue Rollen und Statuspositionen einnehmen.

Tylor verstand diesen Aspekt der Ethnologie der Namensgebung sehr gut, wenn auch seine progressistische Perspektive natürlich ungerechtfertigt ist: »Weiter zurück in der Kulturgeschichte läßt sich feststellen, daß Wort und Idee mit einer Hartnäckigkeit zusammenkleben, die sich sehr von ihrer schwachen Adhäsion in unserem Verstand unterscheidet, und es läßt sich eine Neigung erkennen, das Wort zu packen als ob es das Objekt sei, für das es steht, und zu glauben, daß die Tatsache, daß man über eine Sache sprechen kann, eine Art Besitz über sie einräumt, auf eine Art und Weise, die wir uns kaum mehr klarmachen können.« Dieser Geisteszustand ist vielleicht nie klarer dargestellt worden als in einer Geschichte, die Dr. Lieber wiedergibt: »Ich beobachtete neulich einen Schwarzen, der dabei war, junge Spottdrosseln von Hand zu füttern. ›Ob sie Würmer fressen?‹ fragte ich. Der Schwarze antwortete: *Sicher nicht, sie sind noch zu jung, sie würden nicht wissen, wie sie sie nennen sollen.*« (Tylor 1964, 126f.)

In dem Ausmaß, wie die Person oder Aspekte der Person nicht benannt werden können, bleibt die Person ein »Fremder«, sogar innerhalb der Gruppe. Auf diese Weise können wir zwischen inneren und äußeren sozialen Fremden bei Primitiven und der Struktur der Entfremdung in der Zivilisation unterscheiden.

In diesem Zusammenhang frage ich mich, wie ich jemals wieder vergessen konnte, welchen Schock und welches Entsetzen ein Bekannter von mir von den Anaguta zeigte, den ich überredet hatte, in einer nahegelegenen Stadt einen amerikanischen Kriegsfilm anzusehen. Dieser Mann verbrachte in meinem Beisein mehrere Stunden damit, das wahllose, zufällige und beiläufige Töten abzureagieren, das er auf der Leinwand erlebt hatte. Es war ihm fast unmöglich, zu glauben, daß sich Menschen gegenüber anderen so verhalten könnten, und er entschied sich dafür, daß dies eine spezielle Eigenschaft weißer Männer sein müsse – übermenschlich und gleichzeitig menschenunwürdig. Schließlich sublimierte er seine Erfahrung zum Charakter einer Legende. Es handelte sich um den ersten Film, den er gesehen hatte.

Der springende Punkt ist, daß die Kriege und Rituale der primitiven Gesellschaft (und erstere hatten gewöhnlich den Stil eines Rituals), sich sowohl quantitativ als auch qualitativ von den mechanisierten Kriegen der Zivilisation unterscheiden. Der Gegensatz liegt nicht nur in dem Exponentialfaktor der Technik, der einen konstanten mörderischen Impuls des Menschen multipliziert; in der primitiven Gesellschaft war das Auslöschen eines Lebens *ein besonderer Anlaß*, während es in unserer Phase der Zivilisiertheit zu einem abstrakten ideologischen Zwang geworden ist. Der Charakter dieses Gegensatzes ist in den Worten von George Bird Grinnell enthalten:

> Unter den Stämmen der Ebene, mit denen ich sehr gut bekannt bin, und dasselbe gilt für alle anderen, von denen ich überhaupt etwas weiß, besteht die tapferste Tat, die ausgeführt werden kann, darin, daß man mit dem Feind in tatsächliche persönliche Berührung kommt, indem man ihn mit einem Körperteil oder mit einem in der Hand gehaltenen Gegenstand anrührt . . . Die tapferste Tat bestand darin, einen lebenden unverletzten Mann abzuklatschen – zu berühren oder zu schlagen – und ihn dann am Leben zu lassen, und dies wurde häufig getan . . . *Es wurde als Nachweis der Tapferkeit betrachtet, wenn ein Mann in den Kampf ging, ohne eine Waffe zu tragen, die auf Distanz verletzen konnte.* Es war angesehener, eine Lanze zu tragen als Pfeil und Bogen; und ein Kriegsbeil oder eine Kriegskeule war ehrenhafter als eine Lanze; und die tapferste Sache überhaupt war, lediglich mit einer Peitsche oder einem langen Zweig in den Kampf zu gehen, der bisweilen als Berührstock bezeichnet wurde. Ich habe nie gehört, daß eine mit Steinen besetzte Kriegskeule als Berührstock bezeichnet worden wäre (Grinell 1910, 216f.; keine Hervorh. im Orig.).

Eine derartige Form des Krieges ist eine Art Spiel. Ohne Rücksicht, was Anlaß der Feindschaft ist, wird sie partikularisiert, personalisiert und ritualisiert. Im Gegensatz dazu unterdrückt die Zivilisation die Feindschaft im einzelnen, kann sie nicht nutzen oder strukturieren und leugnet sie sogar ab. Die Kriege, die wir führen, sind zunehmend unpersönlich, und im Gegensatz zu den Crow-Indianern töten wir mit zunehmender psychischer Distanz von unseren Opfern. Man mache sich auch den Gegensatz zu den bekannten Jivaros-Kopfjägern klar, deren Frauen den Geist eines getöteten Feindes fürchten und seinen Schrumpfkopf in der letzten Phase einer Reihe von Kopfjäger-Ritualen wie folgt ansingen:

> Nun aber geh' zurück in das Haus, wo du gewohnt hast,
> deine Frau ist dort und ruft dich aus eurem Haus.
> Du bist hergekommen, um uns glücklich zu machen,
> wir sind jetzt fertig,
> also geh' zurück (Harner 1972, 146).

Die Zivilisation lastet ihre Verbrechen ihren Führern an oder abstrakten historischen Kräften, und schließlich verzichtet sie auf diese Sündenböcke und verzweifelt völlig am Menschen. Die Auflösung gipfelt in der Depression. Diese Art von Auflösung und Depression waren offenkundig in unserer Reaktion auf das Vorkommnis in My Lai, welches den Charakter des modernen zivilisierten Kriegs im allgemeinen und daher auch den Charakter unserer Gesellschaft weiter enthüllte. Dies besagt, daß es ein Teil des kulturellen und psychischen Auflösungsprozesses ist, der unser aller Existenz bedroht. Mit Auflösung meine ich den Prozeß, durch den wir die Berührung mit der Bedeutung, mit der Aussage unseres eigenen Verhaltens verlieren – mit unserem Menschsein und mit dem Menschsein anderer. Jene militaristische Auffassung des Menschen, die sich in My Lai austobte, ist mit staatlicher Ordnung untrennbar verbunden. Die ersten politischen Gesellschaften, schreibt Tylor, hatten die Struktur von Armeen – und die Vorstellung ist im politischen Sinne entfremdet, verantwortungslos und letztlich absurd. Die politische Absurdität ist das Gegenteil von dem, was man als existentielle Absurdität bezeichnen könnte; die primitive Gesellschaft stellt sich nur als einen Aspekt des Rituals, sondern auch in der allgegenwärtigen, ambivalenten, tragikomischen und mythologischen Figur des Gauklers.

Die moderne Massengesellschaft schafft den modernen Massensoldaten als Widerspiegelung ihrer selbst. Es werden alle Anstrengungen gemacht, ihn zu einer tödlichen bürokratischen Maschine auszubilden. Tatsächlich kann es über kurz oder lang so weit sein, daß er veraltet und durch Kampfroboter ersetzt wird, wie sich das der Oberkommandierende der amerikanischen Armee vorstellt. Und dies würde zweifellos der Geschichte und Logik der Automation entsprechen. Andererseits hat diese eingeschränkte Person, dieser bürokratische Soldat unterdrückte Affekte, die in

Anbetracht der ihm zur Verfügung stehenden Waffen zum schlimmsten Ausrottungsverhalten explodieren können. Er tötet entweder durch Bombenwerfen auf Distanz oder von Angesicht zu Angesicht – doch tötet er, und dies sollte betont werden, in einer großen psychischen Distanz. Der moderne Massensoldat braucht den jeweiligen Feind nicht zu hassen, was ein umgekehrter Ausdruck dafür ist, daß er das Menschsein des spezifischen Feinds nicht unbedingt anzuerkennen braucht. Im Falle von My Lai sahen wir uns daher nicht einem Einzelfall und auch nicht einem bestimmten politischen Verhalten gegenüber, sondern der tragischen Entwicklung einer Zivilisation.

Bestimmte rituelle Dramatisierungen oder Aspekte davon erkennen die destruktiven, ambivalenten und dämonischen Aspekte der menschlichen Natur an, geben ihnen Ausdruck und symbolisieren sie. Damit erfahren diese eine Begrenzung und ein Ende, d. h. sie beschränken sich selbst. *Meyer Fortes* drückt eine parallele Vorstellung aus:

»Ich meine damit nicht, daß in einer primitiven Gesellschaft jedermann immer glücklich, zufrieden und sorgenfrei ist. Ganz im Gegenteil gibt es auch dort genügend Anlaß zu der Vermutung, daß wie bei uns Leutseligkeit Haß und Eifersucht verbergen kann, daß von Gesetz und Moral geforderte Freundlichkeit und Hingabe Feindseligkeit verschleiern können und der exemplarische Bürgersinn ein Mittel der Kompensation für Frustration und Angst sein kann. Wichtig dabei ist, daß in den primitiven Gesellschaften gebräuchliche Methoden vorhanden sind, mit diesen gemeinsamen menschlichen Problemen der emotionalen Anpassung fertig zu werden, durch welche sie veräußerlicht, öffentlich akzeptiert und in Form ritueller Überzeugungen behandelt werden; die Gesellschaft übernimmt die Bürde, die bei uns einzig und allein dem Individuum aufgeladen wird. Da ihm die Wertschätzung durch seine Mitmenschen wiedergegeben wird, ist der Primitive in der Lage, mit Leichtigkeit die Routine des täglichen Daseins wiederaufzunehmen, wenn er durch einen emotionalen Ausbruch zeitweilig aus der Bahn geworfen wurde. Ein Verhalten, das beim Individuum die verrückteste Laune oder das schlimmste Laster wäre, wird in seiner Gesellschaft erträglich und vernünftig, wenn es zum Brauch verwandelt und in das äußerliche und sichtbare Gewebe des gesellschaftlichen Lebens der Gemeinschaft integriert wird. Dies fällt leicht in primitiven Gesellschaften, bei denen die Grenze zwischen der inneren Welt des Selbst und der Außenwelt der Gemeinschaft mehr eine Nahtstelle als eine Trennungslinie darstellt.« (Meyer Fortes 1956, 90ff.)

Für diesen Mechanismus haben wir bisher keine Parallele in der Zivilisation, kein funktionales Äquivalent. Selbst das ursprüngliche Drama des Christentums mit seiner zivilisierten Betonung der stellvertretenden Erfahrung von Schmerz und Freude ist so weit verfeinert und kollektiviert worden, daß es sich im Nichts auflöst.

Wenn die Erfüllung und Beschreibung der menschlichen Person innerhalb einer sozialen, natürlichen und übernatürlichen (transzendenten) Umwelt ein allgemeingültiger Maßstab für den Entwicklungsstand einer Kultur ist, sind uns primitive Gesellschaften auf ihre primitive Art und Weise überlegen. Dies ist nicht als Wortspiel gemeint. Ich meine damit, daß unter den grundlegenden und lebenswichtigen Gesichtspunkten primitive Gesellschaften als Kontrast die dunkle Kehrseite der weltweiten Zivilisation veranschaulichen, die sich in einer chronischen Krise befindet.

Die Verwirklichung der Person bei den Primitiven läßt sich als *Individuation* bezeichnen, und sie stellt das Gegenstück zum ideologischen Individualismus dar. Der ideologische Individualismus ist ein Ausdruck dessen, was *Redfield* die *Individualisierung* (Vereinzelung) nennt; letztere ist ein Symptom der Zivilisation und bezeichnet die zunehmend mechanische Trennung von Personen voneinander als Folge der Schrumpfung primitiver organischer Bindungen und ihrer Ersetzung durch staatliche und kollektive Bande. Die pathologische Einsamkeit, der schizoide Charakter, den *Sullivan* als die vorherrschende Struktur im amerikanischen Leben und als den Untergrund der Psychosen identifizierte, ist das Ergebnis des zivilisierten Individualismus. Dieser zwanghafte ideologische Individualismus ist wie alle Werte eine Verdinglichung; in der Tat ist er einer unserer am stärksten verdinglichten »Werte«. Je eifriger wir den »Individualismus« anstreben, diskutieren und untersuchen, desto mehr entzieht sich uns sein »Wesen«.

Wir brauchen kaum daran erinnert zu werden, daß die Erkenntnis dieses Gefühls der persönlichen Isolierung und das Angehen dagegen ein Hauptthema, wenn nicht das Thema überhaupt, der Arbeit der meisten bedeutenden zeitgenössischen Künstler und Philosophen ist, wie z. B. Jung in Bezug auf Picasso und Joyce bemerkte.

Das, was wir z. B. die »romantische« Liebe nennen, beruht auf dem Gefühl der persönlichen Isoliertheit. In dem Maße, wie die Familie auf eine abgesonderte biologische Gruppe reduziert wird, die aus Eltern und Kindern besteht, wie die Sippenbande abgeschwächt werden, nimmt die affektive Belastung der Familie zu. Genau derselbe soziale Prozeß aber, der den emotionalen Druck auf die Familie intensiviert, macht es ihr in zunehmendem Maße unmöglich, diese Erwartungen zu erfüllen. Nicht nur ist die Familie längst nicht mehr das Zentrum der ökonomischen, politischen und kulturellen Betätigung, sondern typischerweise ist jedes Familienmitglied während des größten Teils seiner Tageszeit in ein anderes Kollektiv integriert – in die Schule, die Fabrik, das Geschäft. Außerdem löst die Verwirrung bei den Geschlechterrollen zusammen mit anderen Faktoren die Identität der jeweiligen Partner und Generationen auf und führt zu einer mechanischen Abhängigkeit von Gruppen Gleichaltriger und Gleichgestellter. Insbesondere kann die zersplitterte Familie die Abhängigkeitsbedürfnisse ihrer Mitglieder deswegen nicht befriedigen, weil die soziale Realität dieser Kerneinheit durch ihren Funktionsverlust in Frage gestellt worden ist. Die Familie fördert jedoch diese Abhängigkeitsbedürfnisse und verstärkt in der Folge durch mangelhafte Befriedigung die Frustration, während sie gleichzeitig ein hohes Niveau kindlicher Erwartung aufrechterhält. Da die Lösung von Abhängigkeitsbedürfnissen eine Grundbedingung für eine gegenseitige Liebeserfahrung ist, »verliebt sich« der romantisch Liebende, wie dies in einem beliebten Schlager beklagt wird »Falling in love with love is falling for make-believe« (sich in die Liebe verlieben, heißt auf eine Täuschung hereinfallen). Das romantische Bewußtsein wird von der Liebe als einer Abstraktion und nicht etwa davon beherrscht, daß man eine andere Person als lebendes Wesen in der Welt liebt, und dies verwandelt die ganze Vorstellung des Romantischen, die ein Mitfühlen mit der Innerlichkeit des anderen voraussetzt, in ihr Gegenteil, in eine sentimentale Sehnsucht, in den Wunsch, sich den anderen einzuverleiben.

Die Projektionen der »romantischen« Liebe sind also das Ergebnis des Entzugs von Affekten innerhalb der Kernfamilie, die gelähmt innerhalb einer bürokratischen Gesellschaft verharrt. Für die Person, die sich »verliebt«, ist der andere die Zusammenfassung aller stimulierten, jedoch unerfüllten, vorgestellten, jedoch nicht erfahrenen Beziehungen zur Familie – Vater, Mutter, Schwester, Bruder, Tante, Onkel, *Kleinkind.*

Diese projizierten Bedürfnisse sind so intensiv, daß sie die Realität desjenigen, der geliebt wird, überschatten. Der Liebende glaubt, daß alle Erwartungen durch die magische Gegenwart des geliebten anderen erfüllt werden können, genauso wie ein angemessen versorgter Säugling, allerdings realistischer, auf das Vorhandensein der Mutter reagiert. Ganz, wie es in den Schlagern zum Ausdruck kommt »You are my everthing« und »Oh baby, what I couldn't do with plenty of money and you« usw., ad infinitum. Die erwartete romantische Vereinigung wird in dem Augenblick brüchig, wo ein Teil seine unerfüllbaren Ansprüche frustriert aufgibt, und nach einem anderen Surrogat für all' die unterschiedlichen affektiven Beziehungen sucht, die ihm versagt geblieben sind, oder, was seltener ist, den anderen plötzlich als einen Menschen mit vergleichbaren Bedürfnissen und Möglichkeiten sieht. Scheidung oder Entfremdung sind das gewöhnliche Ergebnis der uneingelösten und nicht einlösbaren Versprechungen; sie sind nichts weiter als ein Abreagieren der bitteren Erfahrung der Entfremdung in den intimsten Phasen der Sozialisierung in der Familie, aus der man stammt. Die romantische Liebe ist, kulturell definiert, kein Ausdruck von Gefühlen, sondern der Frustration über das Fehlen von Gefühlen. Man könnte hinzufügen, daß die Enttäuschung der jungen Leute zu einem beträchtlichen Ausmaß das Ergebnis des Mißerfolgs der Vorstellung der romantischen Liebe sein dürfte. Die Vorstellung von Kommunen oder Wohngemeinschaften könnte in einem kulturellen Aspekt als ein Ergebnis des Versuchs betrachtet werden, weit verzweigte Verwandtschaftsbeziehungen zu erfinden, ihnen zur ökonomischen und gesellschaftlichen Wirksamkeit zu verhelfen und sie in diametralem Gegensatz zur Ausschließlichkeit romantischer Ansprüche auszuleben. Das Problem liegt darin, ob dieser Impuls politische Formen gewinnen kann – anstatt sich als psychodynamische Überreaktion zu verzetteln. Nichtsdestoweniger ist eine eindrucksvolle Anzahl von jungen Leuten aus der Mittelschicht zu dem Verständnis gelangt, daß romantisch Liebende sich nur selten von ihren zahlreichen Erwartungen freimachen können, die durch die sentimentalen Projektionen der offiziell verbreiteten Kultur verstärkt werden. Es ist selten, daß derart romantisch Liebende einander realistisch und nicht bloß juristisch oder fatalistisch akzeptieren. Damit ist die Definition der romantischen Liebe nicht erschöpft, die in der Zivilisation des Abendlandes seit dem Mittelalter eine religiöse Ketzerei war, in der der andere als Gott verehrt wurde, was das Gegenteil der Anerkennung Gottes im anderen darstellt, die das Wesen der christlichen Liebe ausmacht. Die mittelalterliche Ketzerei hatte eine andere gesellschaftliche Wurzel und im Gegensatz zum sentimentalen einen transzendenten Charakter. Im Mittelalter war die romantische Liebe nie die Grundlage für eine Eheschließung. Damit soll jedoch nicht bestritten werden, daß gelegentlich eine Beziehung gelingt, die sich als »leidenschaftliches gegenseitiges Verstehen« bezeichnen läßt, vielleicht einzig und allein in unserer Gesellschaft vorkommt und nur dann eintritt, wenn die Ansprüche an den anderen eingeschränkt werden, weil die symmetrischen Bedürfnisse des Selbst verstanden werden.

Unter primitiven Völkern ist natürlich die Erfahrung, die wir als romantische Liebe definieren, weithin unbekannt. Affektive Beziehungen werden differenziert und im ganzen Lebenszyklus ausgelebt, und Sippengruppen oder Ersatzgruppen dafür sind das Zentrum der kulturellen Aktivität.

Bei den Winnebago z. B. können rein mündliche Erklärungen über ein Liebesideal einem Individuum weder Bewunderung noch Achtung einbringen, wenn das entsprechende Verhalten ausbleibt. Damit stimmt die Betonung der Tatsache überein, daß es verschiedene Intensitäten der Liebe gibt; man kann nicht jeden gleich lieben. Die Winnebago sagen, daß man vor allem »seinen Nachbarn nicht so lieben soll, wie die aus dem eigenen Hause. Nur wenn man schlecht ist, wird man die Kinder anderer Leute mehr lieben als die eigenen.« Offensichtlich sehen wir uns hier einer nichtplatonischen, im sachlichen Sinne existentiellen und nominalistischen Betrachtung des Lebens oder besser der Lebensführung gegenüber. Jedermann in gleichem Maße zu lieben ist unmöglich, und eine Erklärung dieses Inhalts wäre nicht nur unaufrichtig, sondern auch ungerecht, da sie dazu führen würde, diejenigen zu vernachlässigen, die man am meisten lieben muß, wenn man Liebe überhaupt lernen will. Nach dieser Denkweise verdient man weder Billigung noch Mißbilligung dafür, daß man normalen menschlichen Emotionen Ausdruck gibt. Was zählt, ist der Kontext und sind die konkreten Auswirkungen. »Es ist schlecht, wenn man die Kinder anderer Leute liebt wie die eigenen, es ist schlecht, wenn man seine Frau so liebt, daß man sich damit selbst oder der Familie schadet, und es ist schlecht, seinen Feind zu lieben, während er Feind ist.« Das Verhältnis zu einem Feind ist daher keine Verzerrung von Liebe und ist daher nicht zwanghaft: man erlebt »Feindschaft« konkret, vereinzelt und beschränkt. In diesen Formulierungen der Winnebago gibt es keine Trennung von Bedeutung zwischen Subjekt und Objekt, zwischen Subjekt und Prädikat. Diese Kluft hat sich allmählich in der Geschichte der Zivilisation aufgetan und kann nur als Ergebnis der komplexen Wechselwirkung von ökonomischen, kulturellen, kognitiven und semantischen Veränderungen verstanden werden.

Der Kontrast zu den Winnebago verdient nähere Betrachtung. Bei ihnen z. B. hat niemand Anspruch auf den Ruhm des Kriegspfads, wenn er sich auf ihn mit der falschen Einstellung begibt. Was aber bedeutet dies? In der Autobiographie eines Winnebago-Indianers (Radin 1931) wird ein Mann dargestellt, der drauf und dran ist, auf den Kriegspfad zu gehen, weil ihm seine Frau davongelaufen ist. »Ein solcher Mann« betont der Verfasser »wirft ganz einfach sein Leben weg. Wenn man auf den Kriegspfad gehen will, geht man nicht, weil einem seine Frau weggenommen worden ist, sondern weil man sich mutig genug dazu fühlt.« Dies wird wie folgt erklärt: »Wenn du dich verheiratest, mache kein Idol von der Frau, die du heiratest. Wenn du sie anbetest, wird sie im Verlauf der Zeit noch mehr Anbetung verlangen, und es kann sein, daß du, wenn du dich verheiratest, auf die Stimme deiner Frau hörst und dich weigerst, auf den Kriegspfad zu gehen. Weshalb solltest du so das Risiko eingehen, dich lächerlich zu machen? Nach einer Weile wird sie dir nicht mehr erlauben, auf ein Fest zu gehen. Mit der Zeit werden sogar deine Schwestern nichts mehr von dir halten. Du wirst eifersüchtig werden, und wenn deine Eifersucht ihren höchsten Punkt erreicht hat, wird dir deine Frau davonlaufen. Du hast ihr durch deine Handlungen zu erkennen gegeben, daß du eine Frau anbetest, und nur eine (man bemerke die Warnung gegen die Verdinglichung oder Fetischierung des Objekts). Infolgedessen wird sie dir davonlaufen. Wenn du glaubst, daß eine Frau, deine Ehefrau, die einzige Person ist, die du lieben solltest, hast du dich selbst gedemütigt. Du hast der Frau Leiden verursacht und sie unglücklich gemacht. Du wirst als schlechter Mann bekannt werden, und niemand wird dich mehr heiraten wollen. Später vielleicht, wenn sich die Leute auf den Kriegspfad begeben, wirst du dich anschließen wollen, weil du unglücklich darüber bist, daß deine Frau dich verlassen hat. Dann aber wirst du lediglich dein Leben wegwerfen:« Aus der Sicht der Frau würde dies das folgende bedeuten: sie darf sich nicht gestatten, als Reaktion darauf, daß sie zum Fetisch erhoben wird, Sklavin der Liebe zu werden. Sie muß lieber weglaufen als sich zu gestatten, ihrem eigenen Narzißmus zu frönen und die Abhängigkeit des anderen zu genießen. In ihrem Falle würde die Schwäche darin bestehen, daß sie den Mann auf ein Pseudokind und sich selbst auf eine Pseudomutter reduziert, was im hoffnungslosen Widerspruch zu ihrer Existenz als Arbeitspartner und autonomer Person steht.

Die umständlich entwickelte moralische Verurteilung, die aus der zitierten Passage hervorgeht, liegt auf der Hand: kompensatorische, wahllose und projizierte und verdinglichte Gewalt wird wie verdinglichte Liebe und zum Wesentlichen erhobene Werte verachtet. Denn die Ergebnisse sind offensichtlich – der Verlust des Lebens, Selbstmord und daß Unschuldige in die eigene Katastrophe hineingezogen werden, z. B. diejenigen, die im richtigen Geist auf den Kriegspfad gehen. Anders gesagt sind die diskreten Ausdrucksformen dessen, was wir als Gewalt verallgemeinern, bei den Winnebago geistig komplizierte rituelle Akte.

Umgekehrt werden in unserer Zivilisation Impulse in Richtung auf Integration, ja sogar in Richtung auf Liebe, immer wieder in ihr Gegenteil verkehrt, wie der Marquis de Sade sehr wohl begriffen hatte. Gewalt ist der Name, mit dem wir unsere fehlgerichteten schöpferischen Energien und gewöhnlichen menschlichen Erwartungen, unsere Mißerfolge, unsere Angst vor uns selbst und vor dem benennen, wozu wir fähig sind.

Gewalt, Liebe und Werte sind also in unserer Gesellschaft miteinander im Zusammenhang stehende Verdinglichungen. Wir sprechen über Werte oder Moralität im tiefen Sinne des Wortes genau dann, wenn der geheiligte Charakter der menschlichen Erfahrung problematisch wird, und wenn wir unter dem Zwang unserer Gesellschaftsstruktur die Werte aus dem allgemeinen Fluß unserer Erfahrung herauslösen. Sobald wir fähig geworden sind, Werte zu analysieren, sind sie – eben im anderen Sinne dieses Terminus – zu Waren geworden, die von uns abgelöst sind und Objekte für den Sozialwissenschaftler darstellen.

Ähnlich verhält es sich mit der *Gewalt.* Gewalt ist ein Begriff, den wir als Ding an sich bezeichnen und schaffen, wenn wir vor den nicht ausdrucksfähigen Energien von Menschen stehen, die in der Struktur der Zivilisation gefangen sind. Die Gewalt muß wie die Liebe und die Werte als transzendente linguistische Vorstellung entmystifiziert werden, die auf irgendeine Weise entweder eine letzte Schöpfung des Schöpfers darstellt – eine letzte Kategorie oder eine immanente genetische Einheit. Was wir über Gewalt nicht wissen, hängt mit unserem unbewußten Beharren darauf zusammen, sie in ein Wesen zu verwandeln, und daher muß die Erkenntnis des Wesens in unserer Zivilisation zu einem klassischen philosophischen Problem werden.

Was wir vergewaltigen, wem wir Gewalt antun, hypostasieren wir: unsere moralische Syntax kennt kein Prädikat. Daher sprechen wir davon, Gutes zu tun, Gutes um des Guten willen, oder Böses. Beides wandeln wir in ein reines Substantiv um, das sich als Abstraktum der Erfahrung entzieht. Genau das meinte *Paul Radin*, als er bemerkte, daß in unserer Zivilisation das Subjekt (oder Objekt), auf das Liebe, Reue, Trauer gerichtet werden können, als sekundär betrachtet wird. Alle diese Verhaltensweisen haben als solche den Rang von Tugenden: in ihnen kommt, wenn schon nicht des Menschen Art, Gott zum Ausdruck. Für die Primitiven aber, in diesem Fall die Winnebago, die Radin sehr genau kannte, gilt das Gegenteil. Moralität *ist* Verhalten, Werte sind nicht abgelöst und keine Substantive: das Gute, Wahre und Schöne oder vielmehr die Idee dieser Dinge gibt es nicht. Daher verliebt man sich nicht, sondern man liebt einander; und hier handelt es sich um eine kompliziert gelernte Erfahrung, wie dies auch im gewissen Sinne der Haß ist.

Hier haben wir das Paradoxon: die rationalisierte, mechanisierte und verweltlichte Zivilisation produziert tendenziell standardisierte und bedingte Personen, und keine natürliche Vielfalt. Das Individuum läuft immer Gefahr, sich in die Funktion oder den Status aufzulösen. Das ist die These Goffmanns in seinem Buch *The Presentation of Self in Everyday Life* (1956, 47) und in seinen Untersuchungen über geschlossene Anstalten, welche, wie hinzuzufügen ist, nur auf unvollständig entwickelten Personen beruhen. Rollenspiel bis zuletzt oder unendliche Verschleierung des Selbst ist jedoch nicht auf der ganzen Welt verbreitet. Es mag dramaturgisch oder theatralisch sein, wie Goffmann den Prozeß beschreibt, es ist jedoch nicht dramatisch. Das Dramatische hat seine Wurzeln in den Katastrophen und Paradoxen, in den Bedeutungen des gewöhnlichen Daseins, die im primitiven rituellen Drama zuerst gefeiert und geformt werden. Die bloße Dramaturgie hat so wenig Beziehungen zum lebenden historischen Kern des Dramas wie die Religion zur Religiosität. Ein derart konventionalisiertes Schauspielern ist nämlich das genaue Gegenstück zum Drama. Interessant ist allerdings, daß ein zivilisierter Soziologe, obwohl er die komplizierten Einzelheiten des kollektiven Rollenspiels zutreffend beschreibt, die Konstruktion einer *persona* mit der Entwicklung des Selbst verwechselt.

Im Namen des Individualismus produziert die Zivilisation Stereotypen: Eine derartige Stereotypierung führt gewöhnlich zu einer kulturell bedingten Stupidität, einer Stupidität der Arbeit selbst, die zunimmt und die ganze Person umfaßt, und sich selbst fortpflanzt sowohl als Abwehr gegen Erfahrung als auch als Ergebnis des Entzugs von Erfahrung. Das psychologisch isolierte Individuum, das durch die Arbeitsteilung kognitiv, instrumental und affektiv abgestumpft wird, und für das die Muße eine Drohung darstellt, das jedoch irgendwie mit der Idee liebäugelt, daß in seinem Namen die Gesellschaft funktioniert und Schlachten geschlagen werden, ist in der primitiven Gesellschaft unbekannt. Daß man »unbeteiligt«, »ungebunden« oder »objektiv« (d. h. objektorientiert) ist, wird mit fortschreitender Zivilisation sowohl zum Symptom eines gesellschaftlichen Zustands als auch zum Ausdruck einer Geisteshaltung. Genau diese Art von »Individualismus« ist es jedoch, die die Entwicklung der unteilbaren Person, jener inneren Einheit von Widersprüchlichkeiten hemmt.

Im Gegensatz dazu ist es in der primitiven Gesellschaft wahrscheinlicher, daß eine echte Individuation eintritt, weil die Vorbedingungen der Persönlichkeitsentwicklung gegeben sind, die ich weiter unten gleich zusammenstellen möchte. *Paul Radin*, einer der Anthropologen mit der größten Felderfahrung, schrieb:

»Jeder denkbaren Art der Verwirklichung oder Äußerung der Persönlichkeit wird in der primitiven Gesellschaft freier Spielraum gewährt. Über keinen Aspekt der menschlichen Persönlichkeit als solcher wird ein moralisches Urteil abgegeben. Die menschliche Natur wird so hingenommen wie sie ist, und jede Handlung, Emotion oder Überzeugung muß, ob sie Ausdruck findet oder nicht, erlaubt sein, um einen Mann gestalten oder verunstalten zu können . . . Natürlich gibt es für diese Ausdrucksfreiheit Grenzen – doch ergeben sich diese unmittelbar aus einer intensiven und klaren Einschätzung der Realitäten des Lebens und aus einer großen Feinfühligkeit gegenüber der Reaktion der Gruppe.« (Radin 1953, 152)

Radin faßt diesen Standpunkt wie folgt zusammen: Geh' völlig nach außen, doch kenne dich selbst und nimm' die Folgen deiner eigenen Persönlichkeit und deiner Handlungen auf dich. *Jomo Kenyatta* versucht eine ähnliche Einschätzung: »Der Afrikaner ist durch die kulturellen und gesellschaftlichen Institutionen von Jahrhunderten an eine Freiheit gewöhnt, von der sich Europa kaum eine Vorstellung machen kann. (1962, 303). *Christopher Dawson* stimmt dem unter Bezugnahme auf die Stammesgeschichte der Kelten zu:

»Obwohl der Stamm eine relativ primitive Form der gesellschaftlichen Organisation ist, verfügt er nichtsdestoweniger über Vorzüge, um die ihn viele fortgeschrittene Typen der Gesellschaft beneiden können. Er ist mit einem hohen Ideal der persönlichen Freiheit und Selbstachtung vereinbar und weckt bei den individuellen Stammesmitgliedern ein hohes Maß von Loyalität und Hingabe gegenüber der Gemeinschaft und ihrem Oberhaupt.« (Dawson 1961, 75)

Entscheidend dabei ist, daß der primitive Mensch nicht ein bloßer Reflex der Gruppe ist. Ganz im Gegenteil ist die Gruppe »genau in die Individualität des Individuums eingebettet, ja wird sogar von ihr verkörpert.« (Kahler 1957, 43) Jeder, der jemals einen zeremoniellen Tanz in Afrika miterlebt hat, wird zustimmen, daß das persönliche Selbstwert- und Machtgefühl beim Individuum durch den gemeinschaftlichen Charakter des Ereignisses unermeßlich erhöht wird. Es hat den Anschein, als ob die Person einer Energie Ausdruck gäbe, die über die eigene hinausreicht. Dennoch sind die Körperbewegungen, die Gesichtsausdrücke, häufig sogar die Tanzschritte von Person zu Person verschieden – der individuelle Stil setzt sich durch. Eine derartige organische Gruppe ist das genaue Gegenteil des Mobs, d. h. einer Zusammenrottung vereinzelter Individuen, die sich selbst in irgendeiner wütenden Tätigkeit verlieren und eine anonyme Einheit suchen. Der Mob ist ein Phänomen der Zivilisation, und nicht ein primitives: er stellt das Kollektiv im Zustand der Überreiztheit dar, in dem die unterdrückten Gefühle ohne Maß und Form, Gleichgewicht oder Verantwortung nach außen explodieren. Das Vorstellungsbild des Mobs ist ein Teil unserer Vorstellung von der Großstadt, und die Großstadt ist der Träger der besten und schlimmsten Bestandteile der Zivilisation.

Die primitive Gesellschaft jedoch ist eine *Gemeinschaft*, die sich aus gemeinsamer Herkunft ergibt, sich aus sich wechselseitig ergänzenden Personen zusammensetzt, und von innen heraus wächst. Sie ist kein Kollektiv* (vgl. Kap. 4). Kollektive treten in der Zivilisation auf, sie sind funktional in Bezug auf spezialisierte Ziele, und sie erzeugen ein Gefühl des Aufgezwungenseins von außen. Sie sind objektiv wahrgenommene, objektivierende und entfremdende Strukturen. *Leopold Senghor* sprach sich über diesen Punkt wie folgt aus:

»Vor allem haben wir die Kooperation entwickelt, die gemeinschaftliche, nicht die kollektivistische. Die Kooperation nämlich – von Familie, Dorf, Stamm – stand in Schwarzafrika immer in hohen Ehren; aber wiederum nicht in kollektivistischer Form, nicht als Aggregat von Individuen, sondern in gemeinschaftlicher Form, die gegenseitige Übereinstimmung voraussetzt.« (Senghor 1961, 5)

Ein Kollektiv hat die Form einer Gemeinschaft, doch fehlt ihm der Inhalt; zu ihm gehört der Begriff »öffentlich«, der überhaupt nicht das gleiche ist wie die Idee des Sozialen. Das vollständig funktionierende und in starkem Maße individuierte Mitglied der Gesellschaft ist das Gegenstück zum öffentlichen Menschen. »Eine Öffentlichkeit« schrieb Kierkegaard, »ist weder eine Nation noch eine Generation, noch eine Gemeinschaft, noch eine Gesellschaft, noch sind es die einzelnen Menschen, denn alle diese sind das, was sie sind nur durch das Konkrete. Die Öffentlichkeit dürfte weniger sein als nur ein einziger, noch so unbedeutender Mensch.« (Kierkegaard 1946, 266f.) Das ist eine fürchterliche Aussage. Ich will sie wie folgt formulieren: Die Öffentlichkeit ist eine Verdinglichung, eine Projektion unseres unvollständigen Lebens und seiner Daseinsform und der Ausdruck seiner

* Der Begriff Kollektiv (collective) wird in diesem Zusammenhang in pejorativer Bedeutung gebraucht, wohl in Anlehnung an die Theorie des »collective behaviour« (Massenverhalten): Anm. d. Übers.

Energie, seiner Rache ist das, was wir inzwischen die Gewalt und das Problem der Gewalt nennen.

Zur weiteren Untersuchung möchte ich einige der entscheidendsten Aspekte der bereits beschriebenen Merkmale des Primitiven nochmals ausführlich darstellen. Bei den Primitiven stoßen wir innerhalb des Netzes von Verwandtschaftsbeziehungen gewöhnlich auf folgendes:

1. Gute Pflege. Der psychophysische Kontakt des Säuglings mit der Person, die ihn »bemuttert« ist sowohl extensiv als auch intensiv. Welche Disziplinierungen im Kindesalter auch durchgesetzt werden (und diese sind von Gesellschaft zu Gesellschaft nach dem Zeitpunkt, der Art und Weise und dem Inhalt sehr verschieden), sie funktionieren immer innerhalb eines dynamischen affektiven Felds.[13]

2. Vielseitige und engagierte persönliche Beziehungen in allen Phasen des Lebenszyklus des Individuums, die das Gefühl für sich selbst und andere weiter entwickeln und verstärken, denn hierbei handelt es sich um wechselseitige Prozesse. Dieses dynamische, vielschichtige Gefühl läßt sich in den eindimensionalen Begriffen der »Ich«-Psychologie nicht fassen. Das Selbst des Primitiven läßt sich nicht auf ein Ich reduzieren, sondern ist das Ergebnis einer Hierarchie von Erfahrungen, die von einem zunehmend vergeistigten Wesen in dem Maße vereinnahmt werden, wie der Reifungsprozeß von der Geburt durch die zahlreichen Formen der Wiedergeburt, die in den Krisenriten symbolisiert werden, bis zur Ahnherrschaft über andere fortschreitet.

Ich möchte weiterhin die Hypothese aufstellen, daß der Sozialisationsprozeß bei den Primitiven zu einer hohen Befähigung führt, Dinge und Ereignisse in Beziehung zueinander zu setzen, d. h. zu denken. Diese auffallendste (in der Tat definitorische) Komponente des menschlichen Verstands dürfte also von der »Qualität und Natur konkreter affektiver Beziehungen« im kritischen Punkt des Lebenszyklus abhängen. Die Fähigkeit, Beziehungen aufzustellen und zu abstrahieren, entspringt der Fähig-

[13] Auf der ganzen nigerianischen Hochebene wird Kindern z. B. während ihrer Säuglingszeit üblicherweise mit der Hand Wasser eingeflößt. Der Säugling kann schreien, wütend werden und sogar augenblicksweise das Bewußtsein verlieren. Die Mutter belustigt das mehr als es sie verstört, da sie ganz genau weiß, daß sie keinen feindseligen Akt begeht. Während des kurzen Konflikts bleibt sie fest und unbeirrbar, hinterher beruhigt sich der Säugling sehr schnell und wird wieder in seine sichere Position auf der Hüfte oder dem Rücken der Mutter eingewickelt. Genau durch diese stets vorhandene Assoziation mit der Mutter und mit Mutterersatz wird das Kind empfänglich für die übliche Disziplin, und diese wird dadurch nicht traumatisch. Das »Instinkt-« Leben wird von den Erwachsenen weder gefürchtet, noch bei den Kindern brutal unterdrückt. Für eine ähnliche Analyse vergleiche Jules und Zania Henry (1974).

keit und dem Wunsch, Beziehungen herzustellen, und nicht unbedingt dem Wunsch, sich mit Abstraktionen im abendländischen philosophischen Sinne zu befassen. In demselben Maße, wie die primitiven Menschen, die ich kennengelernt habe, einen Gesamteindruck von Wachheit und Intelligenz erwecken, beeindrucken Menschen, die sich in der Politökonomie der Zivilisation spezialisiert haben, häufig mit dem automatischen Charakter ihrer Reaktionen und mit ihrer Langeweile. Die Langeweile ist ein höchst zivilisiertes Merkmal, und kein primitives; diese wahrscheinlichen Beziehungen zwischen dem sozialhistorischen Charakter und der Intelligenz sind bisher kaum erforscht worden. (Diamond 1957).

3. Verschiedene Formen der institutionalisierten Abweichung. Diese haben die Wirkung, daß sie idiosynkratische Individuen an die Gruppe anpassen, während sie gleichzeitig unkonventionelles Verhalten ermöglichen. In diesen Fällen kann das abweichende Mitglied sowohl bevorrechtigt als auch bestraft werden, es wird jedoch nicht zum sozialen Wrack.

Bei bestimmten kriegerischen amerikanischen Indianergesellschaften – bei den Cheyenne Contrary Ones oder den Crow Crazy Dogs wurde das ungehörigste Verhalten geduldet. Die jungen Männer jedoch, denen diese Sondererlaubnis gegeben wurde, das übliche Verhalten auf den Kopf zu stellen, mußten sich dafür erkenntlich zeigen, indem sie sich im Kampf auszeichneten, was gewöhnlich bedeutete, daß sie den Feind auf die unerwartetste und unmittelbarste Art angriffen. Die Crow sprachen sich hierzu zum Beispiel wie folgt aus:

– Verhalte dich wie ein tollwütiger Hund (Crazy Dog). Trag' Schärpen und andere hübsche Kleider, hab' eine Rassel bei dir und tanze auf den Straßen unter Absingung von Crazy-Dog-Liedern, nachdem jeder schon längst im Bett liegt.

– Rede überkreuz: sag' das Gegenteil von dem was du meinst und bring' die anderen dazu, als Antwort auch das Gegenteil von dem zu sagen, was sie meinen.

– Kämpfe wie ein Verrückter, indem du dich blitzschnell an einen Feind heranmachst und dich zum Töten anbietest. Grab' ein Loch in der Nähe eines Feindes, und wenn der Feind ringsherum ist, spring' heraus und ihn an und treib' ihn zurück.

– Mal' dich am ganzen Leibe weiß an, steig' auf ein weißes Pferd, decke ihm die Augen zu und zwing' es einen steilen und felsigen Abhang hinunterzuspringen, bis ihr beide zerquetscht seid (Rothenberg 1972, 274).

4. Das Feiern und die Verschmelzung des Geheiligten und des Natürlichen, des Individuums und der Gesellschaft im Ritual. Durch das Ritual kulminiert das Leben in der Form des Dramas; soziale und existentielle Ängste werden schöpferisch eingesetzt.

5. Das unmittelbare Verhältnis zur Natur und zu natürlichen physiologischen Vorgängen. Auf diese Weise wird das Realitätsbewußtsein bis zu einem Punkt verstärkt, wo es manchmal »zu lodern« scheint. An diesem Punkt konvergieren die Erfahrungen des Primitiven und des Mystischen, denn der Mystizismus ist nichts weiter als die Realität, die in ihrer letzten

subjektiven Tonart wahrgenommen wird. Und hierdurch wird wiederum der Pragmatismus des Primitiven mit seinem Mystizismus verklammert, während gleichzeitig der »gewöhnliche« Mann mit dem Schamanen verbunden wird. Der Schwerpunkt in beiden Fällen ist der gleiche, und der Unterschied liegt nur im Ausmaß der Intensität. Bloße schmutzige oder zotige Einstellungen zu natürlichen Funktionen sind selten – wohingegen ein alles erfassender und sogar übermütiger (Possenreißer-)Humor weit verbreitet ist. Typisch dafür ist folgender Gesang bei den Piute-Indianern:

In alten Zeiten hatten die Mösen der Frauen Zähne innen drin.
Damals hatte man's als Mann schwer,
Wenn man zusah, wie sich die Frau zum Essen hinhockte
Und die kleinen Kaninchenzähne gegeneinander knirschen hörte.
Jedes Mal, wenn das Vögeln erfunden wurde
Starb es mit dem Erfinder gleich wieder aus.
Und wenn deine Frau dir sagte, sie würde dich gern beißen
Nahmst du das nicht auf die leichte Schulter.
Vielleicht liefst du gleich fort
Um gegen Numuzoho den Menschenfresser zu kämpfen.

Coyote war es, der das in Ordnung brachte,
Er besorgte es diesen bezahnten Weibern!
Eines Nachts nahm er Numuzoho's Obsidianstößel
Mit ins Bett zu einer gemeinen Frau
Und hammer, hammer, knirsch, knirsch, au, au
Ging es die ganze Nacht lang:
»O Mann, was bin ich froh« sprach sie
Und der Rest ist Geschichte.
Ihm zu Ehren tragen wir
Unsere Halsketten aus Zähnen (ibid., 195).

6. Aktive und vielseitige Beteiligung an der Kultur. Dies trägt auch zum Gefühl des individuellen Werts, der Würde und der Kompetenz bei.

7. Wie *Leach*, *Boas*, *Weltfish* und andere hervorgehoben haben, wird die natürliche Umwelt ästhetischer wahrgenommen, als dies in der Zivilisation gewöhnlich der Fall ist. Handwerkliche Kunst wird hoch geschätzt und ist bei Primitiven weit verbreitet. Die ständige Berührung mit kunstfertig und individuell hergestellten Gegenständen des Alltags trägt dazu bei, daß die Umwelt des Primitiven persönlich und bedeutungsträchtig wird. »Bei primitiven Völkern« schließt Boas daraus, »sind Qualität und Schönheit dasselbe« (Boas 1955, 356).

8. Sozio-ökonomische Unterstützung als natürliches Erbe. Umgekehrt

ausgedrückt ist das sozio-ökonomische Risiko gleichförmig auf die ganze Gesellschaft verteilt. Aus dieser grundlegenden Quelle können daher keine verkrüppelnden Ängste oder Zweifel über den Wert der Person entstehen. Dies erklärt im Zusammenhang mit den vorstehenden Punkten, warum zivilisierte Formen des »Verbrechens« in der primitiven Gesellschaft nur in minimalem Umfang vorkommen oder überhaupt fehlen.

Diese hervorstechenden Merkmale der primitiven Gesellschaft sollten uns erwarten lassen, daß die chronischen charakteriologischen oder psychoneurotischen Phänomene, die im Gleichtakt mit der Zivilisation zuzunehmen scheinen, in viel geringerem Umfang auftreten, worauf unter anderem auch *Meyer Fortes* hinwies (90ff.). Dies deckt sich mit meinen eigenen Erfahrungen; ich möchte nur hinzufügen, daß die disziplinierte Ausdrucksfähigkeit primitiver Gesellschaften im Zusammenhang mit den traditionalen sozialen und ökonomischen Unterstützungsfaktoren auch zu einer größeren Toleranz gegenüber psychotischen Erscheinungen führt bzw. letztere in normale und eingebundene menschliche Erfahrung verwandelt.

Die Aussichten

Die Individuation, der Personalismus, der Nominalismus und Existentialismus, die in der primitiven Gesellschaft so deutlich in Erscheinung treten, verstärken einander wechselseitig und ständig, und sie stehen, wie wir gesehen haben, in völligem Einklang mit der Gesellschaftsstruktur. Im Zusammenhang damit ist die Feststellung interessant, daß *Heidegger* der Überzeugung ist, daß der Bruch in der abendländischen Tradition zwischen den Vor-Sokratikern und Plato, d. h. zwischen dem, was ich, grob gesagt, als vorzivilisierte und zivilisierte Auffassungen bezeichnen würde, symptomatisch ist (Heidegger 1947). Jede der miteinander zusammenhängenden Erscheinungsformen läßt sich wie folgt zusammenfassen:

Der primitive (vor der Zivilisation und der Entfremdung bestehende) *Existentialismus* kommt im folgenden zum Ausdruck: (1) in der rituellen Äußerung der Primärbedürfnisse der Person in Natur und Gesellschaft. Bedeutungen werden in Frage gestellt und gelöst, und ein buchstäbliches »mit anderen geboren werden« oder Co-naissance (Claudel 1929) oder die Freizügigkeit der Gemeinschaft« (Marcel 1935) tritt tatsächlich auf. *Boas* drückt dies wie folgt aus: »Die Bereitschaft, sich selbst der von der Kunst bewirkten Verzückung hinzugeben, ist wahrscheinlich größer (als unter uns), weil im Leben der Primitiven die konventionellen Zwänge unserer Zeit nicht in derselben Form vorhanden sind« (Boas 1938, 216ff.); (2) In der Betonung der Existenz und nicht des Wesens; (3) In der Verantwortung des Individuums gegenüber dem Selbst und der Gesellschaft; und (4) in dem mangelnden Interesse an analytischen Denkweisen.

Der primitive *Personalismus* zeigt sich in: (1) dem Netz von Verwandtschaftsbeziehungen; (2) der organischen Gemeinschaft; (3) der Erfassung des Bewußtseins in der gesamten Gesellschaft und Natur.

Der primitive *Nominalismus* konzentriert sich auf: (1) die Betonung konkreter Einzelheiten und Zusammenhänge; (2) die Benennung von existenten Dingen in Natur und Gesellschaft, in Traum und Realität; und (3) darauf, daß Ideen als solche typischerweise hypostasiert oder verdinglicht werden.

Die primitive *Individuation* wird durch folgendes gefördert: (1) durch die volle und vielseitige Beteiligung von Individuen an Natur und Gesellschaft; (2) durch den äußerst persönlichen Sozialisierungsprozeß, durch den die individuellen Eigenschaften entwickelt werden; und (3) dadurch, daß die Gesellschaft in der Person und die Person in der Gesellschaft ihren Ausdruck findet.

Die vier vorherrschenden Eigenschaften oder Denkweisen bzw. psychologischen Betrachtungsarten oder Verhaltensweisen – all' dies sind sie gleichzeitig – finden ihr Gegenstück in den Verhaltens- und Denkweisen, die sich mit der Entwicklung der Zivilisation ergaben und ständig verstärkten.

In jedem dieser entscheidenden Bereiche – die entscheidend sind, weil sich innerhalb ihrer Parameter die Krise der Zivilisation ausdrückt – läßt sich das zivilisierte Verhalten charakterisieren als: 1) zunehmend essentialistisch; die Quantifizierung wird vergeistigt, und dies ist – wie wir gesehen haben – ein politischer, philosophischer und letztendlich wissenschaftlicher Prozeß. Die Wissenschaft des Abendlandes findet ihren Ausdruck in Galilei, doch der Gottvater ist Plato (Brest 1925; Cassier 1944, 279–296; Koysé 1943, 400–28; Moody 1957, 176–206); 2) zunehmend abstrakt und analytisch; 3) zunehmend unpersönlich und mechanisch, kurzum 4) also zunehmend kollektiviert, d. h., daß es darin um Aggregate von Individuen geht, die spezialisierten Tätigkeiten nachgehen, die tendenziell ihre menschlichen Assoziationen in sachliche oder sogar nur räumliche Anordnungen verwandeln. Personenbeschreibungen treten an die Stelle von Personen.

Trotz des Stolzes der abendländischen Zivilisation auf die Wissenschaft, vielleicht sogar deswegen, ist ihre Verhaltensweise zunehmend magisch: im öffentlichen Bereich in Bezug auf den Warenfetischismus und die verhaltensmäßige und mechanische Manipulation jeder Art einschließlich der Werbung; und im privaten Bereich das Äquivalent dieser öffentlichen Ausdrucksform in Bezug auf Zwangsneurosen. Diese Identifizierungen des »Ichs« mit Äußerlichkeiten, diese Absicherungsoperationen verbrauchen in unserer Gesellschaft sehr viel mehr Energie als bei primitiven Völkern. Dies bedeutet, daß das, was man sachlich als magisches Verhalten definieren kann, mit dem Fortgang der Zivilisation zugenommen hat, und keineswegs zurückgegangen ist. Hierbei handelt es sich um reine Magie, die an die Stelle tatsächlichen Handelns in der Welt tritt, anstatt in einer Beziehung dazu zu stehen, also genau um das Gegenteil der Magie bei primitiven Völkern. Außerdem verschiebt sich das Gewicht des äußerlichen Verhaltens gegenüber dem Übernatürlichen in unserer Gesellschaft nach dem Magischen, d. h. dem mechanischen Ende der Skala von Magie zur Religion . . . während die Methode der Religion in der typischen Verhaltensweise der primitiven Welt eine Projektion des Persönlichen ist.

Unser pathologischer Zustand besteht also in unserer Hingabe an Abstraktionen, in unserem Kollektivismus, in unserem Pseudo-Individualismus und in unserem Mangel an institutionellen Mitteln dafür, der menschlichen Ambivalenz Ausdruck zu geben und sie zu transzendieren. Im Gegensatz dazu können die negativen Aspekte des Personalismus bei den Primitiven zu ihrem eigenen subjektiven Gleichgewicht gelangen, jedoch nicht objektiv unter Kontrolle gebracht werden.

Unsere Krankheit geht genau auf das Zentrum der Zivilisation zurück, und entspringt nicht zuviel Wissen, sondern zu wenig Weisheit. Wir haben das, was die Primitiven besitzen – ein unmittelbares und weit verzweigtes Gefühl für die Person und alles das, was dies nach meiner Darstellung nach sich zieht – eine existentielle Menschlichkeit – in großem Umfang verloren. Genau dies muß die Zivilisation selektiv in sich aufnehmen; wir können den primitiven Zustand nicht hinter uns lassen; wir können nur darüber hinauswachsen, indem wir ihn in uns weiterentwickeln. Tausende von Jahren lang hat der Mensch in einer Kulturentwicklung, die sich zu unserer antithetisch verhält, seine Natur zutiefst definiert; diese Tatsache, die die Dichter[14] immer gewußt haben, müssen wir eindeutig klarstellen.

[14] Gary Snyder ist ein Beispiel für dieses Bewußtsein: Als Dichter vertrete ich die ältesten Werte auf der Erde. Sie gehen zurück bis ins Paläolithikum: die Fruchtbarkeit des Bodens, der Zauber der Tiere. Die Machtvision in der Einsamkeit, die schreckliche Initation und Wiedergeburt, die Liebe und Ekstase der Verdammten, die gemeinsame Arbeit des Stammes.

Es gibt einen Geisteszustand, der von dem rein ekstatischen unterschieden werden muß, in welchem die unmittelbarsten und persönlichsten Wahrnehmungen mit den archetypischen und rituellen Beziehungen der menschlichen Gesellschaft zum Weltall verschmelzen. Dichtung, die daraus gemacht ist, ist nicht »automatisch«, sie ist jedoch häufig mühelos; und sie schließt das Vergnügen eines gelegentlichen geistigen Einfallsreichtums und der Anspielungen nicht aus. Meine besten Gedichte fließen aus einem solchen Zustand; sie neigen dazu, die Architektur des Bewußtseins zu erforschen.

Indem wir primitive Völker duch den Raster unserer Zivilisation betrachten, indem wir uns in die Geschichte versenken, erfahren wir, daß trotz der Tatsache, daß die menschliche Natur als ein System miteinander verbundener Potentiale konstant bleibt, daß spezifische und sich gegenseitig ausschließende Typen der Selbstverwirklichung vorkommen können, und ebenfalls das, was wir als Verzerrungen betrachten müssen. Die Vision des Menschen, die sich aus einer intensiven Untersuchung der primitiven Gesellschaft ergibt, ist eindeutig das Gegenstück zum Menschen in maximal politisierten Zivilisationen wie der unseren. Wir können die Sache auch wie folgt darstellen: eine unterschiedliche soziale Existenz aktualisiert bestimmte Daseinspotentiale und macht andere zunichte. Außerdem hat jede Eigenschaft ihre negative Kehrseite. Dort wo wir, wie dargestellt, unsere kulturelle Existenz nicht mehr ritualisieren, außer durch die rudimentären, passiv defensiven und zwangsneurotischen Mittel, die von Freud metaphorisch dokumentiert worden sind, symbolisieren die Primitiven ihre persönliche Wahrnehmung und Umweltbeherrschung durch Rituale, die das menschliche, soziale und natürliche Dasein erneuern. Das potentiell Negative in der primitiven Erfahrung ist die Verleugnung der Natur als ein Paradigma für Prozesse, für die der Mensch ein Ausdruck, vielleicht aber nicht das Zentrum ist. Das Negative an unseren Vorstellungen von Wissenschaft liegt darin, daß der Mensch sich selbst in Objekt und Beobachter aufspaltet, und in dem damit zusammenhängenden Verlust der Person als eines integrierten Subjekts, als eines Partners in einer Welt von Personen.

Bei der Untersuchung solcher komplementären Zusammenhänge springt die Möglichkeit der Synthese ins Auge. Bevor jedoch solche komplementären Zusammenhänge in den uns interessierenden Bereichen sich über den Zustand von Gegensatzpaaren hinaus entwickeln und sich als Antithese zur These im Vorgriff auf die Synthese gegenübertreten können, ist wie bei Sokrates eine konkrete politische Umsetzung der verstandesmäßigen Einsicht erforderlich. Soziale Rekonstruktionen, die auf historischen Überlegungen über die menschliche Natur beruhen, und die bisher getrennten Ausdrucksformen, die die verschiedenen Epochen des Menschen beherrscht haben, können nur begrenzt programmatisch sein. Es handelt sich nicht und kann sich auch nicht um die Frage handeln, primitive Formen auf zivilisierte Strukturen aufzupfropfen und auch nicht darum, sich in die primitive Vergangenheit »zurückzuziehen«. Es geht nicht um die Frage, ein verlorenes Paradies oder den Adel der Wildheit wiederzugewinnen, die in der Form, wie ihre Verfechter dies darstellen, nie existiert haben. Das Problem, und dies bleibt das zentrale Problem der Anthropologie, besteht darin, zeitgenössische Formen entwerfen zu helfen, die den Menschen mit seiner Geschichte wiedervereinigen, den Primitiven mit dem Zivilisierten versöhnen; es geht darum, den Fortschritt ohne Verzerrung theoretisch möglich zu machen oder uns zumindestens in die Lage zu versetzen, die Eigenschaften zu erfahren, die primitive Völker im Alltag aufweisen. Dies wiederum verlangt nach einer Innovation höchsten Grades, selbst wenn sie aus der Verzweiflung genährt wird, einer Innovation, die der Genialität gleichkommt, die man z. B. hinter den Sippenstrukturen primitiver Völker feststellen kann. Es gibt kaum einen besseren Ansatzpunkt, als mit dem vernünftigen Abbau der Bürokratie, dem gemeinsamen Eigentum an den grundlegenden Produktionsmitteln und deren Dezentralisierung zu beginnen, wozu wir über die Verfahren verfügen, und wofür wir die entsprechende soziale Phantasie entwickeln müssen. Aus der Anthropologie erfahren wir, daß Menschen auch schon zuvor in ähnlichen Umständen gelebt haben, und es scheint von entscheidender Bedeutung zu sein, daß wir dies wiederum lernen, wenn auch auf einer höheren Ebene und in anderen Formen. Ein reflexbetontes und lediglich determiniertes Verhalten zwingt uns auf die selbstzerstörerische Bahn unserer Zivilisation und verdammt uns zur Unverantwortlichkeit für unser Schicksal.

Kapitel 4: Plato und die Definition des Primitiven

Ursprung und Natur des Staates sind ein Thema, das wie geschaffen ist für die Kulturanthropologie, denn Staaten entstehen zunächst durch die Umwandlung und Vernichtung typisch primitiver Institutionen. Im Verlauf der gesamten Geschichte haben Denker der verschiedensten Herkunft und mit den verschiedensten Absichten diese Grundtatsache der Staatsbildung begriffen. Lao-tse, Rousseau, Marx und Engels, Maine, Morgan, Maitland, Tönnies und viele zeitgenössische Gesellschaftsforscher haben begriffen, daß es zwischen der Struktur des primitiven Lebens und der Zivilisation einen qualitativen Unterschied gibt. Außerdem haben sie mehr oder weniger explizit die Widersprüche erahnt, die dem Übergang von der Stammesverwandtschaft oder primitiven Gesellschaft zur zivilisierten oder politischen Gesellschaft innewohnen.

Dieser ungeheure Übergang, diese große Umwälzung im Leben des Menschen, dieses soziale und kulturelle Trauma hat zu einer leidenschaftlichen und uralten Debatte darüber geführt, welche Vorzüge das primitive Dasein im Gegensatz zur Zivilisation hat. Die Debatte hat häufig utopische Züge und einige dieser Utopias wenden sich zurück zu einem bisweilen phantastischen Bild des Primitiven, andere blicken voraus auf den absoluten Triumph des rationalen Staats. Es ist nicht meine Absicht, mich auf diese Debatte einzulassen. Ich möchte vielmehr, ausgehend von der These, daß Platos Utopia die Gegnerschaft zum Primitiven zugrundeliegt, anhand seiner Vorstellungen eine genauere Bestimmung des Wesens des Staates und der primitiven Gesellschaft herausarbeiten.

Die Gegnerschaft zum Primitiven

Platos Schrift *Der Staat* darf als Projektion des idealisierten totalen Stadtstaats verstanden werden, die aus den Ruinen des Athen des vierten vorchristlichen Jahrhunderts entwickelt und von der spartanischen Oligarchie beeinflußt wurde. In seiner Vollkommenheit reicht Platos *Staat* jedoch über diese lokalen Grenzen hinaus und wird zum klassischen Modell des Staates, auf das die Gelehrten des Abendlandes Jahrhunderte lang zurückgegriffen haben, wenn sie das gute Leben und seine Beziehung zur politischen Gesellschaft diskutierten. Diese Spannungen zwischen dem Lokalen und dem Allgemeingültigen springen bei allen utopischen Entwürfen ins Auge, ob sie nun lediglich literarisch oder auch gesellschaftspolitisch ausgeführt sind; für Platos *Staat* gelten sie ganz besonders. Plato behält einige Merkmale des Stadtstaats bei, führt uns jedoch auf eine »Reise von tausend Jahren.« Diese Zeitspanne ist vielleicht zu bescheiden angesetzt, denn jede spätere politische Gesellschaft, die von einer ständigen, selbsternannten, wohlmeinenden Elite beherrscht wurde, und jede spätere elitäre Gesellschaftstheorie sind in Platos *Staat* bereits skizziert.

Der *Staat* ist natürlich mehr als ein politisches Traktat. Er stellt auch eine Psychologie, eine Ästhetik und eine Philosophie dar, doch dies alles in einem politischen Kontext. Der *Staat* ist ein durch und durch politisches Werk, und das muß betont werden, weil Plato traditionell als das Urbild des reinen Philosophen angesehen worden ist, und der *Staat* als sein Meisterwerk gelobt wurde, in welchem die meisten seiner grundlegenden Ideen in eindrucksvoller Synthese erschienen.

Was aber sind die politischen Annahmen, die dem *Staat* zugrundeliegen? Platos persönliches politisches Vorurteil ist zunächst klar. Er war ein Aristokrat, der den Verfall der athenischen »Demokratie« erlebte. Er war Philosoph in einer Gesellschaft, die Sokrates umbrachte. Er entzog sich dem Geschäft der Politik und schreckte vor jeder tatsächlichen politischen Rolle in seiner eigenen Gesellschaft zurück, für die er nach Geburt und Ausbildung qualifiziert gewesen wäre. Dennoch scheint er von der Idee der Politik besessen gewesen zu sein; für Plato scheint das politische Problem darin bestanden zu haben, wie man die Politik abschaffen könne.

Es ist daher möglich, den *Staat* als die Idealisierung und Rationalisierung von Platos persönlichen Motiven anzusehen. Sein idealer Staat ist schließlich eine utopische Aristokratie, die von Philosophen regiert wird, die Könige geworden sind, und das Problem der Politik hat sich in nichts aufgelöst. Doch diese Betrachtungsweise wäre als wissensoziologische zu begrenzt. Platos persönliche Motive sind fraglos wichtig, sie tragen dazu bei, die genaue Form der Republik festzulegen, doch sie bestimmen nicht ihre umfassende kulturhistorische Bedeutung. *Cornford* sagt dazu:

»Der Stadtstaat war ein Rahmen, innerhalb dessen sich jede beliebige Verfassungsform halten konnte: Despotismus, Oligarchie oder Demokratie. Jeder griechische Bürger zu Platos Zeiten, reich oder arm, wäre recht verwirrt gewesen, hätte man ihm gesagt, daß er kein Interesse daran habe, die Struktur des Stadtstaats zu erhalten. Insbesondere der Demokrat hätte geantwortet: Glauben Sie wirklich, daß ein orientalischer Despotismus, wo alle außer einem Sklaven sind, eine höhere und glücklichere Gesellschaftsform ist? Oder wollen Sie uns auf den Stand jener Wilden mit ihren merkwürdigen Bräuchen zurückdrücken, die Herodot beschrieben hat?« (Cornford 1950, 129)

Platos oligarchische Neigungen können also nicht als im Widerspruch zu der Grundstruktur des Stadtstaats stehend betrachtet werden; die genaue Form seines Staats ist von geringerer Bedeutung als ihr grundlegend statischer Charakter. Die politischen Annahmen, die dem *Staat* zugrundeliegen, sind lediglich die großgeschriebenen und idealisierten Grundvoraussetzungen der politischen Gesellschaft, des Staats. Wir müssen uns daran erinnern, daß das klassische Griechenland auf seine eigene archaische und primitive Vergangenheit zurückblicken konnte; außerdem lebte es am Rand eines »barbarischen« Europa. Daher waren die Formen und Gebräuche der primitiven Gesellschaft, selbst wenn diese in Staatsorgane umgewandelt oder zugunsten staatlicher Institutionen aufgegeben wurden, den Griechen keineswegs fremd.

Wahrscheinlich hatte Plato Gelegenheit genug, sich beim Entwurf seiner Vision des utopischen Staats auf konkrete primitive Elemente in der griechischen Gesellschaft und Kulturtradition zu beziehen. Wie weit dies möglich war, ist jedoch für meine Argumentation nicht wesentlich. Plato hätte auch aus bloßem politischen Instinkt handeln können, und dabei die vollkommene politische Gesellschaft konstruieren und diejenigen Institutionen und Verhaltensweisen verwerfen können, die damit nicht vereinbar waren, d. h. die primitiven. Jedenfalls geht aus dem *Staat* die Gegnerschaft gegenüber dem Primitiven ebenso hervor wie Platos sicherer Sinn für die Strategie der politischen Gesellschaft. Und hierin besteht meiner Ansicht nach die eigentliche kulturhistorische Bedeutung seines Werks, das ja in der Morgendämmerung der europäischen Zivilisation verfaßt wurde. Tatsächlich kann die Gottesstadt als das Wesen angesehen werden, dessen unzulängliche Widerspiegelungen alle realisierten politischen Gemeinschaften sind.

Die Verleugnung der Familie

Obwohl die Themen, mit denen wir uns bei der Behandlung des *Staat* befassen wollen, in sehr subtiler Verbindung miteinander stehen, und bisweilen nicht präzise definiert sind, möchte ich sie einzeln betrachten, ohne Platos Gesamtargumentation zu rekonstruieren. Betrachten wir zunächst den Vorschlag, den er Sokrates zur Gründung des Staats machen läßt:

»Sie schicken alle Bewohner des Staates über zehn Jahre aufs Land hinaus, nehmen dann deren Kinder und erziehen sie nicht so, wie es heute und auch bei ihren Eltern Sitte ist, sondern auf ihre eigene Art und Weise, nach ihren eigenen Gesetzen, d. h. ungefähr so, wie wir es besprochen haben. So können sie am schnellsten und einfachsten den beschriebenen Staat und seine Verfassung herstellen, können den Staat glücklich machen und dem Volke, unter dem er erwächst, den größten Dienst erweisen.« (Plato 1939, 262)

Der Staat soll also damit begonnen werden, daß die Generationsbande abgeschnitten und die primären Verwandtschaftsbeziehungen gelöst werden. Hier handelt es sich natürlich um eine extreme Darstellung des Allgemeinprozesses, durch den Staaten entstehen, in welchem das Individuum aus den Machtverhältnissen und Verpflichtungen der Sippe entlassen und zum Subjekt der in Entstehung begriffenen staatlichen Gesetzgebung gemacht wird. Eine bemerkenswerte Parallele zu Sokrates' Vorschlag gibt es jedoch bei den Bräuchen der Eingeborenen in Dahomey, wie diese von *Norris,* einem der ersten Chronisten der Sklavenküste berichtet werden. In der Vorform des Staates in Dahomey »werden Kinder ihren Müttern in frühem Alter weggenommen und an Orte verteilt, die von ihrem Geburtsdorf weit entfernt sind, wo ihnen wenig Gelegenheit bleibt, jemals später von ihren Eltern gesehen oder auch nur erkannt zu werden. Der Grund dafür ist, daß es keine Familienbindungen oder Verbindungen geben soll, keine Zusammenhänge, die für die unbeschränkte Macht des Königs schädlich sein könnten.« (Norris 1791, 409)[15]

Wir dürfen jedoch nicht vergessen, daß Plato nicht die Absicht hat, den Prozeß der Staatsbildung als solchen zu umreißen. In unserer Sicht idealisiert er diesen Prozeß, und daher wird der Zweck der Staatsgründung in der oben beschriebenen Weise als wohltätig angesehen.

In Klammern könnte ich hinzufügen, daß der Versuch, die Bande zwischen den Generationen zu schwächen oder zu durchtrennen auch ein typisches utopisches und sozusagen revolutionäres Ziel ist. Das jüngste Beispiel dafür ist der israelische Kibbuz, in welchem die kollektive Aufzucht der Kinder von dem Wunsch geleitet wird, eine Generation hervorzubringen, die sich dem Charakter nach von dem Bild der Eltern des Shetl-Juden stark unterscheidet (Diamond 1957, 71–99). Tatsächlich dürfte immer dann, wenn eine massive Verschiebung der politischen Macht und der politischen Struktur in Betracht gezogen wird oder eine radikale Umbildung der öffentlichen Treueverhältnisse verlangt wird, die Familie als psychischer Transmissionsriemen zwischen den Generationen nicht nur bezogen auf ihre besondere Form, sondern als primäre soziale Einheit angegriffen werden. Dies kommt auf ziemlich verschiedene Weise in der Arbeit vieler Reformisten zum Ausdruck, bei einer Anzahl sogenannter Marxisten, und in der Theorie und Praxis der Nazis.

Platos »bescheidener Vorschlag« zur Staatsgründung kann demnach so-

[15] Die Einzelheiten der Beobachtungen dieses Chronisten sind zwar aller Wahrscheinlichkeit nach verzerrt, doch ist seine Schlußfolgerung richtig. (Vgl. Diamond 1951, 26). Hier handelt es sich um eine Untersuchung einer Gesellschaft, die im Übergang von der Sippen- zur Staatsstruktur ist und sich in einem Konflikt zwischen Sippe und Staat befindet, der sich durch die ganze Kultur hindurchzieht.

wohl unter einer revolutionären als auch unter einer kulturhistorischen Perspektive betrachtet werden. Der *Staat* steht zu Beginn bezeichnenderweise im Gegensatz zu den bestehenden Verwandtschafts- und Generationsbindungen. Wir werden sehen, daß dieser Imperativ auf die Aufzucht der Wächter innerhalb des Staates ausgedehnt wird, das heißt, daß Staat und Familie in Erinnerung an den alten Antagonismus zwischen der politischen und der primitiven Organisation selbst nach der Errichtung der idealen politischen Gemeinschaft als antithetisch angesehen werden.

Arbeitsteilung und Klassenspaltung

Primitive Gesellschaften, die sich nicht im Übergang zu der einen oder anderen archaischen Staatsform befinden (d. h. keine staatlichen Vorformen darstellen), können aufgrund von Rang- und Statussystemen funktionieren, und sie funktionieren stets über Sippeneinheiten oder Zusammenschlüsse, deren Mitglieder nicht zwangsläufig miteinander verwandt sind, die jedoch die Strukturen von Formen der Sippe übernehmen. Klassen oder Kasten fehlen in ihnen jedoch völlig. Außerdem weisen primitive Gesellschaften nicht die spezialisierte Arbeitsteilung auf, die einer der Hauptaspekte des Aufkommens von Klassen- und Kastensystemen ist. In diesen miteinander zusammenhängenden Aspekten stellt Platos Staat die Umkehrung primitiver Ordnung dar. Der Staat wird auf den Gipfel seiner Macht geführt. Um dies klarzustellen, wollen wir mit seiner Sicht der absoluten Arbeitsteilung anfangen.

In Platos Staat soll sich kein Mann mit mehr als einer einzigen Arbeit beschäftigen. Die letzte Definition von Gerechtigkeit, die Sokrates als vielleicht das Hauptziel des ganzen Dialogs anstrebt, besteht nämlich darin, »daß jeder eine einzige Aufgabe hat, die seiner Anlage entspricht und der er sich zur rechten Zeit und ungestört durch andere Arbeiten widmet.« (Plato 1939, 52) Später führt Sokrates diesen Punkt wie folgt weiter aus:

> »Lediglich in unserem Staate ist daher ein Schuhmacher ausschließlich ein Schuhmacher, nicht nebenher Steuermann, der Landwirt ausschließlich Landwirt, nicht nebenher Richter, der Soldat ausschließlich Soldat, nicht nebenher Erwerbsmann, und ebenso finden wir es in sämtlichen Berufen.« Er betont: »Denn bei uns gibt es keine doppelten und vielfachen Menschen. Jeder hat nur einen einzigen Beruf.« (ibid., 86)

Es wird also ausgegangen, daß die Identität des Individuums durch die einzige Beschäftigung, der es sich widmet, erschöpfend beansprucht wird. Der berufsbezogene Status wird sozusagen zum Menschen, genauso wie es von seiner Klassenposition im weiteren Sinne heißt, daß sie von seiner Natur bestimmt wird. Auf diese Weise wird die Existenz des Staates garantiert, der Lebensbereich der Einzelperson jedoch beschränkt und vermindert. Die Arbeitsteilung richtet sich natürlich nach der sozial verfügbaren Technik. Entscheidend ist, daß Plato nicht nur die Kongruenz der entwickelten Arbeitsteilung mit der staatlichen Organisation erahnte, sondern sie auch so weit wie möglich trieb und sie dann mit dem Etikett der Gerechtigkeit versah.

Der Kontrast zur primitiven Ordnung könnte kaum auffallender sein. Die Primitiven erwerben eine Vielzahl von Kenntnissen und Fertigkeiten; eine einzige Familieneinheit, wie unter den Nama, den Anaguta oder den Eskimos kann ihre eigene Kleidung, ihre eigenen Werkzeuge und Waffen erzeugen, ihre eigenen Häuser bauen usw. Selbst in einer Übergangsgesellschaft wie dem Frühstaat in Dahomey mußte jedermann ohne Rücksicht auf seinen Beruf drei Dinge beherrschen: wie man ein Feld mäht, wie man eine Mauer baut, und wie man ein Dach deckt (Herskovitz 1938, 30). Außerdem partizipiert der Primitive an einem breiten Bereich kultureller Betätigungen und er kann seinem Leben eine ganze Reihe von kulturell vorgeschriebenen Status-Positionen durchlaufen. Er spielt viele Rollen und sein Naturell wird als vielseitig angesehen. Die Bedeutung dieses Sachverhalts für Platos Konzeption des Dramas soll weiter unten erörtert werden. Zuerst müssen wir die Klassenstruktur seines *Staat* und ihre Folgen untersuchen.

Der *Staat* ist in drei Klassen unterteilt: die Wächter, oder die herrschende Elite; die Gehilfen einschließlich der Soldaten, und die unterste Klasse, die aus all' denjenigen besteht, die in der ökonomischen Produktion beschäftigt sind, insbesondere aus den Handwerkern und Bauern. Wir sehen auf den ersten Blick, daß die Handarbeiter in der sozialen Hierarchie an unterster Stelle stehen, da sie als konstitutionell unfähig betrachtet werden, sich selbst zu regieren. Dies ist natürlich eine typische Einstellung, ganz gleich, wie sie begründet wird, und wir finden sie fast überall mit dem Aufkommen der Zivilisation verbunden. In den frühen Staaten tritt der Intellektuelle allmählich aus den Reihen der Schreiber oder Priester hervor, und er hat in erster Linie Beziehungen zur herrschenden Gruppe. Die Handwerker und Bauern entwachsen der primitiven Gemeinschaft, die durch unmittelbare Zwangsarbeit, Besteuerung, Sklaverei oder ähnliche Mittel in ein Arbeitskräftereservoir für den Staat umgewandelt wird.

Ganz gleich jedoch, wie die Einzelheiten des Prozesses aussehen, und wie sie sich in verschiedenen Bereichen ändern, die Unterwerfung des primitiven Handwerkers und Ackerbauern ist eine Funktion der Staatsbildung. Ein ägyptisches Dokument, das aus dem neuen Reich datiert, ist hierfür insofern recht aussagefähig, als es diesen bereits lange bestehenden Zustand widerspiegelt:

»Laß dir das Schreiben angelegen sein, auf daß du dich vor harter Arbeit jeder Art bewahrest und ein hoher Beamter von großem Ansehen werdest. Der Schriftgelehrte ist von Handarbeiten erlöset; er ist es, der befiehlt ... Hältst Du nicht des Schreibkundigen Palette in deinen Händen? Das ist es, was den Unterschied ausmacht zwischen dir und dem Manne, der die Ruder handhabt.

Ich habe den Metallarbeiter bei seinem Werk an dem Rachen seines Ofens gesehen, mit Fingern wie die Tatzen eines Krokodils. Er stank schlimmer als Fischlaich. Jeder Arbeitsmann, der einen Meißel in der Hand hält, hat mehr zu erdulden als die Männer, die den Erdboden aufhacken; Holz ist sein Feld, und der Meißel sein Karst. Des Nachts, wenn er frei ist, quält er sich mehr, als seine Arme ertragen können (bei Überstundenarbeit?); sogar bei Nacht zündet er an (seine Lampe, um dabei zu arbeiten). Der Steinmetz sucht Arbeit an jedem harten Stein; wenn er einen großen Teil seiner Arbeit getan hat, sind seine Arme entkräftet, er ist ganz erschöpft ... Der Weber in seiner Werkstatt ist schlimmer dran als eine Frau; (er hockt) mit seinen Knien an seinem Bauch und genießt keine (frische) Luft. Er muß den Trägern Brotlaibe geben, um das Tageslicht zu sehen.« (Childe 1956, 188/89)

Dieser Prozeß und die damit zusammenhängenden Einstellungen sind in Platos *Staat* ideal dargestellt. Sie entwickeln sich in Platos Höhle, in der Wirrnis der Geschichte, werden uns jedoch in gereinigter, philosophischer und endgültiger Form dargestellt.

Nun sind die Klassen im idealen Staat relativ fixiert: sie sind tendenziell Kasten, deren Notwendigkeit eugenisch begründet wird. Plato trägt jedoch sowohl dafür Sorge, daß ein Mindestmaß sozialer Mobilität erhalten bleibt, als auch dafür, daß die ganze Struktur vermittels einer »königlichen Lüge« eingefroren ist, d. h. durch die Propaganda, eine Bezeichnung, die Cornford für geeigneter hält (1950, 134) und eine Bedingung, die wir im Zusammenhang mit der Verbannung des Dramatikers nochmals erörtern wollen. Sokrates sagt:

»Ihr alle im Staat seid Brüder ... Aber als der Gott euch formte, hat er den künftigen Herrschern Gold mitgegeben; darum sind sie die ehrwürdigsten. Den Gehilfen hat er Silber mitgegeben; den Landwirten und übrigen Arbeitern Eisen und Erz. Und da ihr alle eines Geschlechts seid, so zeugt ihr meist Kinder, die euch gleich sind. Es kommt aber auch vor, daß von einem Goldenen ein silbernes Kind und von einem Silbernen ein goldenes Kind gezeugt wird; ebenso ist es mit den übrigen, und der Gott befiehlt zuerst und zumeist den Herrschern, über nichts so gut zu walten und über nichts so scharf zu wachen wie über ihre Kinder, damit sie erkennen, was sie in sich haben. Hat ihr Kind Erz oder Eisen in sich, so dürfen sie kein Erbarmen mit ihm haben; sie müssen ihm die Ehre geben, die seinem Wesen gebührt, und es fortstoßen zu den Arbeitern und Landleuten. Andererseits, wenn von diesen ein Kind geboren wird, das Gold oder das Silber in sich hat, so sollen die Herrscher es ehren und emporheben, jenes zu den Wächtern, dieses zu den Gehilfen. Denn ein Orakel sagt, daß der Staat zugrundegeht, wenn Eisen und Erz über ihn wachen. – Siehst du eine Möglichkeit, wie man die Menschen dazu bringen kann, an diesen Mythos zu glauben?« (Plato 1939, 109)

Die Klassenstruktur des Staats beruht also auf einer Theorie der menschlichen Natur, die mit Platos Wesenslehre zusammenhängt. Hier sehen wir uns einem klassischen Beispiel für das Zusammenlaufen typischer platonischer Begriffe zu einem unmittelbaren politischen Problem gegenüber, eine Technik, die sich durch den gesamten Dialog zieht und zum Teil erklärt, weshalb er dialektisch so dicht ist. Die Natur des Individuums wird letztendlich als eindeutig angesehen, da die menschliche Natur eine Angelegenheit voneinander geschiedener und einzelner höherer und niedriger Wesenheiten ist, die noch weiter in berufliche Wesenheiten unterteilt sind. Das heißt, die Arbeits- und Klassenteilung im *Staat* spiegelt sich in der Unterteilung in Wesenheiten oder umgekehrt wieder. Entscheidend ist dabei, daß die gesamte Struktur, wie dies die Allegorie erklärt, von der menschlichen Natur garantiert, von den Wächtern bewacht, von der Philosophie gerechtfertigt und von Gott[16] geheiligt ist.

An der Spitze der Pyramide stehen die Wächter. Von ihnen heißt es, daß sie eine reine Intuition des Guten haben. Sie leben an einem lichten Ort über der Höhle und sind in gewissem Sinne göttlich; oder zumindestens haben sie Merkmale der Göttlichkeit. Sollen wir sie Gottkönige nennen? Diese Frage ist von geringer Bedeutung, denn seit der ersten Herauslösung des Königs aus dem Lokalhäuptling der Primitiven sind Könige als heilig angesehen worden. Die Heiligkeit des Königs ist die Heiligung der staatlichen Macht, die im Gegensatz zu den gemeinsamen Traditionen steht, die in der Person des lokalen Häuptlings symbolisiert sind, und ihn dadurch heiligen können. Die schließliche Außerweltlichkeit der Wächter oder Philosophenkönige ist meiner Ansicht nach ein Ausdruck des Prozesses, durch den die Staatsmacht zuerst geheiligt wurde, als die primitive Gemeinschaft in eine politische Gesellschaft umgewandelt wurde. Wir sollten uns in Erinnerung rufen, daß Plato von der Ägyptischen Theokratie sehr beeindruckt war und vielleicht sogar Ägypten besucht hat, wo der Begriff der Gottesherrschaft so alt war wie der Staat selbst. Jedenfalls ist die Elitetradition der Wächter das Gegenteil der gemeinschaftlichen Tradition primitiver Völker.

Jedoch sind weder die Göttlichkeit der Könige, die die Ziele des Staats formulieren, noch die hervorragenden Eigenschaften ihrer Gehilfen ausreichend, um zu gewährleisten, daß sie dem Staat hingegeben bleiben. Dies

[16] In diesem Kapitel gebrauche ich den Terminus *Gott* metaphorisch, da Platos Vorstellungen der Gottheit historisch und sachlich gesehen sich von der unseren etwas unterscheidet. Was Plato meint, ist jedoch ersichtlich, und die Schlußfolgerungen aus meiner Argumentation werden dadurch in keiner Weise beeinträchtigt. Ähnlich dazu ist die Definition des Wesens als einer Vorstellung aus dem Denken Gottes, die hauptsächlich von Malebranche entwickelt wurde, neoplatonisch.

ist am leichtesten durch vollständig kollektive Lebensführung und Erziehung zu erreichen. Sokrates sagt: »Die Wächterinnen sollen allen Wächtern gemeinsam angehören; keine darf mit einem Manne allein zusammenleben. Auch die Kinder sollen gemeinsam sein, und kein Vater soll sein Kind, noch das Kind seinen Vater kennen.« (Plato 1939, 160) Die Kinder sollen kollektiv von besonderen Pflegerinnen aufgezogen werden, die »an einem geheimen und unbekannten Ort« wohnen. Die Mütter sollen die Kinder nähren, doch soll »jede Vorsichtsmaßregel dabei getroffen werden«, daß keine Mutter ihr eigenes Kind erkennt und daß die Kinder »eine mäßig lange Zeit gesäugt werden.« Die Mütter werden »die nächtliche Wartung und sonstige Arbeit mit den Kindern (. . .) den Ammen und Pflegerinnen übertragen.« (ibid., 164)

Außerdem sollen die Wächter und ihre Gehilfen unter einem Regime spartanischer Einfachheit in gemeinsamen Häusern wohnen, gemeinsam essen und kein Eigentum haben; und sie dürfen sich nicht mit ökonomisch produktiver Arbeit beschäftigen. Das offensichtliche Ziel besteht darin, sie von allen Verbindungen und Motiven abzulösen, die ihre Hingabe an den Staat verringern könnten. Plato fühlte klar den Antagonismus zwischen Staat und Familie und schaffte letztere einfach ab, um die totale Loyalität gegenüber dem Staat zu gewährleisten. Außerdem verleitet ihn sein Mißtrauen gegenüber Verwandtschaftsbindungen im idealen Staat dazu, eine »königliche Lüge« zu Hilfe zu nehmen, vielleicht die erste Hälfte des oben zitierten Propagandamythos. Er läßt Sokrates mit gespielter Verlegenheit sagen:

»Ich weiß nicht, woher ich den Mut und woher ich die Worte nehmen soll. Ich möchte also versuchen, zunächst den Herrschenden selbst und den Kriegern, dann auch dem anderen Volk folgendes einzureden. Von der ganzen Bildung und Erziehung, die wir ihnen jetzt haben angedeihen lassen, hätten sie bloß geträumt; das alles sei wie ein Traum gewesen. In Wirklichkeit seien sie unter der Erde gewesen und dort aufgezogen und geformt worden, ebenso auch ihre Waffen und sämtliche Werkzeuge. Und als alles fertig gewesen, habe die Mutter Erde sie heraufgeschickt, und jetzt müßten sie über das Land, in dem sie lebten, walten und müßten es schützen und hüten; denn es sei ja ihre Mutter und ihre Pflegerin. Ebenso müßten sie über die anderen Bürger wachen; denn es seien ihre Brüder und gleichfalls Kinder der Erde.« (ibid., 109)

Hier handelt es sich natürlich um eine unmittelbare Aussage über den Konflikt zwischen politischen und Verwandtschaftsprinzipien. Der Territorialstaat soll die Loyalität genießen, die zuvor der Sippe entgegengebracht wurde, und dies kann nur dadurch geschehen, daß der Staat als eine dem Wesen nach unpersönliche Struktur personifiziert wird. Plato bemerkt, daß das Märchen eine alte phönizische Erzählung ist, »die früher vielfach geglaubt wurde.« (ibid., 108) Zweifellos ist dieser Mythos genau von der Art, die wir in Gesellschaften erwarten würden, die sich im Übergang von einer Stammes- zu einer Staatsstruktur befinden, d. h. in Gesellschaften, in denen sich ein primärer Konflikt zwischen Stamm und Staat abspielt.

Auch hier gibt es eine eigentümliche Parallele zu Bräuchen in Dahomey, nicht in Form eines Mythos, sondern in Form einer tatsächlichen sozialen Konvention. In Dahomey hatte jeder wichtige Beamte der in Entstehung begriffenen Staatsstruktur innerhalb des Krals des Königs einen weiblichen Partner. Diese Frau, die als seine »Mutter« bezeichnet wurde, hatte bei »Hofe« den Vortritt und fungierte als eine Art Puffer zwischen dem Beamten und dem König, indem sie die rein materielle Beziehung personalisierte, um die es ging. Die Bürokraten wurden aus den lokalen Dörfern, aus den eroberten und unterworfenen Gebieten rekrutiert; sie hatten keine Verwandtschaftsbeziehungen mit dem königlichen Clan und waren nicht dynastischer Herkunft. Das System von »staatlichen Müttern« symbolisierte also die neuen Bindungen, die sich im Unterschied zu den alten Sippenloyalitäten allmählich entwickelten. Die Vorstellung des Mutter- oder Vaterlandes ist zwar in der Sprache der Verwandtschaftsbeziehungen ausgedrückt, scheint jedoch mit dem Aufkommen des Staats an dem Punkt zusammenzufallen, wo sich das Problem der politischen Loyalität erhebt. Dies ist meiner Ansicht nach die Bedeutung von Platos Fabel, die sich konkret in den Bräuchen von Dahomey enthüllt.

Bemerkenswert ist auch, daß Plato die Fabel von den »erdgeborenen Helden« auf die Wächter und Gehilfen beschränkt. Die gewöhnlichen Leute aus Erz und Eisen sollen unter gewöhnlichen Familienbedingungen leben. Kein außergewöhnliches Verhalten irgendeiner Art wird von ihnen erwartet, und ganz gewiß keine besondere Loyalität gegenüber dem Staat. Es wird davon ausgegangen, daß ihre weltlichen Interessen, ihre emotionalen Bindungen und ihre minderwertige Natur ein derartiges Verhalten unmöglich machen. Die Soldaten bewachen die Stadt, die Wächter beherrschen sie und die Ansprüche an die Masse der Bevölkerung bestehen darin, daß von ihr Gehorsam und Mäßigung und die Ausnutzung ihrer eigenen begrenzten Möglichkeiten verlangt wird. Außerdem natürlich noch die Arbeit, die den Unterhalt der oberen Klassen sichert. Die ökonomischen Produzenten sind natürlich aller politischen Mittel entkleidet; im idealen Staat war dies als die Lösung des Problems der Politik angesehen. Plato scheint jedoch unsicher zu sein. Er spricht davon, daß die Bewaffneten »einen Platz im Staate suchen, der am besten zum Lager taugt. Es ist der, von dem aus sie ihr Volk am besten in Schranken halten und zur Beobachtung der Gesetze zwingen können . . .« (Plato 1939, 110), und von dem aus sie auch »aufs vollkommenste sowohl über die Feinde draußen wie über die Freunde drinnen (wachen können). Jene sollen nicht die Macht haben, Böses anzustiften, diese nicht den Willen.« (ibid., 108)

Ein weiterer Punkt verdient Beachtung: Die in Zuchtauswahl aufgezogenen, jedoch familienlosen oberen Klassen sollen alle gleichen Ranges als Brüder und Schwestern, und die Angehörigen der älteren Generation als Vater und Mutter betrachten, was mit einem ausgeweiteten Familien- oder Sippenbrauch deckungsgleich zu sein scheint. Die oberen Klassen stellen jedoch keine Gemeinschaft, sondern das dar, was man sachlich als Kollektiv bezeichnen könnte; die Formen der Beziehungen werden beibehalten, der Inhalt jedoch fehlt (vgl. Kahler 1957). Hier haben wir es mit einer recht interessanten Politisierung der Familienterminologie zu tun, genau wie im Falle der »staatlichen Mütter« in Dahomey, die in unmittelbarem Gegensatz zu primitivem Verhalten steht. Letzteres beruht nämlich immer auf konkreten und komplexen Familienbeziehungen, die zwar nach außen ausgedehnt werden können, um entfernte Verwandte, Fremde oder sogar Naturphänomene einzuschließen. Wie wir jedoch gesehen haben, sollen die Mütter der oberen Klassen ihre eigenen Kinder nicht kennen.[17] Sie sollen aller häuslichen und mütterlichen Pflichten enthoben werden und auf diese Weise in ideale Werkzeuge des Staates verwandelt werden, die in dieser Hinsicht den Männern völlig gleichwertig sind.

Das oben Dargestellte ist ein grober Umriß der Klassenstruktur und Funktion in Platos *Staat*. Allgemein gesprochen stellt es die Antithese dessen dar, was schon Kroeber als »primitive Demokratie« (1948, 281) bezeichnet hat.

Die Zensierung des Dramatikers

Es gibt meiner Ansicht nach einen Schlußstein in dem kühnen Gewölbe von Platos Argumentation, einen Imperativ, auf dem der statische Charakter des Staats genauso wie seine Gegnerschaft zum Primitiven beruht.

Die Dramatiker, die Gestalter von Tragödie und Komödie, die »nachahmenden Dichter«, wie sie Plato nennt, sollen verbannt und ihre Werke abgeschafft oder streng zensiert werden. Er läßt Sokrates sagen:

[17] Wir würden Platos Erziehungspsychologie heute vermutlich als »mechanisch behavioristisch« bezeichnen. Die Abschwächung unmittelbarer Verwandtschaftsbande unter der Elite und die Betonung, die auf moralischen Erzählungen liegt, dürften tendenziell die emotional-intellektuelle Entwicklung stören; die Spannungen, die eine solche Entwicklung fördern, können kaum durch Institutionen und Abstraktionen erzeugt werden. Außerdem würde die kollektive Aufzucht von Kindern der Elite wahrscheinlich ihr eigenes Ziel dadurch gefährdet haben, daß sie nicht genug Emotionen erzeugte, um Loyalität zu gewährleisten. (Vgl. z. B. die Bemerkungen des Verfassers über die kollektive Aufzucht von Kindern im israelischen Kibbuz, 1957, 88–93).

»Und käme einmal ein Mann in unseren Staat, von so großer Geschicklichkeit, daß er alle Gestalten annehmen und alle Gegenstände in der Welt nachahmen könnte, und dieser weise Mann wollte uns seine Künste zeigen und seine Gedichte vortragen, so würden wir ihn anbeten als einen Heiligen, der Bewunderung verdient und zu bezaubern vermag. Trotzdem aber würden wir ihm zu verstehen geben, daß es Männer von solcher Art in unserem Staat nicht gäbe und ihre Ansiedlung in ihm nicht gestattet sei.« (Plato 1939, 86)

Plato hat uns bereits einen Grund dafür angegeben, den wir oben im Zusammenhang mit der Arbeitsteilung zitiert haben: »Denn bei uns gibt es keine doppelten und vielfachen Menschen. Jeder hat nur einen einzigen Beruf.« Die »Männer von großer Geschicklichkeit«, Homer oder Aeschylos z. B., haben keinen Platz in der Klassen- und Berufsstruktur des Staates. Sokrates stellt dies klar: »Ja, die Einseitigkeit der menschlichen Begabung geht noch weiter, Adeimantos. Der Mensch ist unfähig, ein vielseitiger Nachahmer zu sein und zugleich auch zu verwirklichen, was er da nachahmt.« (ibid., 82)

Bevor wir jedoch weiter auf Platos Kunsttheorie eingehen, die aus dem Dialog so logisch hervorgeht, wollen wir ein paar der einfacheren Gründe dafür untersuchen, eine »Zensur der Dichter« einzuführen, und welche Folgen diese hat. Die Dichter werden als ketzerisch und als Verderber der Jugend wahrgenommen. Sie stellen den Charakter Gottes, der absolut gut ist, falsch dar, indem sie Geschichten von Wut und Lust im Himmel erzählen. Soweit dies möglich ist, sollte den Kindern im idealen Staat erzählt werden, daß der Konflikt unheilig ist und unter den Göttern oder zwischen Bürgern nie existiert hat. Die Bösen müssen immer als Elende dargestellt werden, »weil sie durch ihre Bosheit unglücklich waren, infolgedessen Strafe nötig hatten und der strafende Gott ihnen eine Wohltat erwiesen hat«. Gott darf aber nie in Vers oder Prosa als Verursacher von Bösem dargestellt werden, denn eine solche Erzählung wäre selbstmörderisch für jedes »wohlgeordnete Staatswesen«! Den Dichtern wie Euripides darf nicht erlaubt werden, zu erklären, daß Gott am Leiden schuldig ist, denn »alles Guten Ursache ist allein Gott, aber für das Böse muß man andere Ursachen suchen, nicht ihn.« Die Aufgabe des Dichters besteht also darin, den Menschen gegenüber Gottes Verhalten zu rechtfertigen, und die Moral im Staat zu stärken. Und der Gipfel der Gotteslästerung besteht darin, wenn man wie Homer von folgendem spricht:

»Zween Gefäße, gefüllt mit Gaben, die sie verleihen,
stehen an der Schwelle des Zeus; sie enthalten das Glück und das Unglück;«

und wenn man behauptet, daß »Zeus aus allen beiden gibt.« (ibid., 64f.)

Außerdem sind die Dichter zu emotional. Sie stellen den Tod und die Unterwelt in schreckenerregenden Beschreibungen dar; sie beklagen den gefallenen Krieger und lamentieren gegen das Geschick, wohingegen im

Staat »es für einen rechten Mann nichts Schreckliches (hat), wenn sein Kamerad fällt . . . und er also« (1) nicht klagt und jammert über das Schicksal, das jenen getroffen habe . . . und (2) doch vor allem sein Glück in sich selber trägt, (und daher) von anderen Menschen lange nicht so sehr abhängt wie gewöhnliche Menschen.« (ibid., 72) Schlimmer noch ist, daß der Dichter berühmte Männer, Halbgötter und sogar die Götter selbst in unwürdigen Posen von Trauer oder Erregung zeigt. Auch das homerische Gelächter kann nicht geduldet werden, ganz gleich, ob sich ihm Menschen oder Götter hingeben.

Die Ketzerei der Dichter drückt sich schließlich noch in der Auffassung von Gott als einem Gaukler aus, »der sich aus bösen Absichten in verschiedene Gestalten verwandelt, gleichviel ob diese Verheimlichung seiner wahren Gestalt durch allerhand Gaukeleien wirklich erfolgt oder ob sie nur eine scheinbare ist«. (ibid., 65) Denn: »Die Götter sind keine Gaukler; sie verwandeln sich nicht und führen uns nicht irre durch Lügen in Wort oder Tat.« (ibid., 69)

Soweit also die drei miteinander zusammenhängenden Gründe für Platos Ablehnung der Dichter. Zunächst schreiben sie den Göttern eine Doppelnatur zu – die Götter bewirken Gutes *und* Böses. Zweitens geben sie die Götter als übertrieben emotional wieder, bisweilen sogar obszön, wie im Falle des Zeus, der beim Anblick der Hera »alle Entschlüsse . . . sehr schnell vergißt, sowie das Liebesverlangen über ihn kommt.« (ibid., 76) Drittens stellen sie die Götter in einer Vielzahl von Gestalten und täuschenden Verwandlungen dar.

Ich behaupte, daß Platos Einwände eine unmittelbare Ablehnung des Verwandlungskünstlers oder Gauklers als eines Abbilds der Götter erkennen lassen. Daß dieses Bild »eine der ältesten Ausdrucksformen der Menschheit« ist, ist von *Paul Radin* eindeutig nachgewiesen worden (1956, IX). Der Gaukler ist eine echt primitive Figur, die in ihrer deutlichsten Form unter primitiven Völkern erscheint – ein tierisches, menschliches und göttliches Wesen, das »weder gut noch böse kennt, jedoch für beides verantwortlich ist.« Der Gaukler ist »seinen Leidenschaften und Gelüsten auf Gnade und Ungnade ausgeliefert«, entbehrt aller Werte, »doch gelangen durch seine Handlungen alle Werte zu ihrer Existenz.« Gleichzeitig haben alle Figuren, die mit dem Gaukler assoziiert werden, z. B. die »verschiedenen übernatürlichen Wesen« und der Mensch, ebenfalls seine Merkmale. Daher sagt Plato, daß den Dichtern nicht erlaubt werden darf, »unseren Jünglingen weiszumachen, daß die Götter verworfene Kinder zeugen und daß die Heroen nicht besser sind als die Menschen«, denn »jeder wird sich die eigenen Fehler vergeben, wenn er überzeugt ist, daß ähnliche begangen würden und begangen worden wären von den Sprößlingen der Götter.« Als Beispiel führt er an, »daß Theseus, Poseidons Sohn und

Peirithoos, Zeus' Sohn, fürchterliche Raubzüge unternommen hätten.« (Plato 1939, 77f.)

In seiner nie endenden Suche nach seinem eigenen Selbst verändert der Gaukler seine Gestalt und experimentiert mit tausend Identitäten. Er verfügt über gewaltige Macht und ist außerordentlich dumm, ist »Schöpfer und Zerstörer, Gebender und Verneinender.« Der Gaukler ist die Personifizierung der menschlichen Zwiespältigkeit. Er ist der Archetyp des komischen Geistes, die Verspottung des Identitätsproblems, der Vorfahre des Clowns, der Narr aller Zeitalter, die Verkörperung der Absurdität der Existenz.

Diese Absurdität der Existenz ist das Gegenteil dessen, was man »politische« Absurdität nennen könnte. Letztere ist das Ergebnis der Bemühung, Menschen darauf abzurichten, auf Befehle zu reagieren, also auf Signale und nicht auf Symbole. So z. B. konditioniert die Verschleierung an einer Militärakademie oder einer anderen Bürokratie einen Rekruten systematisch darauf, die Bedeutung des absurden Akts, zu dessen Durchführung er gezwungen wird, nicht zu hinterfragen. Er gehorcht fraglos, und es wird davon ausgegangen, daß er dies auch in Zukunft tun wird, wenn der entsprechende Anreiz kommt. Das Absurde, das das konventionelle bürokratische Verhalten definiert, entspringt natürlich nicht einem existenziellen Nachdenken über die Absurdität des Lebens – welches eine Quelle schöpferischer Energie ist –, sondern der Tatsache, daß Menschen in einem System, das den Tod des schöpferischen Instinkts darstellt, auf Reflexe reduziert werden. Politische Strukturen, die Personen manipulieren, können kaum Loyalität, Kenntnisse und Fertigkeiten oder Initiative hervorrufen. Jene erste und grundlegendste Bürokratie, die »reguläre« Armee, die von Laufbahnoffizieren beherrscht wird, versagt aller Voraussage nach, wenn sie mit der Spontaneität und dem Erfindungsreichtum der Guerillatruppe konfrontiert ist, die auf einer reicheren symbolischen Ebene funktioniert und von der Unmittelbarkeit ihrer Verbindungen und der höheren Logik ihrer Ziele beseelt ist. Plato hatte durchaus Recht mit der Annahme, daß die Wächter mit aller Strenge ausgebildete Gehilfen brauchen würden, um »das Volk am besten in Schranken zu halten und zur Beobachtung der Gesetze zwingen zu können«; falsch jedoch war seine Annahme, daß dies gelingen könne.

Zwangsläufig muß der Gaukler daher aus dem *Staat* verbannt bleiben, in welchem die Identität eine Frage reiner, idealer und unzweideutige Formen ist, und in welchem die Menschen vollständig und zielgerichtet sozialisiert werden sollen. Hieraus folgt, daß die Dichter, die das Weltbild des Gauklers geschaffen oder ererbt haben, zum Schweigen gebracht werden müssen. Es wäre also möglich, zu behaupten, daß Platos negatives Bild der Dichter selbst dasjenige des Gauklers ist, denn hat er sie nicht »Männer von großer Geschicklichkeit« und »Nachahmer« genannt? Und dürfen wir nicht hinzufügen, daß Plato die alte Verbindung zwischen Kunst und Magie durchaus fühlte und ihr mißtraute? Dies ist eine vernünftige, wenn auch oberflächliche Interpretation, um sie zu vertiefen, müssen wir uns mit Platos Theorie der Kunst und ihren Schlußfolgerungen befassen.

Plato betrachtete die Kunst der tragischen und komischen Dramatiker ebenso wie die der Maler als im wesentlichen nachahmend, als eine Sache, die sich nur mit dem Schein beschäftigte. Der Maler z. B. male einen Stuhl, doch sei sein Bild »in dritter Reihe . . . von der Wahrheit entfernt«. Die Idealform oder das Wesen des Stuhles wird von Gott geschaffen; das ist der ewige Stuhl, den die Philosophenkönige erfassen können; es handelt sich um den Stuhl in Wahrheit und Güte, um den Naturstuhl, der im wesentlichen unnachahmbar und vollständig ist. In zweiter Reihe von der Wahrheit entfernt ist der greifbare Stuhl, der vom Handwerker gearbeitet ist, der einzelne Stuhl, der ein »Scheinbild der Existenz« ist, jedoch nicht der gesamten Existenz, so wie sie in Gottes Stuhl in Erscheinung tritt (ibid., 332). Der Stuhl des Malers jedoch ist ein reines Scheinbild, das weder ideal ist noch einen Nutzen hat. In keinem Sinne kann es als *Schöpfung* betrachtet werden. Außerdem sind alle Künstler mit Ausnahme derer, die den Bedürfnissen des Staates entgegenkommen, indem sie »Götterhymnen und Lobgesänge auf wackere Männer« (ibid., 343f.) dichten, Täuscher, die vorgeben, etwas schaffen zu können, dies jedoch nicht einlösen können. Der Maler z. B. weiß nicht, wie ein Stuhl hergestellt wird, und genauso wenig weiß er über die Arbeit des Schuhmachers oder Zimmermanns, den er unter Umständen darstellt. Plato läßt Sokrates erklären: ». . . daß der Nachahmer so gut wie gar nichts von den Sachen versteht, die er vorführt. Nachahmung ist ein Spiel, nichts Ernstes. Alle aber, die sich in der tragischen Dichtkunst versuchen, sei es in Jamben, sei es in epischen Versen, sind durch und durch Nachahmer.« (ibid., 337) Auch weiß der Künstler als Nachahmer nicht, »was an (den Dingen) wertvoll und was wertlos ist. Aber er stellt sie so dar, wie sie der unwissenden Masse wertvoll erscheinen.« (ibid., 337) Plato scheint hiermit sagen zu wollen, daß die Intuition der reinen Existenz, unterstützt vom Studium der Mathematik, die ein Hauptfach der Wächter ist, auch die Erfassung des Guten bedeutet, oder zumindestens eine Voraussetzung dafür darstellt. Der Künstler erzeugt nur Scheinformen, und diese schwanken. Das reine Wesen kann nicht reproduziert, sondern nur intuitiv erfaßt werden. Da der Künstler nichts über das Gute weiß, kann er auch nichts über das Böse wissen, noch hat er ein Verständnis vom Nützlichen, denn er ist um einen Schritt von den einzelnen Gegenständen entfernt, die er kopiert, und daher in dritter Reihe von der Wahrheit. Eine absolut antithetische Ansicht über den Künstler findet sich in *Goya*'s Erklärung in dem Katalog zu *Los Caprichos*! »Die Malerei sucht sich wie die Dichtkunst aus der Welt das Material aus, das sie zu ihren eigenen Zielen am besten verwenden kann. In einer phantastischen Gestalt vereinigt und konzentriert sie Umstände und Charaktere, die die Natur unter einer Vielzahl von Einzelpersonen verteilt hat. Dank dieser weisen und einfallsreichen Kombination verdient der Künstler *die Bezeichnung Erfinder und ist kein untergeordneter Kopierer mehr«* (Hervorhebung von mir).

Der absolute Gegensatz zwischen dem wahren Künstler und dem Platoniker läßt sich nicht treffender ausdrücken. Dieser Gegensatz richtet sich jedoch, dies ist hinzuzufügen, nicht unbedingt gegen einen Glauben an Gott oder eine religiöse Leidenschaft als solche, sondern nur dagegen, daß Gott vom konkret Menschlichen entfernt wird, das heißt dagegen, daß er in eine Abstraktion verwandelt wird. Jede religiöse Kunst von Rang und Namen und alle religiösen Künstler, die diesen Namen verdienen, von den Byzantinern und Giotto über Michelangelo bis Blake und Rouault (um als Beispiel nur einen Ausschnitt aus der abendländischen Kultur zu zitieren), fassen ihre Vision in Fleisch und Blut und sehen Gott entweder als einen Aspekt der menschlichen Natur oder als eine Wahrnehmung an, die jedermann erreichen kann, gewöhnlich aus dem Leiden heraus. Daher kann Gott vom Künstler als objektiv real erfaßt werden, jedoch stets in der gewöhnlichsten, unerwartetsten, verschiedentlichsten, jedoch immer menschlichen Verkleidung. Der institutionalisierte und abstrahierte Gott der Kirche und der Philosophen ist nie der Gott des Künstlers, obwohl er denselben Namen hat.

Ob wir jedoch die Formulierung von Platos Argumentation akzeptieren oder nicht, sie ist doch von außergewöhnlicher Kraft und Schönheit. Der Philosoph hat das vollendet ausgedrückt, was viele, die später seine Einstellung geteilt haben, nur dumpf wahrgenommen haben: der Künstler ist gefährlich, genauso gefährlich wie das Leben. Er sieht zuviel, weil es genau das ist, was er will, und er maßt sich an, den Menschen in die Rolle des Schöpfers zu erheben. Seine Vision ist jedoch unvollständig, er kann nicht bis zur objektiven Ordnung des Weltalls, zum Werk Gottes vordringen. Und für Menschen von Platos Gemütsverfassung ist diese objektive Ordnung, die reine Anatomie des Verstandes, so lebenswichtig wie das Atmen. Nun wenn der Künstler die ewige Ordnung akzeptiert und auf diese Weise Demut lernt, wenn er seine Kunst in ein staatliches Mittel der Politik zugunsten einer abstrakten Vorstellung des Guten verwandelt, könnte der Staat einen Platz für ihn finden. Außerdem gibt es eine leidenschaftliche Verbindung zwischen dem Künstler und der »unwissenden Masse«. Der Künstler glaubt nicht an abstrakte Systeme, er hat es mit erfühlten und geordneten emotionalen Vorstellungen zu tun, und er ist der Überzeugung, daß die Ordnung über die Widersprüche, über die gespannten Einheiten der täglichen Erfahrung erreicht wird. Daher kann der Künstler selber labil sein, ein Wechselbalg, und dies ist für jedes Establishment eine Bedrohung. Plato ist vollkommen logisch. Er war, so scheint es, ein Mann bestimmten Typs, unfähig, Zwiespältigkeit zu dulden, positiv in seiner Überzeugung, daß es ein objektives übermenschliches Gutes gebe. Er glaubte an Gott mit der kalten Leidenschaft eines Mathematikers, und er glaubte zumindestens abstrakt, daß das vollkommen gerechte Gemeinwesen durch vollkommen rationale und vollkommen autokratische Mittel errichtet werden könne.

Die Dichter sollen also aus dem idealen Staat verbannt werden. Es gibt einfach keinen Platz für sie, sie sind die ersten überflüssigen Menschen. Die Philosophenkönige erfassen intuitiv die allgemeingültigen endgültigen Formen, Gott schöpft sie, und die große Masse konstruiert im einzelnen ihre Erscheinungsformen und lebt damit. Daher ist die Klassenstruktur des Staats ein Ausdruck der Lehre von Formen oder Wesen. Sie reicht vom Überlegenen und Abstrakten, das von Gott geschaffen und von den Wächtern erfaßt wird, zum Unterlegenen, zum Einzelnen, das von den Handwerkern und gewöhnlichen Bürgern erfaßt wird, die in einer Welt von gewöhnlichen, nützlichen, sinnlichen Dingen leben. Hier wird das platonische Denken inthronisiert, eine politische Hierarchie, die in völligem Einklang steht mit einer Begriffshierarchie. Der »fleischliche« Homer, der ebenfalls einen schöpferischen Anspruch erhebt, ist eine Bedrohung für diese Struktur und kann nicht toleriert werden.

Die Klassenspaltung zwischen dem Allgemeingültigen und dem Einzelnen, zwischen den institutionalisierten Intellektuellen und den ökonomischen Arbeitsmenschen wiederspiegelt eine Verfassung, die sich zusammen mit der Zivilisation des Altertums im Gegensatz zur primitiven Kultur entwickelt. Damit soll nicht gesagt werden, daß es bei Primitiven keine Unterschiede des Temperaments gibt. Doch derartige Unterscheidungen ergänzen sich bei den Primitiven wechselseitig, das Konkrete und das Abstrakte durchdringen sich wechselseitig, der »Denker« und der »Handelnde« sind miteinander verbunden. Entscheidend ist, daß derartige Unterschiede in jedem Falle nicht politisiert werden. Sowie das letztere eintritt, in frühen Staaten oder idealisiert wie in Platos *Staat*, tritt sowohl eine Verarmung als auch eine Verleugnung der Quellen der schöpferischen Fähigkeiten des Menschen ein. Außerdem entstand in den frühen Staaten der Geschichte der unterschiedliche Wert, der häufig Menschen in verschiedenen Berufszweigen innerhalb der umfassenderen Klassen zugeschrieben wurde, von oben nach unten und stellt eine politische Rationalisierung dar. Denn das soziale Schicksal wurde nicht nur durch den Zufall von Geburt und Ausbildung bestimmt, sondern der Standpunkt, von dem aus die Bewertungen getroffen wurden, war der der Schreiber, der Priester und des Adels. Im *Staat*, in der Idealwelt, heißt es von Platos Arbeitsteilung und Aufteilung der geistigen Fähigkeiten, daß sie genetisch determiniert seien. Der soziale Zufall wird ausgeschaltet, und dennoch bleibt die Unterteilung künstlich, weil sie das Abstrakte vom Konkreten isoliert, das Intellektuelle vom Emotionalen, und den Handwerker und den Bauern als nützlich, jedoch als minderwertig betrachtet.

Die platonische Definition des Abstrakten hat sich so fest im abendländischen Denken eingenistet, daß sie die häufig anzutreffende Einstellung gegenüber Primitiven, sie seien in dieser Hinsicht unfähig oder mangelhaft begabt, weitgehend bestimmt. Im umgekehrten Sinne konzentriert sich der Versuch des Nachweises, daß auch die Primitiven der Abstraktion fähig sind, häufig auf die Abstraktionstypen, die aus der Geschichte der abendländischen Kultur hervorgegangen sind und dafür äußerst irrelevant sein dürften. Es stimmt zwar, daß keine primitive Gruppe aus Platonikern im technischen Sinne des Terminus besteht (denn die Primitiven neigen dazu, wie Radin dies formulierte, »in einer lodernden Realität« zu leben), und daß die verschiedenen politisch-begrifflichen Unterteilungen, die Vorbedingung des Staates sind, noch nicht vollzogen worden sind, doch bedeutet dies nicht, daß Primitive nicht abstrakt denken können. Im grundlegenden Sinne ist jedes sprachliche System ein System von Abstraktionen; jedes Ordnen von Erfahrungen und Schlußfolgern daraus ist eine Abstraktionsleistung; jedes Werkzeug ist ein Symbol abstrakten Denkens. In der Tat ist jede Kulturkonvention, jeder Brauch ein Zeugnis für die dem Menschen innewohnende Fähigkeit zur Abstraktion. Diese Abstraktionen sind aber unauflöslich mit dem Konkreten verbunden. Sie werden vom Konkreten genährt, und es handelt sich bei ihnen letztendlich meiner Ansicht nach um Induktionen und nicht um Deduktionen. Kurz gesagt sind sie keine spezifisch platonischen Abstraktionen, und sie weisen auch nicht die politisierten psychologischen Konnotationen der letzteren auf.

Für Plato gibt es eine Ordnung im Weltall, die vom menschlichen Auge nicht erfaßt werden kann. Diese Ordnung setzt sich, wie wir gesehen haben, aus Formen oder Wesenheiten zusammen, die schließlich begrifflich erfaßt werden müssen; von den Sinnen können sie nicht wahrgenommen werden. In der platonischen Argumentation gibt es einen tiefgehenden Bruch zwischen Wahrnehmungen und Auffassungen, der in der abendländischen Wissenschaft krankhaft auf Kosten der Sinne vorangetrieben worden ist. Die Realität ist zunehmend verdinglicht und gleichzeitig in Frage gestellt worden: das wahrgenommene Objekt ist nicht nur vom wahrnehmenden Subjekt abgelöst worden, sondern auch von sich selbst. Wenn ein Platoniker ein Objekt betrachtet, stellt die Widerspiegelung in seinem Auge einen niedrigeren Rang der Realität dar. Er vertraut weder der Wahrnehmung noch dem in der Welt realisierten Objekt. Das Objekt existiert nur als Schatten einer begrifflichen Metarealität, als Einzelfall aus einer ganzen

Klasse, die eine analytische Konstruktion ist. Es wird von der Annahme ausgegangen, daß die Mehrheit der zivilisierten Menschen nur oberflächlich sieht (sie sind keine »Sehenden«), und daß sie die Dinge auf utilitaristische und gedankenlose Art und Weise betrachten. Da sie unfähig sind, tiefer in die Natur ihrer Erfahrung einzudringen und sie zu analysieren, erblicken sie die Dinge zwar, aber sie *sehen* sie nicht. Daher sind sie infolge ihrer begrenzten begrifflichen Fähigkeiten gezwungen, denen zu folgen, die *sehen* können.

Die Erwartung, daß es eine übergeordnete Interpretation dessen gibt, was wir wahrnehmen, ist in unserem täglichen Sprachgebrauch enthalten. Diese Erwartungshaltung ist kein Imperativ von Wortschatz oder Syntax, sondern der Imperativ einer kulturellen Einordnung von Bedeutungen, welche Vorbedingung für den Zivilisationsprozeß ist, wie dies Plato sehr wohl verstanden hat.

Umfassend definiert, ist also die Sprache der theoretischen Wissenschaft auch die Sprache der politischen Gesellschaft. Der gewöhnliche Mensch, so stellt man sich vor, kann nur über das gewöhnliche Objekt Zeugnis ablegen. Der Priester oder Wissenschaftler – oder wenn wir noch strenger platonisch sind, der als Wissenschaftler ausgebildete Priester – begreift ein metaphysisches oder theoretisches Konstrukt, und dieses Konstrukt stellt die spezifisch-platonische Definition des Abstrakten dar. Wenn wir über das Objekt in unserer üblichen platonischen Art und Weise sprechen, sprechen wir also entweder metaphysisch oder theoretisch wissenschaftlich (nicht technisch); und wir sprechen auch politisch, letzteres wegen der Grundannahme, daß die letzte Realität der Masse der zivilisierten Menschen unzugänglich ist, es sei denn durch die begriffliche Vermittlung ihrer Wahrnehmung durch Staatsmänner, Priester und Wissenschaftler.

Die platonische Abstraktion ist nämlich vor allem die Grundlage für eine deduktive und theoretische Hypothese, die als Grundlage dessen dient, was wir Wissenschaft nennen. Die Vorstellung systematischer Formen, (oder alternativ ausgedrückt von zugrundeliegenden formalen Systemen, die die wahrgenommene Realität regieren, d. h. die Vorstellung logisch deduzierbarer, begrifflicher Metarealitäten), dominiert unsere Definition der Wissenschaft, des Wissens. Nach Ansicht der Platoniker haben diese Auffassungen Ewigkeitswert. Sie gehen nicht unmittelbar in die wahrgenommene Welt ein; sie sind die unerschütterlichen Quellen jedes dialektischen oder anderweitigen Prozesses, und sie haben keine Geschichte. Sie sind die letztgültigen Strukturen, Regelmäßigkeiten und Gesetze, die das Weltall regieren, und sie finden ihr Analogon in den Gesetzen, die den *Staat* regieren.

Es gibt jedoch noch eine andere Möglichkeit, eine Beziehung zum Objekt zu finden. Allein das Ansehen kann z. B. eine intensive Wahrnehmungserfahrung sein. Das Objekt kann in seiner absoluten Einzigartigkeit durch beispielsweise das Auge eines Vermeer gesehen werden. Es erweist sich eruptiv als einzigartiger Gegenstand in der Welt, der sich nicht auf eine ausschließliche, a priori vorhandene Klasse reduzieren läßt, jedoch einer Vielzahl von Beziehungen unterworfen sein kann, ein Gegenstand, der hergestellt, benutzt, getauscht worden sein kann und der dennoch je nach der Art der Beleuchtung, der Stellung unter anderen Gegenständen und der Bedeutung für diejenigen, die in Beziehung dazu treten, verschiedene Aspekte aufweisen kann. Oder er kann als Ding in der Natur existieren, wobei sein Dasein in deren Existenz eingeschlossen ist.

Die Einzigartigkeit des Objekts liegt in der unmittelbaren, konzentrierten Reaktion des unbewaffneten, menschlich geschulten Auges. Das Objekt ist konnotativ. Durch die Struktur von Analogie und Metapher, die den Diskurs bei primitiven Völkern definiert, enthüllt es eine vielfältige und spontane Realität. Keine endgültige denotative (beschreibende) Erklärung kann über den Gegenstand abgegeben werden, mit einer mathematischen oder metaphysischen Erklärung kann er nicht definiert werden. Diese gesteigerte Wahrnehmung ist natürlich ein Aspekt der Definition der Kunst und bewirkt eine solche Konzentration auf die Einzigartigkeit des Objekts, daß alles gleichzeitig wunderbar, fremd, vertraut und unerwartet scheint. Mit keiner Kategorie kann ein solches Objekt erschöpfend erfaßt werden; das wahrnehmende Subjekt wird davon völlig durchdrungen.

Dennoch sind alle drei Arten der Betrachtung – die utilitaristische, die platonische und die poetische – abstrakt und beziehungsabhängig. Es geht auch nicht darum, ob sie abstrakt sind oder nicht, sondern um den Typ der Abstraktion. Die nicht platonischen oder »konkreten« Abstraktionen umfassen die herkömmlichen primitiven Denkweisen und bestimmen auch die Betrachtungsweise des Künstlers, der vom gewöhnlichen Menschen politisch entfremdet worden ist. Indessen steht der Künstler aber trotz allem dem gewöhnlichen Menschen, der nun von seinem primitiven Zustand unterschieden werden muß, näher als dem Priester, dem Wissenschaftler oder Staatsmann. Wie der gewöhnliche Mensch nimmt er seine Abhängigkeit von den Strukturen, die der Priester, Wissenschaftler und Staatsmann beherrschen, ambivalent wahr. Wie der gewöhnliche Mensch konzentriert er sich auf das Objekt; für ihn jedoch hat das Objekt eine eigene Leuchtkraft erlangt. Er entdeckt seinen primitiven Charakter ständig von neuem.

Platos Wahrnehmungstheorie ist daher nur ein Aspekt seiner Ästhetik, definiert jedoch logisch seinen Gerechtigkeitssinn, oder weist vielmehr erneut nach, wie erstaunlich geschlossen und final sein Denken ist. Die Gerechtigkeit als Ziel des *Staats* beschränkte einen Mann auf einen Beruf. Wenn ein Mann sich einer Vielzahl von Arbeiten widmet, leugnet er seine

Wesensnatur; wenn sich Menschen auf die Einzigartigkeit der Dinge im Diesseits konzentrieren, leugnen sie ihre Wesensnatur, und wenn sich Menschen über ihren natürlichen Stand in der Gesellschaft erheben, leugnen sie die Wesensnatur des Staats. Die Gerechtigkeit in Platos *Staat* liegt in der vorgegebenen Struktur und Unteilbarkeit von Wesenheiten.

Dies ist jedoch nicht nur ein Ausdruck der politischen Imperative der Zivilisation – gleichzeitig ist es auch die Grundlage für die Definition des Bösen (Verstoß gegen die Ordnung) und eine Bestätigung der Bedeutung der Tugend (Anerkennung der Ordnung). In der platonischen Ordnung entdecken wir die Verbindung zwischen der politischen, der metaphysischen und der wissenschaftlichen Klassifikation, und daher die Bedeutung der platonischen Abstraktion, das Wesen zivilisierter Denkweisen.

Das primitive rituelle Drama

Platos Gegnerschaft zum Drama und gegenüber dem Dramatiker steht in unmittelbarem Zusammenhang mit der Klassenstruktur und Ideenstruktur seines *Staat*. Im Grunde stellt dies auch eine Gegenposition zum Primitiven dar, nicht nur in Bezug auf die alte Verbindung zwischen Künstler und Zauberer, sondern auch in umfassenderem Sinne in Verbindung mit der Form und Bedeutung des primitiven rituellen Dramas.

Im rituellen Drama verschmelzen Leben und Kunst. Das Leben selbst wird als Drama angesehen, Rollen werden symbolisch ausgelebt, Gefahren konfrontiert und überwunden, Ängste angegangen und gelöst. Die Beziehungen zwischen dem Individuum, der Gesellschaft und der Natur werden definiert, erneuert und neu interpretiert. Hiermit definiere ich natürlich das primitive rituelle Drama so breit wie möglich, das heißt so, daß es die Zeremonien umfaßt, die um Lebenskrisen oder Zäsuren sowohl des Individuums als auch der Gruppe insgesamt angeordnet sind. Bei den letzteren geht es allgemein gesprochen um Krisen, die sich aus der Beziehung der Gruppe zur natürlichen Umwelt ergeben, während es bei ersteren um persönliche Krisen geht, das heißt, um die Beziehung des Individuums zu sich selbst und zur Gruppe. Bei allen rituellen Dramen jedoch gibt es trotz des relativen Schwerpunkts bei Gruppe und Individuum anscheinend einen kontinuierlichen Übergang zwischen der Einbettung des Individuums in der Gruppe, und der Einbettung der Gruppe in der Natur. Außerdem sind die Probleme der Identität und des Überlebens immer die dominanten Themen, und aus diesem Grund können wir meiner Ansicht nach diese primitiven Zeremonien als Dramen bezeichnen.

Um diesen Punkt zu klären, wollen wir diejenigen Zeremonien betrachten, bei denen es um persönliche Krisen wie Tod, Heirat, Pubertät oder

Krankheit geht. Diese können wir als »existentielle« Situationen ansehen, das heißt, in allen Gesellschaften ist es so, daß Menschen sterben, heiraten, krank werden, geschlechtsreif werden und ökonomische Verantwortung übernehmen. In primitiven Gesellschaften erhalten derart allgemein menschliche Ereignisse vermittels der dramatischen Zeremonien Bedeutung und Wert. Hier sehen wir, wie der Mensch sich über die Ebene des rein Biologischen erhebt, seine Identität behauptet und seine Verpflichtungen gegenüber sich selbst und der Gruppe definiert. Das rituelle Drama konzentriert sich also auf allgemeinmenschliche Ereignisse und verleiht ihnen außergewöhnlichen und in gewissem Sinne sakramentalen Charakter.

Gleichzeitig ermöglichen die Zeremonien, von den wir sprechen, dem Individuum, über sich wandelnde Rollen im Leben hinweg die Unzerstörbarkeit seines Selbst zu wahren. Die Person wird befreit, in neuen Formen zu handeln, ohne daß sie deswegen zum sozialen Roboter wird oder lähmende Ängste entstehen. Die Person füllt den neuen Status aus, doch wird der Status nicht zur Person. Dies ist meiner Ansicht nach die zentrale psychologische Bedeutung des Themas von Tod und Wiedergeburt, der ständigen psychischen Erneuerung, die in primitiven Zeremonien so häufig anzutreffen ist. Es handelt sich um ein organisches Thema; was man ist, geht aus dem hervor, was man war. Es gibt keine mechanische Trennung, sondern nur einen organischen Übergang, der sich über beträchtliche Zeit erstreckt, der häufig mit vielen Ereignissen angefüllt ist, und in seiner Auswirkung nie traumatisch[18], sondern abgestuft und realistisch ist.

Daher stellen die Zeremonien der persönlichen Krise auf zweierlei Art einen Prototyp des Dramas dar. Sie bestätigen den Kampf des Menschen um Werte innerhalb seiner sozialen Umwelt, und bestätigen gleichzeitig die Identität des Individuums angesichts gewöhnlicher »existentieller« Situationen wie Tod oder Pubertät. Diese zeremoniellen Dramen stellen eine Gestaltung und ein Ausleben des Rohmaterials des Lebens dar. Auf dieser Bühne haben alle Primitiven ihre Sternstunden, jeder wird durch die bloße Tatsache seines Menschseins zum Mittelpunkt der Aufmerksamkeit, und im Lichte dieser gewöhnlich-außergewöhnlichen Ereignisse wird seine Verwandtschaft mit anderen geklärt. Außerdem scheinen diese rituellen Dramen, die auf den typischen Krisensituationen ruhen, den Höhepunkt aller primitiven Kunstformen darzustellen. Sie sind vielleicht die Primärformen der Kunst, um die herum sich die meisten ästhetischen Artefakte der primitiven Gesellschaft gruppieren; die Masken, Gedichte, Gesänge,

[18] Ich benutze den Ausdruck »traumatisch« hier im Sinne eines tiefenpsychischen Traumas. Damit soll keineswegs bestritten werden, daß zu primitiven Ritualen häufig Schmerz und Leiden gehört, doch dadurch, daß diese persönliche und traditionale Bedeutungen haben und die Situation eine übliche Struktur aufweist, fehlen diesen Erfahrungen die unbewußten und pathologischen Verästelungen des Traumas.

Mythen, vor allem der Tanz, jene Quintessenz des Rhythmus von Leben und Kultur.

Rituelle Dramen sind kein automatischer Ausdruck des Volksguts. Sie wurden genau wie die Gedichte, Tänze und Gesänge, die ihre Einwirkung verstärken, von Individuen geschaffen, die sich in einer bestimmten Kulturtradition bewegen, sie formen und von ihr geformt werden. Ob wir nun diese Individuen »Dichter-Denker«, »Medizinmänner« oder »Schamanen« nennen, scheint unwichtig zu sein. Offensichtlich handelt es sich dabei um Individuen, die mit ungewöhnlicher Empfindlichkeit auf die Streßfaktoren des Lebenszyklus reagierten und in Extremfällen vor der Alternative standen, einen Zusammenbruch zu erleiden oder aus einem scheinbaren Chaos Bedeutung zu schaffen. Wir wollen sie primitive Dramatiker nennen. Die Bedeutungen, die sie schufen, die Konflikte, die sie symbolisierten und in ihren eigenen »pantomimischen« Vorstellungen bisweilen lösten, wurden von der Mehrheit der sogenannten gewöhnlichen Individuen empfunden. Natürlich gab es hierbei auch Magie; tiefer jedoch war es die Wahrnehmung der menschlichen Natur, die die Gruppe miteinander verband. Der primitive Dramatiker diente als der Blitzableiter für die gemeinsam erfahrenen Ängste, die das primitive Individuum in Zusammenwirken mit seinesgleichen und gestärkt durch die Tradition lösen könnte. Das soll nicht heißen, daß der primitive Dramatiker einfach wahllos Bedeutungen erfand. Dies geschah stets innerhalb eines bestimmten sozio-ökonomischen und natürlichen Kontexts. Er gestaltete jedoch dramatische Formen, mit Hilfe derer die Teilnehmer in der Lage waren, ihre eigenen Konflikte zu klären und ihre eigene Identität leichter festzustellen.

Es gab also eine organische Verbindung zwischen dem primitiven Dramatiker und dem Volk insgesamt, und eine Verbindung von Schöpfung und Reaktion, die für sich schon ein Typ schöpferischen Verhaltens ist. Der Unterschied bestand darin, daß der Dramatiker unter relativ kontinuierlichem Streß stand, und die meisten Leute nur von Zeit zu Zeit. Daher lief der Dramatiker ständig Gefahr, zusammenzubrechen, sein Wirken einzustellen, oder phantasievoll auf eine Art und Weise zu wirken, die zu privat war, als daß sie eine Reaktion von Seiten der anderen hervorrufen hätte können. In dieser prototypischen Situation des Primitiven können wir meiner Ansicht nach die Verbindung erfassen, die zwischen dem Psychotiker und dem Schamanen besteht, den wir Dramatiker genannt haben, und zwischen dem Dramatiker und der Bevölkerung insgesamt. Die Unterscheidungen sind eine Frage der Abstufung. Das bloße Vorhandensein des Schamanen-Dramatikers ist eine ständige Erinnerung daran, daß das Leben häufig auf des Messers Schneide zwischen Chaos und Sinn steht, und daß der Sinn dadurch geschaffen oder erfaßt wird, daß der Mensch sozusagen nackt in die Welt kommt.

Die Zwangsläufigkeit des griechischen Dramas

Das griechische Drama ist der unmittelbare Erbe des primitiven rituellen Dramas, was dank Cornford, Murray und Harrison eine gesicherte Erkenntnis ist. In der Tat behält es zahlreiche im technischen Sinne rituelle Elemente bei: der Chor, das Gewissen des Schauspiels, war ein Rudiment der Teilnahme der Gruppe. Die Schauspiele des Sophokles wurden mit einer Art »rituellen Erwartung« betrachtet, Aristophanes wurde bei den Festen des Dionysos aufgeführt, und die Themen des griechischen Dramas hatten den Stil des Rituals (Fergusson 1968, 40).

So fangen wir an zu verstehen, weshalb Plato es für erforderlich hielt, den Dramatiker als den Prototyp des Künstlers aus seinem Staat auszuschließen. Der Dramatiker ist mit der »unwissenden Masse« verbunden, er nimmt für sich in Anspruch, Bedeutungen zu schaffen und Konflikte zu enthüllen, er fühlt die Zwiespältigkeit des Menschen an seinem eigenen Leibe, und er befaßt sich mit den gewöhnlich-außergewöhnlichen Dingen, mit den Werten als Problem und dem gemeinsamen Kampf des Menschen um persönliche Identität. Solche Männer sind genau deswegen gefährlich, weil sie auch im besten aller Staaten das Leben als problematisch ansehen; sie stellen das klar, was andere nur fühlen. Deswegen müssen sie entweder darauf beschränkt werden, »Götter-Hymnen und Lobgesänge auf wackere Männer« zu verfassen, oder in die Verbannung geschickt werden.

Wir müssen uns in Erinnerung rufen, daß in Platos *Staat* das Problem der Identität angeblich dadurch gelöst wird, daß eine politische Interpretation höherer und niedriger menschlicher Natur vorgenommen wird. Eine derart institutionalisierte Identität des Menschen läuft den Wahrnehmungen des Dramatikers vollständig zuwider; dem Denken des primitiven Menschen ist sie genauso fremd. Der Dramatiker kann als Dramatiker an keine so tiefe und endgültige Kluft zwischen den Menschen oder innerhalb des einzelnen Menschen selbst glauben. Wenn Shakespeare seine Königstragödien schreibt, läßt er sie ihre Konflikte vor einem spezifischen sozioökonomischen Hintergrund ausagieren, sagt uns allen jedoch letztendlich etwas über uns selbst, und die »Masse« im Parkett reagiert. Und waren nicht Shakespeare und im gewissen Sinne all' die Charaktere, die er konstruierte das, was Plato einen plumpen »Nachahmer« nennen würde?

Genauso wenig kann der Dramatiker die sinnlichen irdischen Dinge leugnen, da seine Handlungsgerüste auf den »existentiellen« Situationen beruhen: Heirat, Tod, Die Erlangung der Reife, Erkrankung von Körper und Geist, also auf die immer wiederkehrenden Probleme bei den Beziehungen unter Menschen, auf genau die Themen, die als Anlässe für das Drama der persönlichen Krise bei den Primitiven dienten. Ich möchte das so klipp und klar wie möglich ausdrücken. Der Dramatiker muß letztendlich entweder zum Gegner von Platos perfektionistischem Gott werden, oder er muß sich als Dramatiker begraben lassen. Im Lichte seiner eigenen Weltanschauung hatte der Philosoph recht.

Wenn der Dramatiker ein Tragiker ist, geht es ihm hautnah um das Problem der Identität, der Selbstdefinition, der Echtheit, denn die Tragödie besteht in nichts mehr und nichts weniger als der Auflösung der persönlichen Identität und der sozialen Werte durch ein Verhalten, zu dem der Held gezwungen ist, und dessen er sich früher oder später bewußt wird. Und durch diese Bewußtheit wächst er in einem abschließenden blendenden Moment über sich selbst hinaus, wie Ödipus in Theben. Das zivilisierte tragische Drama ist also eine freie Weiterentwicklung des Themas der Identität, das im primitiven Ritual gefeiert wird.

Wenn der Dramatiker ein Komödienschreiber ist, macht er das Problem der Identität zur Burleske, er lacht es aus dem Gerichtshof hinaus, er tritt beiseite und läßt die Menschen sich zum Narren machen. Die Menschen, sagt er uns mit Aristophanes, sind alles andere als das, was sie zu sein behaupten. Das zivilisierte komische Drama beruht also auf dem Weltbild des Gauklers bei den Primitiven, auf einer Identität, bei der sozusagen das Unterste zuoberst gekehrt wird. Gefeiert wird hier das Scheitern der Identität.

Bei den Primitiven sind die ernstesten Rituale (die Vorläufer der modernen Tragödie) und der uralte komische Geist des Gauklers häufig miteinander vermischt. Bei den Zeremonien der Wintun, Pueblo und Kond-Indianer wird beispielsweise »nahezu in jedem Fall genau die Sache, die mit der größten Ehrerbietung oder Achtung betrachtet wird, lächerlich gemacht«, wie Steward schreibt (1930, 187–207). Die dionysische Tradition des Spiels des Satyrs (oder Gauklers), das auf die tragische Trilogie folgt, ist ein Abglanz dieses alten Brauchs.

Es sollte also einleuchten, daß unter jenem Hauptaspekt die Verbannung der Komödie und Tragödie durch Plato unumgänglich war, denn der Dramatiker mit seinem elementaren – oder noch besser primitiven – Charakter hätte in der Struktur des idealen Staats und dessen Ideologie der Identitäten Verheerungen angerichtet.

Wenn aber der Künstler verbannt oder eingeengt wird, wer soll dann dazu beitragen, daß das Volk sich selbst entdeckt und dramatisiert? Wenn davon ausgegangen wird, daß das Volk nicht in der Lage ist, zu einem wahren Verständnis zu gelangen, eine Betrachtungsweise, die hier offensichtlich nicht vertreten wird, für Platos *Staat* aber unabdingbar war, wie sollen ihnen dann Wert und Bedeutung vermittelt werden? Plato beantwortet diese Frage, obwohl er sie nicht stellt. Die königliche oder edle Lüge, der von oben nach unten durchdringende erfundene oder angewandte Mythos, das heißt, die offizielle Propaganda soll für das Volk die Daseinsberechtigung des Staat untermauern. Der Jugend soll in Moralfabeln erzählt werden, daß sie in der besten aller möglichen Welten lebt. Diese Lügen, diese im Gegensatz zu primitiven Mythen politischen Mythen, sind das Mittel, für die Mehrzahl der Bevölkerung im idealen Staat unter Verzicht auf den Künstler die persönliche und die soziale Identität festzulegen.

Die Philosophenkönige dürfen zwar im Namen des öffentlichen Wohls und im Interesse einer höheren Wahrheit lügen, die nur ihnen zugänglich ist, doch darf dies das gemeine Volk nicht. Plato läßt Sokrates sagen: »Ich glaube, unsere Herrscher werden zum Nutzen ihrer Untergebenen starken Gebrauch vom Lügen und Täuschungen machen müssen.« (Plato 1939, 162).

Und weiter: »Den Herrschern des Staates kommt es zu, wenn überhaupt jemandem, Lügen in Anwendung zu bringen, und zwar zum Nutzen des Staates nach außen oder nach innen. Belügt ein Untertan aber seine Vorgesetzten, so ist das als ein ebenso großes Vergehen anzusehen, als wenn ein Kranker seinem Arzt oder ein Übender seinem Ringlehrer über sein körperliches Befinden nicht die Wahrheit sagt, oder auch wenn ein Matrose den Steuermann über den Zustand des Schiffes und über sich und die übrige Bemannung in die Irre führt.« (ibid., 74).

Plato war ein nüchterner, scharfsinniger, bisweilen witziger, aber kaum komischer Idealist. Er konstruierte seine himmlische Stadt Baustein um Baustein, mit großer Sorgfalt und lautersten Absichten. In seiner Vollendung stehen wir vor einem glänzenden unzugänglichen Bau einer monolithischen Gesellschaft ohne Probleme,Konflikte und individuelle oder kollektive Spannungen. In dem Maße, wie Platos *Staat* sich seinem Ziel der vollendeten Gerechtigkeit und Harmonie nähert, wird er vollkommen unmenschlich. Er stellt eine derart abstrakt und unerbittlich weise, so umsichtige und vollkommene Übung der Staatskunst dar, daß wir ihn, wenn wir Platos Gemütsverfassung außer Acht lassen wollten, als einen der hervorragendsten totalitären Denker der Geschichte betrachten müßten, als den ersten Utopisten des Staats, dessen historischer Trugschluß uns über die Jahrtausende hinweg sichtbar bleibt.

Kapitel 5: Hiob und der Gaukler

Das Buch Hiob, das von einer Zivilisation des Altertums geschaffen wurde, die schon nicht mehr primitiv war, symbolisiert das Gegenstück zur primitiven Vorstellung des Gauklers und stellt auch den Ursprung unserer eigenen Auffassung von Gut und Böse dar. Es ist sozusagen ein ideologischer Grundpfeiler unserer Zivilisation. Dieser Schluß wird in dem Buch *Primitive Man as Philosopher* gezogen, in dem *Paul Radin* ein afrikanisches Volksmärchen mit dem Buch Hiob kontrastiert. In dieser Erzählung ist die Heldin in einem Dilemma gefangen, das dem des Hiob ähnlich ist:

»Sie war eine alte Frau von einer Familie mit einer langen Ahnenreihe. Leza (der hohe Gott der Ba-ila) ›der Strafende‹ streckte seine Hand gegen die Familie aus. Er raffte ihre Mutter und ihren Vater dahin, als sie noch ein Kind war und im Laufe der Jahre starben alle, die zu ihr gehörten. Sie sprach zu sich, ›Gewiß werde ich die behalten, die auf meinem Schoß sitzen‹. Aber nein, sogar sie, die Kinder ihrer Kinder, wurden ihr genommen. Sie schrumpfte ein vor Alter, und es schien ihr, daß es so weit war, daß auch sie dahingehen sollte. Doch nein, eine Veränderung kam über sie, sie wurde immer jünger. Da faßte sie in ihrem Herzen den verzweifelten Entschluß, Gott zu finden und ihn nach der Bedeutung all' dessen zu fragen. Sie wußte, daß er irgendwo oben im Himme wohnte. Sie fing an Bäume zu fällen, sie zusammenzufügen und auf diese Weise ein Gerüst zu bauen, das den Himmel erreichen sollte. Schließlich gab sie das verzweifelt auf, doch nicht ihre Absicht, Gott zu finden. Irgendwo auf der Erde mußte es einen anderen Weg zum Himmel geben! Sie fing an zu reisen, und durchreiste Land um Land, stets mit dem Gedanken in ihrem Geist: ›Ich werde dorthin gelangen, wo die Erde endet, und dort werde ich eine Straße zu Gott finden und ihn fragen: ›Was habe ich Dir angetan, daß Du mich in dieser Weise heimsuchst?‹ Sie fand nie den Ort, wo die Erde aufhört, gab aber trotz ihrer Enttäuschung nie die Suche auf, und als sie die verschiedenen Länder durchreiste, fragte man sie, ›Wonach suchst du, alte Frau?‹ Und die Antwort lautete immer ›ich suche Leza.‹ ›Du suchst Leza! Aus welchem Grund?‹ ›Das fragt ihr mich, meine Brüder! Gibt es hier in all' den Nationen einen, der so leidet wie ich?‹ Und man fragte sie erneut, ›was hast du gelitten?‹ ›So wie jetzt. Ich bin allein. Wie ihr mich seht, als einsame alte Frau; so bin ich schon immer!‹ Und man antwortete ihr, ›Ja, wir sehen's. So ist es mit dir! Du trauerst um Freunde und Gatten? Worin unterscheidest du dich von anderen? Der Strafende sitzt uns allen im Genick, und wir können ihn nicht abschütteln!‹ Ihr Wunsch wurde nie erfüllt: sie starb am gebrochenen Herzen.«

Die Moral von der Geschichte lautet, wie *Radin* sagt, daß man sich mit den Realitäten der Welt abfinden muß. Wer das nicht will, fordert den geistigen Zusammenbruch heraus, der mit dem Tod der alten Frau symbolisiert ist. Daher entspricht das »gebrochene Herz« tiefstem moralischem (nicht bloß ethischem) Versagen. Bei primitiven Völkern ist der Glaube an Gott oder an das »Übernatürliche« nicht mit Hoffnungen auf eine Belohnung in einer anderen Welt verbunden; der »Himmel« ist ein Doppel der Erde. Die Religion funktioniert nie als Mittel, sich den moralischen Widersprüchen zu entziehen, denen man sich in dieser Welt stellen muß. Radin stellt die Redlichkeit der primitiven Erzählung der peinlichen Auflösung in der Glückseligkeit des Buches Hiob gegenüber – eines Hiob, dem Reichtum, Eigentum und häusliches Glück über seinen ursprünglich bereits gesegneten Zustand hinaus wiedergegeben werden. Radin denkt natürlich an eine primitive Kultur, in der die eigentümlichen Wahnvorstellungen und pathologischen Erscheinungen der Zivilisation noch nicht zutage getreten sind.

Radin erörtert die Substanz des Buches Hiob überhaupt nicht, und genausowenig hält er sich bei dem eigentümlich zivilisierten Versagen der alten Frau auf. Dieses Versagen läßt sich als Weigerung definieren, das Verhältnis zwischen Gut und Böse und seinen Ausdruck in der menschlichen Zwiespältigkeit zu verstehen und hinzunehmen. Das Prinzip der Ambivalenz wird in erstaunlichem Umfang und auf eine Vielzahl von Arten, die hier nicht weiter ausgeführt zu werden brauchen, in die Mythen und Rituale primitiver Völker integriert. Radin selber hat uns endlose Beispiele für dieses Thema geliefert. Dieses Prinzip oder vielmehr diese *Personifizierung* der Ambivalenz (da wir uns mit primitiven Wahrnehmungen und nicht mit abstrakten Begriffsbildungen befassen) wird am unmittelbarsten in der Gestalt des Gauklers (trickster) realisiert. Mit dem Auftreten der Zivilisation wird das konkrete und vielfach verzweigte Bild des Gauklers zu einem losgelösten und nebensächlichen Aspekt des menschlichen Erlebens, der durch den Clown als Unterhaltung ausagiert wird. Gleichzeitig wird es abstrakt zu der zivilisierten Annahme verkürzt, daß das verdinglichte Böse auch gute Menschen heimsuchen kann. Anders gesagt, das konkrete Bild des Gauklers wird unterdrückt und gleichzeitig in das Problem der Ungerechtigkeit verwandelt. Der Zirkus, der den Clown umgibt und von ihm abhängt, ist daher die geschrumpfte Szene eines moralischen Kampfes. Die grotesken Umkehrungen des Clowns, die Verachtung des Todes, die schreckliche Realität, die über die Manege hinauszuschwappen scheint, nur um sich im nächsten Augenblick auf ein völlig fremdartiges Erlebnis zurückzuziehen, und das übermenschliche Geschick der Schauspieler – das sind in der Tat ernste Probleme. Das Lachen im Zirkus erfordert die Fähigkeit, über sich selbst zu lachen, und sich mit den Umkehrungen und Risiken der Identität zu identifizieren, die sich vor unseren Augen abspielen. Der Witz, das Lachen über den anderen, funktioniert nicht. Dieses Lachen über sich selbst bedeutet die Annahme der Ambivalenz des Menschseins.

Das Buch Hiob ist wie Platos *Staat,* der etwa zur selben Zeit verfaßt wurde, darauf gerichtet, die menschliche Ambivalenz und die gesellschaftliche Zwiespältigkeit zu verleugnen. Daher bestehen sowohl Hiob wie Plato darauf, daß die Ungerechtigkeit ausgerottet wird. Plato sagt uns, daß der *Staat* aus einem Hauptgrund erdacht wurde: weil es in dieser Welt, wie wir sie kennen, kein Mittel gegen Ungerechtigkeit gibt. Daher konstruiert Plato eine Himmelsstadt, in der das Göttliche und das Menschliche einander in vollkommener Harmonie widerspiegeln. Das Böse ist ausgerottet, denn Gott kann nicht der Verursacher des Bösen sein, und das Prinzip der Zwiespältigkeit wird geleugnet. Im Buche Hiob ist ein gleiches Bemühen erkennbar, die blinde Ungerechtigkeit in der Welt zu verstehen und mit ihr fertig zu werden. Wenn Plato das als Utopia projizierte und auf den höchsten Nenner gebrachte zivilisierte Bewußtsein repräsentiert, repräsentiert das Buch Hiob das religiöse Bewußtsein der abendländischen Zivilisation, das nackter ausgedrückt wird als bei Plato, und ohne Bemühen um ein gesellschaftspolitisches Rezept. Plato und das Buch Hiob müssen im Zusammenhang verstanden werden; gemeinsam erklären sie die Wurzeln der abendländischen Ethik.

Sowohl bei Plato als bei Hiob wird das Verhältnis zwischen dem Göttlichen und dem Menschlichen nicht mehr in dramatischer Form ausagiert, sondern zu gestelzten intellektuellen Dialogen komponiert, in denen die Grundlage unserer Zivilisation rationalisiert wird. Der einzige wichtige Unterschied, abgesehen vom unterschiedlichen Kulturstil der Griechen und Hebräer, liegt darin, daß Plato den Staat reformieren will, indem er ihn im technischen Sinne vollkommener, vollständiger und allwissender macht, während bei Hiob die Gesellschaft nicht in Frage gestellt wird. Entsprechend hat aber auch der Plato der *Gesetze* sein Utopia aufgegeben, und der Gehorsam gegenüber den irdischen Diktaten der Gesellschaft (die letztendlich göttlich sanktioniert sind) wird nun als Zeichen der Frömmigkeit angesehen. Hiob hätte einen exemplarischen Bürger jener Gemeinschaft abgegeben, die in Platos *Gesetzen* entworfen wird. Um dies besser verstehen zu können, ist es erforderlich, näher auf das Buch Hiob einzugehen.

Am Anfang ist Hiob reich, gesegnet und aufrecht – ein perfekter Vater, Gatte und Untertan seiner Gesellschaft und seines Gottes. Satan fordert Gott heraus und behauptet, daß Hiob nur deswegen gut ist, weil er ein erfolgreiches und leichtes Leben führt. Gott nimmt die Herausforderung an und gestattet, daß Hiob vom Teufel gequält wird, um seine Treue gegenüber Ihm zu prüfen. Dann folgt die die Reihe künstlich arrangierter Unglücksfälle. Hiobs Familie einschließlich seiner Frau wird ausgerottet.

Hiobs Reaktion darauf ist: »Der Herr hat's gegeben, und der Herr hat's genommen; gelobt sei der Name des Herrn.«

Satan argumentiert dann weiter, daß Hiob Gott treu bleiben wird, solange er seine eigene Haut retten kann. Auch diese zweite Herausforderung wird angenommen, und Gott liefert Hiob vollständig in Satans Hände – wobei die einzige Bedingung ist, daß ihm das Leben nicht genommen wird. Bei diesem Punkt, und vielleicht zum ersten Mal in der Fabel, wird das Verhältnis zwischen Gut und Böse verschleiert, und dies vielleicht absichtlich. Denn Gott gebietet anscheinend Satan, unterscheidet sich jedoch von ihm, genauso wie das Böse als Prinzip vom Prinzip des Guten abgelöst wird. Gleichzeitig ist Gott, da er letztendlich über Satan verfügen kann, allmächtig, jedoch nicht für das Böse verantwortlich, das zu tun sich die Menschen durch die Vermittlung des Teufels entscheiden, wie dies Calvin formulierte. Zu Beginn des Buches Hiob wird also die konkrete Ambivalenz des Menschseins geleugnet: das Gute und das Böse entspringen einer doppelten Quelle, und nicht einer einzigen, wie in der komplexen Einheit des primitiven Bewußtseins. Das menschliche Verhalten wird so gesehen, daß es Prinzipien darstellt und von ihnen getrieben wird, die von der Realität des tatsächlichen Verhaltens abstrahiert sind. Das tatsächliche Verhalten ist nie vollständig gut oder vollständig böse und tritt in dieser Einheit nie in Erscheinung, und am allerwenigsten in primitiven Gesellschaften. Erst in der zivilisierten Umkehrung von Prinzip und Person wird eine solche Einstellung vorstellbar, die Abstraktion wird zur Waffe gegen die Person.

Satan schlägt Hiob von Kopf bis Fuß. Wie er fürchterlich leidend dahockt, empfiehlt ihm sein Weib: Hältst du immer noch deine Treue? Verfluche Gott und stirb'. In Wirklichkeit verlangt sie, daß sich Hiob entweder Gott oder dem Teufel beugen soll; man ist verpflichtet, dem Wissen um sich selbst treu zu bleiben. Wenn einem Menschen das Schicksal beschieden ist, im Unglück zu sterben, und wenn Gott für die Welt verantwortlich ist, so wie wir sie kennen, dann soll Hiob sterben, empfiehlt sie, aber diese Art von Gott verfluchen. Wenn man es unmöglich findet, den Glauben zu wechseln, meint sie damit, sollte man den Anstand haben zu sterben – und hier werden wir an die alte Frau in der Erzählung der Ba-ila erinnert. Hiob verstößt natürlich sein Weib: Sollen wir Gutes aus den Händen Gottes empfangen, und das Böse nicht hinnehmen?

Das klingt wie eine Anerkennung der Ambivalenz, in seinen weiteren Leiden aber bittet Hiob um den Tod, wünscht sich, daß er nie geboren worden wäre und verflucht *sich selbst.* Damit lehnt er die Verantwortung für sein Leben ab, und die angedeutete Einsicht entpuppt sich als Abstraktion. Bemerkenswert ist auch, daß Hiob selbst um den Tod bittet, während in der Erzählung der Ba-ila die alte Frau zwangsläufig aus moralischen (»natürlichen«) Ursachen stirbt.

Der Ratschlag seiner Frau, die eine vollständig andere, primitivere Wahrnehmung der Realität repräsentiert, wird verworfen. In der abendländischen Theologie ist sie als zweite Eva verachtet worden, wenn sie nicht überhaupt ignoriert wurde. Das Buch Hiob ist also am besten zu verstehen als der theologische Ausdruck eines patriarchalischen und theokratischen Staats. Die Gesellschaftsordnung wird nie ernsthaft in Frage gestellt; die Lösung der Fabel deckt sich völlig mit dem status quo. Kein Spatz braucht vom Zaun zu fallen, um das Primat Gottes, die Gesellschaftsstruktur und die Frömmigkeit des Subjekts zu gewährleisten. Wo die Griechen von Utopia sprachen, hüteten die Patriarchen die Struktur der Welt wie sie war, sie hatten nur den Wunsch, ihre ethische Ordnung klarzustellen. Doch waren sowohl die Griechen wie die Hebräer die Wächter einer Ordnung, mit der uns zu identifizieren wir durchaus in der Lage sind.

Nach dem Verschwinden von Hiobs Weib treten seine drei Freunde auf und verwickelln ihn nach anfänglichen Kundgebungen des Mitgefühls in das Gespräch, das den größten Teil der Erzählung ausmacht und auch die Aufmerksamkeit der einschlägigen Kommentatoren auf sich gezogen hat. Die Struktur des Dialogs ist ausnehmend einfach: jeder der Freunde behauptet steif und fest, daß Hiob gesündigt hat, denn Gott ist gerecht und straft nur um der Sünde willen. Hiob wird auch gesagt, daß sich alles zum Guten wenden wird, wenn er durchhält. Gott wird ihn belohnen. Außerdem leidet er zu seinem eigenen Besten. Einer von ihnen sagt: »Der Mensch ist zum Unglück geboren, wie der Funken himmelwärts fliegt.« Hat Hiob nicht ähnlich betroffenen Personen ähnliche Ratschläge gegeben?

Hiob hält dies jedoch für Heuchelei. Da seine Freunde nicht leiden, fehlt ihnen das Mitgefühl. Er bittet erneut um den Tod: »Was ist der Mensch, das Du so viel aus ihm machst und ihn in jedem Augenblick prüfst?«

Der zweite Freund, und hier ist festzustellen, daß die Freunde austauschbar sind, behauptet, daß Hiob Recht geschieht, denn Gott behandelt die Menschen nach ihren Werken. Hiobs Aufmerksamkeit ist jedoch anderswo. Er sucht nach einer anderen Rationalisierung und erklärt, daß Gott so viel mächtiger als der Mensch ist, daß des Menschen Vollkommenheit und Unschuld, selbst wenn sie vorhanden sind, unzulänglich, nebensächlich und sogar verderbt sind. Daher vernichtet Gott sowohl die Unschuldigen als auch die Schuldigen, und nicht weil dies der Lauf der Welt ist, sondern weil in den Augen Gottes alle schuldig sind. Diese Aussage höchster Frömmigkeit versetzt Hiob in ein unlösbares Dilemma. Wenn er schuldig wäre, sagt er, würde ihn Gott zweifellos bestrafen. Wenn er es nicht ist, kann er nicht wagen, das zu verkünden, weil Gottes Urteil unfehlbar ist. Dennoch hat Gott ihn geschaffen, und könnte ihm ein wenig Gnade vor seinem Tod erweisen, weil Er weiß, daß Hiob im menschlichen Sinne nicht schuldig ist. Diese Kasuistik verschlägt jedoch nicht. Hiobs dritter Freund wiederholt den Refrain: Hiob ist eitel, wenn er sich selbst als Gerechten betrachtet, denn nur Gott kennt Gutes und Böses, und wenn Er straft, muß dies einen guten Grund haben. Nur die Gottlosen hoffen, angesichts des widrigen Geschicks zu sterben – die Guten werden alle Anfechtungen überleben und belohnt werden.

Hiob verteidigt sich erneut vor seinen Freunden: er sei so weise wie sie, und es sei leicht zu reden, wenn man nicht leide. Gott, so sagt Hiob, ist allmächtig, Er schafft und vernichtet aus Gründen, die über das menschliche Verständnis hinausgehen. Auch hier wieder erhaschen wir einen Blick von Gott als einem Gaukler, das heißt, einen Blick auf das Prinzip der Ambivalenz und auf das Verhältnis zwischen Gut und Böse, vielleicht sogar von dessen Personifizierung. Das ist das primitive Substrat im Bewußtsein Hiobs. Nach den Worten von *Radin* ist der Gaukler »Schöpfer und Zerstörer, Geber und Verneiner« der »weder Gut noch Böse kennt . . . jedoch für beide verantwortlich ist.«

Bei dieser Betrachtungsweise schwindelt ihm doch und er widerruft. Er fleht Gott an, ihm die Natur seiner Schlechtigkeit zu enthüllen; wenn Gott ihn auch erschlägt, will er Ihm dennoch vertrauen und überdies will er vor Ihm an seiner Art festhalten. Das heißt, er will vor Gott seine Unschuld vertreten. Er möchte argumentieren, daß er dem Buchstaben und dem Geist des Gesetzes gehorsam war. Seine Freunde erwidern jedoch, daß der Mensch von Natur aus schlecht ist, eine Idee, die auch Hiob gekommen ist. Wie also kann Hiob seine Unschuld behaupten, die doch nichts mehr ist als sein fehlendes Wissen darüber, daß er gesündigt hat. Hiob verachtet sie für ihren Mangel an Barmherzigkeit und nimmt weiter für sich in Anspruch, daß er in seinen eigenen Augen unschuldig sei. Seine Freunde antworten, daß er hochfahrend und ungeduldig ist. Hiob verzweifelt dann an ihnen und gleichzeitig auf dem Höhepunkt seines Leidens an seiner Familie. Gott quält ihn aus unbekannten Gründen, antwortet er (und das ist wahrer, als er je verstehen darf). Seine Freunde, so fährt er fort, verlassen ihn genau dann, als er eine Strafe erfährt, von der er immer noch behauptet, daß sie ungerecht ist, und er warnt sie vor der Vergeltung.

Sie erweisen sich jedoch als unnachgiebig, und Hiob erklärt schließlich, daß die Bösen heute in dieser Welt ungestraft davonkommen und gibt hierzu viele Beispiele an. Damit stellt er nicht nur unbewußt seine eigene unausgesprochene Überzeugung über die Verbindung zwischen Frömmigkeit und irdische Belohnungen in Frage, sondern auch seine später geäußerte Überzeugung, daß Gott nur die Bösen straft. Er verficht auch das, was das Buch offensichtlich anfänglich in Frage stellen sollte: weshalb die Gerechten leiden und es den Schlechten gut geht? Und so gelangt der Dialog an sein Ende, indem Hiob Mitgefühl sucht und sein Verhalten verteidigt, und seine Freunde ihn der Unverschämtheit, der Treulosigkeit, der Heuchelei und Selbstgerechtigkeit bezichtigen.

In einer Gesellschaft, wie sie im Buch Hiob widergespiegelt wird, konnten sich die Menschen nicht mehr länger spontan an ihre Freunde und an ihresgleichen wenden und sich den anerkannten Absurdheiten des Lebens als Mitglieder einer durch komplexe und wechselseitige Beziehungen verbundenen Stammesgruppe oder Pseudo-Stammesgruppe stellen. Hiobs Verhältnis zu seinen Freunden ist ein klassisches Entfremdungsverhältnis. Seine Freunde sind sie nur in dem Sinne, daß sie der gleichen Statusposition und gleichen Klasse zugehören. Das Paradox liegt darin, daß die gemeinsamen Werte, von denen Hiob und seine Freunde motiviert werden, es ihnen unmöglich machen, sich aufeinander zu verlassen, oder auch nur in extremen Situationen zu verstehen, obwohl oder vielmehr weil sie dieselbe Sprache sprechen. Die Freunde Hiobs müssen ihre gezeigte Haltung einnehmen, um ihre eigene Lage zu rationalisieren, die vor seinem Unglück gleich der seinen ist, und dies es nach dem Unglück möglicherweise werden könnte. Wie sonst sollen sie den Glauben daran behalten, daß sie richtig vorgehen?

Betrachten wir im Gegensatz dazu die Institution des *besten Freundes* bei den Eingeborenen von Dahomey, das ein Frühstaat oder eine frühe archaische Zivilisation in Westafrika ist. Jeder Bewohner von Dahomey hatte drei beste Freunde, die ihm gegen die Zwänge beistanden, die von der Staatsmacht in dieser Übergangsgesellschaft auferlegt wurden. Die Funktion des besten Freundes wird in folgendem Volksmärchen eindeutig dargelegt: Es heißt, daß ein Mann gebeten wurde, am selben Tag seinem Wahrsager, seinem Schwiegervater und seinem besten Freund bei der Feldarbeit zu helfen. Da er schwerlich einem von ihen die Hilfe verweigern konnte, ging er angesichts dieses Dilemmas hinaus in den Busch. Dort tötete er ein Tier. Dann ging er zum Haus seines Schwiegervaters und erzählte ihm, daß er einen Menschen getötet habe. Der Schwiegervater schrie: »Ich will nichts davon wissen! Ich will überhaupt nichts davon wissen! Du hast einen der Männer des Königs getötet und möchtest dich jetzt hier verstecken? Ich will überhaupt nichts davon wissen!« So verließ ihn der Jäger und ging zum Haus des Wahrsagers, wo er seine Geschichte wiederholte. Der Wahrsager sagte: »Ah, wir haben nichts mehr miteinander zu tun. Heute hast du einen Mann getötet, der dem König gehört, und jetzt willst du herkommen und dich verstecken. Hinweg mit dir! Du darfst dich nicht in meinem Haus verstecken!« Nun ging der Jäger zum Hause seines besten Freundes und sagte ihm »Ich wollte eine Antilope für dich töten . . . als ich aber auf sie schoß, erschoß ich einen Mann.« Der beste Freund fragte ihn, ob er es schon jemand erzählt habe. Dann verließen sie das Haus, wobei sein bester Freund seinen Bogen trug, und gingen hinaus in den Busch, um die Leiche zu verstecken. Natürlich entdeckte der beste Freund recht schnell, daß es sich überhaupt nicht um einen Mann, sondern um eine Antilope handelte. Deshalb fragte er den Jänger, weshalb er behauptet habe, einen Mann getötet zu haben. Und die Antwort lautete: »Ich wollte wissen, welchem der drei – dem

Freund, Schwiegervater oder Wahrsager – ich bis zum Tode folgen konnte.« Dann gingen sie zur Arbeit im Feld des besten Freundes, und das Dilemma war gelöst. Und deshalb, sagen die Bewohner von Dahomey, muß ein Mann seinem besten Freund immer am nächsten stehen.

Der Schlüssel zu einem Verständnis des Buches Hiob ist also der Triumph der Orthodoxie; das Buch ist eine ehrfurchtgebietende Rationalisierung für den zwiespältigen Charakter Gottes. Und der abstrakte Rückgriff auf Prinzip, Strafe, Belohnung und Gott-als-Prinzip spiegelt das patriarchische, theokratische Gemeinwesen als Antithese der klassenlosen und ambivalent strukturierten Kulturen primitiver Völker wider.

Der Schluß des Buches Hiob mutet fast wie ein nachträglicher Einfall an, und könnte dies auch gewesen sein. Ob es aber ein solcher war oder nicht, der Höhepunkt Hiobs ist das unvermeidliche Ergebnis der Zielrichtung und Auffassung des Werkes insgesamt. Ein junger Mann (der Prophet Elihu) tritt auf und belehrt Hiob über die Allmacht Gottes. Gott darf man sich nicht auf der menschlichen Ebene nähern. Weshalb sollte Hiob wissen wollen, wo er gesündigt hat? Gott muß man sich in Demut nähern. Elihu zeigt zwar Mitgefühl für Hiob, im Gegensatz zur zunehmenden Kälte von Hiobs Freunden, doch sind seine geistigen Unterschiede zu ihnen nur geringfügig. Gott stimmt zu, spricht aus einer Windhose und enthüllt den Horizont Seiner Taten: Er hat die Welt gemacht, Sein ist die Schöpfung, wie kann Hiob eine solche Macht in Frage stellen? Wie kann Hiob wagen, seine Vorstellungen von Gerechtigkeit gegen das alles zu messen? Aber wiederum sind die Hypothesen Gottes nicht wesentlich verschieden von den Schlüssen, die Hiobs prinzipienfeste Freunde, Elihu und Hiob selbst gezogen haben.

Nun verabscheut sich Hiob selbst, er wirft sich Gott zu Füßen und bittet um Vergebung für seine Gotteslästerung, die ihren Ursprung, wie es scheint, in seinem nur allzu menschlichen Stolz hat. Als Reaktion darauf demütigt Gott die Freunde Hiobs für ihre Heuchelei und ihre Anmaßung bei der Behauptung, Seine Wege zu kennen, und für ihren Mangel an Vertrauen in Hiob. Denn Hiob hat nach dem Urteil Gottes nie den Glauben an eine menschlich verstehbare Gerechtigkeit verloren. Abgesehen von diesem offensichtlichen Widerspruch endet die theologische »Tragödie« mit einem Happy-end. Hiob lebt noch einmal 140 Jahre, usw. Bemerkenswert ist, daß sowohl bei Plato wie bei Hiob die Abschaffung der Ungerechtigkeit auf der Auslöschung der Ambivalenz beruht, und die Auslöschung der Ambivalenz ist der Tod der Tragödie. Das Buch Hiob ist in keinem Sinne eine Tragödie, sondern etwas ganz anderes: eine Gottessage, eine Apologie für die Projektion eines bestimmten Gottesbegriffs.

Es ist leicht zu verstehen, weshalb Radin das afrikanische Volksmärchen vorzog. Schwerer zu entscheiden ist, ob Satan seinen Streit gewonnen hat oder nicht, denn an den kritischen Punkten hängt die im Grunde zivilisierte Erzählung Hiob von einem *deus ex machina* ab, – es wird einfach davon ausgegangen, daß das Übel, das Hiob heimgesucht hat, das Werk des Teufels ist, und am Ende wird Hiob vom Himmel herab entschädigt. Sowohl Gott wie der Teufel sind von der menschlichen Erfahrung unendlich weit entfernt und abgelöst, und dies spiegelt die Struktur der Zivilisation wider. Im Gegensatz dazu sind bei primitiven Völkern alle Antinomien in den rituellen Zyklus eingeschlossen. Das Geheiligte ist ein unmittelbarer Aspekt des menschlichen Erlebens. Das Gute wie das Böse, die Schöpfung und die Vernichtung – das Doppelbild der Gottheit, wie es im Gaukler zum Ausdruck kommt – verschmelzen in dem Netz von Handlungen, die die primitive Gesellschaft definieren. Bei primitiven Völkern fehlt daher ein moralischer Fanatismus, der auf abstrakten Vorstellungen über das reine Gute, das reine Böse und die ausschließliche moralische Chance, bzw. das ausschließliche moralische Schicksal eines einzelnen Individuums beruht. In der Sicht der Primitiven wird davon ausgegangen, daß die Menschen jedes Exzesses fähig sind. Bei jedem Schritt jedoch ist der einzelne angehalten, über diejenigen Handlungen Rechenschaft abzulegen, die das Gleichgewicht von Natur und Gesellschaft ernsthaft in Frage stellen.

Selbst während sie ihre Mythen und Zeremonien, ihre Bedeutungen und Einsichten gestalten, sind sich primitive Völker über die Realität klar, die sie formen. Radin berichtet uns, daß ein Zeuge von den Maori vor einem Eingeborenenlandgericht in Neuseeland im Verlauf der Zeugenbefragung folgendes erklärte (1953, 47):

»Der Gott, von dem ich spreche, ist tot.«
Das Gericht antwortete: »Götter sterben nicht.«
»Sie irren sich, »fuhr der Zeuge fort. »Die Götter sterben, es sei denn, es gibt *tohungas* (Priester), die sie am Leben erhalten.«
Und in einem Mythos der Maori rät ein Gott einem anderen:
»Wenn die Menschen nicht mehr an uns glauben, sind wir tot.«

Dies spiegelt die existenzielle und gestaltete Realität der primitiven Welt wider. Es kann keine gründlichere Antithese zum Buch Hiob geben, das den Determinismus der Zivilisation darstellt.

Kapitel 6:
Die Herrschaft des Gesetzes im Gegensatz zur Ordnung des Brauchtums

Kreon: *Hast du gewußt, daß ausgerufen war,*
Dies nicht zu tun?
Antigone *Ich wußte es!*
Wie sollt ich nicht? war es doch offenkundig.
Kreon: *Und hast gewagt, dieses Gesetz zu übertreten?*
Antigone *Es war nicht Zeus, der mir dies ausgerufen,*
Noch sie, die mitwohnt bei den unteren Göttern, Dike,
Die beide dies Gesetz den Menschen aufgestellt.
Auch meint ich nicht, daß deine Ausgebote
So mächtig seien, daß die ungeschriebenen
Und wankenlosen Satzungen der Götter
Einer, der sterblich wäre, überholen könnte.
Denn nicht seit heut und gestern sind sie/ diese Leben
Von je her, und weiß niemand, woher sie gekommen.
Indem ich diese bräche, mocht ich nicht, aus Furcht
Vor irgendeines Mannes Dünkel, vor den Göttern
Strafe erleiden. –

– Sophokles

Der lumpigste Polizeidiener des zivilisierten Staats hat mehr »Autorität« als alle Organe der Stammesgesellschaft zusammengenommen; aber der mächtigste Fürst und der größte Staatsmann oder Feldherr der Zivilisation kann den geringsten Stammesführer beneiden um die unerzwungene und unbestrittene Achtung, die ihm gezollt wird. Der eine steht eben mitten in der Gesellschaft; der andere ist genötigt, etwas vorstellen zu wollen außer ihr und über ihr.

– Friedrich Engels

Es gibt zu viele ordentliche Verfahren. Der elektrische Stuhl ist ein billiges Mittel zur Verbrechensverhütung, das diesen Verbrechern zeigen wird, daß sich Recht und Ordnung durchsetzen werden.

– Detective Sergeant John Heffermann, 1971 Vizepräsident der Internationalen Polizeikonferenz.

Wir müssen die Herrschaft des Gesetzes von der Autorität des Brauchtums unterscheiden. In einem kürzlich in der *International Encyclopedia of Social Sciences* (Bohannan 1968, 73–78) gedruckten Versuch zu diesem Thema (den ich kritisch untersuchen will, weil er so typisch ist), behauptet *Paul Bohannan*, daß Gesetze das Ergebnis einer doppelten Institutionalisierung sind. Damit meint er lediglich, daß der Funktionsweise der durch das Brauchtum überlieferten Institutionen Ehe, Familie, Religion eine spezifische Durchschlagskraft verliehen wird. Doch er sagt uns weiter, daß die so entstandenen Gesetze einen eigenen Charakter und eine eigene Dynamik annehmen. Sie bilden eine strukturierte juristische Dimension der Gesellschaft; sie sind nicht mehr bloß Ausdruck von vorhandenen Institutionen, sondern treten in Wechselbeziehungen mit ihnen. Von hier gelangt Bohannan zu der Annahme, daß Gesetze typischerweise gegenüber der Gesellschaft ungleichzeitig sind, und daß dieser Prozeß sowohl ein Symptom als auch eine Ursache des sozialen Wandels ist. Die Ehegesetze, um Bohannans Argumentation mit einem konkreten Beispiel von der Art zu illustrieren, wie sie in seiner Definition fehlen, sind mit der Institution der Ehe nicht gleichbedeutend. Sie verstärken bestimmte Rechte und Pflichten und vernachlässigen andere. Außerdem unterwerfen sie Ehepartner, die als pflichtvergessen definiert werden, dem Eingriff einer äußerlichen unpersönlichen Behörde, deren Entscheidungen von der Polizeigewalt sanktioniert werden.

Bohannans soziologische Konstruktion weist nicht den Vorzug auf, daß sie das Primat der Rechtsordnung leugnet und unterstellt, daß das Recht unstabilen (oder progressiven) Gesellschaften wesensmäßig eigen ist, doch ist sie mehr oder weniger typisch für die abstrakten Bemühungen, den ewigen Wesensinhalt des Rechts zu definieren, ohne die wesentlichen Fragen zu stellen. Das Recht hat keinen solchen ewigen Wesensinhalt; es hat einen definierbaren historischen Charakter. Wenn wir also die Struktur der zeitgenössischen Institutionen hinterfragen, die nach Bohannan in einer primären Beziehung zum Recht stehen, stellen wir fest, daß sich ihr Brauchtumsinhalt drastisch verringert hat. *Paul Radin* sagte dazu das folgende:

»Ein Brauch ist in keinem Sinne Teil unserer angemessen funktionierenden Kultur. Er gehört endgültig der Vergangenheit an. Bestenfalls ist er am Aussterben. Im Leben primitiver Völker jedoch sind Bräuche ein untrennbarer Bestandteil. Man unterwirft sich ihnen nicht zwanghaft. Sie werden nicht eingehalten, weil das Gewicht der Tradition einen Menschen erschlägt. . . . Einem Brauch wird dort gehorcht, weil er aufs engste mit einem umfassenden lebenden Netz wechselseitiger Beziehungen verflochten ist, das peinlich genau und säuberlich angeordnet ist (Radin 1953, 223). J. G. Peristiany schreibt dazu: »Bezeichnend in diesem Zusammenhang ist nicht, daß es gemeinsame Werte gibt, sondern daß sie Ausdruck finden, obwohl ihnen keine gemeinsame politische Organisation entspricht.« (1956, 45) V. C. Uchendu, der über die Igbo schreibt, behauptet: »Der Einsatz von Gewalt ist minimal oder fehlt völlig . . . Es gibt eher Führer als Herrscher und . . . der Zusammenhalt wird eher durch Regeln gewährleistet als durch Gesetze, und eher durch Konsens als durch Diktat. Allgemein gesprochen, haben die Igbo keinerlei politische Struktur geschaffen, die sich als Föderation, Konföderation oder Staat bezeichnen ließe.« (Uchendu 1965, 46)

Keine zeitgenössische Institution funktioniert mit der Autonomie, die uns gestatten würde, eine nachweisbare Dialektik zwischen Gesetz und Brauch zu postulieren. Wir leben in einer vom Recht durch und durch infizierten Gesellschaft; das Recht hat die Institutionen aufgefressen, die es angeblich verstärkt oder zu denen es in Wechselbeziehung steht. Entsprechend wird auch die Moralität weiterhin mit der Legalität verwechselt oder auf sie reduziert. In der bürgerlichen Gesellschaft werden wir zu der Annahme ermuntert, daß das gesetzestreue Verhalten das Maß moralischen Verhaltens ist. Es ist nicht uninteressant, daß ein früherer oberster Bundesrichter in den USA in bester Absicht anregte, eine Bundesbehörde einzurichten, die den Zweck haben sollte, Beamte der Regierung und Personen, die Geschäfte der Regierung besorgen, über die juristische Unanfechtbarkeit ihres Verhaltens zu beraten. Die Moralität wird zum versachlichten Problem. Das Bemühen, das Gewissen durch eine äußere politische Macht juristisch zu regeln, ist die Antithesis des Brauchtums: das Brauchtum umfaßt genau diejenigen Aspekte des sozialen Verhaltens, die traditional, moralisch und religiös sind – also auf Konventionen beruhen und nicht auf dem Recht. Anders gesagt, das Brauchtum ist die gesellschaftliche Moralität. (Simpson/Stone 1942, 2). Das Verhältnis zwischen Brauch und Recht ist grundsätzlich kein kontinuierliches, sondern ein widersprüchliches.

Die Ordnung des Brauchtums und die Rechtsordnung stehen in einer historischen und nicht in einer logischen Beziehung miteinander. Sie berühren sich zufällig, die eine setzt die andere nicht voraus. Der Brauch ist, und hierüber sind sich die meisten Anthropologen einig, typisch für die primitive Gesellschaft, und Gesetze sind typisch für die Zivilisation. *Robert Redfields* Dichotomie zwischen der primitiven moralischen Ordnung und der zivilisierten juristischen oder technischen Ordnung bleibt eine klassische Aussage zu dieser Sache. *William Seagle* schreibt:

»Der Streit darüber, ob primitive Gesellschaften Gesetze oder Bräuche haben, ist nicht nur ein Streit um Worte. Es kann nur Verwirrung entstehen, wenn man sie als austauschbare Phänomene betrachtet. Der Brauch ist spontan und automatisch, wohingegen das Recht ein Produkt organisierter Gewalt ist. Wechselwirkungen gibt es auch in zivilisierten Gemeinwesen, aber zumindestens würde niemand Gesellschaftsverhältnisse mit formalen Rechtsverhältnissen verwechseln.« (Seagle 1946, 35)

Genau diese umfassende juristische Regelung des Verhaltens in der modernen Gesellschaft kann Bohannan nicht interpretieren. Im faschistischen Deutschland zum Beispiel blühte die Gesetzgebung wie nie zuvor. Bis zum Jahre 1941 waren mehr Rechtsverordnungen erlassen worden als in der Weimarer Republik und im Kaiserreich. Gleichzeitig nahm die Unkenntnis des Rechts zwangsläufig zu. In gewissem Sinne hängt die Durchsetzungsfähigkeit des Rechts von der Unwissenheit über seine einzelnen Vorschriften ab, die definitiv aber nicht vor Strafe schützt. Seagle behauptet, daß das Gesetz nicht definitiv und nicht gewiß sei, wohingegen der Brauch unbestimmt und ungewiß sei. Es gilt eher das Gegenteil. Regeln des Brauchtums müssen genau bekannt sein; sie werden nicht durch eine organisierte politische Gewalt sanktioniert, und daher könnten ernsthafte Auseinandersetzungen über den Charakter des Brauchtums den Zusammenhalt der Gesellschaft zerstören. Gesetze können aber immer erfunden werden und haben gute Chancen, durchgesetzt zu werden: »Daher ist im juristischen System die Sanktion immer viel wichtiger als die Vorschrift . . . Die Tendenz geht jedoch dahin, die Sanktion zu minimieren und die Vorschrift zu bewundern.« (ibid. 19f.)

Im faschistischen Deutschland wurden keine Bräuche durch einen Prozeß doppelter Institutionalisierung zu Gesetzen, sondern repressive Gesetze, die man sich im Interesse der Nazipartei und ihrer Anhänger ausgedacht hatte, schlachteten die Institutionen der deutschen Gesellschaft aus. Sogar die verbliebene, auf Brauchtum beruhende Autorität der Familie wurde untergraben: die Kinder wurden dazu angehalten, Polizeispitzel zu werden, und die Gesetze gegen ihre eigenen Verwandten anzuwenden. »Die absolute Herrschaft des Gesetzes ist häufig synonym mit der absoluten Herrschaft der Gesetzlosigkeit.« (ibid.)

Gewiß war Deutschland unter Hitler eine Gesellschaft im Wandel, wenn auch kaum eine progressive, doch war es ein Sonderfall des allgemeinen Prozesses der Zivilisation, durch den die Organe des Staats in zunehmendem Maße unwiderstehlich geworden sind. Wir erinnern uns, daß Bohannan die Vorherrschaft des Rechts über das Brauchtum als symptomatisch für Gesellschaften im Wandel ansieht. Aber genau hierin liegt die historische Unzulänglichkeit seiner Argumentation: er gibt die Gesamtrichtung dieses Wandels nicht an und kann daher das tatsächliche Verhältnis zwischen Brauch und Recht nicht klären. Entsprechend setzt die Vorstellung, daß der soziale Wandel vom Recht abhängt, und umgekehrt, eine Dialektik voraus, die gegenüber der historischen Realität phasenverschoben ist.

Plato hatte dies sehr wohl begriffen, als er das Problem der Zivilisation als das der Ungerechtigkeit auffaßte, die er nicht durch eine juristische Definition verkürzte. Ob wir sein Utopia bewundern oder nicht, legt doch der *Staat* Zeugnis darüber ab, daß Plato erkannt hatte, daß die Gesetze zwar dem sozialen Wandel folgen und die vorherrschenden Gesellschaftsverhältnisse widerspiegeln, jedoch weder des einen noch des anderen Ursache sind. (Die besten Gesetze wären natürlich Ausdruck der göttlichen Ordnung). Platos Lösung bestand darin, die Gesellschaft vollkommen umzustrukturieren. Merkwürdigerweise stimmt diese Sicht des Verhältnisses zwischen Recht und Gesellschaft mit Aspekten der marxistischen Betrachtung der Kulturgeschichte überein. Angeblich sind auf Brauchtum beruhende Gesellschaften die Vorläufer juristischer Gesellschaften, eine Vorstellung die, von der Wortwahl abgesehen, die meisten Rechtshistoriker akzeptieren würden. Die Marxisten haben jedoch die Vision einer Zukunft ohne Gesetze, wie wir sie kennen, zu der sozusagen eine Rückkehr zum Brauchtum auf höherer Ebene gehört, da die repressiven, strafenden und profitsichernden Funktionen des Gesetzes überflüssig geworden sein werden. Politische und ökonomische Interessenkonflikte werden dann durch die unparteiische Neuordnung der Institutionen gelöst werden. Das Recht ist für die Marxisten und die meisten klassischen Rechtshistoriker das Schwert des Staates, doch definieren die Marxisten, die sowohl auf einer historischen als auch auf einer normativen Sicht des Menschen bestehen, den Staat als Instrument der herrschenden Klasse und sagen voraus, daß er sich mit der Abschaffung der Klassen und dem Gemeineigentum an den Produktionsmitteln auflösen wird. *Sir Henry Maine* setzt die Geschichte des Privateigentums mit der der Zivilisation gleich:

> »Niemand hat das Recht, das Privateigentum anzugreifen und gleichzeitig zu erklären, daß er die Zivilisation hochschätzt. Die geschichtliche Entwicklung beider läßt sich nicht voneinander trennen. Die Zivilisation ist nichts anderes als der Name für die . . . Ordnung . . . für die aufgelöste Ordnung, die sich jedoch ständig erneut unter einer Vielzahl von auflösenden Einflüssen konstituiert, von denen diejenigen mit Abstand die mächtigsten gewesen sind, die langsam und in einigen Teilen der Welt sehr viel weniger vollständig als in anderen das Privateigentum an die Stelle des Gemeineigentums gesetzt haben.« (Maine 1889, 230)

Nach den Worten von *Jeremy Bentham* sind »Eigentum und Recht gemeinsam geboren und sterben zusammen.«

Daher ist das Recht symptomatisch für das Aufkommen des Staats; die juristische Sanktion ist nicht bloß das Schwert von Institutionen aller Zeiten und aller Orte. Die doppelte Institutionalisierung, von der Bohannan spricht, muß neu definiert werden. Wo sie eintritt, stellt sie einen historischen Prozeß von ungewöhnlicher Komplexität dar, und läßt sich nicht als einfacher Übergang vom Brauchtum zum Gesetz definieren. Sie tritt, wie wir noch sehen werden, in verschiedenen Formen auf. Das Brauchtum – das spontan, traditional, persönlich, allgemein bekannt, gemeinschaftlich und relativ unveränderlich ist – ist die Existenzform der primitiven Gesellschaft. Sowohl beim Recht wie beim Brauchtum geht es um die Regelung von Verhalten, doch sind sie völlig verschiedenen Charakters. Nirgendwo hat sich ein evolutionäres Gleichgewicht zwischen dem aufkommenden Recht und dem Brauchtum eingestellt, ohne Rücksicht darauf, ob dieses traditional oder in Entstehung begriffen wäre.

Archaisches Recht und lokaler Brauch

Die einfache Dichotomie zwischen der primitiven Gesellschaft und der Zivilisation kann den Übergang von der Ordnung des Brauchtums zur juristischen Ordnung nicht veranschaulichen. Die entscheidende und aussagekräftigste Periode in der Rechtsentwicklung ist die in archaischen Gesellschaften, deren lokale Erscheinungsformen die Kulturen sind, die am häufigsten von Anthropologen untersucht worden sind. Genauer gesagt, stellen die Frühphasen dieser Gesellschaften, die ich Frühstaaten (protostates) nennen will, einen Übergang von den primitiven, auf Stammesverwandtschaft beruhenden Gemeinschaften zu einem nach Klassen strukturierten politischen Gemeinwesen dar. In solchen Gemeinwesen bestehen Recht und Brauchtum nebeneinander her, und dies gibt uns die Chance, ihre Verbindungen, Unterschiede und das unterschiedliche Verhältnis zur Gesamtgesellschaft zu untersuchen. Das durch Brauchtum geregelte Verhalten, das für die lokalen Gruppen – Großfamilien, Clans, Dörfer – typisch ist, bleibt zum großen Teil in Kraft. (Zum Beispiel sagen die Vietnamesen immer noch: »Die Bräuche des Dorfs sind stärker als das Gesetz des Kaisers.«) Gleichzeitig erläßt die Staatsmacht, die sich aus Bürokratie und Souverän und der in Entstehung begriffenen herrschenden Klasse zusammensetzt, eine Reihe von Vorschriften, die den doppelten Zweck erfüllen, »überschüssige« Güter und Arbeitskräfte zum Unterhalt der nicht unmittelbar in der Produktion Beschäftigten zu beschlagnahmen und gleichzeitig die lokalen Treuepflichten auf das Zentrum zu übertragen.

Diese archaischen Gesellschaften sind der große historische Wendepunkt. Genau hier haben Sir Henry Maine und Paul Vinogradoff den Übergang vom Status zum Vertrag, von der Stammesherrschaft zum Territorialprinzip und von der verlängerten Familienaufsicht zum öffentlichen Recht lokalisiert. Für unser Verständnis des Rechts brauchen wir uns hier nicht mit den wichtigen Unterscheidungen unter den archaischen Gesellschaften oder jeweils mit den Formulierungen oder Schwerpunkten der Gelehrten zu befassen, die ihre zentrale Bedeutung erkannt haben. Wichtig ist hier vor allem, daß es sich um Übergangsgesellschaften handelt. Besonders in ihrer Frühphase sind sie die Vermittlungsstellen, in denen Normen des Brauchtums in juristische Sanktionen umgewandelt werden. Hier können wir eine explizit funktionierende Form der doppelten Institutionalisierung feststellen. Wir können sozusagen das scheinbare Entstehen eines Brauchs zur Verteidigung des Stammesprinzips gegen den Angriff des Staats verfolgen, und dann die darauf folgende Verschiebung der Brauchtumsfunktion in ihr eigenes Gegenteil, in die juristische Funktion. Mit dem folgenden Beispiel aus dem Frühstaat Dahomey vor der französischen Eroberung im Jahre 1892 soll dieser Prozeß dargestellt werden.

Nach der Überlieferung heißt es in Dahomey, daß jede Person drei »beste« Freunde in abnehmender Folge von Intimität und Bedeutung hat. Diese Institution des Übergangs, eine Umgestaltung der Verwandtschaftsbande, die von derselben Art ist wie die Blutsbüderschaft, verstärkte die verlängernde Familienstruktur, die in dem frühen Staat weiterhin bestand, jedoch infolge der politischen und ökonomischen Ansprüche von Seiten der in Entstehung begriffenen Staatsmacht in Frage gestellt wurde. So zum Beispiel pflegte der beste Freund des Patriarchen einer Großfamilie als dessen Erblasser zu fingieren und nach seinem Hinscheiden der versammelten Familie den Nachfolger zu benennen. Es hat den Anschein, daß die normale Erbfolge zur Gewährleistung des Familienzusammenhalts nicht mehr ausreichte, da die Zentralgewalt Familienoberhäupter als indirekte Herrscher rekrutierte. In diesem Beispiel wurde die Institution der Freundschaft dem Zweck und der Form des Brauchtumsverhaltens assimiliert. Andererseits konnte der beste Freund eines Mannes, der eines Verbrechens wider den Staat beschuldigt war, von der Polizei des Königs an seiner Stelle ergriffen werden. Diese traditionalen Freundschaften waren jedoch sozial von so großer Bedeutung, so hoch geschätzt, und symbolisch so bedeutsam, daß man davon ausgehen konnte, daß sich die belastete Person, ob sie nun den Gesetzesverstoß tatsächlich begangen hatte oder nicht, sich lieber stellte, als zuzulassen, daß der Freund für sie bestraft wurde. Ob sie das nun tat oder nicht, jedenfalls war der Brauch der Freundschaft mit einer juristischen Härte ausgestattet und von der Staatsmacht in ein Mittel zur Durchsetzung ihres Willens verwandelt worden. Dieses Beispiel der doppelten Institutionalisierung hat den Vorzug, den Widerspruch zwischen Gesetz und Brauchtum klar zu enthüllen. Es gibt jedoch noch andere Beispiele, in denen das Gesetz als Verstärkung des Brauchtumsverfahrens erscheint.

Im Rußland des 11. Jahrhunderts besagte Artikel 1 des kodifizierten Rechts zum Beispiel:

»Wenn ein Mann einen anderen Mann tötet, . . . soll der Bruder seinen Bruder rächen; der Sohn den Vater; oder der Vater den Sohn; und der Sohn des Bruders (des Ermordeten) oder der Sohn seiner Schwester ihren jeweiligen Onkel. Wenn kein Rächer da ist, zahlt (der Mörder) 40 grivna Wergeld . . .« (Vernadskya 1969, 26f.)

Ähnlich lautet das Gesetz der Westgoten etwa 700 nach unserer Zeitrechnung: »Wer immer einen Mann getötet hat, ob er die Tötung absichtlich oder unabsichtlich (volens aut nolens) begangen hat, soll in die Hände der Eltern oder Nächstverwandten des Getöteten übergeben werden ...« (Zit. in: Simpson/Stone 1942, 78)

In diesen Fällen ist ein Brauchtum durch eine Vermittlungsstelle von außen kodifiziert worden und nimmt auf diese Weise Gesetzeskraft an, wobei sein Strafcharakter verschärft wird. Eine derartige Bestätigung ist sowohl der erste Ansatz der juristischen Machtausübung als auch der Vorläufer institutioneller Veränderungen über den Wunsch oder die Vorstellung der Familie hinaus. »Ganz gleich, was Fürsten tun, sie scheinen zu befehlen«, oder, wie *Sir Henry Maine* es ausdrückte, »Was der Souverän erlaubt, befiehlt er.« Maine dachte insbesondere an den »Despoten bei den Sikh, der den Haushaltungsvorständen und Dorfältesten gestattete, Regeln zu erlassen, und dadurch wurden diese Regeln zu seinem Befehl und zu echten Gesetzen, die das »Auflösungsmittel‹ für lokale und häusliche Bräuche sind.« (Maine 1966, 383) *Simpson* und *Stone* erklären diese scheinbare Verstärkung des Brauchtums durch die Staatsmacht wie folgt:

»Wenn wir uns dann der Rolle des Rechts einer aufkommenden politischen Gesellschaft zuwenden ... trifft es zwar zu, daß politische Institutionen unabhängig von der Stammesverwandtschaft und dem Übernatürlichen zur Macht gelangt waren, doch waren diese Institutionen noch jung, schwach und unerprobt. Ihre Übergriffe in die alten Treueverhältnisse erfolgten zwangsläufig vorsichtig und zögernd. Der soziale Zusammenhalt schien immer noch auf nichtpolitischen Elementen zu beruhen, und diese Elemente wurden daher geschützt. Diese Gesellschaft hat Pound wahrgenommen und ihr Ausdruck gegeben, wenn er sagt, daß das Ziel des Rechts, das in dieser Epoche strikter Gesetzgebung angestrebt werde, die Erhaltung des gesellschaftlichen status quo sei. In der Terminologie von heute bedeutet dies *das Primat des Interesses an der Erhaltung bereits vorher vorhandener Institutionen der Gesellschaft* (Simpson/Stone 1942, 177; keine Hervorh. im Original) -

Diese Art der Bestätigung des Brauchtums, in der der strukturelle Opportunismus der frühen Staatsgewalt erkennbar wird, liegt auch den Beschränkungen der Souveränität zugrunde und tritt außerdem in der Beziehung des Souveräns zu dem in Gemeineigentum stehenden Grund und Boden des Clans oder der Großfamilie in Erscheinung. In Dahomey zum Beispiel, wo es vom König hieß, daß er alles Eigentum »besäße«, einschließlich des Grund und Bodens, ist es offensichtlich, daß dieses Eigentumsverhältnis eine juristische Fiktion war und sich so auswirkte, daß es die bereits vorher vorhandene Tradition der Großfamilie verstärkte. Das heißt, der König »erlaubte« den Großfamilien kraft seiner fiktiven Eignerschaft sich auf unbebautes Land auszudehnen und Generation um Generation ihr Eigentum unverändert weiterzuvererben. Die Staatsmacht konnte das Eigentum der Großfamilien weder verpachten noch enteignen noch verkaufen, und genauso wenig konnte dies ein Mitglied der Großfamilie tun (Diamond 1951, 109). Dies wird von A. I. Richards bestätigt, der uns mitteilt, daß »in Nordrhodesien (Sambia) die Erklärung, daß ›das ganze Land Uns gehört‹ nicht bedeutet, daß der Herrscher das Recht hätte, irgendein ausgewähltes Stück Land für seine eigenen Zwecke zu gebrauchen . . . Ich habe nie von einem Fall gehört, wo ein Häuptling Boden in Besitz nahm, der bereits von einem Gemeinen bebaut gewesen war.« (Zit. in: Gluckmann 1944, 14–21) Dasselbe wird von Rattray (1929) bei den Aschanti und von Mair bei den Baganda nachgewiesen. Die Bestätigung durch den Staat ist also Ausdruck der staatlichen Absicht zur Machtausübung, nicht jedoch deren Realität. Maines Epigramm könnten wir wie folgt realistischer formulieren: Der Souverän erlaubt, was er nicht verbieten kann.

Letzten Endes haben lokale Gruppen dann ihre Autonomie erhalten können, wenn ihr traditionelles Wirtschaften für das Funktionieren der gesamten Gesellschaft unerläßlich war. Sie konnten durch Vorschriften eingeschränkt werden, mit Gesetzen geplagt oder, wie wir gesehen haben, in ihren Sitten und Bräuchen »juristisch« bestätigt werden. Solange aber die Zentralmacht mangels einer anderen Produktionsweise oder -quelle in ihrem Unterhalt von ihnen abhing, konnten sie ihren Zusammenhalt der Substanz nach wahren. Dies scheint mit Gewißheit während der frühen Phasen der staatlichen Organisation in den klassischen Kerngebieten (Ägypten, Babylonien, Nordindien) vor der Einführung von Bewässerung in großem Umfang und analogen öffentlichen Arbeiten der Fall gewesen zu sein, und es galt auch für das vorkoloniale Afrika. In allen frühen Gesellschaften, ob sie nun im Entstehen begriffen sind (wie in Afrika südlich der Sahara), in Blüte stehen (wie in den alten Bauerngesellschaften des mittleren Ostens oder in China), oder in verwandten Gesellschaften der Gegenwart, die wahrscheinlich immer noch den größten Teil der Weltbevölkerung umfassen, war die umfassende Stammeseinheit trotz eines verschiedenen Ausmaßes von Autonomie funktionaler als die Familie in der Zivilisation von Handel und Industrie.

In dem Maße, wie sich der Staat entwickelt, wird »an die Stelle der Familie in fortschreitendem Umfang das Individuum als die Einheit gesetzt, für die die staatlichen Gesetze gelten.« (Maine 1931, 140) Und in Rudolph von Iherings Worten besteht »der Fortschritt des Rechts (. . .) in der Zerstörung jedes natürlichen Zusammenhanges, in unausgesetzter Trennung und Isolierung;« (Ihering 1852, 27); das heißt, daß die Familie in zunehmendem Maße zum Spiegel der Gesamtgesellschaft wird. Die Rechtsvorschrift, daß Ehegatten vor Gericht nicht gegeneinander aussagen dürfen, scheint eines der letzten formalen Zugeständnisse an die Unantastbarkeit der Familie und die Ausnahme zu sein, die die historische Regel bestätigt. Die Kleinfamilie in der zeitgenössischen städtischen Zivilisation ist zwar an rechtliche Pflichten gebunden, hat jedoch eindeutig nur eine minimale Autonomie; offensichtlich liegen die Mittel zur Bildung, Existenzerhaltung und Selbstverteidigung außerhalb des Bereichs der Familie. In diesem Sinne kann, sofern keine Vermittlungsinstanzen mit eindeutig definierter unabhängiger Autorität gegeben sind, die historische Tendenz aller Staatsstrukturen gegenüber dem Individuum als totalitär bezeichnet werden. In der Tat erzeugt der Staat das losgelöste Individuum, dessen Orientierung auf diese Weise bürokratisch oder kollektivistisch wird. Die juristische »Person«, die sogar eine Handelsfirma sein kann, ist lediglich der juristische Ausdruck eines gesellschaftlichen Prozesses. Wenn die »Totalisierung« der staatliche Prozeß ist, läßt sich der Totalitarismus nicht auf eine bestimmte politische Ideologie beschränken, sondern ist sozusagen die stillschweigende oder offen vertretene Ideologie der politischen Gesellschaft.

Diese etatistische Tendenz hat ihre Ursprünge in der Gesellschaft der Frühzeit. Mit ungewöhnlicher Klarheit können wir sie in den Frühstaaten in Afrika südlich der Sahara beobachten. In Ostafrika unterwarfen um Land konkurrierende Hirten und in Westafrika von den Arabern katalysierte militaristische Clans und später der europäische Handel (insbesondere der Sklavenhandel) die Ackerbauern, und legten so die hauptsächliche Grundlage für das Entstehen einer Staatsmacht. Da die grundlegenden Mittel zur Ausbeutung der Umwelt sich in diesen Gemeinwesen so gut wie nicht veränderten und sogar in gewissem Ausmaß auch unter dem Kolonialismus fortbestanden, können wir die Struktur der staatlichen Machtmittel, die sich ohne Schriftsprache und systematische Kodifizierung des Rechts entwickelte, durch jahrhunderteweit zurückreichende Chroniken und vermittels zeitgenössischer Feldstudien rekonstruieren. Das Fehlen schriftlicher Zeugnisse könnte den Wissenschaftler von jener Abhängigkeit von amtlichen Dokumenten erlösen, die unser europäisches Geschichtsbewußtsein so gründlich geformt hat; leider aber führt der Verkehr mit der Oberschicht in einem analphabetischen Staat zu gleichwertigen Verzerrungen. In solchen Gesellschaften sah die Sache, wie uns Rattray in Bezug auf die Aschanti berichtet, wie folgt aus:

»Der Kleinstaat war ständig mit den Stammesorganisationen konfrontiert, die ständig dabei waren, seine Autorität schleichend zu unterminieren, indem sie bestimmte Personen seiner Gerichtsbarkeit entzogen. Er konnte sich daher nur halten, indem er einen immer weiteren Kreis zog, um diejenigen Loyalitäten an sich zu binden, die ihm infolge der Einwirkung der alten Stammesorganisation, die sich überall gehalten hatte, verlorengingen . . . (Außerdem) überlebten die alten Organisationen von Familie, Clan und Stamm unter dem neuen Regime, das ständig bestrebt war, territoriale Überlegungen und nicht das Vorhandensein der Stammesverwandtschaft zur Grundlage staatlicher Machtausübung zu machen . . . »Die gemeinsame Verantwortlichkeit für jeden Akt war ein Grundsatz, der sogar das Aufkommen einer mächtigen zentralen Staatsautorität wie der öffentlichen Rechtspflege überlebte.« (Rattray 1929, 80, 286)

Was die zum Islam bekehrten Nupe des mittleren Gürtels in Nigeria angeht, erblickte Nadel »eine sehr viel subtilere Entwicklung und einen tieferen Antagonismus (als den Krieg zwischen Staaten), nämlich den fast ewigen Antagonismus des entwickelten Staats gegenüber jenem Rohmaterial der Gemeinschaft, das immer und überall den Nährboden bilden muß, aus dem der Staat allein erwachsen kann.« (Nadel 1934, 303) Und Engels spricht von dem »unverträglichen Gegensatz zwischen Gentilgesellschaft und Staat.« (Engels, *MEW* 21, 108)

Ich habe diesen Konflikt im einzelnen in einer Untersuchung über den Frühstaat in Dahomey dokumentiert. Hier wie anderswo wird es ersichtlich, daß der widersprüchliche Übergang vom Brauchtum zu einzelrechtlichen Vorschriften, wenn man so will, die doppelte Institutionalisierung, keineswegs die Hauptquelle des Rechts darstellt. Ob sich das Recht nun latent aus einer Bestätigung früherer Bräuche oder durch die Umwandlung eines Aspekts des Brauchtums ergibt, die vom Recht unter Umständen selbst hervorgerufen wurde, wie in dem zwiespältigen Beispiel des »besten Freundes«, ist unwichtig, wenn wir zum Kern des Problems vordringen wollen. Denn aus der Untersuchung von Übergangsgesellschaften erfahren wir, daß die für sie so typischen Gesetze keine Vorläufer haben, sie entstehen nicht durch einen Prozeß der doppelten Institutionalisierung, gleichviel, wie man diesen auch definiert. Sie ergeben sich im Gegensatz zur Brauchtumsordnung der vorhergehenden Sippen oder sippenähnlichen Gruppen; sie stellen eine neue Reihe sozialer Ziele dar, die von einer neuen und bisher nicht vorhandenen Macht in der Gesellschaft verfolgt werden. Der territoriale Ausdehnungsdrang des frühen Staats erforderte im Zusammenhang mit seiner vertikalen sozialen Verankerung Zwangsarbeit, die Aufstellung einer Armee, die Erhebung von Steuern und Eintreibung von Tributen, die Aufrechterhaltung einer Bürokratie und die Schätzung der flächenmäßigen Ausdehnung, örtlichen Ansiedlung und Anzahl der unterworfenen Bevölkerung. Dies waren die hauptsächlichen mittelbaren oder unmittelbaren Anlässe für die Rechtsentwicklung.

Die Volkszählung hat in erster Linie eine Anzeigefunktion. Die Zahlen aus der Volkszählung geben die Grundlage dafür ab, wie die Steuerlast auf die eroberten Bezirke verteilt und in welchem Umfang die Sippeneinheiten zur Zwangsarbeit herangezogen werden. Von großer Bedeutung ist die Volkszählung auch für die Rekrutierung von Männern für die Armee. In Dahomey wurde diese Information für so wichtig gehalten, daß jeder neue König bei seiner Inthronisierung von seinen zwei führenden Ministern in eine besondere Hütte des königlichen Kampongs geführt wurde, dort niederknien mußte und wie folgt ermahnt wurde: »Junger Mann, dein ganzes Leben hast du immer nur von Dahomey reden gehört, hast aber bis heute das wahre Dahomey nicht gesehen, denn Dahomey ist sein Volk, und hier ist dieses Volk.« (Herskovitz 1938, 73)

Mit dieser Erklärung deuteten die zwei Ältesten auf Säcke mit Kieselsteinen, wobei jeder Kieselstein eine Person, und jeder Sack eine Geschlechts- oder Altersgruppe darstellte (auf diese Weise wird in einer des Lesens und Schreibens unkundigen Gesellschaft mit Kieselsteinen als Zählmarken Buch geführt). Dem jungen König wurde dann gesagt, daß er nie zulassen dürfe, daß der Inhalt der Säcke abnehme und daß die Kieselsteine jedes Jahr gezählt würden, um festzustellen, ob ihre Zahl abgenommen oder zugenommen habe. Dann wurde ihm ein altes Gewehr übergeben (in früheren Zeiten der Griff einer Hacke) und er erhielt den Rat, »kämpfe damit. Sieh' dich aber vor, daß du nicht besiegt wirst.« (ibid.)

Die Volkszählungsziffern standen für die potentielle Macht des Staates und wurden sorgfältig bewahrt; vielleicht waren sie das erste Staatsgeheimnis. Durch Handlung und Absicht wurden Personen in Ziffern und Abstraktionen verwandelt; und die Menschen unternahmen alles mögliche, um der Zählung zu entgehen. Dieses Mißtrauen hat sich bis heute gehalten. Sogar in den Vereinigten Staaten von heute fühlen sich die Behörden während der Volkszählung bemüßigt, zu versichern, daß die Informationen der Volkszählung nicht zum Zweck der Steuererhebung oder anderweitigen Sanktionierung des Einzelnen benutzt werden, und eine solche Benutzung verstößt sogar gegen das geltende Recht.

Bisher haben wir vom Brauchtum (custom) als von einem traditionalen oder konventionellen, nicht durch Gesetz geregelten Verhalten gesprochen, doch bezieht sich »custom« auch auf eine Steuer, die routinemäßig für den Transport von Gütern über Territorialgrenzen hinweg an den Staat entrichtet werden muß. Alle derartigen Steuern waren eindeutig umrissene juristische Zwänge ohne die traditionale Autorität des Brauchtums, und sie wurden häufig auch gegen dieses durchgesetzt. In Dahomey waren die »Grand Customs«, die jeweils bei der Proklamation eines neuen Königs angeblich zu Ehren seiner Vorfahren abgehalten wurden, der Anlaß für die Entrichtung von Steuern, die Verurteilung von Verbrechern in großem Maßstab, für die Durchführung anderer Staatsgeschäfte. *Camus* läßt seinen Caligula einen derartigen Vorgang in einem Abschnitt beschreiben, der einer Chronik Dahomeys entnommen sein könnte:

»Der andere hat recht: der Staatsschatz! . . . Leben, Caesonia, leben ist das Gegenteil von lieben. Ich bin's, der dir dies sagt und dich einlädt zu einem Fest ohne Maß, zu einem Generalprozeß, zum schönsten aller Schauspiele. Und ich brauche Leute, Zuschauer, Opfer und Schuldige. Die Schuldigen sollen eintreten! Ich brauche Schuldige. Und sie sind alle schuldig. Die zum Tode Verurteilten sollen hereinkommen! Publikum! Ich will mein Publikum! Richter, Zeugen, Angeklagte, alle sind sie im voraus verurteilt! Ah, Caesonia, ich werde ihnen zeigen, was sie noch nie gesehen haben: den einzigen freien Menschen in diesem Reich!« (1963, 81)

Ebenso wie die Jahresbräuche waren die Grand Customs den lokalen Zeremonien nachempfunden, doch hatte sich ihr Inhalt vollständig geändert. Jene Ahnenzeremonien, in denen Bindungen auf Gegenseitigkeit rituell bekräftigt wurden, hatten mit fiskalischem oder juristischem Zwang und politischem Herrschaftsanspruch nichts zu tun. Die Rechte (customs) des Souveräns waren Gesetze, und die Zeremonien der Sippengruppen waren Bräuche (customs).

In ähnlicher Weise impliziert der Ausdruck *duty* einerseits eine moralische Verpflichtung, und andererseits eine Steuer. Natürlich gehen wir davon aus, daß es die Pflicht von Bürgern ist, Steuern zu bezahlen: das Paradoxe jedoch, das diesem Terminus innewohnt, tritt klarer zutage, wenn wir archaische Zivilisationen untersuchen.

Der Ausdruck *court* (Gericht, Hof) ist ebenso doppeldeutig. Einerseits bezieht er sich auf den Wohnsitz oder die Gefolgschaft des Souveräns, andererseits aber auch auf den Ort, an dem Recht gesprochen wird, doch laufen diese beiden Funktionen in ihrer Wurzel zusammen. Der Prototyp der Institution der Rechtsprechung war nämlich der Hof des Souveräns, an dem die Gesetze erlassen wurden, wofür es auf der lokalen Ebene weder einen Präzedenzfall noch ein formales Analogon gab.

Peristiani hebt in seiner Darstellung der Kipsigisi diesen Punkt besonders hervor: »Einer der signifikantesten Unterschiede zwischen dem Rat der Ältesten und einer europäischen Institution der Rechtsprechung liegt in dem Verhältnis zwischen Amtsperson und Amt. Die Ratältesten üben ihr Amt nicht kraft einer höheren Autorität aus. Sie werden nicht ernannt . . .« (Peristiany 1956, 42)

Den Gegensatz hebt auch V. C. Uchendu hervor: »Bei einer Staatsverfassung wie bei den Igbo, die keinen spezialisierten Gerichtshof vorsieht, werden juristische Angelegenheiten ad hoc entschieden. Die geschädigte Partei ergreift die Initiative. Sie kann das Oberhaupt des Kanpongs des Schädigers oder bestimmte schiedsrichterliche Stellen anrufen . . . Da die Schiedsrichter keinerlei Mittel haben, ihrer Entscheidung Geltung zu verschaffen, muß sie für beide Parteien akzeptabel sein, wenn sie respektiert werden soll.« (Uchendu 1965, 43)

Die Funktion des Gerichts bestand eindeutig nicht in erster Linie darin, Ordnung herzustellen. In den primitiven Gesellschaften gab es wie in den traditionalen Abschnitten von Frühstaaten bereits eingebaute Mechanismen zur Konfliktlösung Wie *Max Gluckman* unter anderem nachgewiesen hat, wurden in derartigen Gesellschaften Konflikte, die durch die gewöhnliche Tätigkeit der gesellschaftlichen Institutionen erzeugt wurden, im allgemeinen als Teil des gebräuchlichen rituellen Zyklus gelöst, der untrennbarer Bestandteil dieser Institutionen selbst war. In Bezug auf spezifischere Verstöße erinnern wir an Rattrays Bemerkung über die Aschanti: »Die gemeinsame Verantwortung für jede Handlung war ein festverankertes Prinzip, das sogar das Aufkommen der . . . öffentlichen Rechtspflege überlebte.« (Rattray 1929, 286) Dies besagt, daß die Sippeneinheit ebenso, wie sie die ökonomische und soziale Einheit war, auch die Einheit der Rechtsprechung war. Außerdem waren »Anlässe, die zum größten Teil der heutigen Zivilrechtsfälle führen, praktisch nicht existent. Erbschaften, wie Verfügung über bewegliches und unbewegliches Eigentum, der Status von Individuen, Verhaltensregeln und Moral waren Angelegenheiten, die durch das Gesetz des Brauchtums unverrückbar festgelegt waren, mit denen jeder von Kindheit an vertraut war, und gerichtliche Auseinandersetzungen über derartige Dinge waren . . . nahezu unvorstellbar. Außerdem war auch der Einzelvertrag infolge eben des Charakters der Gemeinschaft, mit der wir zu tun haben, völlig unbekannt, und auf diese Weise war auch eine andere sprudelnde Quelle juristischer Auseinandersetzungen verstopft.« (ibid.)

Der Hauptzweck des Hofs, so wie er in der Geschichte entstand, also des Wohnsitzes und der Gefolgschaft des Souveräns, war der der Regierung. Der hervorragende britische Jurist Sir John Salmond bemerkte: »Das Recht kommt erst in zweiter Linie und ist unwesentlich . . . Die Rechtspflege ist durchaus möglich, ohne daß es überhaupt ein Recht gibt.« (Salmond 1920, 13) Und Sir William Markby schreibt: »Tribunale können ohne jedes Recht auskommen.« (1905, 21) Vielleicht unbeabsichtigt wird damit enthüllt, daß die Gerechtigkeit, so wie sie üblicherweise definiert wird, sich nicht vom Recht ableiten läßt, und daß auch die Rechtsprechung des Gerichts keine Angelegenheit der Gerechtigkeit, sondern nur des politischen Durchsetzungsanspruchs des frühen Staats war, und dieser ergab sich aus der Vervollständigung des Systems vor Volkszählung, Steuererhebung und Konskription.

In dem System von Steuererhebung, Volkszählung und Konskription wurde jeder nur denkbare Anlaß genutzt, zugunsten von Bürokratie und Souverän Recht zu schöpfen. Wir können kein abstraktes Prinzip, keine unparteiische Gerechtigkeit, keinen Präzedenzfall feststellen, sondern nur den spontanen Opportunismus einer neuen Klasse, die das Gebäude ihrer Macht errichtet. Es sollte jedoch noch einmal betont werden, daß es auf der lokalen Ebene in bestimmten Einzelfällen formal analoge Strukturen zum staatlichen Zwangsapparat gab, jedoch keine formalen oder funktionalen Präzedenzfälle. Die staatliche Besteuerung zum Beispiel läßt sich im Kontext des Beschenkens auf Gegenseitigkeit in den Lokalitäten rationalisieren, ein derartiges Beschenken war jedoch nicht durch Gesetz bestätigt und wurde auch nicht spezifisch von einem Souverän ausgenutzt. Für die Unterscheidung sind solche evolutionären und dialektischen Beziehungen jedoch von größter Bedeutung.

Über die normannischen Könige schreibt Stubbs, daß die frühe Rechtsprechung hauptsächlich wegen des daraus fließenden Gewinns erfolgte (1890, 48). Burton berichtet, daß in Wydah in Dahomey bei Auseinandersetzungen finanzieller Natur der Jevogan, der oberste Bürokrat des Distrikts, die Richterposition innehatte. Für diesen Dienst eignete er sich die Hälfte der Ware im Namen des Königs an, und ein weiteres Viertel für verschiedene niedrigere Amtsträger. Was übrigblieb, ging vermutlich an die obsiegende Partei der juristischen Auseinandersetzung (Burton 1864, 211). Bei den Aschanti benutzte die Zentralbehörde die Einkünfte aus der Prozeßführung als einträgliche Quelle zur Wiederauffüllung der notleidenden Staatsfinanzen. Die Prozeßführung wurde, wie Rattray bemerkt, sogar aktiv gefördert (1929, 292).

Straßenzölle waren eine wichtige Einkommensquelle. Bei den Aschanti ließ der König alle Straßen bewachen; alle Händler wurden festgehalten, bis Auskünfte über sie eingeholt worden waren, und dann wurde ihnen die Weiterreise nach einer Zahlung von Goldstaub gestattet (ibid.). W. Bosman schreibt, daß im Wydah des 18. Jahrhunderts »das Einkommen des Königs im Vergleich zu seinem Land sehr groß ist, für das er meiner Ansicht nach mehr als tausend Eintreiber hat, die sich über das ganze Land auf alle Marktstraßen und Wege verteilen, um den Straßenzoll des Königs einzutreiben, der sich auf eine ungeheure Summe beläuft, denn im ganzen Königreich ist keine verkaufte Ware so gering, daß der König keinen Zoll daraus schlüge ...« (Bosman 1705, 362)

Die Strafe für den Diebstahl von Eigentum, das dem König zustand, war die sofortige Hinrichtung durch ein Standgericht, das durch die Bevollmächtigten des Königs an Ort und Stelle einberufen wurde (Norris 1772, 221f).

Wo es um das Eigentum des Königs ging, war keine juristische Auseinandersetzung möglich.

An diesen Beispielen, die sich endlos weiterführen lassen würden, erkennen wir, wie der Königsfriede als die Primärform der staatlichen »Ordnung« ausgedehnt wurde. In Wirklichkeit erwuchs diese Ordnung daraus, daß über die abgeleiteten Formen des Landfriedens und des Marktfriedens ein Gebührenrecht erfunden und angewendet wurde. In diesen Frühstaaten gelangt die Macht des Souveräns zwar noch nicht zur vollen Entfaltung, strebt jedoch nichtsdestoweniger jenes Gewaltmonopol an, das für den reifen Staat typisch ist.

Die Absicht und die große Vielfältigkeit der Gesetzgebung führte zwangsläufig zu Verstößen. Die staatliche Autorität forschte beständig nach solchen und konstruierte sie häufig sogar. So wurden zum Beispiel in Dahomey eine bestimmte Kategorie der Frauen des Königs auf die örtlichen Dörfer verteilt, und diejenigen Männer, die den Fehler begingen, mit ihnen zu verkehren, wurden der Vergewaltigung beschuldigt, wofür die Strafe nach einer summarischen Verurteilung darin bestand, daß sie in die Armee zwangsrekruiert wurden (Le Herisse 1911, 72). Auf diese Weise wurde die Vergewaltigung als staatlich definiertes Verbrechen erfunden. Wenn in den traditionellen Großfamiliendörfern eine Vergewaltigung vorgekommen wäre, (und ein derartiges Vorkommnis dürfte selten gewesen sein, wie sich aus der Notwendigkeit einer staatlichen Definition ergibt), wäre man mit der Übeltat durch Wiedergutmachung (rituelle Geschenke an die geschädigte Partei), durch rituelle Reinigung, Lächerlichmachen und vielleicht bei wiederholten Verstößen durch Verbannung fertig geworden. Das Reglement des Brauchtums hätte automatisch funktioniert, und wahrscheinlich auf Intiative der Familie des Übeltäters. Beispiele wie dieses unterstreichen nur das Argument, daß in den Frühstaaten Verbrechen passend zu den Gesetzen erfunden wurden. Die stillschweigende Absicht des Gesetzes war die Bestrafung im Dienste und zum Nutzen des Staates, und nicht die Verbrechensverhütung oder der Schutz von Personen, und auch nicht die Wiedergutmachung des Verstoßes. Wie Seagle schreibt, »tritt das Strafrecht in jeder großen Epoche des Klassenkonflikts ins Leben«, und am augenfälligsten tritt dies in den Frühphasen der Staatsbildung in Erscheinung.

In ihren staatlichen Ursprüngen bestand also eine Wechselbeziehung zwischen Straftat und Recht, die etwas von Verleitung an sich hatte. Es läßt sich sogar behaupten, daß die inhaltliche Begründung für das Recht erst entwickelt wurde, nachdem dieses geschaffen war. So war zum Beispiel der staatliche Schutz des Marktplatzes oder der Straßen mit Sicherheit nicht in dem Ausmaß nötig, wie dies in den archaischen Edikten zur Zeit ihrer Erlassung zum Ausdruck kommt. Die Märkte von Großfamilien und die Pfade zwischen Dörfern waren gewöhnlich keine gefährlichen Stellen, wenn wir den Berichten der frühesten Chronisten ebenso wie denen zeitgenössischer Beobachter Glauben schenken wollen. Außerdem war die Familie, der Clan oder das Dorf durchaus in der Lage, mit Unannehmlichkeiten fertig zu werden, wenn solche auftraten. In einem in Entstehung begriffenen Staat jedoch dürfte die Anwesenheit der Männer des Königs an sich schon eine Hauptursache für Störungen gewesen sein. Tatsächlich berichtet uns Quénum, ein Nachfahre von Gemeinen aus Dahomey, daß die Soldaten als Banditen und Räuber bezeichnet wurden, denen viele Menschen zum Opfer fielen. Bisweilen beschränkten sich ihre Raubzüge auf einen Kampong, in dem jemand, ob Mann, Frau oder Kind wohnte, der schlecht über den Souverän gesprochen hatte oder den der König in Verdacht hatte.

Genauso, wie die Verleitung zu Rechtsverstößen ein typisches Merkmal der frühen Gesetzgebung war, kam man auch schon früh auf die Idee des Beschützens als eines erpresserischen Geschäfts. In Dahomey wurde die Prostitution von der Staatsmacht gefördert, und Prostituierte wurden auf alle Dörfer verteilt, wobei ihr Tarif durch Erlaß festgelegt war. Sie waren gehalten, sich jedem hinzugeben, der den mäßigen Tarif entrichten konnte, und einmal im Jahr wurden sie zu den jährlichen Steuererhebungen zusammengerufen und mußten dort »eine schwere Abgabe zahlen.« (Norris 1792/417). *Skertchly* bemerkt, daß die Prostituierten vom König lizensiert und in die Aufsicht des Mew, des bis auf einen ranghöchsten Bürokraten gegeben wurde, dem auch die Aufgabe anvertraut war, »für Nachschub zu sorgen.« (1874, 283) *Bosman* stellt in Whydah fest, daß »der König für jedes erdenkliche Geschäft einen Oberaufseher ernannt hat.« (Bosman 1705, 361) *Was der König erlaubt, befiehlt er; was er »schützt«, besteuert er.*

Auf einen Nenner gebracht, ist es die Absicht der Staatsmacht, Sanktionen gegen Tötung und Selbstmord zu verhängen; dabei handelt es sich sogar um die ersten staatlichen Gesetze. Ebenso wie es vom Souverän heißt, daß er Eigentümer des Landes sei, worin schon das später vollentwickelte Recht auf Enteignung bei Entschädigung (right of eminent domain) anklingt, wird das Individuum letztendlich als das bewegliche Hab und Gut des Staates aufgefaßt. In Dahomey wurden Personen als *les choses du monarque* begriffen. Das Recht auf Enteignung bei Personen und Eigentum, selbst wenn es als Fiktion projiziert wird, ist die entscheidende Vorbedingung für das System von Volkszählung, Besteuerung und Konskription. Wir erinnern uns, daß Maine das Individuum als die Einheit bezeichnet, für die das Zivilrecht zunehmend Regelungen trifft. *Seagle* beschrieb die Sache wie folgt: »Dadurch, daß sie Bindungen der Sippe untergruben, wurde es (den frühen Staatsbehörden) leichter, mit Individuen fertig zu werden, und die Vereinzelung des Individuums ist eine grundlegende Vorbedingung für die Rechtsentwicklung.« (1946, 64)

Die Tötung wurde als Verbrechen wider den Staat betrachtet. In Rattrays Worten »dürfte daher der Schlag, der den Toten niederstreckte, ebenso als gegen die . . . Zentralbehörde gerichtet betrachtet worden sein.« (1929, 295) Bei den Aschanti wurde die Tötung durch eine Hinrichtung in ihrer durch Brauchtum definierten schrecklichsten Form bestraft, im Frühstaat von Dahomey durch Hinrichtung oder durch Einberufung in die Armee. Hier finden wir eine Nuance, die nicht übersehen werden sollte. Indem die Tötung zusammen mit dem Diebstahl am Eigentum des Königs zum Kapitalverbrechen gemacht wurde, entmutigte die souveräne Macht eine gewalttätige Opposition gegenüber der Staatsmacht. Eine Handlung der Selbstverteidigung (gewöhnlich ein Krieg) wird daher zum Verbrechen. In dem Maße, wie sich der Staat entwickelt, wird das von außen Sanktionierte auch von innen her akzeptiert. Das Militär wird zur Polizei, und diese Gleichsetzung spiegelt sich noch heute in der überall verbreiteten Institution der Militärpolizei wider.

In der traditionellen Auffassung waren Mord oder Totschlag in einem Großfamiliendorf ein Delikt – ein privates Unrecht, das wieder gutgemacht werden konnte –, welches bis zur geleisteten Wiedergutmachung, die nicht zwangsläufig in einer Schädigung gleicher Art bestehen mußte, Anlaß zu einer Blutrache bieten konnte, die jedoch mit der *Lex talionis* nicht verwechselt werden darf. Ein Verstoß wurde jedoch in der Mehrzahl der Fälle durch eine Abfindung bereinigt. *Paul Radin* drückte dies so aus: »Die Theorie des Auge um Auge . . . hat bei primitiven Völkern nie gegolten . . . Vielmehr wurden Verluste durch Entschädigungen ersetzt.« (1957, 252)

Auch bei *Peristiany* klingt dies an: »Sie verlangen Wiedergutmachung oder private Entschädigung, und keine soziale Vergeltung.« (1956, 43) In jedem Falle war die Familie voll betroffen. »Die Familie war eine Körperschaft«, schrieb *Rattray,* und »es ist nicht leicht zu begreifen, was die Auswirkung . . . ungezählter Generationen im Denken und Handeln in Bezug auf die Gruppe gewesen sein muß. Die Vorstellung des Aschanti davon, was wir als moralische Verantwortung für das eigene Handeln bezeichnen, ist gewiß viel weiter entwickelt gewesen als bei Völkern, wo der Individualismus an der Tagesordnung ist.« (Rattray 1957, 286) Diese mehr oder weniger typische anthropologische Bemerkung macht deutlich, daß die Gesetzgebung gegen Tötung kein »progressiver« Schritt war, daß es also dabei nicht um irgendein abstraktes Recht ging, welches der Staat, als volljährig gewordene Moralvorstellung, schließlich verstand und durchzusetzen versuchte. »Antisoziales Verhalten ist bei kleinen Sippengruppen außergewöhnlich«, schreibt *Margery Perham* über die Igbo (1962, 229ff.). *Richard Burton* berichtet über Dahomey, daß Gewaltverbrechen selten waren, und »Mord praktisch unbekannt.« (Burton 1864, 56)

Natürlich muß man Gewalttaten von Gewaltverbrechen unterscheiden. Die Häufigkeit, der Anlaß und die Natur von Gewalt in primitiven Gesellschaften ist eine Sache von größter Bedeutung. Hier jedoch geht es um Verbrechen, in denen Gewalt als Mittel zur Erreichung eines Ziels, wie zum Beispiel den Diebstahl von Eigentum, angewendet wird. In den Gesellschaften von heute ist es durchaus möglich, daß persönliche Gewalttaten ohne Vorsatz, mit denen kein weiterer Zweck verfolgt wird, sogenannte Verbrechen aus Leidenschaft, nicht bestraft werden oder mit einer geringeren Schuldfähigkeit eingestuft werden, daß also ihr Status als juristisch definierte Verbrechen doppeldeutig ist. Dies dürfte mit Sicherheit eine tiefe historische Unterscheidung zwischen Verbrechen und bestimmten Arten von Gewaltanwendung widerspiegeln. In primitiven Gesellschaften ist die Gewalt tendenziell persönlich strukturiert, nicht dissoziiert, und sie setzt sich daher von selbst Grenzen. Genau wie andere durch das staatliche Recht definierte Verbrechen dürften Gewaltverbrechen in dem Maße zugenommen haben, wie die soziale Autonomie, die Gemeinwirtschaft und die Verhältnisse auf Gegenseitigkeit der Sippeneinheiten schwächer wurden. Dies ist jedoch von geringerer Bedeutung als die Tatsache, daß in Dahomey »viele Geschöpfe zu Tode gebracht wurden, . . . ohne überhaupt ein Verbrechen begangen zu haben«, was ein Beispiel für die Macht des Souveräns ist, buchstäblich über das Leben seiner Staatsbürger zu verfügen (Dalzel 1793, 212). Die Drohung und das Beispiel einer Hinrichtung förderten den Gehorsam gegenüber staatlichen Geboten.

Das Gesetz gegen den Selbstmord, der ein Kapitalverbrechen war, bildete den Höhepunkt der politischen Absurdität. Man ging davon aus, daß das Individuum nicht das Recht habe, sich selbst das Leben zu nehmen; dies war das alleinige Vorrecht des Staates, als dessen Eigentum es aufgefaßt wurde. Der Fanatismus der staatlichen Gesetzgebung dabei, die alleinige Verfügungsgewalt über das Leben der Untertanen zu beanspruchen, enthüllt sich schlüssig bei den Aschanti, bei denen in dem Falle, daß der Selbstmörder ein Mörder war, »die Zentralmacht nicht hinnahm, auf diese Weise betrogen zu werden, und der lange Arm des Gesetzes dem Selbstmörder bis ins Grab folgte, aus welchem er zur Durchführung des Prozesses gezerrt wurde, wenn seine Stammesverwandten überhaupt gewagt hatten, ihn zu beerdigen.« (Rattray 1957, 299) Dies steht in bemerkenswertem, wenn auch logischem, Gegensatz zum Verhalten der primitiveren Igbo, über das der Anthropologe *Victor Uchendu* berichtet, der selber ein Igbo ist:

»Die Tötung wird als Beleidigung des Erdgottes *ala* betrachtet. Wenn ein Dorfbewohner getötet wird, wird vom Mörder erwartet, daß er sich erhängt, wonach ... Töchter des Dorfes den Ritus vollziehen ..., die Asche des Mordes wegzukehren. Wenn der Mörder geflohen ist, muß auch seine Familie bis zur entfernten Verwandtschaft fliehen, und das Eigentum aller wird weggenommen. Wenn der Mörder schließlich gefangen wird, wird von ihm verlangt, daß er sich aufhängt, um den Töchtern des Dorfes zu ermöglichen, ihre Riten durchzuführen. Es ist wichtig, daß man sich darüber klar wird, daß das Dorf nicht die Macht hat, die Todesstrafe zu verhängen. Tatsächlich hat keine gesellschaftliche Gruppe oder Institution diese Macht. Alles, was das Leben des Dorfbewohners angeht, wird durch Brauchtum geregelt. Das Leben des Individuums wird in hohen Ehren gehalten; es wird durch die Erdgottheit geschützt. Die Dorfbewohner können sozialen Druck ausüben, doch muß sich der Mörder selbst aufhängen.« (Uchendu 1965, 42f.)

Es läßt sich kaum argumentieren, daß der Zweck der staatlichen Sanktionen gegenüber dem Selbstmord darin bestand, sein Vorkommen zu verringern oder ein höheres moralisches Bewußtsein zu verbreiten. Sollen wir wie bei anderen Verbrechen die Behauptung wagen, daß die Selbstmordversuche in dem Maße zunahmen, wie die Gesellschaft immer stärker politisiert wurde? Die Gesetzgebung gegen den Selbstmord enthüllt im Extrem die ganze Bedeutung und Absicht der staatlichen Gesetzgebung in ihren Ursprüngen. Im Frühstaat ging die entscheidende Auseinandersetzung um Leben und Arbeitskraft der Menschen, die sich zwar noch im Verband der Großfamilie bewegten, aber dennoch als *les choses du monarque* aufgefaßt wurden.

Gesetz und Aufruhr

Wenn Revolutionen das akute und episodische Merkmal der Unzufriedenheit mit der Zivilisation sind, ist die Herrschaft des Gesetzes von Sumer oder Akkad bis New York oder Moskau das chronische Symptom für das Chaos der Institutionen. *Tylor* schrieb: »Eine konstitutionelle Regierung, ob sie nun Republik oder Königreich heißt, ist eine Einrichtung, durch die ein Volk sich vermittels des Apparats eines Militärdespotismus regiert.«(Tylor 1946, 156)

Diese Verallgemeinerung ist zwar nicht sehr nuanciert, doch können wir sie akzeptieren, wenn wir im Sinn behalten, was Tylors Bezugspunkt zu sein scheint: »Zu dem, was wir vom Leben wilder Stämme lernen können, gehört, wie eine Gesellschaft funktionieren kann, ohne daß ein Polizist Ordnung hält.« (ibid., 134) Mit seiner Anspielung auf die konstitutionelle Regierung unterschied Tylor deren letztendliche Sanktionsformen nicht von der irgendeiner anderen Staatsform: jede politische Gesellschaft beruht auf organisierter repressiver Gewalt. Hierin traf er den Nagel auf den Kopf. Denn sowohl die Pharaos als auch die Präsidenten haben stets öffentlich den Anspruch erhoben, das Allgemeinwohl zu vertreten, ja sogar zu verkörpern. Lediglich *Plato* oder *Machiavelli* auf der Suche nach der politischen Harmonie, oder *Marx* auf der Suche nach der politischen Wahrheit waren in der Lage, diesen Mythos von der Identität zwischen Herrscher und Beherrschten, von der Gleichheit vor dem Gesetz zu druchdringen. In der Tradition von Plato und Machiavelli wird der Gebrauch der »königlichen« oder »edlen Lüge« empfohlen, während in der von Marx die Machtstruktur (letztendlich der Staat) bloßgestellt und verworfen wird, die ein derart falsches politisches Bewußtsein verbreitet. In dieser Frage halte ich es mit Marx.

Tylor unterscheidet die zivilisierte von der primitiven Ordnung. Eine derartige Entscheidung ist zu jeder Krisenzeit des Abendlandes getroffen worden, nirgendwo jedoch so treffend wie in *Montaignes* Gegenüberstellung einer primitiven Gesellschaft mit Platos idealtypisch zivilisierter Republik:

> Dies ist eine Nation, würde ich zu Plato sagen, in welcher es keinerlei Verkehr, keine Kenntnis der Literatur, keine Zahlenwissenschaft, keinen Namen für einen Magistrat noch für eine politische Oberhoheit gibt, keine Leibeigenschaft, keinen Reichtum und keine Armut, keine Verträge, keine Erbfolge und keine Aufteilung . . . keine Rücksicht auf andere als die Stammesverwandtschaft . . . Wie weit entfernt von dieser Vollendung würde er doch den Staat finden, den er sich vorstellte! (Montaigne 1, XXXI, 235).

Das Problem von Recht und Ordnung, das Montaignes Gegenüberstellung primitiver und zivilisierter Gesellschaften zugrundeliegt, ist bei den scharfsinnigsten Denkern des Abendlandes stets ein Grundthema gewesen. Die Frage nach dem Charakter der Politik dürfte wohl die Grenzen unserer Geisteslandschaft am schärfsten umreißen. Die Entwicklung des Staates in

Richtung auf das, was *Max Weber* die maximal politisierte Gesellschaft nannte, die bisher nie dagewesene Konzentration bürokratischer und technischer Macht, die die übrige Welt ökonomisch und kulturell beherrscht, erzeugt ein Klima, in dem alle Probleme einen politischen Schatten werfen. Wir können vor der politischen Dimension unserer Erfahrungen flüchten oder uns ihr in die Arme werfen, um mit ihr fertig zu werden, doch sind wir von der Politik besessen. Der Hauptvorzug von *Plato* bestand vielleicht darin, daß er am Ursprung selbst der abendländischen Geistestradition verstand, daß in der Zivilisation alle bedeutenden menschlichen Probleme einen politischen Aspekt haben. Er bestand darauf, daß die Lösung eines politischen Problems in untrennbarem Zusammenhang mit der schöpferischen Bewältigung des Problems des Menschen stehe. Der *Staat* ist das erste Utopia der Zivilisation, und er behält seine Gültigkeit sowohl als Untersuchungsmodell als auch als Antithese gegenüber allen Projektionen der Natur der primitiven Gesellschaft. Jede gegnerische Betrachtungsweise der Chancen des menschlichen Zusammenschlusses muß den *Staat* berücksichtigen.

Die Rechtsordnung, die Plato idealisierte, ist, wie dies Tylor behauptete und Marx verstand, synonym mit der Staatsmacht. »Der Staat«, schreibt *Paul Vinogradoff*, »hat sich das Monopol der politischen Koordinierung angeeignet. Es ist der Staat, welcher herrscht, Gesetze erläßt und ihnen schließlich durch Zwang zur Geltung verhilft. In früheren Zeiten gab es einen solchen Staat nicht. Das Gemeinwohl war nicht auf eine einzige souveräne Körperschaft konzentriert, die sich unermeßlich über die einzelnen Individuen erhob, und jedem seinen Anteil am Recht zumaß.« (Vinogradoff 1920, 93) Und *Engels* schreibt in seinen Erörterungen über den Ursprung des Staates: »Er gründete sein Existenzrecht auf die Erhaltung der Ordnung nach innen und den Schutz gegen die Barbaren nach außen. Aber seine Ordnung war schlimmer als die ärgste Unordnung, und die Barbaren, gegen die er die Bürger zu schützen vorgab, wurden von diesen als Retter ersehnt.« (MEW 21, 143, 165) Und weiter: Der Staat »ist die Einrichtung einer öffentlichen Gewalt, welche nicht mehr unmittelbar zusammenfällt mit der sich selbst als bewaffnete Macht organisierenden Bevölkerung.« Und in einem Abschnitt, der eine Kurzfassung des abendländischen Selbstverständnisses ist, schreibt Engels:

»Er (der Staat) ist vielmehr ein Produkt der Gesellschaft auf bestimmter Entwicklungsstufe; er ist das Eingeständnis, daß diese Gesellschaft sich in einen unlösbaren Widerspruch mit sich selbst verwickelt, sich in unversöhnliche Gegensätze gespalten hat, die zu bannen sie ohnmächtig ist. Damit aber diese Gegensätze, Klassen mit widerstreitenden ökonomischen Interessen nicht sich und die Gesellschaft in fruchtlosem Kampf verzehren, ist eine scheinbar über der Gesellschaft stehende Macht nötig geworden, die den Konflikt dämpfen, innerhalb der Schranken der »Ordnung« halten soll; und diese, aus der Gesellschaft hervorgegangene, aber sich über sie stellende, sich ihr mehr und mehr entfremdende Macht ist der Staat.« (ibid., 165)

Mit einem Wort, der Staat ist die entfremdete Form der Gesellschaft; dieser Prozeß ist es, der das abendländische Denken gefesselt hat, und der sogar zu der eigentümlichen Intensität des reflektierten, analytischen und introspektiven Bewußtseins im Westen, zu unserer Suche nach den Ursprüngen und zu unserem unablässigen Bemühen um die Geschichte geführt haben dürfte. Das Wissen um unsere Gegenwart impliziert, wie Montaigne behauptete, nicht nur ein Wissen um unsere Vergangenheit, sondern auch um unsere Zukunft.

Ganz gleich jedoch, wie wir die Vergangenheit projizieren, uns in der Phantasie vorstellen oder rekonstruieren, kennen wir doch die Spaltung, die die objektive Entsprechung der Spaltung innerhalb unserer Selbst ist, zwischen der primitiven und der zivilisierten Gesellschaft, zwischen der moralischen und der staatlichen Ordnung, zwischen Brauch und Gesetz. Die Interpretation der Natur des primitiven und des zivilisierten Menschen ist natürlich nicht einheitlich. Unsere meisten Theoretiker neigen jedoch dazu, die Zivilisation als eine Art Fall von einer »natürlichen« oder zumindest natürlicheren zu einer juristischen oder repressiveren Ordnung anzusehen. Ganz gleich, wie die Vorzüge der Zivilisation gewichtet werden, es wird stets der Preis festgestellt, der dafür verlangt wird. Dies gilt für Plato ebenso wie für Freud oder Engels. *Plato* mimmt, wenn auch unzulänglich, auf einen Daseinszustand Bezug, der vor dem Stadtstaat bestand, eine Art Landleben, dem er wehmütig nachhängt und dessen Vernichtung, wie er behauptet, sozio-ökonomisch determiniert war. Ich habe den Verdacht, daß sogar die große Mehrheit der Anthropologen trotz ihrer akademischen Illusionen über eine losgelöste Objektivität erahnen, daß primitive Gesellschaften der Einlösung von »Natur«Gesetzen und »Natur«-Rechten näherkommen als zivilisierte. Ich halte diese Schwerpunktbildung innerhalb der abendländischen Tradition für die vernünftigere. Es gibt, wie Montaigne bemerkte, eine »verblüffende Distanz« zwischen dem Charakter des Primitiven und unserem eigenen. In dem Gegensatz zwischen diesen beiden Seiten unseres historischen Charakters, den wir existenziell aufs neue durchleben, gelangen wir zu einem Verständnis des Rechts als des Gegenteils und nicht des Sinnbilds der Ordnung.

Die Reaktion auf die staatliche Gesetzgebung

Ich gehe mit *Nadel* darin einig, daß die beim Übergang von der primitiven zur politischen Gesellschaft verwendeten Mittel der Machtausübung und Integration im weiteren Sinne »alle . . . bewußt ausgedacht und angewendet wurden: sie alle sind Agenturen eines Angleichungsprozesses, der sich selbst und der Botschaft bewußt ist, die er vermitteln soll.« (Nadel 1942, 144) Schließlich werden wir wie Nadel bei den Nupe zu folgender Frage veranlaßt:

Was erhielten die steuerzahlenden und gesetzestreuen Bürger dafür, daß sie König und Adel Gefolgschaft schworen? Waren Auspressung, Bestechung, brutale Gewalt der einzige Aspekt, in dem sich der Staat der Bevölkerung enthüllte? Theoretisch sollte das Volk insgesamt eins erhalten: Sicherheit – also Schutz gegen äußere und innere Feinde und allgemeine Sicherheit bei der Ausübung der Tagesarbeit, der Abhaltung von Märkten und bei der Benutzung der Straßen. Wir haben gesehen, was Schutz und Sicherheit in Wirklichkeit bedeuteten. Im besten Falle stellten sie etwas recht Ungleiches und recht Unstabiles dar. Diese Situation muß innerhalb des Systems zu starken Spannungen und Veränderungen und zu häufigen Versuchen geführt haben, bessere Garantien für die Bürgerrechte zu erlangen.« (Nadel 1934, 287)

Der Kampf um Bürgerrechte ist also eine Reaktion darauf, daß vom Staat Gesetze erlassen wurden. In der Zerstörung der primitiven Grundlage der Gesellschaft wurden die Grundrechte als Rekation auf drastische Veränderungen in der sozio-ökonomischen Struktur definiert und neu definiert – als Reaktion gegen das Aufkommen von Kasten- und Klassensystemen, des Imperialismus, des modernen Kriegs, der Technik als eines Mittels zur gesellschaftlichen Ausbeutung, der Fehlverteilung und des Mißbrauchs von Ressourcen und gegen Rassenhaß. Das Recht auf gesellschaftlich und ökonomisch sinnvolle Arbeit zum Beispiel, das in einer primitiven Gesellschaft oder in einem traditionalen Abschnitt eines frühen Staates keineswegs in Frage gestellt war (und daher auch nicht als ein unveräußerliches Recht aufgefaßt wurde) wird erst im Kapitalismus zum Problem. Daß es gefordert wird, läßt auf ein Bedürfnis nach grundlegender Veränderung, wenn nicht sogar Abschaffung des Systems schließen, und weist darauf hin, daß unser Sinn für das eigentlich Menschliche in der Tat sehr weit zurückreichende Wurzeln hat. Der Kampf um Grundrechte erinnert uns jedoch daran, daß die Gesetzgebung allein keine Kraft über das Potential des Gesellschaftssystems hinaus hat, das sie erzeugt. Aus der Untersuchung der Frühstaaten erfahren wir auch, daß der Bürger ständig auf der Hut sein muß vor Gesetzen, die im Namen von Schutz und Sicherheit darauf gerichtet sind, seine Rechte zu beschneiden. Eine restriktive Gesetzgebung ist fast stets ein Zeichen einer repressiven institutionellen Veränderung, natürlich aber nicht deren Ursache.

Der Schwerpunkt der Verteidigung des Bürgers als Person kann nur im Verfahren liegen, oder wie wir es heute nennen, im ordentlichen Verfahren. *Quénum* berichtet über den Frühstaat von Dahomey: »Es gab kein öffentlich verbreitetes Strafgesetzbuch . . . Strafen waren in keiner Weise festgelegt . . . Der Miegan (der oberste Bürokrat, oberste Richter und Scharfrichter) wurde gewöhnlich unruhig, wenn Todesstrafen allzu lange ausblieben.« (1938, 22) Nach den Worten von Dalzel »gab es ein krasses Mißverhältnis zwischen Verbrechen und Strafen.« (1793, 212) Und in den Frühstaaten waren die meisten, wenn nicht alle Rechtsverstöße das, was wir als Verbrechen definieren würden, genauso wie in primitiven Gesellschaften »zivile Verbrechen« als privates, wiedergutmachbares Unrecht betrachtet wurden, wenn sie nicht im Wiederholungsfall geschahen. Jeder verständige Jurist weiß, daß der Inhalt des Rechts nichts mit Moral zu tun hat. Es ist daher klar, weshalb *Jhering* betonte, daß »die Form die geschworene Feindin der unbeschränkten Willkür (der souveränen Macht) und die Zwillingsschwester der Freiheit (ist).« (1852, 456) Die verschiedenen Grade von Diebstahl oder Tötung, die Frage der zwiespältigen Straffälligkeit, das Recht auf einen Anwalt, das Problem der Zeugenbefragung, das Geschworenengericht und die Auswahl der Geschworenen, der Schutz gegen willkürliche Durchsuchung und Beschlagnahme, ja sogar die Unterscheidung zwischen Zivilrecht und Strafrecht – diese Feinheiten des Verfahrens gewährleisten in erster Linie, jedoch alles andere als absolut, das Maß von Gerechtigkeit, das unter der Herrschaft des Gesetzes erlangt werden kann.

So ist zum Beispiel die einzige Art und Weise, wie Kiritiker in der Sowjetunion sich gegen Bestrafung verteidigen und ihren Fall schildern können die, daß sie auf Verfahrensfehler hinweisen. Der Geist der Gesetze, der in der hervorragenden Verfassung von 1936 gefroren ist, ist irrelevant und abstrakt. Das Gericht, das die Absichten des Staates ausführt, kann Gesetze verwerfen, suspendieren, uminterpretieren und beliebig erfinden. Das Gericht und nicht die Verfassung ist die primäre juristische Realität. Und der politisch beeinflußte Vorwurf der Geisteskrankheit, durch den Regimekritiker aus der politischen Sphäre insgesamt entfernt werden können, ist die letzte etatistische Definition der Person – eines Nichtseienden, der zur Autonomie nicht fähig ist. Und vorweggenommen wird dies, wie ich bemerken möchte, in dem umfassenden antisokratischen Platonismus der *Gesetze*, in denen die Himmelsstadt auf die Erde gebracht wird, und der gewöhnliche Bürger durch lange Gewohnheit absolut »unfähig werden soll, irgendetwas unabhängig zu tun.«

Die Verfahrensdebatte ist die letzte Verteidigungslinie des Individuums in der gegenwärtigen Zivilisation, innerhalb der alle anderen Zusammenschlüsse, zu denen er gehören mag, dem Staat untergeordnet sind. Die Kompliziertheit des Verfahrens ist ein einzigartiges, wenn auch empfindliches Merkmal höchstentwickelter Staaten, das sozusagen die radikale Isolierung des Individuums kompensieren soll. Das Verfahren ermöglicht dem Individuum, die Stellung zu halten, während es auf Zusammenschlüsse hinarbeitet, die den Staat ersetzen sollen. In den Frühstaaten wurden die Härten des in Ansätzen vorhandenen Verfahrens durch die Rolle der Sippeneinheiten abgemildert, die, wie wir uns erinnern, ein beträchtliches Maß funktionaler sozio-ökonomischer Autonomie behielten und daher auch einen lokalen politischen Zusammenhalt. Doch entspringt das Recht nur dann der Pathologie sozialer Beziehungen und Funktionen, wenn das soziale Gleichgewicht häufig gestört wird.« (Seagle 1946, 36) Das Recht entsteht in den Breschen, die in zuvor vorhandenes Brauchtum geschlagen wurden, und nimmt mit den Konflikten, die politische Gesellschaften im Innern und untereinander spalten, an Durchsetzungskraft zu. Recht und Ordnung sind eine historische Illusion; die historische Realität besteht darin, daß das Recht gegen die Ordnung antritt.

In der Tradition von Rousseau erklärt *Lévi-Strauss* in einem einsichtigen Augenblick: »Jenseits von Mißbrauch und Verbrechen haben wir also nach den unerschütterlichen Grundlagen der menschlichen Gesellschaft zu forschen . . . Die Anthropologie zeigt, daß diese Grundlage in unserer Zivilisation nicht zu finden ist, daß diese vielleicht sogar diejenige ist, die am weitesten davon entfernt ist.« (1955, 360) Die fortschreitende Reduzierung der Gesellschaft auf eine Reihe von technischen und juristischen Signalen, und der daraus folgende Abbau der Kultur, das heißt von auf Gegenseitigkeit beruhenden symbolischen Bedeutungen sind vielleicht die Hauptgründe dafür, weshalb unsere Zivilisation am wenigsten dafür geeignet sein dürfte, als Führer zu »den unerschütterlichen Grundlagen der menschlichen Gesellschaft« zu dienen.

Kapitel 7: Schizophrenie und Zivilisation

Auf der Versammlung der *National Academy of Sciences* im Jahre 1972 gab der Leiter der psychologischen Forschungsstelle des Bundesinstituts für geistige Gesundheit (National Institute for Mental Health, NIMH) die Schätzung ab, daß 60 Millionen Amerikaner[19] als ambulante Schizophrene einzuordnen wären, wenn man die Methoden seiner Forschungsgruppe in Dänemark auf die Vereinigten Staaten übertragen würde (Rosenthal/Kety (Hg.) 1968; vgl. Rosenthal u. a. 1971). Diese statistische Zahl würde etwa die Hälfte der Bevölkerung umfassen, wenn man Kinder unter 10 Jahren und Erwachsene über 65 Jahren ausscheidet. Nichtsdestoweniger ist er offensichtlich der Ansicht, daß diese Extrapolation zutrifft.

Gewisse ernste Probleme werden von dieser phantastischen Statistik und der umfassenden Definition aufgeworfen, die ihr zugrundeliegt. Wie zum Beispiel soll man die Schizophrenie definieren und sie von den Grenzfällen der Schizophrenie unterscheiden, oder wie die schizoide Persönlichkeit isolieren und sie von der Normalität unterscheiden? Und was sollen wir zu Kategorien sagen wie »kalt, distanziert und unzulänglich« oder »merkwürdig und exzentrisch«, wie sie in dem Bericht gebraucht werden, um Schizophrenie zu definieren? Was ist mit diesen Adjektiven gemeint? Wenn es jede Familie in den Vereinigten Staaten fertiggebracht hat, zumindest einen offiziell diagnostizierbaren Fall einer Störung im Rahmen des Spektrums der Schizophrenie hervorzubringen – was eine durchaus erlaubte Ableitung aus der imaginären Statistik ist – was sollen wir dann von den »normalen« Mitglieder derartiger Familien halten? Welche Rolle spielten sie dabei, wie der Patient zu seiner Krankheit kam, und warum wurde ausgerechnet er ausgewählt? Haben wir es mit einer familienspezifischen Dynamik, einem genetischen Phänomen, oder mit beidem zu tun? Stellt die oben geschilderte Aussage einen verzweifelten Versuch dar, eine soziale Realität anzuerkennen, wenn auch innerhalb der Grenzen einer klinischen Sprache, oder war es die Verlautbarung des mit Geisteskranken befaßten Establishments,

[19] Die übliche Zahl, die vom National Institute of Mental Health angegeben wird, ist bescheidener und weniger spezifisch. Angeblich werden 22 Millionen Amerikaner zum einen oder anderen Zeitpunkt in ihrem Leben im klinischen Sinne geisteskrank. Von ihnen könnte vermutlich die Hälfte als »schizophren« identifiziert werden.

das sich selbst der Absurdität überführt? Oder spiegelt der Bericht das genaue Gegenteil seiner Absicht wider, nämlich die Aussage, daß die Schizophrenie ein sozialer Prozeß so großen Umfangs ist, daß sie sich nicht auf eine klinische Einheit reduzieren läßt?

Ich will versuchen, eine Antwort auf diese Fragen zu geben. Einige Bemerkungen lassen sich jedoch vorausschicken. Die Schizophrenie ist die am häufigsten vorkommende, tückischste und am schwersten zu behandelnde Geisteskrankheit. Mit offiziell als schizophren bezeichneten Patienten sind ein Viertel aller Krankenhausbetten in den Vereinigten Staaten, etwa 250 000, belegt. Ebenso, wie aus den Effektivzahlen potentielle oder nicht diagnostizierte Fälle von Herzkrankheiten extrapoliert werden können, ist die Schlußfolgerung logisch, daß es in der Bevölkerung ein Vielfaches der offiziell bekannten Ziffer an potentiellen Schizophrenen gibt. Mit solchen Hochrechnungen ließe sich jedoch eine Schätzung von 60 Millionen kaum rechtfertigen. Daher muß die gegenwärtige Tendenz der Theorie berücksichtigt werden, die dahin geht, die Psychopathologie im allgemeinen mit dem Spektrum schizophrener oder potentiell schizophrener Reaktionen gleichzusetzen. Die Schizophrenie, die gewöhnlich mit dem Terminus paranoid bezeichnet wird, weist alle Anzeichen dafür auf, zum Synonym für Geisteskrankheit in unserer Gesellschaft zu werden. Wie *Harry Stack Sullivan* vielleicht als erster begriffen hat, definiert sie eindeutig den grundlegenden Prozeß. Diese Tendenz der Theorie steht jedoch im Widerspruch zu den etablierten und orthodoxen diagnostischen Kategorien der custodialen Psychiatrie. Daher sind die tatsächliche Einweisungs- oder Inzidenzrate für Schizophrenie kein Hinweis darauf, welche Ansichten die seit langem mit Geisteskrankheiten beschäftigten Personen haben, die stärkere theoretische Neigungen haben und mehr auf Forschung orientiert sind.

Die Ziffer von 60 Millionen ist ein extremer Ausdruck des Widerspruchs zwischen der orthodoxen Verwahrpsychiatrie und theoretischen Gedankenspielen. Aber auch im letzten Fall ist die Neigung, Schizophrenie als klinischen Fall zu diagnostizieren, weniger konventionell; die Voraussetzung, daß die Schizophrenie der klinischen Analyse, Definition und Behandlung unterworfen ist, bleibt unverändert. Diese ist jedoch meiner Ansicht nach im tragischen Sinne falsch. Was ist die Ursache für diese Tendenz?

Es muß erkannt werden, daß das mit Geisteskrankheit befaßte Establishment, zu dem auch das National Institute gehört, von der Annahme ausgeht (die in dieser Gesellschaft üblich ist), daß die »Ursachen von Geisteskrankheiten« durch die Verwendung großer Geldsummen auf die sogenannte Forschung schließlich erkennbar werden – daß also Ursache und Heilung für alles mit Forschungsgeldern ermittelt werden kann. Das ist nicht bloß eine wissenschaftliche Vorstellung, sondern steht in einem tiefen Zusammenhang damit, daß die tragischen Widersprüche des Lebens in unserer Gesellschaft einen geringen oder gar keinen Rang haben. Wir sind bestrebt, die Menschen von allem zu heilen; wir basteln an der Maschine herum. Alle Gebrechen, die zum Körper und Geist des Menschen gehören, werden auf Abstraktionen reduziert. Wir geben uns dem Glauben hin, daß der Schmerz abgeschafft werden kann. Eine instrumentelle, überzivilisierte und auf Konsum und klinische Behandlung orientierte Kultur wie die unsere erzeugt die Widersprüche, die Tragödien auslösen, und vermeidet es gleichzeitig, sie anzuerkennen. Außerdem werden wir dazu verleitet, das lediglich Mitleiderregende mit dem Tragischen zu verwechseln. Wir nehmen den Zusammenbruch eines Individuums in der Gesellschaft ungefähr so wahr wie einen Autounfall, und kaum als einen Kampf um eine Bewußtheit, die gleichzeitig moribund und transzendent ist. Im umfassensten Sinne ist die Schizophrenie der Prozeß, in welchem sich das Versagen der Kultur im Bewußtsein der Individuen konkretisiert; und dieses Versagen kann, ohne genannt zu werden, so tief erfühlt werden, wie es im »pathologischen« Verhalten zum Ausdruck kommt. Der tragische Kampf um Bewußtheit bleibt jedoch deswegen eine katastrophenhafte und nicht zu bewältigende Herausforderung, weil er in einer Kultur nicht festgemacht werden kann, die als Grundlage für die Entwicklung des Selbst versagt. Genau die Erfahrung der Tragik jedoch ist das Kennzeichen einer gesunden Kultur, in der Personen nicht in Objekte verwandelt worden sind, und in der der Kampf um Sinn ein Drama ist, das in den im gewöhnlichen Alltag zu fällenden Entscheidungen immer wieder neu ausgelebt wird.

Wenn man die Schizophrenie auf ein Forschungsproblem reduziert, muß man von der Annahme ausgehen, daß ihr Wesen analysiert werden kann (daß es ein »es« ist), daß Erkenntnisse darüber möglich sind, und vor allem, daß sich das Problem im Versuchsraum oder in einer ähnlichen Umwelt fassen läßt. Wenn die Schizophrenie in ein Forschungsproblem verwandelt wird, während sie gleichzeitig mit der Psychopathologie im allgemeinen gleichgesetzt wird (was in dem zitierten Bericht schon infolge der bloßen Größenordnung der Zahlen der Fall ist), wird die gesamte Psychopathologie dadurch zu einer Reihe entdeckbarer Wesenheiten verwandelt. Indem wir irgendetwas als Schizophrenie bezeichnen, kommen wir sprachlich überein, eine Entität, ein geistiges Konstrukt aufzustellen, das die »Realität« (in Wirklichkeit eine Vielzahl von Realitäten) vorwegnimmt und vorbeurteilt, die wir angehen wollen. Das National Institute und das mit Geisteskranken befaßte Establishment im allgemeinen sind eine spätplatonische Akademie, der von der Gesellschaft, die sie vertritt, der Auftrag gegeben wird, die Wesenheiten auszuforschen, die sich hinter dem verbergen, was wir als Anzeichen von Geisteskrankheit auffassen. Daher ist das

National Institute symptomatisch dafür, wie die Zivilisation finanzielle Investitionen im Hinblick auf den Experten vornimmt, welcher abgetrennt in spezialisierten Institutionen Probleme bearbeitet, die zwangsläufig von den Zusammenhängen losgelöst sind, durch die sie erzeugt und definiert werden. Derartige Probleme nehmen zwangsläufig den Charakter von Verdinglichungen an.

Insbesondere bringt die bürokratische Forschung die Vorstellung hervor, daß die Forschung ein Produkt sei. Dieses Produkt wird sodann fälschlicherweise zu einer Reihe von Gegenständen konkretisiert, zu den »Forschungsgegenständen«. Diese Forschungsgegenstände – »Schizophrenie«, »Jugendkriminalität«, »Alter« – werden weiter unterteilt und wirken sich letztendlich dahingehend aus, die Fortdauer der Bürokratie zu rechtfertigen. Gleichzeitig kämpft jede bürokratische Unterabteilung darum, dem Gegenstand ihrer Forschung dadurch Vorrang zu verleihen, daß sie ihn in ein Hauptproblem der Gesellschaft insgesamt verwandelt. In Wirklichkeit jedoch wird die Bürokratie zur Verwahranstalt und nicht zum Bewältiger derartiger Probleme. Da sie in Einzelfälle verwandelt worden sind, können die Probleme irgendwie verwaltet oder durch die Forschung hinwegeskamotiert werden, ohne daß die grundlegenden Veränderungen in der Gesellschaft vorgenommen werden. Denn vor allem darf sich die Bürokratie selbst nicht überflüssig machen. Ihre latente Funktion besteht darin, die Gesellschaft zu versteinern, aus der sie hervorgegangen ist, und von der sie abhängig ist. Daher ist die Bürokratie nicht nur unfähig, die von der Gesellschaft erzeugten Probleme zu lösen, sondern sie *darf* sie nicht lösen: die Logik der Kultur untersagt dies. In diesem Sinne entwickeln alle akademischen Berufe, die durch das jeweilige bürokratische Establishment mit der bürokratischen Struktur der Zivilisation insgesamt verbunden sind, ein dauerndes Interesse an genau den Gebrechen, die sie angeblich heilen sollen. Die medizinischen Berufe haben z. B. ein materielles Interesse an der Krankheit. Der Arzt steht unter starkem Druck, zum Pillenverteiler für die pharmazeutische Industrie zu werden, wobei dieser Druck durch die Erwartungen und Ansprüche des Patienten noch verstärkt wird. Daher weiß der durchschnittliche Arzt wenig über Vorsorgeuntersuchungen und Präventivmedizin und ist auch kaum oder überhaupt nicht daran interessiert, bzw. sein Interesse, wenn er überhaupt ein solches haben sollte, hält sich in engen Grenzen. Diese Grenzen werden ihm von seiner Gesellschaft gesetzt, und deren Struktur muß er sowohl sich selbst als auch seinen Patienten anpassen. Im reaktionären Charakter der amerikanischen Ärztevereinigung kommen diese kulturspezifischen Zwänge umfassend zum Ausdruck.

In ähnlicher Weise ist die etablierte Psychiatrie ein pathologisches Symptom der Gesellschaft, die es geschaffen hat; sie ist Teil eines fragmentierten gesellschaftlichen Prozesses, innerhalb dessen die Entfremdeten und Geistesgestörten die Entfremdeten und Geistesgestörten untersuchen. Theoretisch könnte man durchaus von einer verdinglichten und akademischen Sozialwissenschaft lernen, die sich sowohl selbst als auch ihren Untersuchungsgegenstand untersucht, und die Ergebnisse in politische Maßnahmen umsetzt; dies jedoch geschieht genau nicht. Ganz im Gegenteil überdecken die Konventionen unserer Zivilisation unsere gesellschaftliche Zersplitterung, während sie gleichzeitig die Einsichten unterdrücken, die unter Umständen dadurch erzeugt werden können, daß diese bloßgestellt wird. Lediglich in derart irrigen, jedoch verständlichen Äußerungen wie der des Chefs der psychologischen Forschungsstelle des National Institute of Mental Health läßt sich das gescheiterte Bemühen nachvollziehen, über die künstlichen Grenzen des Forschungsgegenstands hinauszugelangen und vielleicht unbewußt den Beobachter unter die Entfremdeten und Gestörten zu zählen.

Tatsache bleibt jedoch, daß die etablierte Psychiatrie in jahrzehntelanger Forschung weder die Ursache der Schizophrenie noch ein Heilmittel dagegen entdecken konnten. Auch hat sie das flüchtige Wesen nicht definiert, das zu verstehen sie sich verpflichtet hat. Jeder beliebige Ansatz, der im Labor untersucht oder in einer experimentellen oder quasi-experimentellen Umgebung simuliert werden kann, wird weiterhin verfolgt. Längsschnitt- und Querschnittuntersuchungen intrafamilialer Phänomene, die vom Geburtstrauma bis zur Geburtenreihenfolge gehen, sind fehlgeschlagen oder haben so viele mögliche Interpretationen bewirkt, daß selbst eine eindeutige Aussage in unendlich weiter Ferne zu liegen scheint. Die Manipulation kulturvergleichender Daten bei dem Bemühen, die Ursache und Vorkommenshäufigkeit der Schizophrenie zu bestimmen, hat sich als unergiebig erwiesen. Dasselbe gilt für entsprechende statistische Formulierungen angeblicher genetischer Gesetzmäßigkeiten. Die Beobachtung schizophrener Patienten und ihrer Familien durch Einwegspiegel bei der Gruppentherapie, die endlosen Tonbänder von Patienten, die mit Psychiatern sprechen, oder von Psychiatern, die miteinander sprechen, und darüber, wie letztere durch Kommissionen von Verhaltenswissenschaftlern weiter analysiert werden, haben eine hektische Aktivität ausgelöst, jedoch wenig Greifbares erbracht. In Bezug auf die Untersuchung der Schizophrenie ist eine ganze Industrie entstanden. Die Artefakte jedoch, die sie hervorgebracht hat, die Tonbandaufnahmen, Aufsätze, Bücher, Vorlesungen sind lediglich ein Arbeitsfeld für den Archivar. Kein Wissenschaftler in der Forschung könnte sich heute noch mit der riesenhaften Menge der zugänglichen Informationen vertraut machen. Genau diese Aussicht aber läßt die Mühlen der Forschung auf ein Ziel hinmahlen, das sich immer wieder von neuem entzieht. Und in regelmäßigen Abständen wird uns mitgeteilt, daß das Problem der

Schizophrenie (ganz zu schweigen von der Häufigkeit des Vorkommens) größer, weiter verbreitet und im klinischen Sinne noch subtiler ist als je zuvor.

Das Problem ist in der Tat so groß, daß proportional dazu eine Krise dessen entstanden ist, was als »Bewältigung« der Geisteskrankheiten bezeichnet wird. Die in unserer Kultur vorhersagbare Reaktion angesichts einer Person, die als geisteskrank identifiziert worden ist, besteht darin, daß sie in eine geschlossene Anstalt eingewiesen wird. Dies kann eine Heilanstalt sein; wie die Psychiater wissen, kann es sich dabei jedoch auch durchaus um ein Gefängnis handeln. Im gewöhnlichen Ablauf gibt es für derartige Personen in einer klassenspezifisch strukturierten, urbanisierten Gesellschaft, die durch eine hohe technische Arbeitsteilung zersplittert ist, einfach keinen Platz. Genauso wenig kann die geschrumpfte Kernfamilie oder das als Sippenersatz funktionierende Netz von Beziehungen mit Personen fertig werden, die außergewöhnliche Ansprüche an ihre Alltagsressourcen stellen. Die Einweisung der Geisteskranken in geschlossene Anstalten ist daher gesellschaftlich sinnvoll, wobei der Zwang zur Einweisung mit dem Charakter unserer Kultur in vollem Einklang steht. Zu dieser Einweisung kann sogar der Patient, der nach Zuflucht, Versorgung und Gemeinschaft strebt, objektiv Beihilfe leisten.

Damit jedoch ist das Paradoxon definiert. Trotz der Erwartungen mancher naiver Patienten oder der Lippenbekenntnisse von Psychiatern läßt sich die Heilanstalt nicht in eine echte Gemeinschaft verwandeln. Sie kann sich nicht über ihre Ursprünge erheben; sie muß schließlich die Probleme und Strukturen der Gesellschaft widerspiegeln, die sie in Gang hält und bevölkert. Da sich die Heilanstalt nicht in die Gemeinschaft von aufeinander eingehenden, autonomen, arbeitenden und liebenden Personen verwandeln läßt, besteht die Alternative, für die sich die herrschende Psychiatrie entschieden hat, darin, die Gesellschaft insgesamt durch die ständig wachsende Liste von Psychopharmaka in eine Heilanstalt zu verwandeln. Bei den Psychopharmaka stößt die Forschung tatsächlich auf ein Produkt, einen analysierbaren Gegenstand und ein beweisbares Ergebnis. Daher wird verständlich, warum die Entdeckung und der Verkauf von Psychopharmaka weit und breit als das fruchtbarste und pragmatischste Anzeichen des Fortschritts der Psychopathologie in den letzten Jahrzehnten gefeiert wird.

Mit Hilfe dieser Psychopharmaka werden die Patienten in die Gesamtgesellschaft entlassen, während das Krankenhaus und andere ambulante Zentren als Kliniken genutzt werden. Dies scheint ein Fortschritt zu sein. Es ist jedoch auch ein Anzeichen dafür, daß es nicht gelungen ist, eine echte Gemeinschaft in unserer Gesellschaft herzustellen. Einerseits wird die Anzahl von Patienten in Heilanstalten drastisch reduziert, während die Verbleibenden durch die Verwendung dieser Drogen beliebig formbar werden.

Daher scheint die Funktion des Krankenhauses als eines Zentrums der Rehabilitation erfüllt worden zu sein, oder wie manchmal gesagt wird: »Die Revolution bei den Arzneimitteln hat die Krankenhäuser überflüssig gemacht.« Andererseits wird der Patient der Gesellschaft zurückgegeben, seinem Netz von Beziehungen, wobei er durch die Psychopharmaka ausreichend immobilisiert ist, um den Eindruck zu erwecken, daß die Hilfsmittel der Gesellschaft konstruktiv angewendet worden sind, um die unheilvolle Entwicklung bei ihm in andere Bahnen zu lenken. Die latente Funktion des auf Psychopharmaka beruhenden Ansatzes in der Behandlung von Geisteskrankheiten ist jedoch im umfassendsten Sinne ökonomischer Art. Das heißt, daß die Gesellschaft mehr Zusammenbrüche erzeugt, als ihre Anstalten verarbeiten können, mehr »Versagen«, als sie verkraften kann. Diese Richtung in der Behandlung von Geisteskrankheiten hat die paradoxe Auswirkung, daß sie die Aufmerksamkeit von der Quelle des Problems in der Gesellschaft selbst ablenkt, während sie gleichzeitig das ökonomische Dilemma der überfüllten, personell unzureichend ausgestatteten und kostspieligen Verwahranstalten löst. Natürlich appelliert diese Bewegung ständig an die Ressourcen der »Allgemeinheit«, wobei sie den Eindruck erweckt, daß tatsächlich eine therapeutische Anstrengung gemacht worden ist, doch ist diese Anstrengung lediglich palliativer Art, insbesondere dann, wenn sie sich auf beschränkte Aspekte dessen konzentriert, was als »interpersonelle Beziehungen« bezeichnet wird. Eine Analyse der Tiefenstruktur der Gesellschaft erfolgt jedoch nicht und kann auch nicht erfolgen.

Außerdem verschleiert der auf Psychopharmaka beruhende Ansatz in der Behandlung von Geisteskrankheiten die Zahl der Fälle von Zusammenbrüchen, so daß sich in einem bestimmten Jahr die Einweisungen aufgrund dieses oder jenes klinisch definierten Syndroms gegeneinander verschieben können, während die offiziellen Einweisungsziffern schwanken können, ohne deswegen die Realität der insgesamt in der Gesellschaft vorhandenen pathologischen Fälle auszudrücken. Außerdem verhindert diese Richtung auch, daß die geschlossenen Anstalten bis zu dem Punkt zunehmen, an dem sie von ihrer Anzahl und ihrem altertümlichen Charakter her eine Anklage gegenüber der Gesellschaft darstellten, die sie geschaffen hat. Auf diese Weise wird das gesamte System der Fürsorge für die Geisteskranken zu einem sich selbst verstärkenden gesellschaftlichen Kreislauf, zu einem kulturellen Rückkopplungsprozeß, der uns dazu verführt, die soziale Realität zu leugnen. Wir scheinen die Geisteskranken unter Kontrolle zu haben, der pathologische Zustand unserer Gesellschaft vertieft sich jedoch mehr und mehr.

Obwohl sich das psychiatrische Establishment bereits eine ganze Generation, bevor die Erreichung einer Pseudogemeinschaft durch die künstliche Steigerung, Senkung oder Dämpfung des Bewußtseins zur Alternative für die Gestörten wurde, systematisch darauf stützte, ist die Abhängigkeit von Drogen oder ihrem Äquivalent ein zunehmendes und allgemeines Merkmal der modernen Zivilisation. Es handelt sich nicht um ein spezifisches, eng umgrenztes unerforschbares »gesellschaftliches« Problem, das auf einen bestimmten Teil der Bevölkerung beschränkt wäre. Ebenso, wie Völker, deren Kulturen durch imperialistische Zivilisationen zerstört worden sind, in Erweckungsbewegungen eine damit zusammenhängende Drogenabhängigkeit erwerben können, um Phantasievorstellungen von Vergangenheit und Zukunft zu stimulieren und verlorene Erfahrungsbereiche wiederzufinden,[20] und um die kulturelle Niederlage in der Gegenwart erträglich zu machen, ist auch der chronische Drogengebrauch bei Völkern, die durch ihre Lebenserfahrung und durch an Umfang und Tiefe unzureichende zivilisierte Zusammenschlüsse blockiert worden sind, eine Möglichkeit, ähnliche Ziele zu erreichen. Drogen kühlen das Opfer im buchstäblichen Sinne ab. Daher steht es im völligen Einklang mit der Logik und mit den Grenzen unserer Kultur, daß das Methadon, das fast genauso zerstörend wirkt, in einem tautologischen Therapieversuch als Ersatz für das Heroin verwandt wird. Drogen sind zum Surrogat für die Erfahrung der Kultur selbst geworden; die Kultur wird auf die Droge reduziert. Die Person wird in ein physikalisch/chemisches Objekt, ein unverantwortliches System von Reaktionen verwandelt. Diese Passivität und dieser Komplex von Illusionen wirkt sich dahingehend aus, daß die Person jeder beliebigen sozialen Struktur angepaßt wird, die die Gewähr dafür bietet, daß diese Bedürfnisse befriedigt werden. Die Dialektik zwischen Person und Gesellschaft wird zerstört: eine schöpferische politische Strategie wird immer weniger möglich.

[20] »Das Meskalin« schrieb der berühmte französische Schriftsteller Heinri Michaux, nachdem er mit der Droge systematische Experimente angestellt hatte, »ist der Feind der Dichtkunst, der Meditation und vor allem des Mysteriums . . . Die Droge bewirkte bei mir Bilder, die den angenehmen Pelz des Fühlenkönnens abgestreift hatten . . . rein geistig . . . abstrakt waren. Ich konnte mir nichts mit ihnen erlauben, da es keine Variationen gab . . . Meine Vorstellungskraft war vollständig gelähmt. Das Meskalin steigert die Stupidität.« (Michaux 1967, 32) Und weiter: »Den Liebhabern einseitiger Betrachtungsweisen, die versucht sein könnten, meine ganzen Arbeiten als das Werk eines Drogensüchtigen zu beurteilen . . . muß ich mit Bedauern mitteilen, daß ich ein Typ bin, der lieber Wasser trinkt. Alkohol nie. Keine Stimulantien . . . Manchmal ein bißchen Wein. Mein ganzes Leben lang war ich mäßig . . . im Essen und Trinken. Meine Droge ist die Müdigkeit. Das Unsäglichste von allem ist der Alkohol.«

Auch Baudelaire würde dem zustimmen. Und in jüngster Zeit scheint Carlos Casteneda eine ähnliche, wenn auch weniger autonome und ästhetische Schlußfolgerung gezogen zu haben.

Es ist natürlich schwierig, die Ursache und den Ort eines Versagens in solchen Ausmaßen unmittelbar in unserer Gesellschaft festzumachen; wir sind zu sehr in ihrer Dynamik engagiert, und zu sehr das Produkt unserer Kulturmängel. Verstehen können wir uns nur durch die kulturvergleichende Gegenüberstellung, indem wir lernen, eine andere Gesellschaft oder eine andere Kultursituation wahrzunehmen, die Anklänge an unsere eigene hat. Genau dies definiert die anthropologische Betrachtungsweise. Nach meiner Ansicht ist dies die einzige Art und Weise, wie wir zu den sozialen Ursprüngen und zur Definition des pathologischen Verhaltens vordringen können.

Zur Veranschaulichung dieses Problems will ich als Beispiel die Diagnose paranoider Schizophrenie bei einem Patienten benutzen, der als Versuchsperson bei einer kulturvergleichenden Fallkonferenz am Behandlungszentrum von Syracuse in New York diente. Die Person, um die es ging, wurde als »eingewanderter Ausländer« aus einer exotischen Gesellschaft, nämlich aus Laos identifiziert. In Wirklichkeit stellte sich heraus, daß er Südvietnamese war, was im Jahre 1963 von geringerer Bedeutung war als später während des Vietnamkriegs. Nichtsdestoweniger dürfte die Tatsache, daß er ein Austauschstudent, zwangsläufig aus der Mittelschicht, und aus dem konfliktgeladenen Land war, die Konflikte weiter verschärft haben, die bei seiner Laufbahn in den Vereinigten Staaten üblicherweise zu erwarten gewesen wären. Als ich zum ersten Mal zur Teilnahme an dieser Konferenz aufgefordert wurde, stellte ich für meine eigenen Zwecke eine Liste von Fragen mit der folgenden Reihenfolge auf:

1. Welcher gesellschaftlichen und ökonomischen Herkunft war der Patient? Ist er in einer städtischen oder ländlichen Gegend aufgewachsen? Diese Fragen sind besonders wichtig, wenn man mit Personen aus archaischen Zivilisationen in ökonomisch benachteiligten Gebieten in Beziehung treten will.
2. Wie fließend beherrscht er die englische Sprache? Welche Einzelheiten aus seinem Bildungsgang sind bekannt?
3. Wie traditional war die Familienstruktur? Wie heftig war relativ gesehen der Konflikt zwischen Tradition und dem Drang zur Modernität? Was waren die kulturellen Signale und konkreten Metaphern dieses Konflikts?
4. Welcher Schicht und welchem beruflichen Status gehörten die entscheidenden Mitglieder der Familie und ihre Freunde an?
5. Welche kulturelle Bedeutung hatten die Reihenfolge der Geburt und andere Beziehungen innerhalb der unmittelbaren Familie?
6. Hatte der Patient früher Reisen unternommen, und unter welchen Bedingungen?

Bevor ich mich mit den vorhandenen Einzelheiten befaßte, stellte ich dann eine Liste von Umständen zusammen, die eine Reaktion begünstigen könnten, die bei einer bestimmten Form von Kulturerlebnissen unterworfenen Person als schizophren interpretiert werden könnten.

Zunächst war der vietnamesische Gast Angehöriger einer dunkelhäutigeren Rasse innerhalb einer weißen Mehrheit. Bereits angelegte Gefühle der Minderwertigkeit oder der Benachteiligung dürften in der rassistischen amerikanischen Umwelt vertieft werden. Es könnte sich auch eine Verschiebung von einem Gefühl der kulturellen Unterlegenheit (oder Benachteiligung) gegenüber den Europäern im allgemeinen und den Franzosen im besonderen auf das neue Problem der Rassentrennung ergeben; oder vielmehr könnte sich das alte Problem in neuer und veränderter Form stellen. Die Gesetzmäßigkeiten von Rassenbeziehungen in einer amerikanischen Stadt müßten von einem derartigen Patienten ziemlich rasch begriffen werden. Hierbei ist zu bemerken, daß ein weißer amerikanischer Arzt ohne Rücksicht darauf, wie gut seine Absichten sein mochten, bei der Erforschung dieses Bereichs auf die größten Schwierigkeiten stoßen würde.

Zweitens wurde die Muttersprache des Patienten in seiner neuen Umgebung als exotisch betrachtet und war selten anzutreffen.

Drittens befand sich der Patient in einer städtischen Situation im Westen, die mechanisiert, unpersönlich und viel weiter entwickelt war als die der archaischen Kleinstädte mit dem Schwerpunkt von Markt, Kirche und Handel, die er in seinem Heimatland erlebt hatte.

Außerdem wurde seine umfangreiche Orientierung auf die Familie, insbesondere in Bezug auf Statuserwartungen nach Hilfe und Unterstützung, routinemäßigen Pflichten und Rechten nicht erfüllt. Die Konstellation der »anarchischen«, von einem geringeren Zusammenhalt geprägten Familie, auf die er in den Vereinigten Staaten traf, war ihm völlig ungewohnt. Die Beziehungen zwischen den Geschlechtern und zwischen den Generationen waren besonders verwirrend.

Formen der öffentlichen Hochachtung und Dienstbereitschaft einschließlich der Anredeformen waren in der kulturell (aber nicht sozial) egalitären amerikanischen Gesellschaft unterentwickelt oder traten nicht in Erscheinung.

Frauen waren vermutlich unzugänglich, oder nahmen, wenn sie zugänglich waren, den Patienten nicht ernst. Er wurde nicht wirklich als Mann betrachtet, auch nicht von Frauen, die tatsächlich mit ihm keine Zukunft erwarten konnten. Dies führte zu der praktischen Unmöglichkeit, entweder Sexualität und Zärtlichkeit, oder Sexualität und soziale Verpflichtungen miteinander in Beziehung zu setzen. Die Sexualität wurde zu einer losgelösten, zwanghaften, objektivierten und sowohl in Realität als auch Phantasie autistischen Betätigung. In dieser Phase seines Wegs zum Krankenhaus dürfte der Patient als schwerer »Psychoneurotiker« erschienen sein.

Er stieß auf ein Minimum an vertrauten Kulturmerkmalen, ganz gleich ob es sich dabei nun um Artefakte oder Zeichen und Symbole handelte.

Alles, angefangen mit Essen und Bekleidung bis zur Bedeutung der Farbe gelb als der Farbe der Vorsicht und der Feigheit, war ihm fremd.

Er mußte mit einem fremden und rauhen Klima fertig werden. Seine körperlichen Reaktionen darauf mögen unerwartet erscheinen; (als Beispiel dafür erwies sich der Schleimfluß in seiner Nase, auf den er zwanghaft reagierte). Gewöhnliche und routinemäßige Betätigungen, wie das Ankleiden, erforderten vermutlich eine konzentrierte Anstrengung.

Schließlich hatte er sich seine Kenntnisse über die Vereinigten Staaten wahrscheinlich aus dem Kino, verschiedenen populären Büchern und aus Klatsch erworben.

Insgesamt fühlte er sich wie ein Besucher von einem anderen Planeten; er lebte in einem Traum, der von einem unbekannten Verfasser entworfen worden war. Er spaltete sich in Subjekt und Objekt oder Objekt-Subjekt-Objekt auf, er steuerte sich sehr sorgfältig und könnte sogar zwischen seinen verschiedenen Ichs vermittelt haben. Diese Auswirkungen müssen sich natürlich dann verstärkt haben, wenn der Patient von vornherein ein Mann in einer Übergangsphase war, das heißt, wenn er in seiner heimatlichen Umgebung von vornherein nicht fest verankert war.

Das zu erwartende Ergebnis der Erfahrungen des Patienten war ein traumatischer Kulturschock, nicht die Krankheit des Touristen, die von den Anthropologen gefeiert wird, sondern eine akute Identitätskrise. In einer derartigen Situation ist der Selbstmord möglich und kann angedroht werden (wie im Falle einer »psychopathischen« Persönlichkeit), da sich die feindseligen Gefühle in Erfüllung ihres letzten sozialen Ausdrucks nach innen richten (an diesem Punkt dürfte der Patient den Eindruck eines »Depressiven« erwecken). Das wahrscheinliche Ergebnis ist dann eine Kette von miteinander zusammenhängenden »schizophrenen« Reaktionen, die die Definition der Psychopathologie erschöpfend erfüllen. Zu diesen würden wahrscheinlich die folgenden gehören:

– Kulturelle Entpersönlichung: Der Patient fühlt sich als Sache, als lose Kategorie im System von jemand anderem. Zwangsneurotische Manöver könnten eine Konfliktmeidung bedeuten.
– Unheimliche Gefühle einschließlich des Gefühls des persönlichen und körperlichen Zerfalls.
– Rückzug und der Wunsch nach Fürsorge, oder die paranoide Umwandlung des letzteren, die Gewißheit, angegriffen zu werden.
– Die Privatisierung der Sprache und wahrscheinlich ein Rückfall in die Muttersprache einschließlich damit zusammenhängender Kulturgesten.
– Akustische und/oder visuelle Halluzinationen.

Diese allgemeinen Reaktionen stellten tatsächlich auch das Paradigma der Krankheit des Patienten dar, sie wurden klinisch als seine Symptome definiert.

Bei einer ethnopsychiatrischen oder situationsspezifischen Betrachtungsweise löst sich die klinische Diagnose jedoch auf. So läßt sich zum Beispiel eine Halluzination als eine visualisierte (gehörte), uminterpretierte (projizierte) Erinnerung oder als ein auf vergangener Erfahrung beruhendes antizipiertes Ereignis verstehen, das äußerst geschickt aus persönlichen oder kulturellen Symbolen oder beiden konstruiert wird. Halluzinationen sind Traumarbeit; in Augenblicken extremer Belastung, die vielleicht auf längere Schlaflosigkeit folgen, kann sich das »verdrängte« Material in einer neuen Form im Bewußtsein Luft machen, da der Organismus nach einer schöpferischen Lösung strebt. Wir alle jedoch sehen (oder hören) sozusagen was in unserem Gehirn vorgeht. Wenn Blake z. B. einen Baum voller Engel sieht, tut er dies als transzendenter Künstler. Dies läßt sich nicht auf ein klinisches Symptom reduzieren. Wenn ein Maler ein Gemälde sieht, was er gerade malen will, ist dies auch in gewissem Sinne eine Halluzination.

Phänomene auf der kulturellen Ebene, zum Beispiel wenn Eingeborene in Neu-Guinea aus der Gegend von Port Moresby den Geist einer Hexe in einem Baum erblicken, sind nicht psychopathologisch. Wenn ein Anaguta von der Hochebene in Nordnigeria sagt, daß ein Wirbelwind ein Geist sei, können wir dies nicht klinisch interpretieren. Unter Primitiven im allgemeinen sind nämlich Geister konkretisiert und individuiert: es handelt sich um Personen und diese existieren. Sogar der Tod ist bei manchen Völkern am unteren Niger eine Person und existiert. Dies ist nicht psychopathologisch und entspricht auch nicht Freuds Vorstellung vom Vorhandensein unbewußter Kräfte.[21] Wenn natürlich ein Eingeborener von Neu-Guinea ein Schwein über den Mond springen sähe, würde ihn sein Volk schief ansehen, da diese Vision idiosynkratisch wäre und nicht zu den Kulturerwartungen gehört. Der entscheidende Punkt ist jedoch, daß sie ihn nicht zwangsläufig als verrückt betrachten würden, sondern nur als in Informationen eingeweiht, die anderen nicht zugänglich sind. Eine derartige Person könnte in der Tat Schamane werden.

Wir können diese Beispiele noch weiter verfolgen, um die Gefahr deutlich zu machen, die in der Annahme liegt, daß bestimmte Phänomene *ipso facto* psychopathologisch oder in irgendeiner Weise unserer gewöhnlichen menschlichen Erfahrung qualitativ entzogen sind. Der springende Punkt liegt darin, daß die vorhersagbaren Symptome der schizophrenen Reaktion eine Anpassungsleistung an eine Reihe von Erfahrungen darstellen, die als diskontinuierlich und absurd, als im Widerspruch zu den Erwartungen ste-

[21] Zwar personifizierte der Psychoanalytiker in Anlehnung an die Griechen Liebe und Tod, doch betrachtete er kaum Liebe und Tod als Personen; diese blieben abstrakte und stereotypierte Vorstellungen.

hend wahrgenommen werden, und bei denen die Hoffnung verschwindet und die Zukunft untergeht. Auf der ästhetischen Ebene zerstören diese diskontinuierlichen Erlebnisse das Gefühl dafür, daß das Leben ein Drama von Bedeutungen, eine Tragödie ist, die ertragen werden kann. Dies entspricht einem Versagen der Sozialisation, das vermutlich innerhalb relativ unflexibler kultureller Grenzen abgemildert werden kann, wenn während des ganzen Lebenszyklus große Anstrengungen gemacht werden. Die Erfahrung des Kulturschocks ist also eine schizophrene oder, wenn man so will, schizoide Reaktion. In jedem Falle enthüllt es den schizophrenen Prozeß, sowohl innerhalb unserer Gesellschaft als auch kulturvergleichend betrachtet – den Prozeß, und nicht das Wesen, denn die Schizophrenie ist ein dynamischer Vorgang und keine Kategorie. Ich will es so ausdrücken: die schizophrene Reaktion bei uns ist eine Art zuhause erfahrener Kulturschock. Natürlich muß folgender Unterschied betrachtet werden: der »exotische« Patient kann zumindest über die Erinnerung an ein alternatives Lebensmuster verfügen, zu dem er zurückkehren kann, oder vielleicht auch nur das Wissen, daß eine solche Alternative bestanden hat. Aus diesem Grund könnte der Ausdruck »schizoide Reaktion« insofern angemessen sein, als der damit beschriebene Prozeß mit Leichtigkeit umkehrbar sein kann.

Die Entsprechungen zu der traumatischen kulturvergleichenden Erfahrung in unserer eigenen Gesellschaft liegen in einer unzulänglichen Sozialisation sowohl instrumentaler Art, in Bezug auf Knappheit, Bedeutungsschwund und Überspezialisierung bei der Entwicklung von Kenntnissen und Fertigkeiten, als auch affektiver Art in Bezug auf den Generationenkonflikt oder die Festgelegtheit der Interaktion zwischen den Generationen und dem daraus entstehenden mechanischen Charakter der Interaktion zwischen Gleichen, und in der fehlenden Hervorhebung der Personen an entscheidenden psycho-physiologischen Zeitpunkten im kulturabhängigen Lebenszyklus.

Das Ergebnis ist eine Tendenz, die Person beruflich und emotional, in Arbeit und Liebe, auf eine Kategorie oder Funktion zu reduzieren, die auf einem Prinzip mechanischen Funktionierens in einer zunehmend versachlichten Umgebung beruht. Daher werden affektive, kognitive und instrumentelle Funktionen voneinander getrennt und jeweils zu der auf die Spitze getriebenen Arbeitsteilung in Beziehung gesetzt. Nur in diesem Kontext läßt sich die Schizophrenie als kognitive Störung, als Beeinträchtigung des Denkens bezeichnen: denn einerseits muß eine Kognition, die des affektiven Bereichs oder des Arbeitsbereichs entkleidet ist, zwangsläufig verzerrt sein, und andererseits führt die sozial bedingte Zersplitterung der Person zu bruchstückhaften und entfremdeten Wahrnehmungen der Realität. Das Selbst ist nicht nur gespalten, es ist auch unterteilt und hat kaum eine

Chance, sich im Verlauf eines Lebenszyklus von normaler Dauer organisch zu entwickeln oder eine sozial integrierende Arbeit zu finden.

Daher besteht die gewöhnliche Psychopathologie des Alltags in unserer Gesellschaft auf der tiefsten und umfassenden Ebene unserer Persönlichkeiten in einer Reihe von entfremdenden Reaktionen auf soziale Imperative, die in der Struktur und Funktion der Familie sichtbar werden und diese wiederum widerspiegeln. Dieser vertraute Zustand bewirkt bei allen von uns eine Zeitlang und bei einigen von uns die meiste Zeit, daß wir uns wie Vietnamesen auf Besuch fühlen, die durch eine Welt voller Fremder, eine Welt ohne Wahrzeichen treiben, in der wir uns und andere unablässig verdinglichen. Anders gesagt weist die Schizophrenie, so wie wir sie kennen, alle Anzeichen dafür auf, daß sie ein Protest gegen und eine Reaktion auf das Problem ist, wie man lernen soll, in der gegenwärtigen Gesellschaft menschlich zu sein. Zwei komplementäre Aspekte dieser Reaktion lassen sich isolieren. Der erste läßt sich am Besispiel der »versagenden«, sozial frustierten und daher »pseudoschöpferischen« Person veranschaulichen, die durch komplexe symbolische Ausweichmanöver redundante Anstrengungen unternimmt, die Umwelt unter Kontrolle zu bringen. Die Ziele unserer Gesellschaft werden jedoch nicht bewußt in Frage gestellt, und die Manipulation von Personen tritt an die Stelle der Gewalt über Sachen. Die Struktur des Leidens, die der Manipulation von Personen innewohnt, läßt sich am Fall einer schizophrenen Familie erahnen, die offensichtlich aufgrund der Annahme, daß die Dynamik der Familie etwas mit Schizophrenie zu tun hat, bei einem Forschungsvorhaben am National-Institute of Mental Health ein paar Jahre lang untersucht wurde.

Bei diesen *pilot studies* wurden schizophrene Familien ohne ihr Wissen während der Gruppentherapie von interdisziplinären Forschungsteams durch einseitig durchlässige Spiegel beobachtet. Das Familienmitglied, das offiziell als schizophren beurteilt worden war, war ein freiwilliger Patient in dem elitären geschlossenen Flügel des Instituts, einem Versuchskrankenhaus. Zu Beginn des Programms wurden die Familien der Patienten ebenfalls bei Erstattung aller Auslagen in dem medizinischen Zentrum untergebracht, doch wurde dieses Verfahren schließlich infolge wirtschaftlicher und anderer Schwierigkeiten aufgegeben. Die therapeutischen Sitzungen wurden von zumindest einem Therapeuten, gewöhnlich einem Analytiker, zusammen mit einem psychiatrisch geschulten Sozialarbeiter durchgeführt, der über Hintergrund- und Alltagsinformationen über das Verhalten des Patienten verfügte. Zu den Sitzungen wurden so viele Mitglieder aus dem unmittelbaren Familienkreis zugezogen, wie zu einem bestimmten Anlaß versammelt werden konnte. Die Gruppe, die sie durch die verspiegelten Fenster observierte, bestand aus Psychoanalytikern, Psychiatern, Psychologen und in diesem Fall aus mir selbst als Anthropologen. Von

Zeit zu Zeit wurden Berater von außen – Soziologen, Philosophen und ein Romancier – zur Teilnahme aufgefordert. Die wöchentlichen Sitzungen der therapierten Familie und die ausführliche Diskussion, die danach stattfand, wurden aufgezeichnet. Nach jeder Sitzung unterzogen die Beobachter jeden Therapeuten einer eingehenden Kritik seines Vorgehens, schlugen alternative Interpretationen des Familienverhaltens vor, stritten endlos, stellten ihre Vorurteile und bisweilen ihre Pathologie zur Schau, und das alles in dem tautologischen Versuch, zum Wesen der Schizophrenie vorzudringen. Der beobachtete Therapeut stand unter außergewöhnlichem Druck – jeder Aspekt seines Verhältnisses zum Patienten und zu dessen Verwandten wurde eingehend erforscht. Jede Verwickelung der Übertragung, Rückübertragung, Projektion, Introjektion und Ablehnung wurde aufgespürt, festgehalten und analysiert. Mehrere Analytiker konnten diese Art Exponiertheit nicht aushalten.

Ein sehr erfahrener älterer Analytiker fing zum Beispiel an, zu spät zu kommen oder Verabredungen vollständig zu versäumen. Schließlich nahm er eine Verschwörung der Familie gegen sich selbst wahr, eine Schlußfolgerung, die sich mit bestimmten entscheidenden Aspekten seines damaligen persönlichen Lebens deckte. Für seinen Verdacht gab es jedoch keinerlei Anlaß. Mehrere Monate lang hatte er versucht, die Abwehrmechanismen des Individuums und der Gruppe zu überwinden und zu dem vorzustoßen, was er für die verdrängten Gefühle der Familienmitglieder gegeneinander und gegenüber ihm selbst hielt. Je eindringlicher er vorging, desto ausweichender wurden die Reaktionen der Familie. Sie behandelte ihn mit fast ausgekochter Raffinesse, reichte ihn in dem Kreislauf von Ehemann zu Frau und zum Sohn weiter und wieder zurück, lenkte seine Aufmerksamkeit von jeder anscheinend vielversprechenden Reaktion ab und warf Köder aus. Es gab Augenblicke, wo der beobachtete Analytiker einfach stockte, verwirrt auf den falschen Hinweis, auf das widersprüchliche Signal hereinfiel, das ihn von der Fährte abbringen sollte. Gelegentlich tauschten Vater und Sohn außerhalb seines Sichtbereichs ein wissendes Lächeln aus, oder die Mutter schlug amüsiert über irgendeine schlagfertige Entgegnung ihres Ehemanns den Blick nieder. Da er die Isolierung nicht ertragen konnte, fing der Analytiker allmählich an, sich in bestimmten Situationen mit diesem oder jenem Familienmitglied zu verbünden. Abwechselnd konzentrierte sich seine Feindlichkeit auf den Vater und machte er der Mutter den Hof. Dieser Wettbewerb um eine vorherrschende Stellung, die vom Analytiker mit der Notwendigkeit begründet wurde, er müsse seine Glaubwürdigkeit, das heißt seine Autorität erhalten, machte sich in einem offenen Ausbruch (der im Therapieraum anfing und in der Beobachtungsloge endete) dahingehend Luft, daß »dieser alte Scheißkerl genau derselbe Typ wie früher mein Vater ist – unverbesserlich, unehrlich und unzugänglich.« Kurz danach zog er sich von dem Projekt zurück.

Aus der Sicht des Analytikers, der zwischen dem Therapieraum und der Beobachtungsloge pendelte, bot das Projekt keinen Ausweg in die Realität, keine große materielle Entschädigung, und keinen sichtbaren Fortschritt im

Zustand des Patienten. In der Privatpraxis oder in einer gewöhnlichen Heilanstalt können derart negative Folgen verschleiert oder verteilt werden. Selbst wenn er unter Aufsicht steht, ist der Therapeut keiner solchen unmittelbaren Beobachtung und umfassenden Analyse unterworfen. Seine Beziehung zum Patienten ist bruchstückhaft, er wird gewöhnlich gut bezahlt und vor allem ist er nicht verpflichtet, eine pathologische Erscheinung theoretisch zu definieren oder Annahmen in Frage zu stellen, sondern dazu, Verhalten zu ändern oder einzudämmen. Er ist also paranoiden oder depressiven Reaktionen in geringerem Maße ausgesetzt.

Im Verlauf des Projekts wurde klar, daß der Psychotherapeut sehr schnell das Vertrauen zu sich selbst verliert, wenn er gegenüber dem Patienten keine dominierende Position erlangen kann. Wenn er sich nicht als Vertreter der Normalität, der Realität und Kompetenz, der Welt, kurzum des Establishments definieren kann – und den Patienten als schweren Versager, reißt seine akademische Rüstung in Fetzen. Eine Kluft tut sich auf zwischen dem professionellen Ich oder der »Statuspersönlichkeit« und dem Selbst. Der Analytiker kann dann sogar offen zu Manipulationen greifen, um seinen Status so zu wahren, wie er von ihm selbst und anderen wahrgenommen wird. Das Selbst enthüllt sich als unterentwickelt und konfliktgeladen. Das Forschungsprojekt führte also zu dem unerwarteten Ergebnis, daß es eine grundlegende gesellschaftliche Dynamik der Schizophrenie enthüllte: die Verstricktheit in und das Streben nach dem schimärenhaften Status-Ich auf Kosten des Selbstpotentials, ein dynamischer Vorgang, der bei den Psychiatern genauso offen zutage tritt wie bei den Patienten. Die praktische und sich immer wieder selbst verstärkende Unterscheidung zwischen diesen beiden Personenkategorien bestand darin, daß der Patient geringen oder gar keinen Status hatte und sich an die Vorstellung gewöhnt hatte, daß er in entscheidender Hinsicht unzurechnungsfähig sei.

Ohne Rücksicht darauf, wie bescheiden der Therapeut war, war der Patient gezwungen, seine eigene geistige Gesundheit im Vergleich zur angeblichen Gesundheit des anderen zu definieren, das heißt der Psychiater wurde offiziell als Wächter über die Gesundheit definiert. Seine Persönlichkeitsmerkmale waren so irrelevant wie die eines Chirurgen. Außerdem verfügte der Psychiater über die Rückzugsmöglichkeit auf die Wirklichkeit und seine Position darin. Seine gewohnheitsmäßige und reflektierte Kompetenz, sein Ich bewahrte ihn vor dem »Zusammenbruch«, dieser zutiefst persönlichen Form des Protests gegen die Erstickung des Selbst. Die Reaktion des Psychiaters stand in keinem Zusammenhang zu seinen offen vertretenen Überzeugungen oder seiner öffentlich gezeigten Gemütsverfassung. Er konnte in seinen Ansichten über Geisteskrankheiten liberal, ja sogar radikal sein, und skeptisch gegenüber seiner eigenen Allwissenheit, wenn jedoch der Versuch, in Beziehung zu der Familie zu treten, sein Gefühl für seinen Status in der Gesellschaft untergrub und damit das bedrohte, was er für garantiert hielt, versuchte er gewöhnlich, auszuweichen, zu manipulieren und schließlich das Interesse zu verlieren, d. h. sich von der Situation zu lösen. Je tiefer wir die Psyche des anderen ausloten, desto austauschbarer werden wir. Die Individuierung ist das Ergebnis des Handelns in der Welt.

Die Taktik des Psychiaters wurde vom Patienten und seinen Verwandten ebenfalls angewendet. In der Familie, um die es geht, die wir die Dixons nennen wollen, war der Vater so etwas wie ein Abenteurer, ein Gelegenheitsarbeiter, ein gutaussehender Hobo (Wanderersbursch) der amerikanischen Art. Er war redegewandt, anscheinend überlegen, und kannte sich in den Ungerechtigkeiten des Systems aus. Früher war er Landvermesser und Flußlotse gewesen, hatte aber jahrelang keine Arbeit gefunden und sich mit Plänen beschäftigt, wie er schnell reich werden wollte. Seine Frau, die sanft und hübsch war und deren Figur auseinanderging, war eine Generation jünger als ihr Ehemann (der über 70 war, jedoch wie 50 aussah). Sie sorgte für den Lebensunterhalt der Familie als Verkäuferin in einer Boutique. Ihre Familie stammte aus dem Süden, war angesehen aber arm, und man hatte den Eindruck, daß sie von dem energischen und überzeugenden Draufgänger, der ihr Gatte gewesen war, einfach mitgerissen worden war. Wenn Impulse auftraten, die im Widerspruch zu ihrer Loyalität gegenüber ihrem Ehemann oder ihrer Angst standen, ihn herauszufordern, wurde sie noch passiver als üblich und ihr Verhalten wurde noch demütiger.

Sie hatten drei Kinder. Der älteste, ein Sohn, ging in einem anderen Staat aufs College und das jüngste Kind, eine Tochter, war gerade dabei, die Oberschule abzuschließen. Der Patient war das zweite Kind, ein junger Mann anfang zwanzig. In die Rolle des Patienten war er als noch nicht Zwanzigjähriger hineingedrängt worden, als die Auseinandersetzung mit seinem Vater über sein mangelndes Interesse an Schularbeiten und seinem Hang zu Motorrädern sich darin entlud, daß der Sohn den Vater angriff. Der Vater rief angeblich mit Zustimmung der Mutter die Polizei und diese empfahlen einen Psychiater, der den Jugendlichen an ein staatliches Krankenhaus überwies. Es gab keinen Bericht darüber, wie schwerwiegend der Angriff auf den Vater gewesen war, und außer der Mutter gab es keine Zeugen. Trotzdem wurde der junge Mann, den wir Tom nennen wollen, ins Krankenhaus aufgenommen und nach kurzer Beobachtung wurde ihm die Diagnose ›paranoide Schizophrenie‹ gestellt.

Tom war hochgewachsen und offensichtlich intelligent. Sein unsicheres Lächeln ließ auf ein gewisses Mißtrauen gegenüber sich selbst und anderen schließen und schien nach Bestätigung seines Eindrucks zu suchen, daß die Welt absurd sei. Sein Aufenthalt im Krankenhaus, der sich über mehr als sechs Monate erstreckte, wies keine besonderen Vorkommnisse auf. Vermutlich füllte er die Rolle des paranoiden Schizophrenen derart stark und eindeutig aus, daß die ursprüngliche Diagnose beibehalten wurde. Das heißt, daß es sein kann, daß er halluzinierte, sich als schwer zu behandeln erwies, eine Gruppe von Gleichen anerkannte und mit dem Personal dahingehend übereinkam, seinen Status aufrechtzuerhalten. Zum Zeitpunkt, als die Familie als Versuchsfall in das medizinische Zentrum aufgenommen worden war, war die Krankengeschichte seiner früheren Aufnahme ins Krankenhaus mehr oder minder »untergegangen«. Das Personal, das ihn aufnahm, verfügte über geringe Informationen über die ursprüngliche Diagnose, die Ereignisse, die dazu geführt hatten, und über seine erste Aufnahme ins Krankenhaus. Es dürfte jedoch unwahrscheinlich sein, daß von vornherein überhaupt keine konsistente Fallgeschichte verfügbar war. Eine derartige Krankengeschichte ist immer irgendwie eine Illusion, Psychiater kommen und gehen, »Diagnosen« sind komplex und überschneiden sich, die einzelnen Betrachtungsweisen unterscheiden sich, und auch die spezifische Kultur der Heilanstalt muß ebenso wie die spezifische soziale Persönlichkeit der jeweiligen Anstalt berücksichtigt werden. Keine Illusion war jedoch, daß die Identifizierung Toms als eines paranoiden Schizophrenen, seine scheinbare Gefügigkeit in der staatlichen Heilanstalt und die Tatsache, daß seine Familie seinen Zustand akzeptierte, ihn als soziales Wesen wiederherstellte.

Diese Lösung war den betroffenen Parteien keineswegs unwillkommen. Daß Tom von der Szene entfernt wurde, kam den Bedürfnissen seines Vaters entgegen, da sich im Rahmen der familiären Auseinandersetzung in Bezug auf Toms besonderes Verhältnis zu seiner Mutter ein Mythos gebildet hatte. Es hieß, daß nur seine Mutter in der Lage sei, mit Tom umzugehen, was in Wirklichkeit bedeutete, daß sie nachgiebig und großzügig war und ihn im Gegensatz zu ihrem Ehemann nie offen strafte. Obwohl Tom keinen Beruf hatte, interessierte er sich doch stark für Automotoren, was auf ein kreatives Interesse an der Beherrschung von Dingen schließen läßt. Da er arbeitslos war, war er häufig zuhause und der einzige unmittelbare männliche Konkurrent um die affektiven Energien seiner Mutter; ihr Altersunterschied gegenüber Tom war nicht viel größer als der gegenüber ihrem Ehegatten. Offensichtlich war auch, daß Toms lässiges Benehmen den Vater an sich selbst erinnerte; und auf diese Weise setzte sich jede Krisis in seiner Selbsteinschätzung in Feindseligkeit gegenüber Tom um. Als der Konflikt zwischen ihnen in der Sicht des Vaters unerträglich wurde, kam man auf den Einfall, ihn als vernünftige Alternative zur Heilung fortzuschicken. Natürlich wurde die negative Identifizierung zwischen Tom und seinem Vater keinem von beiden je bewußt.

Was die Mutter anging, hatte sie Tom dadurch, daß sie ihn als Patienten, das heißt, als hoffnungslos abhängige und unverantwortliche Person betrachtete, wieder in einen Säugling verwandelt, ihn erneut empfangen. Auf diese Weise konnte sie unbefangen mit ihm umgehen, ihre tiefe Sorge und ihr Mitgefühl ausdrücken und die Rolle der Mutter ausagieren, ohne das Mißfallen ihres Ehemanns zu riskieren. Als arbeitende Frau im Einzelhandel, die immer leicht kränklich war und von ihren Chefs geschurigelt wurde, vor den Kunden liebedienern mußte und die meiste Zeit erschöpft war, war sie nicht in der Lage, zuhause unabhängig zu handeln. Außerdem legte sie großen Wert auf die eigentümlich achtungsvolle und fast chevalereske Beziehung mit ihrem Gatten, da sie ein Anklang an die Gesellschaft war, in der sie sich nicht mehr bewegen konnte, und ihre »romantischen« Sehnsüchte befriedigte. Sie schätzte den »Sinn für Humor« ihres Ehemanns, der in Wirklichkeit als Schadenfreude zu definieren war. Daher konnte die Entfernung und Etikettierung von Tom von seiner Mutter mit Leichtigkeit rationalisiert werden.

Was Tom anging, so war die Übernahme der Rolle des Patienten eine logische Alternative zu den Konflikten, mit denen er zuhause und in der Schule zu tun hatte. Seine neue Identität machte ihn zum Zentrum einer unwirksamen Fürsorge durch die Familie und gestattete ihm einen Spielraum, der in einer normalen Situation unangemessen gewesen wäre. Tom hatte sich für die Rolle eines im Wortsinne »eingewiesenen Abweichlers« in der zivilisierten Bedeutung des Begriffs entschieden, eines Abweichlers, der in der Gesellschaft insgesamt keine Stellung besaß, dem jedoch erlaubt war, in einer Verwahrsituation seine Probleme auszuagieren und mit seiner Identität zu spielen, genauso wie ein Kind, das Recht auf Spiel haben soll. Da die Gesellschaft ihn im Stich gelassen hatte, überließ er sich den spezialisierten Institutionen. Und in der Logik unserer Zivilisation sind die spezialisierten Institutionen der Punkt, wo sich die negativen Aspekte der Gesamtgesellschaft kristallisieren: sie sind sozusagen die Karikaturen unserer gewöhnlichen Funktionen. Die maximale »Sicherheit« kann beispielsweise in einem Gefängnis erlangt werden.

Tom hatte zwar das Gefühl gehabt, daß er nicht in der Lage sei, wie andere Menschen zu leben, doch war er nichtsdestoweniger in der Lage, seine neue Umgebung nach seinem eigenen Belieben zu gestalten. Er war jeder Verantwortung für sich selbst enthoben und konnte die Notwendigkeit umgehen, sich wie üblich auf seine Arbeit, seine Ehefrau usw. festzulegen. Gleichzeitig hatte er als stationär aufgenommener Schizophrener das Recht, in seiner Phantasie diejenigen Chancen wahrzunehmen, die die Person in der bruchstückhaften und auf dem Ich beruhenden Identität in der »normalen« Gesellschaft verdrängte, meiden oder verurteilen gelernt hatte.

In Tom konnte also seine Familie einen pathologischen Prozeß identifizieren. Die Ängste der Familie und ihre Konflikte wurden konzentriert, personifiziert und in gewissem Sinne einem Menschen aufgeladen, der gleichzeitig zur Familie gehörte und doch von ihr entfremdet war. Tom war ein williges Opfer geworden, ähnlich wie das, was die Igbo-sprachigen Völker des südöstlichen Nigeria einen Osu-Sklaven nennen – eine heilige oder *unberührbare* Person, die mit der Schuld ihrer normalen Mitbürger beladen ist und daher verabscheut, gefürchtet und aus der Gesamtgesellschaft ausgeschlossen wird, jedoch unantastbar in ihrem eigenen Bannkreis lebt. Ebenso war er eine weltliche Personifizierung des nach Brauch und Sitte geheiligten Geisteskranken.

Die Diagnose der Schizophrenie bei Tom setzte seine Familie in die Lage, ihn einzuordnen. Da sie ihn aus ihren eigenen Bedürfnissen geschaffen hatten, wurde Tom zur lebenden Verdinglichung ihrer Konflikte. Und vielleicht zum ersten Mal fühlten sie – Vater, Mutter und Geschwister – sich wirklich mit dieser ihrer Schöpfung verbunden, wobei sie sich gleichzeitig wegen seiner Krankheit das Recht vorbehielten, sich zu lösen, wenn die Situation unerträglich wurde. Bei solchen Anlässen wichen sie mit ihrer Abwendung von Tom »verständlicherweise« und mit voller offzieller Billigung sich selbst aus. Toms symbolische Wiedergeburt war die Negation des ursprünglichen Irrtums, in den sein Leben verwandelt worden war. Mit seiner Krankheit wurde jedoch nicht nur ein Opfer gebracht, sie war auch das Eingeständnis, daß für seine Familie durch ihr Netz von Verbindungen und Chancen keine andere Lösung möglich war. Denn Tom, seine Eltern und seine Geschwister akzeptierten die Gesellschaft, in die sie eingebettet waren. Sein Vater wurde durch sein problembewußtes Meckern nicht zur Abkehr von seiner Hoffnung auf die große Chance und ebensowenig zur Veränderung seiner konventionellen Maßstäbe für Erfolg und Versagen veranlaßt. Seine Mutter wurde durch ihre Erschöpfung nicht darauf gebracht, nach unmittelbaren Alternativen für ihre eigene Person zu suchen. Seine Geschwister wiederum strebten nur sehr beschränkte persönliche Alternativen an, wagten sich zögernd von zu Hause fort, äußerten sich vorsichtig und bereiteten sich auf einen gesicherten Lebenslauf vor. Soweit sie konnten, strebten sie danach, sich der Gesellschaft insgesamt dadurch anzupassen, daß sie einander zu diesem Zweck manipulierten. Daher läßt sich ihre Schizophrenie als eine durch den Protest eines einzelnen vermittelte Anpassung definieren. Bei diesem handelte es sich um die Flucht in eine geschlossene Anstalt und den Verzicht auf Autonomie, um die Kapitulation vor einem sozial zugewiesenen Auftrag.

Als Familie waren die Dixons also auf das im National Institute durchgeführte klinische Experiment bestens vorbereitet. Die Forschungsinteressen des National Institute deckten sich mit ihren emotionalen und ökonomischen Bedürfnissen und Mitteln. Die Dixons suchten ein Maximum an Sicherheit und Verständnis, und das Institut brauchte Forschungsmaterial. Geschlossen wurde der tautologische Kreis in der isolierten Umwelt des Beobachtungsraums, in der sowohl die sozialen Dimensionen als auch das Potential dieser »Versuchs«objekte, nämlich der betroffenen Personen, verschleiert wurde. Da sie nun auf eine Versuchssituation fixiert worden waren, konnten sie als zeitlos und wesensmäßig schizophren begriffen werden.

Im weiteren Verlauf des Experiments wurde immer sichtbarer, wie Menschen einschließlich des eigenen Selbst zum Zwecke des Überlebens und der Erfüllung manipuliert werden. Zwei miteinander zusammenhängende Ereignisse, von denen eines als Zwischenspiel anzusehen ist und ein anderes den Endpunkt der Entwicklung markiert, sind beispielhaft für diese Situation. Das Zwischenspiel (im entwicklungsspezifischen, nicht im chronologischen Sinne) ereignete sich mehrere Jahre, nachdem die Familie in das Projekt einbezogen worden war. Es bestand aus einer entscheidenden Therapiesitzung, die Tom, der paranoide Schizophrene, völlig unter Kontrolle hatte. Gewöhnlich war Tom verschlossen, jedoch relativ aufmerksam, und sein Erscheinungsbild war typisch ungepflegt. Einige Monate vor der entscheidenden Sitzung war er unter Anleitung eines psychiatrisch geschulten Sozialarbeiters im Rahmen einer therapeutischen und berufsvorbereitenden Tätigkeit zum Malen mit Fingerfarben herangezogen worden. Diese Tätigkeit reichte jedoch nicht aus, seine Energien voll in Anspruch zu nehmen oder zu strukturieren. Er hatte ein Techtelmechtel mit einer Mitpatientin, einer jungen Frau aus einer »besseren« Familie in Washington angefangen. Seine vorsichtigen und zwangsläufig heimlichen Annäherungsversuche wurden nicht abgewiesen, und eines Tages wurden Tom und die junge Frau in ihrem Zimmer bei einem tête-à-tête ertappt, das als sexuell kompromittierend interpretiert wurde. Das Krankenhauspersonal reagierte sofort. Tom wurde verboten, sich dem Mädchen jemals wieder zu nähern, wobei als Begründung vorgebracht wurde, daß sein Verhalten den Tagesablauf der Anstalt stören würde und im Widerspruch zu deren Funktion stünde, ganz zu schweigen von dem Schaden, den er bei sich und dem Mädchen anrichten könnte. Schließlich könnte sie schwanger werden und außerdem wäre Tom gewiß nicht in der Lage, seine Triebe im Rahmen des üblichen Anstands zu kanalisieren (»wir können die Leute doch nicht in den Aufenthaltsräumen vögeln lassen« sagte ein Psychoanalytiker, der gleichzeitig Verwaltungsfunktionen innehatte), und wenn sich ein derartiges Verhalten auf unsere Patienten übertragen sollte, wäre das Hauptziel der Versuchseinheit, nämlich die gezielte Familientherapie, in Frage gestellt. Es wurde außerdem stillschweigend von der Annahme ausgegangen, daß das Krankenhaus gegenüber den Verwandten des Mädchens verantwortlich sei, und diese hätten eine Beziehung zu Tom kaum gebilligt. Daher erwarb Tom nun den Ruf, daß er schwer zu behandeln sei. (Einmal hatte er eine Krankenschwester geschlagen, die ihm gesagt hatte, daß er ihr Platz machen solle, und es wurde berichtet, daß er gegenüber dem Personal insgesamt häufig Drohgesten machte.)

Einige Wochen nach der »sexuellen« Episode schenkte Toms Familie ihm zu seinem Geburtstag einen schwarzen Anzug und ein neues Paar Schuhe. Tom machte einen völlig unerwarteten Gebrauch davon. Als die entscheidende Therapiesitzung anfing, kam er genau pünktlich (gewöhnlich kam er zu spät), und einwandfrei angezogen mit seinem schwarzen Anzug, einer passenden Krawatte, einem weißen Hemd und geputzten Schuhen. Seine Haltung (gewöhnlich lümmelte er sich hin) war aufrecht, er schritt sicher aus, und gab sich selbstsicher. Beim Eintritt in den Raum nickte er seinen Eltern gnädig zu, streckte dem Therapeuten die Hand hin, nahm die Anwesenheit des psychiatrisch geschulten Sozialarbeiters zur Kenntnis und setzte sich an seinen gewohnten Platz. Zunächst sagte er sehr wenig, folgte jedoch aufmerksam den Fragen und Gegenfragen zwischen dem Therapeuten und seinen Eltern. An einem bestimmten Punkt jedoch fing er dann sanft und mit Überzeugung zu sprechen an, konzentrierte sich jedoch nie vollständig auf eine Person, an die seine Bemerkungen gerichtet waren. Was er sagte, wurde jedoch als Unsinn angesehen.

Bei anderen Anlässen war Tom in idiosynkratische Laute oder Worte »zurückgefallen«, die er manchmal vor sich hin sprach und ein andermal zur allgemeinen Unterhaltung beisteuerte. Dies war eine Sprache, die sich in Richtung auf Dichtung entwickelte – jedoch noch nicht ikonisiert war, keine Welt für sich bildete, sondern immer noch eine Verdinglichung war. Nun jedoch fügte er ganze Blöcke von ungewohnten Silben aneinander, die mit anderen Sprachfetzen in einer syntaktisch logischen Reihenfolge gerade so weit durchsetzt waren, daß damit die Aufmerksamkeit der anderen Personen im Raum gefesselt werden konnte. Als er aufgefordert wurde, zu erklären, was er meine, erschien er noch eifriger bestrebt zu sein, sich verständlich zu machen, und sprach entweder weiter in seinem privaten Pidgin oder hielt inne, wobei er anscheinend über die Schwierigkeiten zwischenmenschlicher Kommunikation nachdachte.

Der Psychoanalytiker war von diesem Verhalten Toms besonders fasziniert und versuchte durch Worte und Gesten ständig, aus Tom eine zusammenhängende und sinnvolle Aussage oder zumindestens eine Interpretation seiner Bemerkungen herauszulocken. Bisweilen wurde der Analytiker ungeduldig, sogar wütend, doch Tom blieb kühl, und schwieg entweder ganz oder senkte seine Stimme noch mehr, wobei er keinen Versuch machte, dem Blick des Analytikers auszuweichen. Toms Mutter, die vom gepflegten Äußeren Toms überrascht war, sich jedoch auch darüber freute, lächelte ständig im Hintergrund. Der Vater war ruhig und nickte sogar ein oder zwei Mal zu Toms unverständlichen Bemerkungen. Gegen Ende der Sitzung ließ der Analytiker in herausfordernder Weise eindeutig durchblikken, daß er die Reden Toms für inhaltslos halte. Tom reagierte darauf in einer herablassenden und bedeutungslosen Bemerkung.

Beendet wurde die Sitzung von Tom. Er erhob sich im offensichtlichen Bewußtsein seiner Würde aus seinem Stuhl, küßte seine Mutter leicht auf die Wange, schüttelte seinem Vater die Hand, wünschte ihm alles Gute und dankte ihm für den geschenkten schwarzen Anzug. Dann wandte er sich dem Analytiker zu, legte ihm herablassend den Arm um die Schulter und äußerte, daß er die Sitzung außerordentlich genossen habe, daß er hoffe, daß es bei dem Analytiker genauso sei, und daß er sich darauf freue, ihn in der nächsten Woche zu treffen. Ohne weiteren Kommentar verließ er dann geradeaus blickend und mit raschem Schritt den Raum, und ging in sein Zimmer zurück, als müsse er zu einer wichtigen Sitzung.

Der unmittelbare Kommentar durch die Wissenschaftler in der Beobachtungsloge nach dieser Aufführung ging dahin, daß Tom »aus der Anstalt entlassen oder in der Behandlung anders eingestuft werden müsse.« Natürlich hatte er die ganze Zeit mit seiner Identität gespielt. Er hatte den Anzug, den Anspruch des Analytikers auf Autorität, den gelösten, endlosen und kreisförmigen Redefluß in den therapeutischen Sitzungen, die Milde seiner Mutter und die höflichen Gesten seines Vaters ausgenutzt und sie dahingehend manipuliert, daß sie zu einer momentanen Identität seiner selbst paßten. Gleichzeitig hatte er sein typisches soziales Auftreten genau umgekehrt – früher ungepflegt, verschlossen, passiv und aufbrausend, war er nun gepflegt, kooperativ, aktiv und selbstbeherrscht geworden. Diese Verwandlung, diese leichte Übung in der Übernahme eines Status-Ich, karikierte nicht nur das Rollenspiel, sondern enthüllte auch das Dilemma sowohl des Analytikers als auch der Familie. Tom hatte sich schließlich den Luxus gestattet, sich selbst als den vermittelnden und vermittelten Schizophrenen, als das Feld struktureller Verzerrungen zu enthüllen. Gleichzeitig wird die Verbindung zwischen dem psychopathischen Akteur und dem schizophrenen Problem des Selbst (diese zwei vermutlich polaren Syndrome) evident, es wird nachgewiesen, daß sie nur zwei willkürlich gewählte Betrachtungsweisen eines einzigen grundlegenden Prozesses sind.

Kurz danach wurde sowohl wegen eines Wechsels des Forschungspersonals als auch deswegen, weil eine therapeutische Pattsituation erreicht worden war, eine neue therapeutische Strategie innerhalb des Projekts eingeschlagen. Tom wurde ermuntert, das Krankenhaus zu verlassen und zuhause zu wohnen, während gleichzeitig Anstrengungen unternommen wurden, ihm irgendeine Stelle als Hilfsarbeiter zu verschaffen. Der therapeutische Kontakt wurde gehalten, doch kamen die Familienmitglieder einzeln in die Sprechstunde, da von der Annahme ausgegangen wurde, daß mit dem Privatleben, mit mehr Intimität und Aufrichtigkeit eine tiefere »Kommunikation« möglich werden würde. Es trat jedoch rasch zutage, daß die Aufnahme von Beziehungen zu einem Familienmitglied Beziehungen zu allen übrigen voraussetzte, ob sie nun körperlich anwesend waren oder nicht. Die Alternative dazu, nämlich den pervertierten Zusammenhalt der Familie zu zerschlagen und ihre Mitglieder zu zerstreuen, kam offensichtlich nicht in Frage, und wäre tautologisch gewesen, wenn sie versucht worden wäre; die Familie widerspiegelte bereits die Gesellschaft.

Es war nicht möglich, eine feste Anstellung für Tom zu finden, doch half er beim Einkaufen, mähte den Rasen, half auf andere Weise im Haushalt und arbeitete an seinem Motorrad. Es konnte nicht überraschen, daß nach mehreren Monaten ein Streit zwischen Tom und seinem Vater zu einem weiteren Ausbruch führte. Dieses Mal schlug der Vater Tom mit einem Baseballschläger bewußtlos und fügte ihm eine schwere Kopfwunde zu. Die Eltern riefen die Polizei, die einen Psychiater konsultierte, und nach chirurgischer Behandlung wurde Tom in eine staatliche Heilanstalt aufgenommen, wo er meines Wissens immer noch ist.

Die Familie Dixon ist zwar ein Musterbeispiel für den pseudo-kreativen, manipulativen Aspekt des schizophrenen Prozesses (Konzentration auf das Status-Ich auf Kosten des Selbst), der in der Psychiatrie immer wieder festzustellen ist, doch steht der echte Schizophrene im Zusammenhang mit Künstlern oder Straftätern, und kann in unserer Gesellschaft Künstler oder Verbrecher sein. An dem archetypischen und zeitgenössischen Beispiel von Genêt, in dessen Dramen jede nur denkbare Variation des Problems des gespaltenen Bewußtseins anklingt, verschmelzen Künstler und Verbrecher; sie werden zu Facetten einer ästhetischen Einheit. Die gewöhnlichen Ziele der Kultur werden rundweg abgelehnt, und konstruiert wird eine schöpferische Alternative, die sich aus persönlichen und sozialen Bedeutungen zusammensetzt. Nach dem Zerfall des zivilisierten Bewußtseins, nach dem sozialen Selbstmord des Künstlers kann eine Rekonstruktion stattfinden, die, wenn sie gelingt, eine vernichtende Kulturkritik darstellt. Das Selbst tritt wieder zutage, zwangsläufig auf Kosten des Status-Ichs; der Kampf geht um eine andere Realität.

Wie bereits bemerkt, überlagern sich die pseudoschöpferischen und schöpferischen Reaktionen in einem solchen Ausmaß, daß sie als zwei dialektisch verbundene Aspekte oder Phasen ein- und desselben Prozesses betrachtet werden können. Im ersten Falle nimmt das Selbst ab; im zweiten Falle bricht die zivilisierte Stellung in der Welt zusammen. In keinem der beiden Fälle ist eine primitive Integration möglich.[22] Der manipulative

[22] Doch kann sogar diese Integration in unserer Sprache der Ich-Psychologie nicht verstanden werden. Es handelt sich vielmehr, wie dies Radin ausdrückt, um

Aspekt bezeichnet den Kampf mit Personen einschließlich der eigenen Person. Er stellt das Bedürfnis bloß, zu beherrschen, Macht auszuüben, den anderen und sich selbst zurechtzuweisen, sie einzuordnen und daher das Problem des Selbst zu lösen. Dieser endlose Kampf, dieses dauernde Umordnen von Personen gegenüber sich selbst kann natürlich nicht funktionieren. Er stellt keine systematische Sondierung, sondern eine mechanische Ausbeutung dar, die Objektivierung oder Verdinglichung des Selbst und der anderen. Die Manipulation führt zwangsläufig zur Frustration, weil ihr oberstes Motiv und Ziel, nämlich das Streben nach einer echten und schöpferischen Verbindung, durch das gewählte Mittel nicht erreicht werden kann. Die »Kunst« der Manipulation ist eine Entstellung des schöpferischen Prozesses, und wenn wir sie so verstehen, können wir sowohl die Quelle dieses Prozesses als auch seine Negation in den Gesellschaftsverhältnissen insgesamt lokalisieren. Und dies ermöglicht uns ein Verständnis der Frage, warum Künstler zivilisierte Verbindungen durchleben, begreifen und schließlich über sie hinausgelangen müssen, wenn sie ihre Talente in vollem Umfang realisieren oder entwickeln wollen. Daher ist es wahrscheinlich, daß der moderne (nicht akademische) Künstler gewisse Bewußtseinsaspekte mit dem Verbrecher gemeinsam hat. Zumindestens dürfte er mit dem Verbrecher sympathisieren, der wie er selbst ein Ausgestoßener und ein Opfer ist, das sich nicht opfern will.

Noch allgemeiner läßt sich sagen, daß die Schizophrenie nichts mehr und nichts weniger als die letzte pathologische Reaktion der modernen Gesellschaft ist. In ihrem gegenwärtigen Vorkommen darf diese Pathologie als eine umfassende Sozialdynamik angesehen werden, die bei allen Personen je nach ihrem Temperament, ihrem Talent und ihren jeweiligen Umständen in unterschiedlichem Ausmaß und in verschiedenen Kombinationen zum Ausdruck kommt.

»die Anerkennung (und Hervorhebung) einer mehrschichtigen Persönlichkeit . . . um die unmittelbare Konsequenz aus dem unüberwindlichen und unsentimentalen Realismus des Urmenschen und seiner Weigerung, fiktive und künstliche Einheiten anzunehmen.« Diese Weigerung, wäre hinzuzufügen, ist das Ergebnis der Erforschung und Verwirklichung der potentiellen Ich-Phasen während des Lebenszyklus. Radin zieht den Schluß: »Die verschiedenen Bestandteile (des Individuums) werden zeitweilig vom Körper dissoziiert und gehen eine Verbindung mit den dissoziierten Elementen anderer Individuen ein. Die Natur der Einwirkung eines Individuums auf ein anderes und des Individuums auf die Außenwelt unterscheidet sich daher vollkommen von allem, was sich ein Westeuropäer nur vorstellen kann. Das Durcheinander von Kombinationen und Permutationen, das damit möglich wäre, ist sehr verwirrend . . . So unabhängig diese sind, wird (nichtsdestotrotz) Anarchie dadurch verhindert, daß sie innerhalb des Ichs eines jeden eine bestimmte Konstellation annehmen« (Radin 1971).

Der Unglückliche jedoch, bei dem dies aus dem einen oder anderen Grund öffentlich zutage tritt, kann dann als Schizophrener definiert werden. Diese widerwärtige, wenn auch unbewußte klinische Gewohnheit, den Menschen auf eine Klasse oder Kategorie zu reduzieren, die die Mechanismen der sozialen Identität im allgemeinen widerspiegelt, schränkt nicht nur die Möglichkeiten ein, eine echte Beziehung zum Patienten herzustellen, sondern macht es auch unmöglich, das Problem in unserer Gesellschaftsform zu lokalisieren, die in der Sprache unserer Kulturannahmen artikuliert wird. Dies bedeutet unter anderem, daß der episodische Charakter jeder Psychose zwar anerkannt, jedoch nicht in Rechnung gestellt werden kann. Wenn also Antoine Artaud sagt, daß die Psychoanalyse zu dem Zweck erfunden wurde, das Visionäre im Menschen zu zerstören, so verwechselt er eine Zielsetzung mit einer Folge, oder zumindestens mit einer Folge, die bisher nicht beabsichtigt wurde. Stichhaltig bleibt jedoch seine Einsicht in die sozialen Funktionen der Psychiatrie. Wir müssen wohl oder übel anerkennen, daß wir die klinische Einheit hervorgebracht haben, der wir den Namen gegeben haben. Wir haben sie hypostasiert, verdingtlicht und in eine diagnostische Kategorie verwandelt, die sich als Krankheit des einzelnen darstellt, die genetisch oder anderweitig bedingt ist. Und wir vollziehen schließlich den Zirkelschluß, indem wir behaupten, daß die Schizophrenie in der gesamten zivilisierten Welt statistisch mit einer Verteilung von etwa 1 von 100 vorhersagbar ist, und daß ihre Häufigkeit zunimmt. Dies ist natürlich eine Art, die Gesellschaft als Schicksal zu definieren und vielleicht die grausamste Form, in der wir die gesellschaftliche Realität und die Chancen des Menschen leugnen.

Damit gelangen wir letztendlich zu der kulturvergleichenden Frage, ob die Schizophrenie bei primitiven Völkern vorkommt. Ich meine, wie Devereaux schon vor fast vierzig Jahren (1939, 317), daß dies dem Wesen nach nicht der Fall ist, daß sich der *Prozeß* jedoch ausmachen läßt. Das heißt, daß die Schizophrenie als diagnostische Kategorie in echt primitiven Gesellschaften irrelevant ist. die Gründe dafür sind folgende:

1. Das Recht auf Nahrung, Bekleidung und Obdach ist vollständig ein Gewohnheitsrecht; jeder erwirbt die erforderlichen Kenntnisse und Fertigkeiten in einem organischen Zusammenhang mit dem Sozialisierungsprozeß. In der primitiven Gesellschaft tritt die *Funktionslosigkeit* als Problem nicht auf.

2. Rituale an entscheidenden Punkten des biologisch-kulturell definierten Lebenszyklus ermöglichen der Person, Rollen zu wechseln und dabei gleichzeitig ihre Identität zu wahren und auszuweiten. Ihr gewöhnliches Menschsein wird auf außergewöhnliche Art und Weise gefeiert. Der Lebenszyklus stellt eine normale Kurve dar, er bricht nicht in der Mitte ab, wobei die Alten ohne Weisheit, Arbeit oder Ehre bleiben, und ihre einzige

Alternative darin besteht, Jugend vorzutäuschen.

3. Durch Rituale und Zeremonien wird es möglich, ambivalente Gefühle auszudrücken und komplexe Phantasien in einer sozial vorgeschriebenen Art und Weise auszuagieren. Es ist üblich, daß Individuen oder Gruppen von Personen innerhalb selbstgesetzter Zeitgrenzen »verrückt werden«, ohne aus der Kultur ausgeschlossen zu werden.

4. Das weit verzweigte Netz von Verwandtschaftsbeziehungen fügt die in der Entwicklung begriffene Person fest in eine Matrix gegenseitiger Rechte, Pflichten und Erwartungen ein. Die *gesellschaftliche Entfremdung*, so wie wir sie in der Zivilisation erleben, ist unbekannt.

Die Tatsache, daß es in primitiven Gesellschaften keine Heil- oder Verwahranstalten gibt und auch meines Wissens nach nichts institutionell gleichwertiges, legt Zeugnis darüber ab, daß der schizophrene Prozeß, der ein gemein menschlicher Prozeß ist, sozial genutzt und in Grenzen gehalten wird. Mit Fug und Recht läßt sich der Schluß ziehen, daß der schizophrene Prozeß in primitiven Gesellschaften zwar ebenso erkennbar ist, deren Struktur, Funktion und psychodynamischer Charakter dem Prozeß jedoch kulturelle Schranken setzen und verhindern, daß er zu einem diagnostischen Syndrom wird. In primitiven Kulturen wird die Hauptfunktion der Kultur eingelöst, die darin besteht, Menschen menschlich zu machen und gleichzeitig dafür zu sorgen, daß sie geistig gesund bleiben. Dies kann die Zivilisation, so wie wir sie kennen, nicht leisten. Die Schizophrenie ist also nichts mehr und nichts weniger als der subjektive Aspekt der sozio-ökonomischen Dynamik der Entfremdung.

Kapitel 8: Die Verschämtheit der Anthropologie: Der Mythos des Strukturalismus

Irgendwo muß es Urformen geben, deren Bilder die Ideen sind. Wenn man sie sähe, könnte man den Zusammenhang zwischen Materie und Geist und das Wesen des Seins erkennen.

FLAUBERT, Die Versuchung des heiligen Antonius

Indem das strukturelle Denken Wege nimmt, denen man den Vorwurf macht, sie seien zu ausschließlich intellektuell, erfaßt es also tiefe und organische Wahrheiten und bringt sie an die Oberfläche zurück. Nur, diejenigen, die es praktizieren, kennen aus innerer Erfahrung jenen Eindruck von Erfülltheit, den seine Ausübung verschafft und durch den der Geist spürt, daß er wirklich mit dem Körper eins ist.

LÉVI-STRAUSS, Der nackte Mensch

Blütenformen, Eisbrocken mit Abdrücken von Sträuchern und Muscheln – unmöglich zu erkennen, ob es die Abdrücke der Dinge oder die Dinge selbst sind . . . Und plötzlich sieht er kleine stecknadelkopfgroße, rings bewimperte Kugeln; sie vibrieren.

FLAUBERT, Die Versuchung des heiligen Antonius

Jedes Bemühen um Verständnis zerstört den Gegenstand, dem wir uns widmen, zugunsten eines solchen, dessen Beschaffenheit eine andere ist. Dieser verlangt von neuem eine Anstrengung, die ihn wiederum zerstört, zugunsten eines dritten, eines vierten, eines fünften – bis wir schließlich den Zugang finden zur einzigen dauerhaften Gegenwart: jener, bei der sich der Unterschied auflöst zwischen dem Sinn und dem Fehlen von Sinn, jener, von dem wir ausgegangen sind.

LÉVI-STRAUSS, Traurige Tropen

Ich möchte fliegen, schwimmen, bellen, blöken, brüllen, hätte gern Flügel, einen Rückenschild, eine Rinde, möchte Rauch schnauben, einen Rüssel tragen, meinen Körper winden, mich teilen und in alles eingehen, mich in Gerüchen verströmen, mich entfalten wie die Pflanzen, fließen wie Wasser, schwingen wie der Ton, schimmern wie das Licht, jede Form annehmen, in jedes Atom eindringen, mich in den Grund der Materie senken – Materie sein!

FLAUBERT, Die Versuchung des heiligen Antonius

Die Versuchung des Hl. Antonius scheint für Claude Lévi-Strauss zur intellektuellen Leidenschaft geworden zu sein. Sogar die »frostige Alternative« eines klösterlichen Daseins beschwört er herauf, freilich bezieht er sich dabei mehr auf den Buddhismus als auf das Christentum. Aber auch abgesehen von diesen kosmologischen Überlegungen stellt er sich als der exemplarische Philosoph und als Paradigma eines Anthropologen in der zweiten Hälfte des zwanzigsten Jahrhunderts dar, und das ist für das intellektuelle Klima unserer Tage und besonders für die Anthropologie recht bezeichnend. Es zeigt, daß diese Disziplin heute wieder in den Hauptstrom des westlichen Denkens eingemündet ist, denn Lévi-Strauss hat die Anthropologie aus dem Rang eines Spezialfachs mit eigenem Jargon, aus einer Sammlung spezieller Daten und Theorien mit einem speziellen methodischen Schwerpunkt wieder in den Rang einer geistigen Aufgabe für die gesamte *Intelligentsia* erhoben.

Diese stillschweigende Neudefinition der Anthropologie, die von den Anthropologen selbst offenbar gar nicht wahrgenommen wird, zerstört zwar einige ihrer Grundannahmen, verwirklicht aber gleichzeitig das eigentliche Schicksal dieses Faches – ein Paradox, mit dem ich mich im folgenden noch auseinandersetzen werde. Lévi-Strauss hat aus dem relativ begrenzten Umfang seiner eigenen ethnographischen Erfahrungen nie einen Hehl gemacht. Feldforschung hat er nur gelegentlich und in einem Gesamtumfang von wenigen Monaten betrieben, nie hat er längere Zeit in irgendeiner primitiven oder archaischen Gesellschaft gelebt. Auch auf dem Gebiet der Linguistik (oder auch Sprachen, was das angeht) erhebt dieser linguistisch orientierte Denker keinen Anspruch auf Kompetenz, sondern erklärt sich eher für unzuständig; es gibt auch keinerlei Hinweise, daß er jemals ernsthaft versucht hätte, irgendwelche Texte einer Eingeborenensprache aufzuzeichnen oder zu interpretieren. In *Der Nackte Mensch* kritisiert Lévi-Strauss den konventionellen ethnologischen Kanon, und diese Kritik ist wichtig, weil sie seine ganze methodische Kasuistik enthüllt. Er argumentiert folgendermaßen: da es keinen primitiven Mythos gibt, der in jeder gegebenen Kultur vorhanden wäre, sind alle Mythen im wesentlichen Übersetzungen von einer Kultur in die andere und bilden daher eine Reihe miteinander verbundener, aber ständig verschobener Perspektiven. Die Aufmerksamkeit der Mythenforschung (die das Zentrum der Wissenschaft vom Menschen bildet) konzentriert sich daher auf die Nahstellen zwischen den Kulturen. Der Ethonologe ist genauso berechtigt, einen primitiven Mythos in seine eigene Perspektive (also die des Ethnologen) zu übersetzen, wie das Mitglied der Eingeborenengesellschaft berechtigt ist, den Mythos in seiner Muttersprache nachzugestalten. Beide vollziehen parallele Handlungen, so scheint es.

Diese geniale Logik ist aber nicht stichhaltig. Seine Schlußfolgerung läßt sich nicht auf den Mythos beschränken, sondern kann ebenso auf die Gesamtheit der Kultur angewandt werden, denn es gibt keinen Fall, wo die konstitutiven Elemente einer Kultur, einschließlich der mythologischen, in ihrer Mehrzahl erfunden worden wären. In der ethnologischen Tradition ist die Erforschung einer Kultur die Erforschung der spezifischen Integration von kulturellen Elementen, die sich bei einem gegebenen Volk an einem gegebenen Ort finden, unabhängig davon, ob sie erfunden oder diffundiert worden sind. Dieser Bestimmtheit aber weicht Lévi-Strauss aus. Dabei geht es aber nicht nur um die Besonderheit des betreffenden Volkes, sondern auch um die Besonderheit des »letzten« Betrachters selbst, d. h. die westliche Kultur. Denn wenn man davon ausgeht, daß Lévi-Strauss jeder Konkretisierung der kulturellen Sprache des Mythos mit dem Argument aus dem Weg geht, daß jeder Mythos nur aus der Perspektive des letzten Übersetzers, (der ihn unweigerlich in Begriffen seiner eigenen Kultur zu fassen versucht), gesehen werden kann, dann muß man daraus schließen, daß Lévi-Strauß sich nicht zum kulturellen Kontext seiner eigenen Interpretationen bekennt. Er hat es vorgezogen, sie als »endgültig« oder zumindest als »bis dato« endgültig anzusehen, was im Grunde denselben Anspruch enthält, denn Lévi-Strauss hat trotz seiner zeitweiligen entwaffnenden Bescheidenheit hinsichtlich der Einzelergebnisse doch mehrfach zum Ausdruck gebracht, daß er von der Universalität und Unvermeidlichkeit seiner Methode fest überzeugt ist.[23] Mit anderen Worten: Lévi-Strauss bestreitet, daß neuere Interpretationen primitiver Mythen möglicherweise die Kategorien und Erkenntnisweisen der modernen westlichen Zivilisation reflektieren. Seine Hinwendung zu einem abstrakten, metasprachlichen Paradigma, die mit einem Desinteresse an Einzelsprachen einhergeht, hat den Anthropologen hier in eine unmögliche Situation geführt, die nur aus anderen als den von ihm genannten Gründen verstanden werden kann. Diese Situation kann als Ausweichen vor der eigenen und vor fremder Besonderheit definiert werden. Ethnologie wird damit eine Disziplin von unendlichen Regressionen – Beobachter und Beobachtete können in ihrem gegenseitigen Verhältnis nie genau lokalisiert, sondern nur auf einen gemeinsamen Nenner reduziert werden:

[23] So wagt er zum Beispiel in Bezug auf seine Analyse des Ödipus-Mythos folgende Aussage: »Der Ödipus-Mythos ist uns in fragmentarischen und späten Fassungen überliefert, lauter literarischen Umsetzungen, die mehr von einem ästhetischen oder moralischen Interesse inspiriert worden sind als von der religiösen Tradition oder dem rituellen Brauch falls eine solche Beschäftigung mit ihm überhaupt je existiert hat. Aber es handelt sich für uns nicht darum, den Ödipus-Mythos

»Denn wenn es das letzte Ziel der Anthropologie ist, zu einer besseren Kenntnis des objektivierten Denkens und seiner Mechanismen beizutragen, läuft es letztlich auf dasselbe hinaus, wenn in diesem Buch das Denken der südamerikanischen Eingeborenen unter der Wirkung des meinigen Gestalt gewinnt oder das meinige unter der Wirkung des ihrigen.« (Lévi-Strauss 1964, 28)

Und in dem Versuch, den Leser zu umarmen und zu durchdringen, fährt er fort, seine unendliche Zwiebel zu schälen: »So ist dieses Buch über die Mythen in seiner Weise auch ein Mythos. Angenommen, es besäße eine Einheit, so erschiene sie nur im Hintergrund oder jenseits des Textes. Im besten Fall wird sie sich im Geist des Lesers herstellen.« (ibid. 17f.)[24]

Man darf sich von dem anscheinend weiten Horizont und dem großen Detailreichtum im Werk Lévi-Strauss' nicht verblüffen lassen. Zwar darf bezweifelt werden, ob irgendein Anthropologe einem solchen Trommelfeuer von Detailbeobachtungen standhalten und deren Berechtigung überprüfen könnte. Doch sei daran erinnert, daß Fehler, exponentiell addiert, immer noch Fehler bleiben – »Fakten« lassen sich wie die Heilige Schrift so zitieren, daß sie auf nahezu jede systematische Hypothese passen. Indem er derart viele Einzelheiten ins Feld führt, zollt Lévi-Strauss ironischerweise dem Empirismus Tribut, wobei er gleichzeitig den Nachweis dafür liefert, daß Daten nie für sich selbst sprechen können. Genau durch die Art,

auf eine wahrscheinliche Art und Weise zu interpretieren, auch nicht darum, eine für den Fachmann annehmbare Erklärung zu ihm zu bieten. Wir wollen mit diesem Beispiel – ohne daraus eine Schlußfolgerung hinsichtlich dieses Mythos ziehen zu wollen – nur eine bestimmte Technik illustrieren, deren Verwendung in diesem besonderen Falle wegen der bereits erwähnten Ungewißheiten wahrscheinlich nicht legitim ist. Der »Beweis« soll also nicht in dem Sinne verstanden werden, den der Gelehrte ihm gibt, sondern höchstens im Sinne des Marktschreiers: nicht ein Ergebnis zu erzielen, sondern so rasch wie möglich *das Funktionieren der kleinen Maschine zu erklären, die er den Dummköpfen zu verhökern sucht.*« (Hervorhebung von mir) (Lévi-Strauss 1967, 234).

[24] Dies läßt sich wie folgt übersetzen:

Dieses Buch *(Das Rohe und Das Gekochte)* existiert nicht in irgendeinem gewöhnlichen Sinne oder in irgendeinem manifesten System von Bedeutungen. Es ist ein Mythos. Es ist jedoch kein konkreter Mythos; seinem eigentlichen Wesen nach ist es eine abstrakte Enthüllung darüber, wie ein Mythos gebildet wird. Es ist das Paradigma des schöpferischen Prozesses. Als Prozeß hat es jedoch keine systematische Einheit oder Endform. Letztere läßt sich nur in Bezug auf den Geist des Lesers realisieren. Ob der Leser dies jedoch zugibt oder nicht, wird der Mythos »im besten Fall« dadurch zu einer vereinheitlichten Struktur, daß er in die Form eingepaßt wird, die ihn geprägt hat, für den Geist des Lesers der menschliche Geist schlechthin.

Lévi-Strauss erhebt also den Anspruch, in den Geist anderer hineinsehen zu können, um eine Wahrheit über das Einzelbewußtsein hinaus erfassen zu können. Dies scheint mir Überheblichkeit zu sein, ja schwerer noch, *Hybris*, und wegen der Vergewaltigung der Person eine gefährliche Hybris.

wie er seine Ideen anordnet, beschafft sich Lévi-Strauss seine Fakten – auf dieselbe Weise, wie ein Protonenbeschleuniger subatomare Partikel erzeugt.

Kurzum, Lévi-Strauss ist ein erfolgreicher Bilderstürmer, der sich um die Ansprüche seiner Kollegen wenig schert, ob sie nun auf Romantik oder auf wissenschaftliche Genauigkeit Wert legen. Trotz der Kritik, die an seinem Werk geübt wird, genießt er jedoch bei den Anthropologen ein unbestritten hohes Ansehen – was nur ein Symptom für die unbewußte Umorientierung des Fachs ist. Freilich könnte man sagen, daß die Tagelöhner der Anthropologie sich freuen, einen so berühmten Fürsprecher zu haben, der den Eindruck erweckt, für sie denken zu können, während sie ihre Zeit damit zubringen, Daten zu sammeln, herkömmliche Probleme zu bewältigen und zwischen Feldstudie und Universität zu pendeln. Wer möchte bezweifeln, daß Lévi-Strauss die Anthropologie überzeugender vertritt als die Handvoll anderer Aspiranten auf das Licht der Weltöffentlichkeit unter seinen amerikanischen und englischen Kollegen. Zudem ist er Franzose – genauer belgischer Abkunft (außerdem auch Jude, worauf ich noch zurückkommen werde), und die kühne, trügerisch klare Geistestradition Frankreichs, die sich immer noch im Glanz der Aufklärung sonnt, hat immer noch international einen guten Ruf. Die Kraft seiner Ideen hat Lévi-Strauss in eine Auseinandersetzung mit Sartre getrieben, die mit persönlichen Querelen nichts zu tun hat – vielmehr sind Person und Idee jeweils so weit verschmolzen, daß die Wahrheit des einen gegen die des anderen ausgespielt wird, wobei jeder beansprucht, im Besitz der absoluten Wahrheit für Mensch und Welt zu sein. Dieser intellektuelle Wettstreit ist zwar kein besonderes Merkmal Frankreichs, er nimmt aber dort eine besondere Heftigkeit an, und häufig hat es den Anschein, als stehe das Wohl und Wehe der Menschheit auf dem Spiel. Wir erinnern uns an den Kampf Pascals gegen Descartes, Rousseaus gegen Diderot und Voltaire. In einer etwas kleineren Arena fordert nun Lévi-Strauss Sartre um den Preis der ungeteilten Aufmerksamkeit Frankreichs und vielleicht der ganzen Intellektuellen des Abendlands heraus. Denn der von Lévi-Strauss verkörperte Strukturalismus ist die geistige Ideologie und die immanente Logik eines neuen, technokratischen Totalitarismus.

Welches sind die Glaubenssätze des Ethnologen?

Dennoch reicht die Position von Lévi-Strauss, so wie wir sie bisher skizziert haben, kaum aus, um seine überragende Stellung in der Anthropologie zu erklären. Es muß nicht nur seine Anthropologie untersucht werden, sondern auch sein Dasein, seine Einstellung, sein gesellschaftlicher Standort und seine Lebenslage. Zunächst hat er sich für eine intellektuelle Position entschieden, und die Tatsache, daß er diese Position bezogen hat, ist weit wichtiger als das Beweismaterial, das er zu ihrer Untermauerung heranzieht. Diese Position wird durchgehalten, wenn auch die Argumente, die zu ihrer Unterstützung vorgebracht werden, sich widersprechen können. Der springende Punkt liegt darin, daß die Position, die Lévi-Strauß einnimmt, zu einem Zeitpunkt in der Geschichte der Anthropologie, wo die meisten Daten gesammelt sind, sich die Möglichkeiten von Feldstudien (in der Dritten Welt) beträchtlich verengt haben und die Anthropologen unter großem Druck stehen, sich zuhause und im Ausland politisch zu entscheiden, charismatisch und zu einer fast utopischen Lösung für das allumfassende Dilemma der Anthropologie wird. Er wahrt zu seinem Thema äußersten Abstand; er ist eingestandenermaßen eine entfremdete Persönlichkeit, die darauf besteht, daß ihre Beobachtungen objektiv sind. Er erweckt den Eindruck, sich selbst seiner eigenen Objektivität geopfert zu haben: »Trotzdem existiere ich; allerdings nicht als Indidivuum, denn was bin ich in dieser Beziehung anderes als der fragwürdige Spielball in dem Kampf zwischen einer Gesellschaft, welche unter meinem Schädelknochen aus einigen Milliarden Zellen besteht, und meinem Körper, der als Roboter dient?« (Lévi-Strauss 1955, 367)

Lévi-Strauss bekennt, daß er kein Interesse an der Suche nach dem Sinn, nach den Imperativen des Handelns oder der Dialektik zwischen Vorstellung und Tat hat, es sei denn im buddhistischen Sinne: »Was ist der Sinn des Handelns, wenn das Denken, das dieses Handeln leitet, zur Entdeckung der Sinnlosigkeit führt. Diese Entdeckung kann jedoch nicht unmittelbar erfolgen: sie muß gedacht werden, und ich kann sie nicht sofort denken.« Am Ende des strukturalistischen Unterfangens steht nichts weniger als die Zerstörung der Kultur.

»Meinungen« müssen für Lévi-Strauss im technischen Sinne bedeutungslos sein, da es sich dabei um bloße Daten handelt, die den grundlegenden Strukturen assimiliert werden, die die Gehirnfunktion bestimmen – und mehr noch, derartige Strukturen sind das Zeichen für die Ordnung, die Offenbarung der Ordnung in der Welt. Damit verschafft er sich die Freiheit, anscheinend vernichtende Kommentare über unsere Zivilisation und den Menschen im allgemeinen abzugeben, ohne seinen Status in der Gesellschaft zu riskieren, (ganz im Gegensatz zu seinem Vorläufer Rousseau, auf den er sich beruft), weil solche Aussagen völlig vom Handeln abgelöst sind und außerdem keine letzte inhaltliche Bedeutung haben; oder, wie Lévi-Strauss das ausdrücken würde, lediglich inhaltliche Bedeutung haben. Er bringt es durchaus fertig, uns mitzuteilen, daß die unmittelbaren Ursachen für das Studium der Ethnologie nicht auf die grundlegende Funktion der Disziplin verweisen, nämlich darauf, daß sie zu einem Grundverständnis dessen beitragen soll, wie der menschliche Verstand funktioniert. Zu diesem Zweck erklärt er jede *Absicht* für nichtig – außer der eigenen.

Auf diese Weise entpuppt sich Lévi-Strauss als kalter Humanist, als Mann ohne sachliche wissenschaftliche Ausbildung, der sich selbst als lupenreiner Naturwissenschaftler versteht. In seinem Werk hat sich eine naturwissenschaftliche Attitüde, die von den induktiven Ansätzen der naturwissenschaftlichen Methodik zu unterscheiden ist, herausgebildet und er wendet sich dem Problem des Menschen zu, wobei der Mensch in ein Objekt verwandelt wird. Es ist sein Steckenpferd, die Strukturen des »objektivierten Denkens« zu entdecken. Seine zentrale Metapher ist die Musik, die er genau deswegen als grundlegendste Kunstform betrachtet, weil sie wortlos, schwerlich kognitiv, eine ursprüngliche Syntax von Tönen, von harmonischen und rhythmischen Gegensätzen und Progressionen ist – also der leibhaftige Strukturalismus. Man wird an die Sphärenmusik erinnert und daran, daß Plato Mathematik, Gymnastik und Musik als verwandte und wesentliche Disziplinen für die Ausbildung seiner Philosophenkönige empfahl. Der Dichtkunst mit ihrer bildhaften Sprache, ihren unerwarteten Spannungen, unmittelbaren und transzendenten Bedeutungen und ihrer außergewöhnlichen Gewöhnlichkeit steht er genauso mißtrauisch gegenüber wie Plato.

Die ästhetische Hierarchie

Es lohnt sich, die ästhetischen Einstellungen von Lévi-Strauss hier zu untersuchen, weil sie seine tatsächliche historische Situation und ebenso seine Ansichten darüber enthüllen, worauf sich die Sozialwissenschaft konzentrieren sollte. In *Das Rohe und das Gekochte* wird uns mitgeteilt, daß die Musik und die Mythologie »den Menschen mit virtuellen Objekten (konfrontieren), von denen allein der Schatten aktuell ist . . . (1964, 33)

Die Folgerungen aus dieser Art Begriffsrealismus werden weiter ausgeführt:

»Anders gesagt, wir wissen nicht, welch ein Unterschied besteht zwischen jenen seltenen Geistern, die Musik sekretieren, und jenen zahllosen, bei denen dies Phänomen nicht auftritt, obwohl sie im allgemeinen empfänglich dafür sind. Der Unterschied ist indessen so deutlich und zeigt sich schon so früh, daß wir nur ahnen können, daß er Eigenschaften besonderer Art impliziert, die wahrscheinlich auf einer sehr tiefen Ebene liegen. Aber weil die Musik eine Sprache ist, mittels derer Botschaften gebildet werden, von denen zumindestens einige von der großen Mehrheit verstanden werden, während nur eine sehr kleine Minderheit fähig ist, sie auszusenden, und weil zwischen allen Sprachen nur diese die widersprüchlichen Eigenschaften in sich vereinigt, nämlich zugleich verständlich und unübersetzbar zu sein, *wird der Schöpfer von Musik zu einem göttergleichen Wesen* (Lévi-Strauss zitiert hierin Mallarmé über Wagner) *und die Musik selbst zum höchsten Geheimnis der Wissenschaften vom Menschen, demjenigen, gegen das sie stoßen und in dem der Schlüssel ihres Fortschritts liegt.*« (Hervorhebung von mir) (ibid, 34).

Ich bin der Überzeugung, daß diese Aussage für das Verständnis von Lévi-Strauss entscheidend ist. Zunächst ist sie ethnozentrisch. Lévi-Strauss bezieht sich offensichtlich auf die abendländische Tradition der klassischen Musik, und er scheint der Ansicht zu sein, daß Wagner und Debussy deren letztgültige Komponisten sind. Die Improvisation durch die Musiker selbst, wie zum Beispiel in der Tradition des Folk-Jazz, die mit der akademischen Musik stets im Widerspruch stand, wird ignoriert. Außerdem wird nicht erörtert, welche Bedeutung die weit verbreitete Herstellung, Verteilung und Benutzung von Musikinstrumenten bei einem bestimmten Stammesvolk z. B. in Westafrika hat. Bei solchen Völkern kann ein Trommler entweder allein oder im Zusammenspiel mit anderen äußerst komplexe kontrapunktische Rhythmen schaffen, die im Augenblick des Erfundenwerdens wieder untergehen, da sie in keinem System der Notenschrift fixiert werden. Die Anzahl der Themen kann relativ beschränkt sein, die Variationen darüber sind jedoch äußerst reichhaltig, und jedermann scheint in der Lage zu sein, musikalisch etwas zu erfinden. Unter solchen Umständen wird in der Tat die Unterscheidung zwischen Thema und Variation nebensächlich und bloß akademisch.

In der Sicht von Lévi-Strauss jedoch ist der musikalisch Schaffende mit einem Gott vergleichbar. Da er außerdem glaubt, daß die Sprache der Mythologie der der Musik am nächsten kommt, und daß Mythen eine Art Musik sind, liegt auf der Hand, daß die Gesellschaftsordnung, die in den Mythen zeichenhaft zum Ausdruck kommt, hier mystifiziert wird; die Mehrzahl der Menschen werden auf Chiffren reduziert. Die Elite ist nur insoweit frei, als sie Ausdruck des menschlichen Wesens ist. Das höchste Mysterium, das in der Musik zu seinem Wesen findet, stellt das letzte anthropologische Problem dar, dem man sich nicht entziehen kann. Lévi-Strauss bezieht sich offensichtlich auf ein letztes Ordnungsprinzip, das jeder Erkenntnis und jeder Kommunikation zugrundeliegt. Hinzuzufügen wäre noch, daß er der Ansicht ist, daß dieses Prinzip eines Tages auf eine mathematische Formel reduziert werden kann. Es drängt sich die Schlußfolgerung auf, daß dieses »Geheimnis«, das nur in ein paar von ihrer Struktur her begabten Köpfen schöpferisch projiziert wird, bewacht und gepflegt werden sollte. Und hier sind wir nur noch einen Schritt von dem intellektuellen Politikverständnis Platos entfernt.

Es ist bezeichnend, daß Lévi-Strauss bei dem Versuch, die Erkenntnis und Auflösung des Mysteriums der Musik (und analog der Mythen) als entscheidende Aufgabe der Anthropologie hinzustellen, jeglichen Hinweis auf soziale Vorgänge wie Ausbeutung, Entfremdung, extreme Arbeitsteilung, moderne Kriegführung und die Rolle des Staates vermeidet. Sein Durst nach den letzten Dingen weicht unseren Realitäten aus oder nimmt sie vielleicht als bloße Zufälligkeiten selbstverständlich hin. Außerdem liegt natürlich eine gewisse Naivität in der übersteigerten Hochschätzung der Musik bei Lévi-Strauss. »Zivilisierte« Musiker und Komponisten sind ja in ihren Fähigkeiten, Urteilen und Weisheiten oder in ihren ästhetischen Ansichten außerhalb ihres eigenen Gebietes keineswegs so eindrucksvoll wie innerhalb. Marx würde gesagt haben, daß dies eben der Preis der Arbeitsteilung sei und der Charakter durch die Zivilisation so deformiert werde.

Dichtung, Malerei und Politik

Lévi-Strauss hilft uns immerhin verstehen, warum Plato die Dichter verbannen und die Musik institutionalisieren wollte. Indem er behauptet, die Dichtung sei keine Spiegelung jener wesentlichen Realitäten, deren Abbild die Musik und die Mythologie sind, erklärt er die Dichtung zum »Gemeingut«. Es handelt sich seiner Meinung nach dabei nur um »artikuliertes Sprechen . . ., das gewissen Restriktionen unterworfen ist«. Er stellt dies der Musik gegenüber, die »einen Träger (benutzt), der nur ihr eignet und außerhalb ihrer keine allgemeine Verwendung finden kann.« – Und auch hier wiederum scheint er die Musik von Völkern außer Acht zu lassen, die des Lesens und Schreibens nicht kundig sind. Er zieht dann den Schluß, daß eben deshalb, weil ein eigentümlicher Träger fehlt, »jeder entsprechend erzogene Mensch Gedichte schreiben (könnte), ob gute oder schlechte.« (ibid. 34 f.)

Der Fehler wird dadurch immer komplizierter. Zunächst ist ein schlechtes Gedicht kein Gedicht; ein Gedicht ist etwas, was sich außerhalb, trotz und manchmal sogar im Gegensatz zu rein formalen Zwängen abspielt. Wie Sartre und so viele andere erkannt haben, ist ein Gedicht bildhaft, die Verkörperung einer anderen Realität, einer geschaffenen Welt. Lévi-Strauss scheint dies auch zu ahnen: nur die Dichter unter uns wissen noch, sagt er an anderer Stelle, daß die Wörter Werte gewesen sind (1967, 74). Auch brauchen Gedichte nicht geschrieben zu werden; Kinder, die nicht schreiben können, können durchaus dichten. Außerdem sind die mündlichen Überlieferungen primitiver Völker im Grunde poetisch. Eine zunehmende Anzahl von Dichtern der Neuzeit wird bei der Interpretation solcher Traditionen von ihnen beeinflußt. Es sei daran erinnert, daß Vico die Sprache primitiver Völker als von Natur aus »poetisch« – als konnotativ, metaphorisch und doch konkret beschrieben hat. Und dies kommt der Meinung der meisten Künstler wohl auch derjenigen Anthropologen näher, die sich weiterhin mit derartigen Dingen beschäftigen, als Lévi-Strauss' Vergleich der Mythen mit der Musik. Wenn man Lévi-Strauss' Kriterien übernimmt, nachdem jeder entsprechend erzogene Mensch Gedichte schreiben kann, kann auch jeder im musikalischen Komponieren Geschulte »gute« oder »schlechte« Musik schreiben.

Lévi-Strauss verweilt jedoch nicht lange bei diesen ästhetischen Beurteilungen, die uns den Schlüssel zu seiner Vorstellung von Wissenschaft geben. Er wendet seine Aufmerksamkeit der Malerei zu, die er ebenfalls geringer als die Musik einschätzt, da sie Farben nachahmt, die in der Natur bereits gegeben sind, wohingegen er die Meinung vertritt, daß Töne – zum Beispiel Vogelrufe – nicht in ähnlicher Weise vorgegeben sind, oder lediglich Geräusche darstellen. Abgesehen von dieser Behauptung leuchtet es ein, daß die von den Malern benutzten Farben Nachahmungen der Farben in der freien Natur sein können, aber nicht müssen. Diese platonische Vorstellung über die Malerei (ganz zu schweigen von der Dichtkunst) als einer inhärent mimetischen Kunst, die trotz aller Nuancen die Richtung der Argumentation von Lévi-Strauss angibt, wird natürlich von Goya in seinem Vorwort zu *Los Caprichos* sehr überzeugend widersprochen. Von zentraler Bedeutung für ein Verständnis von Lévi-Strauss ist also seine Vorstellung, daß »diese kongeniale Unterwerfung der plastischen Künste unter die Gegenstände damit zusammenhängt, daß die Organisation der Formen und Farben innerhalb der sinnlichen Erfahrung . . . für diese Künste die Rolle einer ersten Artikulationsebene des Realen spielt.« (1964, 36) Anders gesagt: die höchsten Kulturleistungen, zu denen nur ein paar Menschen fähig sind (zum Beispiel die Schöpfer abendländischer Musik), dürfen keine Beziehung zum Gegenstand haben und können nicht von den Sinnen abhängig sein. Der Begriffsrealismus von Lévi-Strauss wartet nur darauf, politisch eingelöst zu werden. Man ist versucht, zu spekulieren, daß der tiefere Impuls hinter Lévi-Strauss, wie er selber angedeutet hat, vielleicht gar nicht philosophisch ist, sondern viel eher der des Künstlers, der des verhinderten Komponisten und Musikers, wobei er in diesem Fall letztlich zum akademischen Kritiker wird, der die Welt rationalisiert und ordnet, anstatt sie zu schaffen.[25]

[25] Er hat folgende Überzeugung: »Der Ethnologe fühlt sich nicht wie der Philosoph genötigt, die Tätigkeitsbedingungen seines eigenen Denkens zum Prinzip der Reflexion zu erheben (oder die einer Wissenschaft, welche die seiner Gesellschaft und seiner Zeit ist), um seine lokalen Konstatierungen auf eine Erkenntnis ausdehnen zu können . . .« (Lévi-Strauss 1964, 24).

Daher nimmt Lévi-Strauss aus einem oder dem anderen Grund eine Position der persönlichen Privilegiertheit innerhalb des allgemein privilegierten Kontexts einer objektivierenden abendländischen Wissenschaft ein. Anders ausgedrückt, Lévi-Strauss ist ein Relativist in jeder Hinsicht, mit Ausnahme der entscheidendsten. Er hängt weiterhin »abstrakten Abstraktionen«, dem abendländischen Kanon logisch-deduktiver wissenschaftlicher Begriffsbildung an, den er in eine Ästhetik verwandelt. Außerdem impliziert dies, daß er die Gesellschaft (seine eigene), die diese Art und Weise der Kognition zum Fetisch erhoben hat, indirekt, doch deshalb um nichts weniger absolut akzeptiert. So erhebt Lévi-Strauss Einwände gegen bestimmte Praktiken der Psychotherapie, die er von der Theorie der Psychoanalyse (1967, Kap. 9) unterscheidet, da diese Praktiken das darstellen, was er als eine Form der Magie bezeichnet. Ganz gleich, welche Form der Therapie praktiziert wird, sie muß vom menschlichen Kontext vermittelt sein. Daher folgert er, daß die grundlegende Strukturverzerrung, von der er mit Gewißheit annimmt, daß sie Quelle und Ort der »Geisteskrankheit« ist, verschleiert wird. Es hat den Anschein, daß die Wissenschaft die Untersuchung der Grundstruktur darstellt, wohingegen das menschliche Verständnis von Beziehungen magisch, bedeutungsgeladen, oberflächlich, lediglich palliativ und irreführend ist. Hier, wie in vielen anderen Beispielen, schließt sich Lévi-Strauss der essentialistischen abendländischen Wissenschaft an und stellt sich in Gegensatz zur »magischen« Oberfläche des Handelns in der Welt, jener Magie, die sowohl einen historischen als auch einen zeitgenössischen Bezug hat.[26]

In ähnlicher Weise behauptet er unter Anspielung auf bestimmte Neuerungen, die das Prinzip der Parität in der Sicht des Kosmos von Seiten der Physiker tendenziell in Frage stellen, in seinem Buch *Der nackte Mensch*, daß ihre Entdeckung eine Bestätigung seiner strukturalistischen Betrachtungsweise ist, die angeblich Ausdruck eben der Substruktur des Universums ist. Es ist schwer, ihm hier zu folgen, selbst wenn wir die an den Haaren herbeigezogene Analogie zwischen Phänomenen auf derart verschiede-

[26] Dennoch scheint Lévi-Strauss auch das zu »verstehen«. An einer typischen Stelle, die erkennen läßt, wie er ständig bemüht ist, alle Widersprüche außer denen, die er anerkennen will, aufzulösen, sagt er: »Die Freiheit, sich zu irren ist verlorengegangen . . . Die Sprache hat im Zusammenhang mit der wissenschaftlichen Zivilisation dazu beigetragen, die Wahrnehmung verarmen zu lassen und sie ihrer affektiven, ästhetischen und magischen Implikationen zu entkleiden, und ebenso das Denken zu schematisieren.« Bemerkenswert daran ist, daß er das Ästhetische, das Magische und das Affektive als die Freiheit ansieht, sich zu irren. Kurz gesagt: wir sind umso determinierter, je weniger wir uns irren.

nen operationalen Ebenen akzeptieren, die zu der Art Analogien gehören, die philosophisch orientierte Physiker wie Schrödinger ausdrücklich ablehnen. Eins ist gewiß: die Komplexität der Beziehungen zwischen Mikrokosmos und Makrokosmos, zwischen Materia und Antimaterie, läßt sich mit den Antinomien von Lévi-Strauss in keiner Weise vergleichen. Es ist wichtig, auf derartiges hinzuweisen, nicht um Lévi-Strauss unglaubwürdig zu machen, sondern um die Stegreifgewißheiten seines Stils und seines Denkens zu enthüllen. Der deterministische und reduktionistische Charakter dieses Denkens liegt auf der Hand.

Etliche Kritiker haben derartiges über den Ansatz von Lévi-Strauss gegenüber der Erfahrungswelt geäußert. Offensichtlich liegt eine Unvereinbarkeit zwischen den angeblich in hohem Maß symbolischen Kategorien des Strukturalismus und dem Reduktionismus vor, der zu seinem Erklärungsprinzip gehört. Das Bemühen Lévi-Strauss', in einer vor einiger Zeit gehaltenen Vorlesung (1972, 13f.) diese Kluft zu überbrücken, kann nicht überzeugen. Er behauptet, daß die Gesamtheit der menschlichen Sinnesorgane die Relität vorstrukturieren oder vordeterminieren – daß die Kognition daher auf einer mikrokosmischen Ebene bereits abstrakt ist. Das ist zwar richtig, aber ohne Aussagewert. Wahrscheinlich hat *Descartes* dieses Argument zuerst vorgebracht, noch stärker klingt es aber bei *Leibniz* an, der den Schluß zog, daß nichts im Verstand sei, was nicht zuvor in den Sinnen gewesen wäre – das heißt nichts außer dem Verstand. Auch steht dies für die kantianische Bewegung von Empfindungen über Wahrnehmungen zu Begriffsbildungen, wobei das Ordnungsprinzip begriffsbildend ist. Derartige Abstraktionen haben aber nichts zu tun mit der Kulturgeschichte, mit den besonderen Abstraktionen, die Kulturformen darstellen. Es handelt sich vielmehr um symbolische Erfindungen, die sich genauso wenig auf den Boden reduzieren lassen, aus dem sie erwachsen sind, wie sich ein Baum auf das molekulare System von Humus und Samenkorn reduzieren läßt. In einem anderen Zusammenhang steht diese Vorstellung sogar im Widerspruch zu Lévi-Strauss' eigenem Bemühen, die »konkreten« (induktiven und erfahrungsmäßigen) Abstraktionen der primitiven Kognition von den »abstrakten« (deduktiven, hypothetischen) Abstraktionen der modernen Wissenschaft zu unterscheiden.[27]

Doch auch hier kommt Lévi-Strauss' instrumenteller Zwiespalt zum Ausdruck. Um seine besonderen Vorstellungen über die allgemeingültige Funktionsweise des menschlichen Verstands zur Konsistenz zu verhelfen, muß er sagen, daß die primitiven Denkweisen mit den zivilisierten identisch

[27] Die Definition primitiver und zivilisierter Erkenntnisformen, die in *Das wilde Denken* dargestellt ist, könnte andere Schlüsse, zu denen der Verfasser sowohl früher als auch später gelangt ist, ins Zwielicht rücken. Doch betrachtet Lévi-Strauss selbst dieses Buch völlig zutreffend als »eine Art Pause« in seiner Arbeit (1968).

sind, und der Unterschied lediglich im Gegenstand liegt. Bei den primitiven Völkern ist der Verstand auf dem Mythos orientiert; bei den zivilisierten Völkern auf die Wissenschaft (1967, 253f.). Dies dürfte also implizieren, daß der Mythos die Wissenschaft primitiver Völker und die Wissenschaft der Mythos der Zivilisation ist. Dies wiederum führt zu dem von *Spengler* freimütiger gezogenen Schluß, daß die wissenschaftliche Weltbetrachtung als Ideologie verstanden werden muß. Für Lévi-Strauss stellt jedoch die Wissenschaft einen höheren Mythos dar. Sie ist nicht nur dem Anspruch nach, sondern auch tatsächlich, der Wahrheit näher, da die Wissenschaft einen Mythos aufdecken, der Mythos jedoch die Wissenschaft nicht explizieren kann. So gelingt es Lévi-Strauss mit einem Streich, den Mythos zu rationalisieren und die Rationalität zu mystifizieren. Bei mehreren Anlässen hat er versucht, diese Position zu modifizieren, er kommt jedoch genau wie *Husserl* immer zu dem Schluß, daß ihm durch seine Zivilisation eine höhere Form des Verständnisses zuteil wird. Indem er das abstrakte Begriffsdenken in den Rang einer menschlichen Konstante erhebt, bezeichnet er einen Prozeß als allgemeingültig, für den das akademische Milieu des Westens ein Musterfall ist. Im Grunde versucht er unzulässigerweise, Begriffsbildungen und Wahrnehmungen gleichzusetzen, was eine Attacke auf das Primat der Sinne und auf die Autonomie der Kognition durch Wahrnehmung darstellt, ob diese nun in unserer eigenen oder in primitiven Kulturen praktiziert wird. Und dieser Reduktionismus ist ein weiterer Ausdruck dafür, daß Lévi-Strauss der historischen Realität aus dem Wege geht.

Der reduktonistische Szientismus

Der Reduktionismus von Lévi-Strauss' läßt sich auch in den klassischen Rahmen der Spaltung zwischen mechanischem Idealismus und Materialismus einordnen. *Engels* zum Beispiel klassifizierte den Idealismus und den mechanischen Materialismus als die zwei Seiten derselben Medaille. Der Idealist konstruiert Theorien aus Abstraktionen, die ein Eigenleben zu führen scheinen. Im Platoschen oder auch Hegelschen Sinne ist das Weltall eine Struktur von Ideen, und diese werden sowohl als der Geist wie auch die Ursache gesellschaftlicher und kultureller Phänomene angesehen. Im Gegensatz dazu reduziert der mechanische Materialist die symbolische Erfindung auf einen ausschließlich materialistischen Imperativ – zum Beispiel die Entwicklung der Technik oder die Bevölkerungsexplosion. *Leslie White* ist in diesem doppelten Unterfangen besonders geschickt. Er postuliert die »Kulturwissenschaft« (»culturology«) buchstäblich als die höchste der Wissenschaften, die mit den symbolischen Systemen menschlicher Gruppen zu tun hat, und reduziert dann die Erklärung in der Geschichte auf eine Art energetischen oder technologischen Determinismus. Lévi-Strauss'

Verknüpfung von Idealismus und mechanischem oder biologischem Materialismus ist merkwürdig ähnlich und füllt Engels Definition beider völlig aus. Denn zwischen diesen beiden Sphären, dem symbolischen und dem materiell Determinierten gibt es keine spezifisch historische Vermittlung, keine Dialektik, die zwischen Mensch und Kultur evident wäre, sondern nur ein System ewiger Polaritäten, die sich ständig spiegelbildlich gegenüberstehen. Auch hier wiederum spürt man die Cartesianer (insbesondere Geulincx) und ihre sich wechselseitig ergänzenden geistigen und materiellen Uhrwerke, die im Geiste Gottes justiert sind. In jedem Falle wird die Bedeutung des menschlichen Handelns aus dem Dasein abgeleitet.[28]

Reduktionismus = Entfremdung

Daher werden wir in der Person Lévi-Strauss' Zeuge, wie sich der Anthropologe vom Vertreter einer Grenzwissenschaft zu einer anerkannten und angesehenen Immunität mausert. Er hat das Mandat, alles außer sich selbst zu verstehen, und dies wiederum enthebt seine Kollegen der Notwendigkeit, sich auf eine ernsthafte Kritik ihrer selbst oder ihrer Gesellschaft einzulassen. So können sie ihre Hirngespinste wahr und aus ihrer Schwäche eine Stärke machen. Die Position Lévi-Strauss' wird entscheidend, er führt

[28] In der Gesamtperspektive von Lévi-Strauss' Werk hat es den Anschein, daß die Dialektik zwischen Mensch und Natur sich in eine Reihe von determinierten und polaren Reaktionen aufgelöst hat. Interessanterweise macht Lévi-Strauss nur ein paar kurze und tendenziöse Bemerkungen zu Engels' Dialektik der Natur. Was immer man von Engels' Ansatz zu einer Welterklärung halten mag, spricht doch das Grundargument im Kontext der Bemühungen des Marxismus insgesamt gegen den von Lévi-Strauss' gegenüber Sartre in *Der Nackte Mensch* geäußerten Anspruch, daß der Strukturalismus im Gegensatz zur Philosophie in der Lage sei, die Integration des Menschen in die Natur zu akzeptieren. Diese »Integration« ist jedoch kaum ein dialektischer Prozeß, wie letzterer von Engels definiert wurde:

»Naturwissenschaft wie Philosophie *haben den Einfluß der Tätigkeit des Menschen auf sein Denken bisher ganz vernachlässigt* . . . Aber grade die *Veränderung der Natur durch den Menschen*, nicht die Natur als solche allein, ist die wesentlichste und nächste Grundlage des menschlichen Denkens . . . (Die naturalistische Auffassung der Geschichte . . . vergißt), daß der Mensch . . . auf die Natur zurückwirkt, sie verändert, sich neue Existenzbedingungen schafft. Von der ›Natur‹ Deutschlands zur Zeit, als die Germanen einwanderten, ist verdammt wenig übrig. Erdoberfläche, Klima, Vegetation, Fauna, die Menschen selbst haben sich unendlich verändert und alles durch menschliche Tätigkeit, während die Veränderungen, die ohne menschliches Zutun in dieser Zeit in der Natur Deutschlands, unberechenbar klein sind.« (Engels, *Dialektik der Natur*, MEW Bd. 20, S. 498/499), (Hervorhebung von mir).

vor, wie die Intellektuellen des Westens aus ihrer Entfremdung eine imponierende Karriere machen können. Und wir fangen an zu verstehen, warum ein hervorragender Anthropologe, ein Angehöriger des entfremdetsten aller Berufe, in eine zentrale Position des Geisteslebens im Westen gelangen kann.

Die theoretische Position Lévi-Strauss' ist in sich selbst eine Definition der Entfremdung. *Sartres* Einsicht in *Réflexions sur la question juive* paßt merkwürdig darauf – als ob er 1946 das Auftreten eines Lévi-Strauss antizipiert hätte: »Wir müssen diese Welt der Extreme, diese zweigeteilte Menschheit verstehen . . . Hinter dem äußeren Bild eines allumfassenden Humanismus verbirgt sich eine grundlegende Verdoppelung der jüdischen Sensibilität (1948). Ich möchte behaupten, daß Lévi-Strauss ursprünglich genau deswegen so schwer zu verstehen ist, weil sowohl diese Verdoppelung als auch der universale Humanismus bei Lévi-Strauss eindeutig vorliegen.[29] Noch direkter hat es jedoch, wenn wie bei Lévi-Strauss die konkrete Bedeutung den Grundstrukturen untergeordnet wird, den Anschein, daß wir hier vor der höchsten Rationalisierung für entfremdetes und gespaltenes Verhalten stehen. Vorgesetzt wird uns eine Trennung der abstrakten Prinzipien, die angeblich dem Verhalten zugrundeliegen, vom Verhalten selbst. Daher werden diese Prinzipien so aufgefaßt, als ob sie ein Eigenleben hätten und dazu benutzt, das mehr oder weniger integrierte, »lediglich« phänomenale Verhalten von Personen im Sinne einer wesensmäßigen Polarität zu interpretieren.

In Anbetracht gegenwärtiger Bemühungen, Strukturalismus und Marxismus unter einen Hut zu bringen, ist anzumerken, daß diese Trennung der Realität von der Erscheinung mit *Marx'* Formulierung des Problems keinerlei Ähnlichkeit hat und der marxistischen Betrachtungsweise nicht gleichgesetzt werden kann. Marx bestritt, daß das Wesen vor der Existenz kommt oder dahintersteht. Man erinnere sich zum Beispiel der hervorragenden Unterscheidung, die er zwischen dem abstrakten Pfirsich, dem Pfirsich der Philosophen, und dem einzigen Pfirsich trifft, den er anerken-

[29] Durkheim, der wahre Vorläufer von Lévi-Strauss, hatte geschrieben: »Es ist zwar richtig, daß wir doppelte Wesen sind, daß wir die Realisierung einer Antinomie darstellen. Im Zusammenhang mit dieser Wahrheit erhebt sich jedoch eine Frage, der sich die Philosophie und sogar die positive Psychologie nicht entziehen kann. Woher kommt diese Dualität und diese Antinomie? Woran liegt es, daß jeder von uns . . . ›ein Monstrum an Widersprüchen‹ ist, das sich nie vollständig befriedigen kann? Und wenn dieser merkwürdige Zustand einer der hervorragenden Vorzüge der Menschheit ist, muß die menschliche Wissenschaft gewiß den Versuch machen, ihn zu erklären.

Lévi-Strauss hat versucht, »ihn zu erklären«, in einer Richtung jedoch, die genau im Gegensatz zu Durkheim steht (1960, 330).

nen will, mitsamt seiner Haut, seinem Kern, dem Fruchtfleisch und, wie man noch hinzufügen könnte, dem Wurm. Marx hob hervor, daß die gesellschaftlichen Bedingungen den Sinn für die gesellschaftliche Realität verzerren. Wenn die Entfremdung überwunden werden soll, müssen diese Grundbedingungen bewußt gemacht werden. Sie sind daher das Gegenteil von Lévi-Strauss' unbewußten Strukturen.

Außerdem gestalten bei Marx die gesellschaftlichen Bedingungen die Realität, »das gesellschaftliche Sein bestimmt das Bewußtsein«, während sich für Lévi-Strauss sagen läßt, daß das biologische Dasein das gesellschaftlich Unbewußte und daher das Verhalten der Menschen determiniert.

Der methodologische Reduktionismus: Der Gaukler

Lévi-Strauss beschreibt den Prozeß wie folgt:

»Die fächerartige Struktur des Mythos ... erlaubt es, in ihnen eine Matrix von Bedeutungen zu sehen, die in Reihen und Spalten geordnet ist, bei der jedoch auf welche Weise man immer sie liest, jede Ebene stets auf eine andere verweist. Desgleichen verweist jede Matrix von Bedeutungen auf eine andere Matrix, jeder Mythos auf andere Mythen. Und wenn man fragt, auf welches letzte Signifikat diese Bedeutungen verweisen, die sich wechselseitig selbst bezeichnen, so ist die einzige Antwort ... die, daß die Mythen den Geist bezeichnen, der sie mit Hilfe der Welt, von der er selbst ein Teil ist, erarbeitet. *So können die Mythen selbst gleichzeitig durch den Geist, der sie hervorruft, und durch die Mythen, ein schon in der Architektur des Geistes eingeschriebenes Bild der Welt, erzeugt werden.*

Indem das mythische Denken sein Material der Natur entnimmt, geht es wie die Sprache vor, welche die Phoneme unter den natürlichen Lauten auswählt, von denen das Lallen eine praktisch unbegrenzte Stufenleiter bietet. Denn ebenso wenig wie die Sprache kann es unterschiedslos dieses empirische Material in all' seiner Fülle annehmen, verwenden und gleichwertig behandeln. Auch hier werden wir uns der Tatsache beugen, *daß die Materie das Instrument*, nicht der Gegenstand der Bezeichnung ist. Damit sie diese Rolle spielen kann, muß man sie zunächst ärmer machen ... [Mit Lévi-Strauss, wie anzunehmen ist] *indem man nur eine kleine Anzahl von Elementen beibehält, die geeignet sind, Gegensätze auszudrücken und Gegensatzpaare zu bilden*« (Hervorhebung von mir) (1964, 436f.).

Bei einem Versuch, diese Methode zu erklären, schlägt Lévi-Strauss seine Lösung für das Problem des Gauklers in der Mythologie der amerikanischen Indianer vor, das bis dahin anscheinend unlösbar war. Weshalb, fragt er unter Bezug auf einen Aspekt des Problems, wird in fast ganz Nordamerika diese Rolle dem »Cojoten« oder »Raben« zugeordnet (1967, 247)? Um dies verstehen zu können, müssen wir wissen, »daß das mythische Denken ausgeht von der Bewußtmachung bestimmter Gegensätze und hinführt zu ihrer allmählichen Ausgleichung ... Nehmen wir also an«, sagt er weiter, »zwei Ausdrücke, zwischen denen der Übergang unmöglich scheint, würden zunächst durch zwei äquivalente Ausdrücke ersetzt, die einen weiteren als Zwischenstation zulassen. Danach würden einer der polaren Ausdrücke und der dazwischengeschaltete ersetzt durch eine neue Dreiergruppe, und so fort.« (Man beachte die Fugen-mäßige Progression.)

Die zwei polaren Ausdrücke, mit denen Lévi-Strauss anfängt, sind »Leben« und »Tod«. Sogleich muß hier doch eingewandt werden, daß in einer primitiven Kultur »Leben« und »Tod« unter Umständen gar nicht als polar wahrgenommen werden, sondern vielmehr als Aspekte eines einzigen Zustands, des Zustands der Existenz. Nach den Worten von *Radin* »nimmt der Indianer überhaupt keine Trennung zwischen dem Persönlichen im Gegensatz zum Unpersönlichen und dem Körperlichen im Gegensatz zum Unpersönlichen in unserem Sinne vor. Interessiert zu sein scheint er vielmehr am Problem der Existenz, der Realität; und alles, was von den Sinnen wahrgenommen, gedacht, erfühlt und erträumt werden kann, existiert.« Nichtsdestoweniger wird, wenn wir uns einmal der Konstruktion von Lévi-Strauss anschließen, das »Leben«, ein Begriff, der nicht vermittelt werden kann, in Ackerbau umgewandelt. Der »Tod«, der andere unvermittelte Begriff des ursprünglichen Paares, wird in Krieg umgewandelt. Zwischen Ackerbau und Krieg wird eine Vermittlung möglich; und diese ist das Jagen, denn das Jagen sorgt unter Verwendung der Kriegstechniken für Nahrung. Diese erste Dreiergruppe muß nun einer zweiten Verwandlung unterzogen werden, bevor wir entdecken können, warum »der Rabe« und »der Cojote« in der amerikanischen Mythologie so prominente Gestalten sind. Der Ackerbau muß als »pflanzenfressendes Tier« personifiziert werden; und entsprechend dazu wird das Jagen mit »Raubtieren« personifiziert. Wenn wir im Rahmen dieser Logik bleiben, sind die Vermittler in der zweiten Dreiergruppe – die zwischen pflanzenfressenden und fleischfressenden Tieren – natürlich die Aasfresser, also Tiere, die das Fleisch anderer Tiere fressen, die sie jedoch nicht töten. Daher sind sie zwar fleischfressend und ähneln hierin den Raubtieren, doch ähneln sie auch darin den Nahrungsproduzenten, daß sie nicht töten, was sie fressen. Nun können wir den Schluß ziehen, daß »der Rabe« und »der Cojote« in dem binären Gegensatz Leben-Tod vermitteln und daher für das Bild des Gauklers stehen, der bekanntermaßen gut und böse und sowohl Schöpfer als auch Zerstörer ist.

Analog zu dieser grundlegenden logischen Progression, die Lévi-Strauss einer allgemeingültigen Struktur des Verstandes zuschreibt, läßt sich eine Reihe von anderen Vermittlungsfaktoren aufstellen. Zu diesen mythischen Ausdrücken gehört der Dunst (zwischen Himmel und Erde); der Skalp (zwischen Krieg und Ackerbau, denn der Skalp ist eine Frucht des Krieges); Kleidung (zwischen Natur und Kultur); Asche (zwischen Dach/Himmel und Herd/Boden), usw. Lévi-Strauss zufolge lassen sich mit dieser Methode ganze Bereiche der nordamerikanischen Mythologie aufklären. So wird zum Beispiel klar, weshalb Skalpe Dunst erzeugen; weshalb der Geist des Taus (zwischen Himmel und Erde) mit dem Hüter des jagdbaren Wilds (zwischen Jagd und Ackerbau) in Verbindung gebracht werden kann und auch der Geber schöner Kleidungsstücke (zwischen Natur und Kultur) sein kann. Und so gelangen wir auch schließlich zu einem Verständnis dessen, warum der Geist des Taus als Aschenjunge personifiziert werden kann (da Ruß und Asche zwischen Himmel und Erde sind) und warum der Aschenjunge generisch, jedoch nicht historisch mit dem Aschenbrödel verwandt ist. Denn im letzteren Beispiel ist die nominale Vermittlung in eine gesellschaftliche Vermittlung umgesetzt worden – ein Mitglied der unteren Klasse heiratet ein Mitglied der obersten Klasse, was, wie Lévi-Strauss in Fortführung seiner Logik behaupten müßte, eine intellektuelle Lösung des Klassenkonflikts ist. Die exemplarischen mythischen Ausdrücke wie »Cojote«, »Rabe«, »Dunst«, »Skalp«, »Bekleidung«, und »Asche« sind also deswegen äquivalent, weil sie in der Struktur der Mythen eine analoge Position einnehmen. Um diese beziehungsmäßige Äquivalenz, die den Grundprozeß bezeichnet, der jeder zutage tretenden Bedeutung zugrundeliegt, geht es Lévi-Strauss, und nicht um die Integrität der Welt selbst oder um irgendeine andere Assoziation oder Konnotation, die sie vielleicht hat. Ziel dieses Endspiels stereotypisierter Metaphern (lies': Illusionen[30]), mit denen Lévi-Strauss endlos und virtuos herumspielt, ist die Aufdeckung der Struktur, das heißt der spezifischen Anordnung der zugehörigen gegensätzlichen Elemente.

Kritik der Methode und der Schlußfolgerung

Wenn wir jedoch das ursprüngliche Paar »Leben« und »Tod« untersuchen, scheint es selbst dann, wenn wir ihren Doppelcharakter akzeptieren (was uns das ethnologische Datenmaterial keineswegs vorschreibt), keinen zwingenden Grund dafür zu geben, daß wir die erste Dreiergruppe als Ausdruck einer zwangsläufigen Progression von dem Begriff »Leben« über eine Tätigkeit »Ackerbau« zu einer Personifizierung »pflanzenfressende Tiere« aus, neben der parallel eine analoge Umwandlung von »Tod« über »Krieg« zu »Raubtieren« steht. Genauso logisch und ökonomischer wäre es, unmittelbar von »Leben« zu »pflanzenfressende Tiere« und von »Tod« zu »Raubtiere« überzugehen, und im letzteren Beispiel ohne den vermittelnden Ausdruck »Jagen«. Damit würden wir sowohl das Leben als auch den

30 Nach dem strukturalistischen Lexikon kann »Illusion« als die Realität definiert werden, die »gewöhnlichen« Menschen in der Welt zugänglich ist.

Tod unmittelbarer personifizieren. In Wirklichkeit ist auch die unmittelbare Personifizierung des Todes bei primitiven Völkern weit verbreitet. In jedem Falle sind die Personifizierungen, die unter solchen Völkern anzutreffen sind, für die spezifische Reihenfolge von Lévi-Strauss'« unformuliertem Argument (der Pueblo)« irrelevant. Die ethnologische Realität wird nämlich von der Personifizierung oder Konkretisierung dargestellt, von ihr haben wir auszugehen. Lévi-Strauss erweckt jedoch lediglich den Eindruck, induktiv von bestimmten Personifizierungen ausgehend zu unvermittelten abstrakten Begriffen überzuleiten, die dann angeblich die Grundannahmen der untersuchten Kultur darstellen sollen und daher in allgemeingültige Grundannahmen und schließlich in das polarisierende Prinzip der Natur selbst übersetzbar sind. In Wirklichkeit hat Lévi-Strauss gar keine induktiven Schlußfolgerungen gezogen, sondern von dem angenommenen Datenmaterial aus (der Gaukler als Zeichen) rückwärts zu den a priori unvermittelten Begriffen (»Leben« und »Tod« als das Signifikat) argumentiert. Er stellt seine Methode wie folgt dar:

> Das Ziel . . . ist es, aufzuzeigen, auf welche Weise empirische Kategorien wie roh und gekocht, frisch und faul, feucht und verbrannt usw., die nur durch die ethnographische, jeweils den Standpunkt einer besonderen Kultur einnehmende Beobachtung präzise definierbar sind, *auf welche Weise diese Kategorien dennoch als begriffliches Werkzeug dienen können, mit dessen Hilfe sich abstrakte Begriffe herausarbeiten und zu Sätzen zusammenfügen lassen.* (Hervorhebung von mir (1964, 11).

Diese empirisch ermittelten binären Oppositionen sind daher nichts weiter als die kulturspezifischen Namen, die die formalen Dichotomien bezeichnen, die die Funktionsstrukturen von Natur und Verstand definieren; und diese sind scheinbar sowohl allgemeingültige als auch a priori-Annahmen. Die Methode von Lévi-Strauss ist in diesem repräsentativen Beispiel tautologisch.

Vollständiger begreifen läßt sich der Gaukler (trickster) jedoch als die Personifizierung der menschlichen Zwiespältigkeit auf einer unmittelbar wahrgenommenen Bedeutungsebene; einer konkreten menschlichen Zwiespältigkeit, die im Alltag der Transzendenz unterworfen ist. Das unterscheidet sich sehr von Lévi-Strauss' Vorstellungen, daß das »mythische Denken stets vom Bewußtwerden von Gegensätzen zu ihrer Auflösung fortschreitet«; denn diese mythologische Auflösung ist merkwürdig undialektisch und stellt sich als bloße Klärung gewisser formaler Antinomien heraus. Außerdem hat die Art von Vermittlung (lies: Auflösung), die Lévi-Strauss postuliert, wie er selbst zugeben muß, keinerlei Bezug auf die wirklichen Widersprüche, die in der Gesellschaft auftreten oder von Personen erlebt werden.

Hinzuzufügen wäre noch, daß die Namen für den Gaukler, »Rabe« und »Cojote«, für die Lévi-Strauss eine Erklärung gibt, viel ökonomischer zum Beispiel damit erklärt werden können, daß diese Tiere schlau sind, überall vorkommen, kaum zu fangen sind, Streiche anstellen können und bestimmte menschliche Merkmale in ungezähmter Form widerspiegeln. Die Argumentation Lévi-Strauss' ist jedoch schon als solche fragwürdig. So können zum Beispiel Bären, die hier nicht als Gaukler dargestellt sind, sich als Aasfresser betätigen, während Cojoten nicht nur Aasfresser sind, sondern auch unmittelbar Beutetiere reißen können, und auch von Raben ist bekannt, daß sie sich als Raubtiere betätigen. Außerdem hat Jane Goodall darauf hingewiesen, daß der Cojote (wie die Hyäne) seine Aasfressergewohnheiten in einer veränderten Umwelt entwickelt, wo die Konkurrenz um jagdbares Wild für ihn zu groß ist. Goodall bezieht sich auf Afrika, doch erhebt sich nichtsdestoweniger die Frage, ob die mythologische Argumentation historisch haltbar ist, und die Geschichte verfolgt hier den Strukturalisten auf einer recht elementaren Ebene. Schließlich wird der Typ des Gauklers in anderen Teilen der Welt durch Spinnen, Betende Mantis und Hasen dargestellt (nicht durch Geier oder Hyänen) und man sähe sich vor ein recht schwieriges Problem gestellt, wenn man derartige Personifizierungen im Rahmen von Lévi-Strauss' Logik erklären wollte. Aus der Untersuchung eines Aspekts des Gaukler-Mythos ergibt sich also eine viel lohnendere Frage, die nach der Art der Personifizierung, die uns dabei hilft, bestimmte historische Unterschiede zwischen primitiven und zivilisierten Formen der Erkenntnis zu verstehen.

Der Ausdruck Personifizierung wird hier benutzt, um eine Erkenntnisform darzustellen, die derjenigen entgegengesetzt ist, die in deduktiven Abstraktionen verkörpert ist. Die bezeichneten Phänomene müssen offensichtlich nicht als Personen definierbar sein, doch ist der Prozeß der Personifizierung stets klar zu erkennen. Mana, der polynesische Ausdruck für die Allmacht des Universums ist zum Beispiel, der Geist einer Gottheit, die in einem Gegenstand oder in einem Menschen wohnt. Sowohl die Maori als auch die Dakota-Indianer behaupten typischerweise, daß jeder Gegenstand Ausdruck eines Geistes ist. Alternativ dazu ist Mana dasjenige, was funktioniert, eine Tätigkeit aufweist und Wirkung zeigt. Das persönliche (Dasein) und das Aktive oder Existentielle sind immer verwandte Aspekte der primitiven Wahrnehmung. Daher scheint die Personifizierung ein vollständig akzeptables Kürzel für den Prozeß zu sein, den ich erörtere.

Binäre Gegensätze: eine zivilisierte Interpretation

Eine sinnvolle Form des Ansatzes gegenüber diesem relativen Unterschied in der Erkenntnis, die weitere Aufschlüsse über Lévi-Strauss' Verfahren ermöglicht, besteht darin, daß wir die radikale Trennung zwischen Gut und Böse und ihre Verwandlung in Begriffe betrachten, die ein Symptom archaischer und moderner Zivilisationen ist. Auf diese besondere Polarität läßt sich Lévi-Strauss nicht ein, doch ist sie nicht unwichtig. Entscheidend ist nämlich, daß Gut und Böse im tatsächlichen Verhalten von Personen kaum als solche abstrahiert werden. Wir projizieren jedoch ihre Reinform selektiv als äußere Kräfte, die das Verhalten der Personen ordnen oder durcheinanderbringen. Im abstrakten Sinne können wir davon sprechen, daß jemandem Böses widerfährt, oder daß er Glück hat; und entsprechend dazu können wir in politisch strukturierten Gesellschaften auch eine Person als an sich gut oder böse betrachten, genauso wie wir dazu neigen, ihr Menschsein auf ihren Beruf, auf ihre Schicht oder ihren Status innerhalb der Gesellschaft zu reduzieren. In beiden Fällen – der Veräußerlichung und Verinnerlichung dieser Kräfte – ist die menschliche Handlungsfähigkeit kaum vorhanden oder erscheint in einer grob entfremdeten Form als verdinglichtes Schicksal. Wenn wir andererseits uns eine Situation in einer primitiven Gesellschaft vergegenwärtigen, in denen die Prinzipien der Person untergeordnet sind, wo das, was wir auf Prinzipien reduzieren, in Form von »Personifizierungen« auftritt, dann wird das reale integrierte Verhalten in der Welt zur Grundlage der Analyse – und nicht etwa das Strukturelle oder jede andere beliebige Form eines Prinzips, das angeblich dem Verhalten zugrundeliegt. Dieser primitive Sinn für eine dialektische Realität wird sogar auf das Verhalten der Götter ausgedehnt; so berichtet zum Beispiel *Laura Benedict* unter Bezug auf die Bagobo:

»Bevor die Welt geschaffen wurde, war Tagamaling. Der Tagamaling ist der beste Buso, weil er den Menschen nicht die ganze Zeit verletzen will. In Wirklichkeit ist Tagemaling nur eine Zeitlang Buso, das heißt in dem Monat, in dem er Menschen frißt. Einen Monat ißt er kein Menschenfleisch und dann ist er ein Gott. So wechselt er Monat für Monat ab. In dem Monat, wo er Buso ist, will er Menschen fressen, während der Mond dunkel ist; das heißt, zwischen den Phasen, in denen der Mond voll im Osten und neu im Westen steht . . . (zit. nach Radin 1957, 244)

Und *Lowie* teilt uns mit:

»Die zwei großen Gottheiten der Ekoi werden auch nicht als konsequenter aufgefaßt als die Sonne oder Old-Man-Cojote bei den Krähen-Indianern. Keiner von beiden ist durchweg gut. (Ihre Absichten können durchkreuzt werden).« (Lowie 1948, 48)

Himmel und Hölle, um ein weiteres Beispiel zu geben, sind zivilisierte Erfindungen. Bei den primitiven Völkern existiert weder die Projektion noch die abstrakte Polarität dieser beiden Begriffe. Diese Polaritäten, die sich zusammen mit der Zivilisation entwickeln, lassen sich in religiösen, juristischen oder anderen institutionellen Codes lokalisieren; tendenziell reduzieren sie das Verhalten von Personen und daher die Personen selbst auf wesentliche binäre Merkmale. Auf diese Weise werden wir veranlaßt, von ›arm‹ und ›reich‹ (eine ökonomische Unterteilung), von ›wir‹ und ›sie‹ (eine politische Unterteilung) zu sprechen um dann zu verlangen, daß sich eine Person etwa als Schreiner oder Klempner (eine berufsspezifische Unterteilung) identifiziert.

Die Verdinglichung der Diskontinuität zwischen »jung« und »alt« ist ein weiteres Beispiel hierfür. Wir sprechen von den Alten und den Jungen, als ob es sich um getrennte Bevölkerungen handelte, die zu uns übrigens in keiner Beziehung stünden. Sie erscheinen als die äußeren Extremfälle einer menschlichen Existenz, die wir abstrahieren und irgendwie uns selbst entfremden. Das heißt, daß wir uns selbst nicht bezogen auf einen integrierten Lebenszyklus wahrnehmen, zu dem auch eine Zeit der Jugend gehört, und der während der Reifung gelöst und umgewandelt wird. Stattdessen versuchen wir – in einem sogenannten »progressiven Bemühen« – Altersheime und Tätigkeitsgebiete für die Alten, und Scheinlösungen für die Probleme der »unruhigen« Jugend zu schaffen. Diese gesellschaftlich determinierte Reduzierung des Lebenszyklus verführt uns dazu, den Begriff von einer binären Unterteilung zwischen jung und alt zu entwickeln und sie infolgedessen als gesonderte Bevölkerungsteile zu verdinglichen. Dies wiederum ist ein politischer Prozeß. Die Jungen und die Alten nämlich – das heißt wir selbst in anderen und grundlegend diskontinuierlichen Entwicklungsphasen – stellen überschüssige Bevölkerungsteile dar, die nicht ins System assimiliert werden können. Der Entzug des Wahlrechts und, was vielleicht am offensichtlichsten ist, besondere Einrichtungen für die Jungen und die Alten, tragen dazu bei, die übrigen von uns in der überkommenen Struktur zu fixieren, da die Jungen und die Alten ein Reservoir potentieller Konkurrenten darstellen.

Die Jungen und die Alten werden daher als antagonistisch gegenüber dem Selbst in der Gesellschaft verdinglicht – wir werden durch die Drohung der Konkurrenz mit uns selbst gelähmt. Der binäre Gegensatz zwischen »jung« und »alt«, welches Abstraktionen sind, die über der »wirklichen« Person und gegen sie stehen, reduzieren letztere auf eine Abstraktion, auf die entfremdete Form des Selbst, über das die Zivilisation nach Belieben verfügen kann. Unsere Logik, die sich zu unserer Kultur isomorph verhält, ist ausschließend und zweipolig; wenn ein Phänomen eines ist, kann es nicht gleichzeitig ein anderes sein. *Dorothy Lee* verstand dies wie folgt: »Die Philosophie der Wintu im allgemeinen kennt kein Gesetz des Widerspruchs. Wo wir dualistische Kategorien haben, die sich gegenseitig ausschließen, haben die Wintu Kategorien, die sich wechselseitig einschließen.« (1959, 131)

In der Zivilisation gibt es also das Gefühl, entweder in Übereinstimmung mit absoluten Prinzipien zu handeln, die der tatsächlichen Komplexität des menschlichen Verhaltens nicht Rechnung tragen, oder gegen diese zu verstoßen. Daher kommt das entfremdende Gefühl, von Kräften getrieben zu werden, die sich unserer Kontrolle entziehen. Analog dazu spricht *Marx* davon, »daß die einzelnen Individuen mit der Ausdehnung der Tätigkeit zum Weltgeschichtlichen immer mehr unter einer ihnen fremden Macht geknechtet worden sind (welchen Druck sie sich denn auch als Schikane des sogenannten Weltgeistes etc. vorstellten), einer Macht die immer massenhafter geworden ist und sich in letzter Instanz als Weltmarkt ausweist.« (Marx *MEW* 3, 37) Die Gesellschaft selbst wird als antagonistisch gegenüber dem Individuum hypostasiert; dies ist die Antithese zur primitiven Auffassung der Person in der Gemeinschaft. Die Metaphern von Befehl und Verantwortung, die das primitive Ritual definieren, wobei sie gleichzeitig die natürliche Arbeitsteilung und die charakteristische Einheit der Arbeit widerspiegeln, sind das Gegenteil dessen, was *Durkheim* als die »organischen«, miteinander verknüpften Funktionen bezeichnete, auf die Personen in der modernen Gesellschaft reduziert werden. Daher hat Lévi-Strauss für uns die Landschaft der Entfremdung erforscht und diese mit einer gewissen Verzweiflung schließlich auf die Tiefenstruktur des Gehirns zurückgeführt – die bestimmend für den menschlichen Akteur, ihm aber zugänglich ist.

Interessanterweise jedoch unterwirft Lévi-Strauss die Mythen seiner eigenen Gesellschaft, die er zu Recht als politisch definiert, keiner strukturellen Analyse. Er behauptet, daß die Mythen der Zivilisation so vielen Verzerrungen und Neuinterpretationen durch Generationen von Mandarinen unterworfen waren, daß sie nicht mehr Ausdruck der Grundstrukturen sind. Natürlich ist es wahrscheinlich, daß primitive Mythen genauso oft wie unsere eigenen interpretiert worden sind. Das ist die Position, die Lévi-Strauss auch dann einzunehmen scheint, wenn er Rationalisierungen für seinen Anspruch vorbringt, zumindest einen Schritt Abstand zu dem jeweils untersuchten Mythos zu haben. Überdies leuchtet ein, daß die Beobachtungsplattform, die er aus seiner eigenen Gesellschaft gemacht hat, dadurch wirksam isoliert wird, daß er die Behandlung unserer herrschenden Ideologen meidet. Dies ist bedauerlich, weil eine nähere Untersuchung der Ideologie des Westens meiner Ansicht nach enthüllen würde, daß die determinierenden Strukturen, auf die sich Lévi-Strauss bezieht, kognitiver Art, im weitesten Sinne politisch und symtomatisch für die scharfen und weit verzweigten gesellschaftlichen Widersprüche sind, die ihren Ausdruck im Überbau der Zivilisation finden. Gleichzeitig stehen sie für die banalsten Dichotomien, die sich aus einer beliebigen Situation, einem beliebigen Ereignis, einer beliebigen Struktur oder Idee abstrahieren lassen. Daher lassen sich Lévi-Strauss' Determinismus und sein bipolares Theoretisieren sowohl als Projektion der zivilisierten Erkenntnis in die primitive Kultur definieren, als auch als die Strategie eines reduzierenden Universalismus. Indem er den Prozeß entweder unmittelbar oder analog in der Neurodynamik lokalisiert, geht er jener Konfrontation mit der eigenen Kultur aus dem Wege, die *Rousseau* als das Ziel des Versuchs begriff, andere zu verstehen. Es hat den Anschein, daß Lévi-Strauss Rousseaus Aussage auf den Kopf gestellt hat und versucht, primitive Kulturen mit Hilfe nicht hinterfragter Annahmen unserer Zivilisation zu verstehen.

Wenn also Lévi-Strauss behauptet, daß die Primitiven ebenso wie die gewöhnlichen Menschen in unserer eigenen Gesellschaft die reale Grundlage ihres eigenen Verhaltens nicht verstehen können (da sie nicht gleichzeitig handeln und analysieren können, gibt er vielleicht zu, daß er ihnen seine Erklärungen in stärkerem Maße aufzwingt, als er einzuräumen bereit ist.

Ich möchte ein Beispiel dafür anführen, wie man darauf verzichten kann, Erklärungen aufzuzwingen. Als ich im nördlichen Zentralnigerien eine Feldstudie durchführte, wurde ich sowohl als ein Geist eines bestimmten Typus' als auch als Mensch identifiziert. Ein binärer Gegensatz war nicht festzustellen; ich wurde gleichzeitig als beides begriffen. In diesem Falle könnte man sagen, daß die Synthese im Verstand der Anaguta stattgefunden hatte. Dies würde jedoch bedeuten, daß man einen a priori-Gegensatz in die Angelegenheit hineinlesen würde. Entscheidend war nämlich, daß die Betrachtungsweise der Anaguta integriert war, und kein Bedürfnis bestand, sie zugunsten einer fetischisierten westlichen Logik von Polaritäten zu desintegrieren. Die Salisch sagen: »Mach den Geist des Tieres oder der Sache nach, die in dir sind«, (was eher als synthetische Aussage, als als gegensätzlicher Imperativ gesehen werden darf), (Rothenberg (Hg.) 1972, 262). Ein weiteres Beispiel bezieht sich auf die Unterscheidung zwischen schwarzer und weißer Magie. Viele Anthropologen haben darauf hingewiesen, daß diese Definition sich je nach dem Subjekt und Objekt der Magie verschiebt. Die Unterscheidung kann als situationsspezifisch definiert werden, das heißt als verschiebbare Perspektive in Bezug auf ein einziges Ereignis, und nicht als abstrakt polar. Natürlich wird Lévi-Strauss weiterhin Mittel und Wege finden, derartige Schwierigkeiten zu lösen, indem er zwischen primären und sekundären Realitätsebenen unterscheidet (nachdem die Transformationen stattgefunden haben) oder indem er den sozialen Zusammenhang der Unterscheidung ignoriert, indem er sie einem »grundlegenden Prozeß des menschlichen Verstandes« zuschreibt. Auf diese Weise könnte man anfangen, ein Gegenmodell zu Lévi-Strauss zu konstruieren.

Das kosmologische Motiv

Lévi-Strauss hat zwar für die Anthropologie in der Gesellschaft, in der sie erfunden wurde, eine neue Nische entdeckt, doch hat er auch zur Untermauerung seiner impliziten Theorie eine beträchtliche Datenmasse geschaffen und zur Schau gestellt. Dies hat sich so ausgewirkt, daß sein Ruf als Anthropologe noch gewachsen ist, denn nun steht den Anthropologen ein peinlicher Überschuß an angeblich empirischer Information zur Verfügung, und sie haben recht wenig damit angefangen. Eine Anstrengung von der Größenordnung, wie sie Lévi-Strauss gemacht hat, hat den Vorzug, daß sie Informationen ordnet und erklärt, die ansonsten nutzlos scheinen könnten. In diesem Sinne hat Lévi-Strauss die Anthropologie für den professionellen Anthropologen interessant gemacht, und gleichzeitig dazu beigetragen, die Neugier über primitive Völker zu befriedigen, die in unserer Zivilisation seit Montaigne so stark ausgeprägt ist.

Lévi-Strauss' Ansichten über seine eigene Leistung, die zu unterscheiden ist von seiner Strategie oder den Gründen, warum er unter seinen Kollegen so geschätzt ist, stehen meiner Ansicht nach auf einem ganz anderen Blatt. Er möchte eine Kosmologie erschaffen, und dies muß immer eine Erfindung sein. Wie kann es einem Menschen gelingen, eine Kosmologie für die moderne Welt zu schaffen, eine Welterklärung, die auf dem analytischen Geist beruht, wenn genau dieser Geist das Universum zerstückelt hat, das er wieder zusammensetzen möchte? Die zwanghafte Logik seines Standpunkts, die Widersprüche nur aufreißt, um sie zu ersticken, der Umfang seines Werks und der Horizont seiner Bemühungen sind in gewissem Sinne symptomatisch für das heroische Bemühen eines isolierten modernen Intellektuellen, über Bedeutung, Illusion und Enttäuschung, über die Erkenntnis und Kontrolle der Menschen hinaus eine logische und vorhersagbare Ordnung in Natur und Gesellschaft aufzustellen. Lévi-Strauss entpuppt sich als eine Art von philosophischem religiösen Denker, als Theologe wider Willen, der keine apokalyptische Vorstellung über Gott akzeptieren kann und daher eine anthropologische Pose einnimmt, um seine Argumentation auf die »Realität« gründen zu können.

Der kosmologische Imperativ

Dies erklärt sein Bemühen, die hauptsächlichen Geistestraditionen unserer Zeit in sein Werk einzuarbeiten. Sein Strukturalismus muß wie jeder andere Welterklärungsansatz alles einschließen, sonst ist er nur ein weiterer Standpunkt. Daher erkennt Lévi-Strauss seine Schuld unter anderem gegenüber Marx, Freud, Kant, Rousseau, gegenüber modernen Physikern und empirischen amerikanischen Anthropologen an. Indem er sich mit ihnen verbündet, macht er sie zum Teil für seine Sicht der Dinge verantwortlich; das heißt, er interpretiert sie als Deterministen, Universalisten, und als reduzierende oder analytische Rationalisten. Der Strukturalismus wird daher als die Ideologie unserer Zeit rationalisiert, als die logische Auflösung der abendländischen Reflexion über das Selbst, die Gesellschaft und die Natur, bis Lévi-Strauss sich liest wie Spengler, ein Vorläufer, den er nirgends erwähnt. Aber es findet sich in seinem ethnologischen Werk zum Beispiel keine Spur von einer marxistischen Analyse. Und hier finden wir eine grundlegende Abweichung von den Grundsätzen und Zielen Marx! Der Marxismus, sagt uns Lévi-Strauss, ist der erste Schritt, und der letzte besteht im buddhistischen »Nein« zum Sinn (1955, 367).[31] Natürlich sagte er uns nicht, was dazwischen liegt.

Die Analogie zu Freuds Bemühungen ist nicht mehr als eine Analogie. Lévi-Strauss' Suche nach einem ethnologischen Unbewußten hat zwar einen Freudschen Anstrich, je näher man aber der Freudschen Triebtheorie kommt, seinem metaphorischen Geschichtsbewußtsein und seiner Praxis, desto weiter entfernt man sich von Lévi-Strauss. Vielleicht ist Lévi-Strauss also ein nicht-transzendentaler Kantianer, wie ihn Ricoeur nannte. Ich fasse dies so auf, daß er an bereits vorher vorhandene Kategorien der Erkenntnis glaubt (bei dem merkwürdigen gleichzeitigen Fehlen eines transzendentalen Subjekts). Zweifellos ist er von Kants spekulativen und nicht dialektischen Antinomien beeinflußt. Wenn wir jedoch Kants Bemühen um die

[31] Ein weiteres Beispiel für Lévi-Strauss' Bemühen, durch Umarmungstaktik so viele Gegner wie möglich auszuschalten, kommt in seinem Aufsatz über die Stellung der Anthropologie in den Sozialwissenschaften (1967, 369; 407) zum Ausdruck. Nachdem er ein Programm für eine Art angewandter Anthropologie für Kolonialbeamte aufstellt, wischt er es in einer Fußnote beiseite; (es hat den Anschein, daß ihm wirklich nichts an einer angewandten Anthropologie liegt). Dann aber versucht er, das Prinzip der angewandten Anthropologie zu verteidigen, indem er Marx dahingehend zitiert, daß die englischen Fabrikinspektoren im 19. Jahrhundert nützliche Informationen über die Ausbeutung des Proletariats zusammentrugen. Lévi-Strauss weist darauf hin, daß diese angewandten Anthropologen jener Zeit »Diener der bestehenden Ordnung (waren) . . . Marx (jedoch) nicht daran dachte, (ihnen) dies vorzuwerfen.«

Die angewandte Anthropologie jedoch ist konterrevolutionär und hat meines Wissens nach niemals Fakten geliefert, die von revolutionären Sozialwissenschaftlern genutzt werden konnten. Abgesehen von dem Bemühen, gleichzeitig sich selbst und Marx mit der angewandten Anthropologie zusammenzubringen und beide wieder davon zu distanzieren, meidet er auch die Realität der angewandten Anthropologie, wie sie gegenwärtig praktiziert wird – nämlich als Bemühen, unterworfene Völker im eigenen Land und im Ausland an die vorherrschenden Machtstrukturen anzupassen.

Ethik, seine Zurückhaltung in der Frage des endgültigen Charakters der Natur oder im Hinblick auf das Problem letzter Wahrheiten betrachten, müssen wir Lévi-Strauss hinter uns lassen. Der Anspruch einer Verwandtschaft mit Rousseau ist genauso wenig haltbar, wenn auch Rousseau als Konstrukteur von Modellen dazu benutzt werden kann, Rationalisierungen für Lévi-Strauss' Handhabung des ethnologischen Materials zu finden. Rousseaus uneingeschränkt revolutionäre Kritik der modernen Zivilisation, die mit seiner durchgehenden Achtung des Primitiven und vor allem mit seiner Weigerung zusammenhängt, die Untersuchung des Menschen analog zu den Naturwissenschaften und zur Physik aufzufassen – also seine Ablehnung eines mechanischen oder physikalischen Determinismus bei menschlichen Problemen – rücken ihn aus dem Bereich jedes signifikanten Zusammenhangs mit Lévi-Strauss.

Die letzte Rationalisierung

Es ist also nicht möglich, Lévi-Strauss so zu verstehen, wie er dies von uns wünscht. Als Kosmologe läßt er sich leichter verstehen als eklektischer Nachfahre von Plato, Descartes und Spinoza. Er ist ein Systemkonstrukteur, ein zivilisierter Mensch, der dazu getrieben wird, grundlegende Fragen zu stellen, und der seine Lebensbedingungen als die unausweichliche Konsequenz wissenschaftlichen Nachdenkens akzeptiert. Unter Benutzung dieser Erkenntnisweise versucht er, sie gegen sich selbst zu wenden, um die Welt lebenswert zu machen. Er entpuppt sich als gesellschaftlicher Metaphysiker für den Hausgebrauch; für ihn wiederholt sich der Kosmos in der Anordnung der subatomaren Materie, dem genetischen Code, dem Aufbau des Gehirns und enthüllt sich schließlich in der Struktur der Gesellschaft. Er stellt das wie folgt dar:

»... schon 1945 (wendete) ich auf die Tatsachen des Lebens und die Dinge der Kunst Transformationsregeln (an), ohne zu meinen, daß ich mich in irgendeiner Weise von den Lehren einer strukturalen Linguistik entfernte, die einige für veraltet erklären, ohne sich darüber klar zu sein, daß sie mit der Entdeckung und Entzifferung des genetischen Codes einen natürlichen und objektiven Status erhalten hat: diese universelle Sprache, deren sich alle Formen des Lebens bedienen, von den Mikroorganismen über die Pflanzen bis zu den höheren Säugetieren, und in dem man den absoluten Prototyp sehen darf, dessen Muster die artikulierte Sprache auf einer anderen Ebene widerspiegelt; d. h. zu Beginn eine endliche Gesamtheit diskreter Einheiten, chemischer Basen oder Phoneme, die selbst jeder Bedeutung entbehren, aber, unterschiedlich zu Einheiten höheren Rangs – Wörtern der Sprache oder Nukleotidentripletts – kombiniert, entweder einen bestimmten Sinn oder eine bestimmte chemische Substanz spezifizieren. Auf ein und dieselbe Weise kombinieren sich die Wörter der Sprache und die Tripletts des genetischen Codes zu »Sätzen«, die das Leben in der Molekularform der DNS schreibt, auch sie Träger eines differentiellen Sinns, dessen spezielle Botschaft dieses oder jenes Protein eines bestimmten Typs spezifiziert.« (Lévi-Strauss 1975)

Innerhalb des theologischen Universums, das Lévi-Strauss so mühevoll erfunden hat, findet seine gesellschaftliche Situation ihren Ausdruck. Menschliche Freiheit und Glaubwürdigkeit verlieren ihre Definition. In derart wechselseitig miteinander verbundenen und isomorphen Realitätsstrukturen ist keine selbstdefinierende Entscheidung und daher keine Glaubwürdigkeit möglich. Die Freiheit wird zu nichts weiter als der Anerkennung einer totalen jedoch unerkannten Notwendigkeit. Der Mensch ist das Instrument einer von außen determinierten Ordnung, oder theologisch gesprochen, er ist nur frei, um dem Diktat Gottes zu gehorchen. In dieser Welt, die Lévi-Strauss während seiner ganzen akademischen Laufbahn konstruiert hat, ist kein letztes Risiko möglich. Es gibt keine Ungewißheit, keine unzugängliche Frage, keine Einzigartigkeit, und keine menschliche Besonderheit. Daher gibt es keine Identität und schließlich auch keine Personen. Das Lokale, das Konkrete ist nur ein Einzelfall eines Prozesses, der auf eine Struktur reduziert wird.

Lévi-Strauss hat den Eindruck, daß die menschliche Bedeutung illusorisch ist und sein muß, da die Person nur ein psychologisch-gesellschaftlich-biologischer Reflex ist. Diese monolithische Vision ist eine logische Abreaktion auf die bourgeoise Zersplitterung; sie steht für eine Pseudoordnung, für ein Kollektiv, das sich aus dem mechanischen Zusammenschluß isolierter Einzelteile ableitet, und dies wiederum ist Ausdruck eines entwickelten bourgeoisen Bewußtseins, das vor dem Schutthaufen der gegenwärtigen Gesellschaft steht.

Der Konflikt mit Sartre

In dieser totalitären Welt, die, wenn nicht die Absicht, so doch das Ergebnis von Lévi-Strauss' Werk ist (und der er bis jetzt nicht das binäre Prinzip des vollkommenen Chaos gegenübergestellt hat), ist eine existentielle Sicht des Menschen einfach absurd. Aus diesem Grund kann sich Lévi-Strauss zwar leisten, gegenüber der Phänomenologie herablassend zu sein, (er scheint ihr Bemühen um Oberflächenphänomene zwar als »real«, jedoch im Sinne einer niedrigeren Realitätsebene zu betrachten), und es für möglich halten, eine große Zahl anderer Betrachtungsweisen selektiv für eine Darstellung aufzunehmen, doch ist er gezwungen, den Existenzialismus zu verwerfen. Damit ist der Boden abgesteckt für die Auseinandersetzung zwischen ihm und Sartre, eine Auseinandersetzung, die für sich schon einen Hinweis auf die Bewußtseinsspaltung und die Spaltung des Gewissens im Westen gibt.

An diesem Punkt müssen wir uns die Frage nach der Identität von Lévi-Strauss stellen, die nicht als fester und unangreifbarer Punkt betrachtet werden kann, der die Entwicklung des menschlichen Bewußtseins im allgemeinen darstellt, so sehr er auch vielleicht diesen Wunsch haben mag.

Die Grundlage des Konflikts: die Situation von Lévi-Strauss

Niemand hat diese Frage scharfsinniger gestellt als Sartre, obwohl er bei der Veröffentlichung seiner mutigen *Betrachtungen über die Judenfrage* im Jahre 1946 wohl kaum Lévi-Strauss im Sinn gehabt haben dürfte. In diesem Aufsatz stellt sich Sartre die Aufgabe, die Dialektik zwischen dem Antisemiten und dem Juden zu untersuchen. Der Antisemit ist hohl und unglaubwürdig bis ins Innerste; er ist ein Feigling, der mangels Zeit, Umständen und Willenskraft nicht in der Lage ist, sich auf den Kampf einzulassen, eine Person zu werden, bzw. noch spezifischer ein kulturbewußter (im anthropologischen Sinne) Franzose. Der Antisemitismus, der Haß und die Ausschließung der Juden dient dazu, daß sich der Antisemit gebildet, auf andere bezogen, am Leben fühlt. Indem er dem Juden seine Identität nimmt, gelangt er zu seiner eigenen falschen Identität, seiner eigenen falschen Besonderheit, dies jedoch passiv, ohne Mühe oder Anstrengung. Der Jude zahlt für die Verschämtheit des Nichtjuden, für dessen Versagen beim Erreichen einer eigenen Besonderheit einen schrecklichen Preis. Die Reaktion des Juden jedoch, behauptet Sartre, (womit er kein moralisches Urteil fällt), kann ebenso verschämt sein. Sartre schreibt: »Was uns wundernehmen kann, ist nicht, daß es verschämte Juden gibt, (›die vor ihrer Situation fliehen; sie haben beschlossen, sie zu verleugnen oder sich ihrer Verantwortung zu entziehen‹) sondern daß es relativ weniger verschämte Juden als verschämte Christen gibt.«[32]

Daher entzieht sich der verschämte[33] Jude, so verständlich dies auch ist, der Besonderheit seiner Situation. Sartre beschränkt jedoch das Unechte nicht auf bestimmte Juden oder auf Antisemiten. Er versucht, einen allgemeinen Aspekt des modernen Menschen bloßzulegen, der sich weigert, er selbst zu sein. Daher spricht er auch vom Liberalen, von dem Demokraten, der sich im 18. Jahrhundert ein für alle Mal für den »analytischen Geist« entschieden hat, und der keine Augen für die konkrete Synthese hat, mit

[32] Diese Zitate und Aussagen in Paranthese geben die Reihenfolge von Sartres Argumentation in: *Betrachtungen über die Judenfrage* wieder.

[33] Der Ausdruck »verschämt« (inauthentic) ist das existentielle Äquivalent zum marxistischen »entfremdet« – es wird hier natürlich nicht für einen persönlichen Angriff auf den Charakter benutzt, – sondern zum besseren Verständnis.

der ihn die Geschichte konfrontiert. Er erkennt weder den Juden, noch den Araber, noch den Schwarzen, noch den Bourgeois, noch den Arbeiter an, sondern nur den Menschen – immer denselben Menschen zu allen Zeiten und Orten ... »Für ihn«, und hiermit hätte sich Sartre unmittelbar an Lévi-Strauss wenden können, »ist ein Körper eine Summe von Molekülen; und ein Gesellschaftskörper eine Summe von Individuen.« Und unter Individuen versteht er »die eigenartige Verkörperung der allgemeinen Züge, die die menschliche Natur bilden«. So übersieht der Demokrat wie der Wissenschaftler »den Einzelmenschen, denn das Individuum ist für ihn die Summe allgemeiner Eigenschaften.« Daher möchte der Demokrat wie der verschämte Jude den Juden als Juden »vernichten, um ihn als Menschen zu erhalten, als allgemeines abstraktes Subjekt der Menschen- und Bürgerrechte.« Der Antisemit wirft dem Juden vor, Jude zu sein; der Demokrat wirft ihm mit Vorliebe vor, sich als Jude »zu betrachten«.

Der überdeterminierte Rationalismus des verschämten Juden

Es ist jedoch erforderlich, hier den Fluß von Sartres Argumentation zu unterbrechen und zu bemerken, daß es bestimmte Nuancen der Verbindung liberal-demokratisch-verschämt-jüdisch-rationalistisch gibt, die ihm verständlicherweise entgangen sind, während er in einem jüdischen Kontext die universalistische Reaktion auf die falsche Besonderheit des Antisemitismus konkretisiert. Denn diese Reaktion richtet sich auch gegen die versteinerte Besonderheit der orthodoxen jüdischen Glaubensgemeinschaft (zum Beispiel gegen die unerbittliche Logik des talmudischen Kodex), die so viel geistige Energie absorbiert hatte und das konventionelle Zeichen der jüdischen Verehrung des Verstandes gewesen war.

Die *Haskalah*, die jüdische Form der Aufklärung (die im Zusammenhang mit Moses Mendelssohn steht), setzte sich mit der Orthodoxie des jüdischen Lebens in Westeuropa auseinander und verwandelte, indem sie sich ostwärts ausbreitete, die Kultur der traditionellen jüdischen Gemeinde, die natürlich reif für diese Attacke war. In einem Beispiel nach dem anderen wurden jüdische Gelehrte zu Vorkämpfern der rationalen, analytischen und universalistischen Aspekte der Aufklärung, sowohl in Verteidigung gegen den Antisemitismus als auch im Aufbegehren gegen die archaische Synthese der jüdischen Kultur. Der talmudische Verstand vollzog sozusagen einen unmittelbaren Sprung in den Modernismus der *Haskalah* und verwandelte dabei die theologischen Rationalisierungen in eine neue weltliche Verstandesreligion. Dieser Bruch im Bewußtseinsinhalt war plötzlich und traumatisch, von außen erzeugt und durch verweltlichte jüdische Missionare verbreitet worden. Es gab keine vermittelnde Renaissance, und kaum irgendeine Reformation, obwohl die traditionelle jüdische Achtung für ein geordnetes Verstandesleben beibehalten wurde. Daher ist das Übertreten so vieler Juden zum universalistischen Rationalismus und verwandten Auffassungen der aufstrebenden europäischen Bourgoisie, das Sartre erklären möchte, nicht nur determiniert, sondern überdeterminiert.

Infolge des reduktionistischen Charakters ihrer Vorstellung wurden diese neuen Propheten aber rasch auf den Charakter von Priestern reduziert. Der Abstieg des Verstandes zur Rationalität ist schließlich eine der Leistungen des späten 19. Jahrhunderts, und er fiel mehr oder weniger mit der zerstreuten und daher zeitlich späteren jüdischen Aufklärung in Mitteleuropa zusammen. Diese Spannung zwischen Priestern und Propheten in der jüdischen Geschichte, die nicht nur auf die jüdische Kultur allein beschränkt werden kann, bereichert Sartres Argumentation nichtsdestoweniger in ihrer Dimension und in ihrem spezifischen Charakter. Der Prophet versucht unablässig, den Durchbruch zur Freiheit, persönlichen Bedeutung und zum gesellschaftlich gelebten Glauben zu erreichen. Der Priester verteidigt den zum Zwangsritual erstarrten Code, interpretiert ihn und greift immer wieder darauf zurück. Die prophetische Bedeutung ist stets existentiell, konkret befreiend und konzentriert auf die Einzigartigkeit des Selbst und anderen, ja sogar aller Phänomene gewesen. Der Hassidismus des 18. Jahrhunderts, die neueren Interpretationen von Heschel, die abgeleitete, dennoch aber jüdische Theologie von Buber können daher als repräsentative Form der jüdischen Aufrichtigkeit betrachtet werden, wenn auch in einem religiösen Kontext, den Sartre ablehnen würde. Gleichzeitig aber ist es immer noch möglich, sie mit der auf Sartre bezogenen priesterlichen Verschämtheit von Lévi-Strauss in Kontrast zu setzen.

Sartres Definition

Was also sind einige der Merkmale des verschämten Juden, die er mit dem Demokraten und dem Wissenschaftler gemeinsam hat? Sartre beschreibt sie wie folgt: »Daher stammt seine außergewöhnlich große Anpassungsfähigkeit. Er verschlingt alles Wissen mit einer Gier, die man nicht mit gewöhnlichem Wissensdurst verwechseln darf. Er will nur ein ›Mensch‹, ein Mensch wie die anderen sein, und dazu füllt er sein Gehirn mit allen Ideen der Menschheit und eignet sich so eine universelle Weltanschauung an. Er bildet sich, um den Juden in sich zu vernichten. Er würde wünschen, daß man die Worte von Terenz, leicht abgewandelt, auf ihn anwendet: *Nil humani mihi alienum puto ergo homo sum.*«

Der Rationalismus, die Leidenschaft der beiden letzten Jahrhunderte, dem »die Wissenschaften und deren praktische Anwendungen (entsprangen) . . . versuchte die Menschen zu versöhnen, als Entdecker ewiger Wahrheiten, die sie einen sollten . . . Der Rationalismus[34] der Juden ist eine

[34] Sartre unterscheidet nicht zwischen der »Süßen Vernunft« des achtzehnten Jahrhunderts und der funktionalen Rationalität des neunzehnten, doch darf man von der Annahme ausgehen, daß er trotz Verwendung des Ausdrucks »Rationalismus« die erstere im Sinn hat. Natürlich hatte – wie bereits bemerkt – die Vernunft des acht-

Leidenschaft. Die Leidenschaft für das Allumfassende ... Die Vernunft ist die Sache, die in der Welt am gerechtesten verteilt ist, sie gehört allen und keinem, und sie ist bei allen gleich. Wenn es eine Vernunft gibt, so gibt es keine französische Wahrheit und keine deutsche Wahrheit, keine Negerwahrheit und keine jüdische Wahrheit. – Es gibt nur eine Wahrheit, und der ist der Erste, der sie entdeckt. Angesichts der ewigen kosmischen Gesetze wird der Mensch selbst zum Weltbürger. Es gibt weder Polen noch Juden, es gibt Menschen, die in Polen leben und andere, auf deren Familienpapieren steht, ›zur mosaischen Religion gehörig‹, zwischen ihnen wird es immer eine Möglichkeit der Übereinstimmung geben, sowie es sich um das Universelle handelt.«

Sartre schreibt: »Man denkt an das Abbild des Philosophen, das Plato im Phaedon entwirft, wie das Erwachen zur Vernunft bei ihm den Tod aller Charaktereigentümlichkeiten bedeutet, wie der vergeistigte Philosoph, der reine Sucher der abstrakten, absoluten Wahrheit alle seine besonderen Züge verliert *und zum Auge der Welt wird*[35] (Hervorh. von mir).

Manche Juden erstreben eben dieses völlige Aufgehen im Geistigen. Das beste Mittel, sich nicht als Jude zu fühlen, ist die Hingabe an die reine Logik; die Logik gilt für alle, und jeder kann auf ihren Wegen wandeln. Es gibt keine jüdische Art, Mathematik zu treiben, und der jüdische Mathematiker, wenn er seine Schlüsse zieht, vergeistigt sich und wird Universalmensch; und der Antisemit, der seinen Gedankengängen folgt, wird wider Willen sein Bruder.«

»Somit ist der Rationalismus, an dem der Jude so leidenschaftlich hängt, vor allem eine Übung der Askese und der inneren Reinigung und eine Flucht ins All ... Er verwirklicht auf einer höheren Ebene die Vereinigung und Verständigung, die man ihm auf der gesellschaftlichen Ebene verweigert. Die Wahl des Rationalismus ist bei ihm die Entscheidung für ein Menschenschicksal und eine Menschliche Natur.« Der verschämte Jude hat »eine Liebe zur reinen Vernunft ... er läßt sie gerne beim geringsten Anlaß spielen ... Man muß hinzufügen, daß er von einer Art leidenschaftlichem Imperialismus der Vernunft beseelt ist. Er will nicht nur die anderen davon überzeugen, daß er im Recht ist, er will sie auch dazu bekehren, daß der Rationalismus einen unbedingten und absoluten Wert darstellt. Er sieht sich als Missionar des Universellen ... Er will die ›Katholizität‹ der reinen Vernunft aufstellen als Mittel der Erkenntnis und als geistiges Band zwischen den Menschen. Es ist kein Zufall, daß der jüdische Philosoph Léon

zehnten Jahrhunderts das Potential, sich in die funktionale Rationalität des Industriekapitalismus zu verhärten – und sie tat dies ja auch.

[35] Für eine explizite, wenn auch vielleicht unbewußte Bestätigung der Charakterisierung, die Sartre von dieser Art von Verschämtheit gibt, vgl. das Schlußkapital von *Traurige Tropen*.

Brunschwig die Fortschritte der Vernunft denen der *Vereinigung* gleichstellt (Vereinigung der Ideen, Vereinigung der Menschen).« Auch hiermit hätte sich Sarte unmittelbar an Lévi-Strauss wenden können.

Die Verteidigung des Juden gegen die irrationalen Mächte, die sich gegen ihn verschworen haben – Tradition, Rasse, Schicksal der Nation, Instinkt –, besteht darin, daß er sie zum Verschwinden bringt; er »entkräftet die dunklen Mächte der Magie und der Unvernunft, alles, was sich nicht durch die Grundgesetze der Natur erklären läßt, *alles, was zur Absonderung und Ausnahme neigt.* Er mißtraut grundsätzlich jenen totalitären Blocks, die der christliche Geist von Zeit zu Zeit auftauchen läßt. Er ›bestreitet‹«. (Hervorhebung von mir).

Was der Jude zerstören will, ist streng lokalisiert. (Bemerkenswert ist in diesem Zusammenhang Lévi-Strauss' allumfassender Pessimismus, zusammen mit seiner Fasziniertheit vom Primitiven, der nichtsdestoweniger seiner Überzeugung nach vernichtet worden ist). »Es ist die Gesamtheit jener irrationalen Werte, die eine sofortige unverbürgte Erkenntnis vermitteln sollen . . .«

»Vor jeder Debatte will er sich über die Grundprinzipien einigen, von denen man ausgeht . . . Aufgrund dieser vorhergehenden Verständigung schlägt er sodann vor, eine neue Gesellschaftsordnung zu schaffen, die auf der allgemeinen Gleichheit der menschlichen Natur beruht . . . Daher,« folgert Sartre, »klammert sich der Jude an den Glauben, daß man die größten Schwierigkeiten mit dem Verstand überwinden kann. Er sieht nicht das Irrationelle, das Magische, die besondere Nuance, er glaubt nicht an Gefühlsnuancen. Durch einen sehr verständlichen Protest leugnet dieser Mann, der von der Meinung der anderen lebt, den Wert der Meinung, er versucht eine Logik, die auf die leblosen Dinge paßt, auf den Menschen anzuwenden. Er nähert sich so dem analytischen Rationalismus des Ingenieurs . . ., nicht weil ihn die Dinge geformt oder angezogen haben, sondern weil die Menschen ihn verstoßen haben. *Seine analytische Psychologie setzt mit Vorliebe an Stelle seelischer Synthesen das Kräftespiel der Interessen und Triebe und die algebraische Summe der Neigungen.*« (Hervorhebung von mir).

Alles das aber, schreibt Sartre, ist durchdrungen von einer Naivität, einem Vertrauen auf die Vernunft, einer Sanftmut, einer leidenschaftlichen Abscheu gegen die Gewalt und einem »Sinn für Gerechtigkeit . . ., den sie als einzige Waffe einer feindseligen, rohen und ungerechten Gesellschaft entgegengehalten, (der) vielleicht der beste Teil ihrer Botschaft an uns und das wahre Zeichen ihrer Größe (ist).« Außerdem wird dieser verständlicherweise verschämte Jude, der sich völlig der Analyse hingibt, dieser Rationalist bis zum bitteren Ende, »ständig von einem frischen Strom von Leidenschaften und Sensationen überflutet . . . Die Freundschaftsbezeugungen des Juden haben eine Offenheit, Frische und Wärme, wie man sie bei den ganz in ihre Traditionen und Förmlichkeiten verstrickten Christen selten findet.« Und dies, folgert Sartre, »gibt auch dem jüdischen Leid, dem bittersten aller Leiden, den hilflosen Zug.« Daher das Paradox zwischen dem jüdischen Gefühl und dem Juden, für den auf der Flucht vor sich selbst, die psychologischen Prozesse, »*die Kunst, zu beherrschen, zu verführen, zu überzeugen zum Rechenexempel* (wird)«. (Hervorhebung von mir).

Sartres Alternative

Für Sartre gibt es jedoch eine Alternative zu dem, was ich als »schöpferische« Verschämtheit des rationalistischen Juden bezeichnen würde, eine Verschämtheit, die der Nichtjude erst hervorgerufen hat und die zu kritisieren er kein Recht hat. Ob sich der Jude dafür entscheidet, ein aufrechter Jude zu sein, geht den Nichtjuden nichts an; er ist darum nicht weniger schuldig. Das aufrechte Judentum besteht darin, daß man sich für sich selbst als Juden entscheidet, und »*dem Traum des Weltbürgers* zu entsagen.« Daher kennt sich der Jude und will in der Geschichte freiwillig die Rolle des Verdammten auf sich nehmen. »*Er hat begriffen, daß die Welt schlecht ist,* er glaubt nicht, wie der verschämte Jude, kindlich an den Monismus, sondern an die Mächte der Gesellschaft. Er weiß, daß er abseits steht, unberührbar, geächtet, und dazu bekennt er sich. Mit einem Schlag entsagt er seinem rationalistischen Optimismus (oder Pessimismus, St. D.) . . . weil er freiwillig Lebensbedingungen auf sich nimmt, die nachweisbar untragbar sind, und weil er aus seiner Demütigung seinen Stolz schöpft . . .« (Hervorhebung von mir).

»*Statt dessen macht der aufrechte Jude,* allen und allem zum Trotz, *sich selbst zum Juden,* er nimmt alles auf sich, bis zum Martyrium . . . Sogleich entgeht der Jude, wie der aufrechte Mensch, der Karikatur; die gemeinsamen Züge, der verschämten Juden rühren von ihrer gemeinsamen Tarnung her, und wir finden keinen einzigen dieser Züge beim aufrechten Juden; er ist, wozu er sich gemacht hat, das ist alles, was man sagen kann. In seiner freiwilligen Vereinsamung wird er ein Mensch, ein ganzer Mensch mit dem metaphysischen Horizont, der der Lage der Menschheit entspricht« (Hervorhebung von mir). Damit jedoch kann, wie Sartre abschließend feststellt, keine soziale Lösung der Judenfrage gefunden werden, nicht einmal eine individuelle Lösung. Und an dieser Stelle kann man widersprechen, denn die Lösung der moralischen Frage ist nur eine Phase der Dialektik, während die andere Phase darin besteht, auf eine Lösung der politischen und sozialen Frage hinzuarbeiten; getrennt voneinander können diese Fragen nicht gelöst werden.

Diese längere Erörterung von Sartres Argumentation von 1946, die sich wie ich nochmals wiederhole, gegen alle hyperrationalen, analytischen abstrakten, reduktionistischen und szientistischen Erklärungsansätze der Welt richtet, antizipiert den philosophischen Antagonismus zwischen Sartre und Lévi-Strauss. Sie bezieht sich auch unmittelbar auf die entscheidende Stellung Lévi-Strauss' bei den Intellektuellen des Westens. Als Anthropologe vertritt er den fleischgewordenen und distanzierten Beobachter, der die katastrophale Grundannahme unserer Gesellschaft einlöst, daß der Mensch durch den Menschen vollständig objektiviert werden kann. Dies ist die Auflösung des positivistischen Potentials des Denkens im 18. Jahrhundert: der distanzierte, akademische Wissenschaftler, der ein zerfallendes Phänomen klassifiziert – ein Atom, ein primitives Volk.

Sartre verfolgt dies wie folgt: »Sie (die Strukturalisten) wollen keine Transzendenz, oder zumindest keine vom Menschen gemachte Transzendenz zulassen. Wir sind zum Positivismus zurückgekehrt, doch handelt es sich nicht mehr um einen Faktenpositivismus, sondern um einen Zeichenpositivismus. Es gibt Totalitäten und strukturelle Ensembles, die vom Menschen gebildet werden, dessen einzige Funktion darin besteht, sie zu entziffern.« (1967, 94)

Daß Lévi-Strauss sie so vollständig erreicht hat, stellt einen Triumph des Verschämten dar. In seinem Werk beschenkt er uns mit der Gabe seines Daseins, einer Autobiographie wider Willen. Es ist völlig verständlich, warum in seiner »Beichte« *Traurige Tropen* so wenig von Lévi-Strauss vorhanden ist, und warum so viel von ihm in seine »wissenschaftliche« Konstruktion eingeht. Wir sollten sein Werk ehren, die Umstände verstehen, unter denen es geschaffen wurde, seine Konsistenz bewundern. Die Ansprüche jedoch, die er damit erhebt, müssen wir zurückweisen.

Aufrechte Anthropologen dürften aus ihrer Entfremdung keine Karriere machen, sondern sie als spezifisches Einzelbeispiel für einen pathologischen Zustand verstehen, der politisches Engagement und Handeln erfordert; das heißt, daß sie die verdinglichte Identität: »Anthropologe« ablehnen. Dennoch hat uns die Anthropologie den Kontrast zwischen primitiven und zivilisierten Völkern gegeben, den ein Marxist als die Wurzel der sozialistischen Chancen ansehen würde; und die Anthropologie hat uns so weit gebracht, daß wir die subtile Kulturvielfalt würdigen können. Was uns bleibt, ist nach dem Imperativ von Rousseau unsere Einsichten zu nutzen und das kritische Potential unseres Geisteserbes der strukturalistischen Vorherrschaft entgegenzusetzen. Wir können uns und unsere Welt nur dadurch verstehen, daß wir versuchen, uns und unsere Welt zu ändern – konkret, historisch, und dialektisch. Der Mensch kann nicht abstrakt als

Mensch bewußt werden; der Mensch ist eine Konstitution, eine Schöpfung, und die Revolution, nach der unsere Zivilisation verlangt, erfordert unsere volle Aufmerksamkeit. Zu dieser Revolution getrieben werden wir durch die Erkenntnis unserer Unglaubwürdigkeit, die wie ein Schatten auf Schwarz und Weiß, Jude und Nichtjude, Mann und Frau liegt, die Identität verdunkelt, das Selbst verleugnet, das Denken objektiviert und das Weltall auf eine Gleichung reduziert.

Epilog

Kierkegaard der revolutionäre Christ, und der unmittelbarste und tiefschürfendste Kritiker definiert das gegenwärtige Zeitalter als die »negative Einheit der negativen Reziprozität aller Individuen.« In anderen Worten, er hat den Eindruck, daß das gegenwärtige Zeitalter ein »öffentliches« ist. Der Theorie nach unterscheidet er das Öffentliche vom Gesellschaftlichen, in Wirklichkeit jedoch ist er der Überzeugung, daß jede aus unemanzipierten Menschen zusammengesetzte Gesellschaft rasch zur Öffentlichkeit verkommt. Kierkegaard kann sich nicht vorstellen, daß deformierte Menschen eine Gemeinschaft bilden könnten, die der Mühe lohnt: »Ein Zusammenschluß von Individuen, die selber schwach sind, ist genauso abscheulich und schädlich wie die Verheiratung von Kindern.« Zuallererst muß das Individuum aufhören, ein Ganzes zu sein: »Erst dann, wenn es einen ethischen Standpunkt gegenüber der gesamten Welt eingenommen hat ... kann die Rede davon sein, daß man sich wirklich zusammenschließt.«

Dies klingt an Nicola Chiarmontes Bemerkung vor einigen Jahren an, daß wir die Höhle einzeln verlassen müssen, oder sie gar nicht verlassen können. Kierkegaard jedoch interessiert sich einfach nicht für die soziale Dimension der Revolution. Für ihn müßte eine funktionierende Gesellschaft transparent sein; die Menschen müßten durch sie hindurch auf Gott blicken können. Für Kierkegaard impliziert das Fortschreiten von einer öffentlichen über eine soziale zu einer geheiligten Existenz eine persönliche Entwicklung. Dies ist ein Komplement zu der historischen Abfolge von geheiligten zu öffentlichen Gesellschaften, die in der einen oder anderen Form innerhalb der abendländischen Tradition schon immer eine anthropologische, soziologische, psychologische und theologische Grundannahme ist. Die Grundlage dafür, daß sich Kierkegaard und Marx sehr eingehend mit dem Begriff des Primitiven beschäftigt haben, liegt in der sozialen, persönlichen und historischen Bedeutung dieser Entwicklung. Wie Lawrence Krader erneut bestätigt hat, hat *Marx* die primitive Gesellschaft als *die* Kritik der Zivilisation aufgefaßt – die auch Thema dieses Buchs ist.

Uns beschäftigt hier jedoch die konservative Definition der Situation. Die in Gotteswahn befangenen Konservativen sind der Überzeugung, daß eine Gesellschaft, die ihren Mitgliedern gestattet, die Zwiespältigkeit von Verzweiflung und Glaube voll und ganz auszudrücken, während sie gleichzeitig die Grenzen des menschlichen Zusammenschlusses erforscht, sich nicht viel um Kultur im gewöhnlichen Sinne des Terminus bemühen muß, das heißt, um die Artefakte der Kultur, die von diesen als Waren abgetan werden. Der Glaube nämlich, die Kultur als Kommunion, kann auf die Kultur als Ware verzichten; die Zeichen und Symbole des Glaubens sind spirituell, unauslöschlich, und der Glaube ist, wenn nicht der Feind, so zumindest der Inquisitor des Wandels. Der Weg von einem spirituellen Konservatismus zum *Index* der verbotenen Bücher, der Weg Platos, ist zugleich direkt und logisch.

Das erste und letzte Argument für einen konventionellen Kulturkonservatismus, der einen derartigen spirituellen Absolutismus widerspiegelt, jedoch nicht in sich einschließt – liegt darin, daß sich jener an das vorhandene Establishment anlehnt, nicht weil dieses das Gefäß des Glaubens wäre, sondern weil es einen gewissen Raum für ein geheiligtes Verhalten gegenüber jeder unmittelbar wahrgenommenen Alternative gestattet. Wenn *T. S. Eliot* schrieb, daß menschliche Bedürfnisse in menschlichen Beziehungen nicht voll erfüllt werden können, schien er die kryptische Vorstellung des jungen *Marx* zu teilen, daß der Kommunismus, die letztgültige Gesellschaftsform, nicht das Ziel, sondern das Mittel zu einem besseren Verständnis der Gesellschaft durch den Menschen sei. Eliot drückte natürlich nur einen konventionellen Skeptizismus gegenüber einer zeitgenössischen Programmierung der Gesellschaft aus.

In unserem gegenwärtigen Zeitalter, ein Jahrhundert nach Kierkegaard, gewinnt der Kulturkonservatismus, der seine Energie aus seiner Ambivalenz bezieht, an Durchsetzungskraft. Es handelt sich um die hervorstechendste Stimmung sowohl bei der Gegenkultur als auch bei ihren prinzipienfesten Antagonisten, den kritischen Kulturkonservativen, die nahe am Establishment angesiedelt sind. Genau diese Spaltung zwischen den beiden Typen des Konservatismus muß verstanden werden, wenn wir das gegenwärtige Dilemma erfassen wollen. Einige unserer wohlwollendsten Kulturkritiker verfallen in Angst und Schrecken vor der »Gegenkultur«, die eine allgemein verbreitete Reaktion auf unsere Gesellschaft ist – unsere Gesellschaft sowohl als Lebensstil als auch als ziemlich amorphe Ansammlung von Institutionen. Die Personen, auf die ich mich beziehe, sind keine Reaktionäre; sie versuchen, die geheiligten Räume, in denen sie leben, gegen die bisweiligen brutalen Entmystifizierungen der Gegenkultur zu verteidigen. Gleichzeitig sind sie damit beschäftigt, ihr Überleben in einer oder der anderen bürokratischen Hierarchie zu gewährleisten – in den Universitäten, der Medienindustrie, usw. Und ihre selektive Überlebensstrategie steht im schreienden Widerspruch zu dem umfassenden Angriff, der von der Gegenkultur im Namen ihres eigenen Überlebens vorgetragen wird.

Was diese Kulturkritiker natürlich fürchten, ist die Gefahr, daß durch ein provokatives Gegenkulturverhalten, das zu einer zunehmenden Starrheit und Repressionsbereitschaft des Establishments führt, sozusagen katalytisch ein Faschismus erzeugt werden könnte. In dieser Furcht jedoch liegt eine völlig unzulängliche Definition des Faschismus, denn die Gefahr ist größer, unmittelbarer und komplexer, als viele politische Liberale oder auch Radikale zu glauben scheinen.

Der Faschismus beruht auf dem Staatskapitalismus, der Verselbständigung der Bürokratie und der Klassenkollaboration. Sein Ziel ist die »Integration« aller in das hierarchische System dadurch, daß die Personen auf Ganzheiten reduziert werden. Als Verfahren können Rassismus und Sexismus gewählt werden oder nicht, für den faschistischen Prozeß sind sie nicht wesentlich. Dieser Prozeß läßt sich als die seismische, nahezu unbewußte soziale Bewegung definieren, die dann auftritt, wenn eine Bevölkerung, die von Bürokratien verwaltet worden ist, ein verzerrtes affektives Ventil findet, das wiederum von dem Establishment geduldet wird, das das ursprüngliche Bedürfnis nach einer solchen Ausdrucksform geschaffen hat. Die gefangenen Emotionen werden losgelöst von signifikanten Subjekten, werden zu diskontinuierlichen Pseudoerfahrungen, und das Gesellschaftssystem, innerhalb dessen sie funktionieren, wird tautologisch und zum Selbstzweck.

Jean Genét, der dies hervorragend verstanden hatte, bemerkte über seine Erfahrungen im Nazi-Deutschland, aus dem er geflohen war: »Wenn ich hier stehle, vollführe ich keine herausragende Tat, die mich erfüllen könnte. Ich gehorche der üblichen Ordnung. Ich zerstöre sie nicht. Ich tue nichts Böses. Ich werfe nichts über den Haufen. Das Empörende ist unmöglich. Ich stehle in einem Vakuum.« Richard Coe zog mit Recht den Schluß: »Genét hatte das Gefühl, daß ein Rechtsbruch in einer Gesellschaft von Gesetzlosen nicht nur nutzlos war; da es kein Gefühl eines Rechtsverstoßes, keine Befriedigung darin gab, gegen eine etablierte Hierarchie und Disziplin zu opponieren – sondern, was noch schlimmer war, eine derartige Revolte nicht die berechnete Reaktion . . . im Hitler-Deutschland hervorrufen würde. Genét fühlte sich plötzlich frei, und so lief er so schnell wie möglich weg.« Das Musterbeispiel für den Faschismus ist das zersplitterte moderne Individuum, das im disziplinierten Mob zufällig seinen Platz findet, bereit ist, sich in einem Moment unter den Befehl zu fügen, und in der Lage, im nächsten Moment in nihilistischer Wut zu explodieren. Der Stechschritt, die Stechuhr und die inhumane Präzision im Hitler-Deutschland sind die Kehrseite des orgiastischen Verhaltens der SA-Mobs, die die Straßen auf der Suche nach Beute unsicher machten. Sie sind auch das Gegenstück zu den klinisch definierbaren Gewohnheiten der Nazi-Führung, (das beuterafferische Verhalten ist wohlbekannt). Ein Phänomen verstärkte das andere – und diese strukturierte und ungelöste Spannung ist typisch für den Faschismus. In diesem Sinne sind alle modernen Staatsstrukturen, die in der abendländischen Erfahrung wurzeln (einschließlich der Sowjetunion), sind derart totalisiertende Strukturen chronisch faschistisch, und es besteht immer und überall die Gefahr eines Ausbruchs in nuklearen Dimensionen, der alle vernichtet.

Der konventionelle Kulturkonservative macht sich jedoch nicht klar, daß, genau wie er selber politisch Selbstmord begeht, indem er sich eine Nische zum Überleben innerhalb des Establishments sucht, auch der Konservative der Gegenkultur dasselbe aus anscheinend demselben Grund tun kann, nämlich einen kleinen geheiligten Platz zu finden, an dem er seinen abweichenden Lebensstil ausagieren kann. Indem er politisch abdankt, mystifiziert er die Hierarchie als Gemeinschaft. Bemerkenswert ist, daß diese potentielle Anpassung zwischen der kollektiven Struktur und der Gegenkultur vor einiger Zeit von Oberbürgermeister Daley von Chicago festgestellt wurde. Zur Verteidigung der Jugend führte er an, daß Bärte ein Zeichen des Durchgeistigtseins seien, und daß der Idealismus eine schöne Sache sei, daß dieses Land (die USA) ohne ihn nicht auskommen könnten, usw. Er schloß damit, daß junge Menschen wie diejenigen, die während des Bundesparteitags der demokratischen Partei 1968 in Chicago waren, immer wieder stets willkommen seien, solange sie darauf verzichteten, die Polizei anzugreifen. In ähnlicher Weise wurden Teilnehmer des Woodstock-Festivals von den Anwohnern, den Autobusgesellschaften, den Zeitungen und den internationalen Konzernen dafür gelobt, daß sie ihren alternativen Lebensstil ausagieren konnten, ohne das Establishment in eine peinliche Lage zu bringen.

Ich will darauf hinaus, daß die Verbindung – nennen wir sie 'mal die My-lai-Verbindung – zwischen der bürokratischen Persönlichkeit und der affektiven Dissoziation, die Verbindung die zu Mord bei großer psychischer Distanz ohne Rücksicht auf die Nähe des Opfers führt, nicht zufällig, sondern für den letztlichen Erfolg des Systems notwendig ist, obwohl sie die Zerstörung des Potentials der Gegenkultur bedeutet. Wenn erst einmal die Verknüpfung zwischen dem Establishment und ihrem scheinbaren Gegenteil vollzogen ist, wird jedes der beiden durch den Energiefluß zwischen ihnen am Leben erhalten; der Kreislauf akzeleriert sodann und kann taktisch dahingehend manipuliert werden, das System homöostatisch zu halten. Daher hat der Kulturkonservative in seinem Abscheu vor dem Faschismus durchaus etwas für sich, obwohl seine Vorstellung davon im Sinne eines strafenden Pendelrückschlags falsch ist und seine Handlungsweise den Feind stärkt, den er ahnt. Der Kulturkonservative würde nämlich am liebsten dort bleiben, wo er ist, fähig bleiben, seinen Verstand zu gebrauchen, immer noch glauben zu können, und immer noch empfindlich gegenüber der Wertehierarchie zu sein, die für ihn die menschliche Natur definiert. Er kann jedoch nicht bleiben wo er ist. Indem er die Gegenkultur als eine Bedrohung seines Lebensraums und seiner Werte begeift, leistet er unvermeidlich zum repressiven Charakter des Establishments seinen Beitrag, ohne über die Konsequenzen seiner unmittelbaren Position nachzudenken.

Das ist das existenzielle Dilemma des Kulturkonservativen. Wenn es jedoch sein Dilemma ist, ist es auch das Dilemma der Radikalen. Seine Entscheidungen oder seine ausbleibenden Entscheidungen ziehen uns alle in Mitleidenschaft. Daher ist vom Kulturkonservativen zu verlangen, daß er sich auf das Establishment einschließt, daß er die Warnung vor Provokationen als Terrorismus versteht, und ihre Hinnahme als Zeichen der Selbstaufgabe. Soll er ruhig die komplexe Struktur analysieren und angreifen, die er so gut kennt, und damit dazu beitragen, ihre potentielle Verbindung mit der Gegenkultur abzuschneiden, die, wie ihm erinnerlich sein sollte, sich nicht auf Kommunen und Universitätsgelände beschränkt, sondern auch von Bankangestellten nach Dienstschluß angestrebt wird. Vor allem versteht der konventionelle Kulturkonservative nicht, daß die Gegenkultur genau deswegen, weil sie so radikal ist, eine zutiefst konservative Bewegung ist. Sie stellt eine Form neoprimitivistischer Bestrebungen dar, die die Heiligkeit des Lebens, gemeinschaftliche Formen der Gesellschaft, die ästhetische Dimension der menschlichen Natur, die Kontinuität mit der Natur insgesamt und die Kultur als Ritual proklamiert. Vielleicht kann der konventionelle Kulturkonservative auf T. S. Eliot hören, der 1939 mein Argument in seinem »Conformity to Nature« vorwegnahm:

»Zu beobachten ist, daß das natürliche und das übernatürliche Leben eine Gleichförmigkeit miteinander haben, die keines von beiden mit dem mechanistischen Leben aufweist . . .

Es wird uns zunehmend bewußt, daß die Organisation der Gesellschaft nach dem Prinzip des privaten Profits wie dem der öffentlichen Auszehrung sowohl zur Deformierung der Menschheit durch eine schrankenlose Industrieentwicklung als auch zur Erschöpfung der Naturschätze führt, und daß ein großer Teil unseres materiellen Fortschritts so aussieht, daß die nachfolgenden Generationen unter Umständen teuer dafür bezahlen müssen. Dazu brauche ich nur als ein Beispiel, das zur Zeit stark in den Blick der Öffentlichkeit gerückt ist, die Ergebnisse der »Bodenerosion« zu erwähnen – die Ausbeutung des Bodens in riesigem Umfang zwei Generationen lang für einen kommerziellen Profit: unmittelbare Erträge, die zur Teuerung und Verwüstung führen. Ich möchte nicht, daß jemand auf den Gedanken kommt, daß ich eine Gesellschaft wegen ihres materiellen Ruins verdamme, denn das würde bedeuten, daß ihr materieller Erfolg ein genügender Beweis dafür ist, wie hervorragend sie funktioniert. Ich meine nur, daß eine falsche Einstellung gegenüber der Natur irgendwo auch eine falsche Einstellung gegenüber Gott nach sich zieht, und daß die Folge eine unausweichliche Verdammnis ist. Lange Zeit haben wir an nichts als die Werte geglaubt, die in einer mechanisierten, kommerzialisierten und verstädterten Lebensform entstanden sind: es würde uns ganz gut tun, uns den ewigen Bedingungen zu stellen, unter denen uns Gott erlaubt, auf diesem Planeten zu leben. Und ohne das Leben des Wilden zu sentimentalisieren, sollten wir die Demut aufwenden für die Feststellung, daß in einigen der Gesellschaften, die wir herablassend als primitiv oder rückständig betrachten, ein gesellschaftlich-religiöser-künstlerischer Komplex funktioniert, den wir auf einer höheren Ebene nachahmen sollten. Wir sind daran gewöhnt, den »Fortschritt« stets als unantastbar anzusehen; müssen noch lernen, daß es nur durch eine Anstrengung und eine Disziplin, die größer ist, als sich die Gesellschaft je auferlegen mußte, materielles Wissen und Macht gewonnen werden kann, ohne daß geistiges Wissen und geistige Macht verlorengeht. *Der Kampf, das Gefühl für die Beziehungen zur Natur und zu Gott wiederzugewinnen, die Erkenntnis, daß auch die primitivsten Gefühle Teil unseres Erbes sein sollten, scheint mir die Erklärung und Rechtfertigung für das Leben von D. H. Lawrence und die Entschuldigung für seine Abirrungen zu sein.* Wir müssen jedoch nicht nur lernen, wie man die Welt mit den Augen eines mexikanischen Indianers betrachten kann – und ich glaube kaum, daß dies Lawrence gelang – und wir können uns mit Sicherheit nicht leisten, hier stehenzubleiben. Wir müssen wissen, wie wir die Welt so sehen können, wie sie unsere christlichen Vorväter sahen, und der Zweck, zu den Quellen hinabzusteigen, besteht darin, daß wir dann mit einem größeren spirituellen Wissen zu unserer eigenen Situation zurückkehren können. Wir müssen den Sinn für religiöse Furcht wiedergewinnen, so daß diese durch religiöse Hoffnung überwunden werden kann.«

Sowohl die Kulturkonservativen als auch ihre Gegner suchen nach einem geschützten Lebensraum, sind bestrebt, aus der Kultur wieder ein Gemeinschaftserlebnis zu machen. Wenn sich die eine oder die andere Gruppe infolge ihrer Furcht vor jeweils der anderen von den Herrschenden einfangen lassen wird, haben wir den Faschismus. Ihre geschützten Lebensräume werden sich als Nischen entpuppen. Vielleicht aber können sie sich einigen und gemeinsam gegen die Herrschenden vorgehen. Die Lehren der Geschichte sind mit so großen Buchstaben geschrieben, daß sie von allen Arten von Konservativen verstanden werden müßten. In jedem Fall bleibt die Aufgabe für die Radikalen gleich: sie besteht darin, wieder eine echte Politik aufzubauen, die nicht in einem verabsolutierten, aber in einem dialektischen Sinne marxistisch ist.

Literaturverzeichnis

Barnett, H. G., »The Nature of the Potlach«: *American Anthropology* 40, 1938

Barret, S. A., »The Wintun Hesi Ceremony«: *American Archaeology and Ethnology* 14, 1919

Bloch, Marc, *The Historians Craft*, New York 1953

Boas, Franz, *The Mind of Primitive Man*, New York 1938

–, *Primitive Art*, New York 1955

Bohannan, Paul, »Law«: *International Encyclopedia of the Social Sciences*, New York 1968

Bosman, W., *A New and Accurate Description of the Coast of Guinea*, London 1705

Brest, E. A., *The Metaphysical Foundations of Modern Physical Science*, New York 1925

Breton, André, »Annales medico-psychologiques«: *Manifestos of Surrealism*, Ann Arbor 1972

Burton, Richard F., *A Mission to Gelele, a King of Dahomey*, Bd. 2, London 1864

Bury, J. B., *A History of Greece to the Death of Alexander the Great*, London ³1956

Camus, Albert, *Caligula*, Frankfurt 1963

Cassier, Ernest, »Galileo's Platonism«: M. S. Ashley-Montague (Hg.), *Studies and Essays in the History of Science and Learning, Offered in Homage to George Sarton*, New York 1944

Childe, V. Gordon, *Der Mensch schafft sich selbst*, dt. Übersetz. v. Wolfgang Martini, Dresden 1956

Claudel, Paul, *Art Poétique: Connaissance du Temps. Traité de la Co-naissance au Monde et Soi-même*, Paris 1929

Cornford, Francis, *The Unwritten Philosophy and Other Essays*, Cambridge 1950

Dalzel, A., *A History of Dahomey, an Inland Kingdom of Africa*, London 1793

Dawson, Christopher, *The Making of Europe*, Cleveland 1961

Deveraux, George, »Sociological Theory of Schizophrenia«: *Psychoanalytic Review* 26, 1939

Diamond, Stanley, *Dahomey: A Proto-State in West Africa* (Diss.), Columbia 1951

–, »Kibbutz and Shtetl: The History of an Idea«: *Social Problems* 5, 1957

–, »Plato und die Definition des Primitiven«: *Culture and History*, New York 1960

–, »Anaguta Cosmology; the Linguistic and Behavioral Implications«: *Anthropological Linguistics* 2, 1960

–, »The Anaguta of Nigeria: Suburban Primitive«: Julian W. Steward (Hg.) *Contemporary Change in Traditional Societies*, Bd. 1, Urbana, Illinois 1967

Durkheim, Emile, »The Dualism of Human Nature and its Social Conditions«:

Emile Durkheim 1858–1917 A Collection of Essays, hg. v. Kurt H. Wolf, Columbus, Ohio 1960
Durkheim, Emile/Marcel Mauss, *Primitive Classifications,* engl. Übers. v. Rodney Needhan, London 1963
Emerson, Ralph Waldo, *Representative Men: Seven Lectures,* Boston 1903
Engels, Friedrich, »Dialektik der Natur«: *MEW* 20
–, »Der Ursprung der Familie, des Privateigentums und des Staats«: *MEW* 21
Evans-Pritchard, E. E., *Kinship and Marriage Among the Nuer,* Oxford 1951
Fergusson, Francis, *The Idea of Theatre A Study of Ten Plays, the Art of Drama in Changing Perspective,* New York 1968
Freuchen, Peter, *Book of the Eskimos,* Cleveland 1961
Gluckman, Max, »Studies in African Land Tenure«: *African Studies* 3, 1944
Goffman, Erving, *The Presentations of Self in Everyday Life,* Edinburgh 1956
Goldenweiser, Alexander, *Robots or Gods,* New York 1931
Grinnell, George Bird, »Coup and Scalp Among the Plains Indians«: *American Anthropologist* 12, 1910
Hallowell, A. Irving, »Ojiba Ontology, Behavior and World View«: Stanley Diamond (Hg.), *Culture in History,* New York 1960
Harner, Michael, *The Jiwaro, People of the Sacred Waterfalls,* New York 1972
Heidegger, Martin, *Platos Lehre von der Wahrheit. Mit einem Brief über den »Humanismus«,* Bern 1947
Henry, Jules and Zania, *Doll Play of Pilaga Indian Children,* Random House 1974
Le Herisse, A., *L'Ancien Royaume de Dahomey,* Paris 1911
Herskovitz, Melville J., *Dahomey, An Ancient West African Kingdom,* Bd. 1, Locust Valley, N. Y. 1938
Hoebel, E. Adamson, *Man in the Primitive World,* New York 1958
Hoernle, A. W., *Certain Rites of Transition and the Conception of Inan among the Hottentots,* Bd. 2, Cambridge 1918
–, »The Expression of the Social Value of Water among the Naman of South-West Africa«: *South African Journal of Science* 20, 1923
Huizinga, Johann, *Homo Ludens – Versuch einer Bestimmung des Spielelements der Kultur,* Leyden/Köln 1938
von Jhering, Rudolph, *Geist des Römischen Rechts,* Bd. 2, Deutschland 1852
Kahler, Erich, *The Tower and the Abyss,* New York 1957
Kang, S., »A Model of ›Oriental‹ Rules in the Oriental Dualism: Structural Analysis of Chines World View«: P. Rossi (Hg.), *Structuralism in Perspective*
Kenyatta, Jomo *Facing Mt. Kenya,* New York 1962
Kierkegaard, Sören, *Gesammelte Werke,* Düsseldorf 1959–71
–, »The Present Age; A Literary Review«: Robert Bretall (Hg.), *A Kierkegaard Anthology* 1946
Koysé, Alexandre, »Galileo and Plato«: *Journal of the History of Ideas* 4, 1943
Kroeber, A. L., *Anthropology: Race, Language, Culture, Psychology, Prehistory,* neubearb. 2. Aufl., New York 1948
Lee, Dorothy, *Freedom and Culture,* New York 1959
Lévi-Strauss, Claude, *Die Grundstrukturen der Stammesverwandtschaft,* Paris 1949
–, *Traurige Tropen,* Köln/Berlin 1955

–, *Mythologiques I, le cru et le cuit;* dt. Übers. v. Eva Moldenhauer, *Mythologica I, Das Rohe und das Gekochte,* Frankfurt 1964
–, *Strukturale Anthropologie,* Frankfurt 1967
–, *Das wilde Denken,* Frankfurt 1968
–, »Structuralism and Ecology«: *Barnard Alumnae* 1972
–, *Der Nackte Mensch,* Frankfurt 1975
Lovejoy, Arthur O., *Essays in the History of Ideas,* New York 1960
Lowie, Robert H., *Primitive Religion,* New York 1948
–, *The Crow Indians,* New York 1956
–, *Social Organizations,* New York 1956
Maine, Henry S., *Early History of Institutions,* New York 1866
–, *Village Communities and Miscellanies,* New York 1889
–, *Ancient Law,* New York 1931
Marcel, Gabriel, *Journal Métaphysique,* Paris 1927
–, *Etre et Avoir,* Paris 1935
Sir Markby, William, *Elements of Law* (1905)
Marx, Karl, »Deutsche Ideologie«: *MEW* 3
Meyer Fortes »Mind«: E. E. Evans-Pritchard (Hg.), *The Institutions of Primitive Society,* Glencoe, N. Y. 1956
Michaux, Henri, *Miserable Miracle,* engl. Übers. v. Louise Varèse, San Francisco 1967
Montaigne, *Essais,* Tome I, Paris o. J.
Moody, Ernest A., »Galileo and Avempace: Dynamics of the Learning Tower Experiment«: Philip P. Wiener/Aaron Noland (Hg.), *Roots of Scientific Thought,* New York 1957
Moore, Stanley, »Marxian Theory of Law in Primitive Society«: Stanley Diamond (Hg.), *Culture in History,* New York 1960
Nadel, S. F., *A Black Byzantium,* London 1942
–, »Nupe State Community«: *Africa* 8, 1934
Norris, Robert, »Reise nach dem Hoflager des Königs von Dahomay, Bossa Ahadi im Jahre 1772«: *Magazin von merkwürdigen neuen Reisebeschreibungen, aus fremden Sprachen übersetzt und mit erläuternden Anmerkungen begleitet,* Bd. 5, Berlin 1791
Oberg, K. »The Kingdom of Ankole in Uganda«: M. Fertes/F. E. Evans-Pritchard, *African Political Systems,* London 1955
Perham, Margery, *Native Administration in Nigeria,* London 1962
Peristiany, J. G., *The Institutions of Primitive Society,* New York 1956
Plato, *Der Staat,* Stuttgart 1939
van der Post, Laurens, *The Dark Eye in Africa,* New York 1955
Quérum, M., *Au Pays des Fons,* Paris 1938
Radin, Paul, »The Concept of Right and Wrong«: *The Makings of Man,* New York/ Norton 1931
–, *The World of Primitive Man,* New York 1953
–, *The Trickster. A Study in American Indian Mythology,* with Commentaries by Karl Kerenyia/C. J. Jung, London 1956
–, *Primitive Man as Philosopher,* New York 1957

–, *Primitive Religion, its Nature and Origin,* New York 1957
–, *The World of the Primitive,* New York 1971
Rattray, Robert S., *Ashanti, Law and Constitution,* London 1929
Redfield, Robert, *Tepoztlan – A Mexican Village A Study of Folk Life,* Chicago 1930
Rivers, W. H., *Instinct and the Unconscious,* Cambridge 1924
Rosenhan, T. L., »Being Sane in Insane Places«: *Science* 179, 1973
Rosenthal, David, S. S. Kety, P. H. Wender, F. Schulsinger, *The Transmission of Schizophrenia,* London 1968
Rosenthal, David/P. H. Wender, S. S. Kety, J. Welner, F. Schulsinger, »The Adopted-Away Offspring of Schizophrenics«: *American Journal of Psychology* 1971
Rothenberg, Jerome (Hg.), *Shaking the Pumpkin: Traditional Poetry of the Indians of North America,* New York 1972
Rousseau, Jean Jacques, *Über den Ursprung der Ungleichheit unter den Menschen,* zweisprachige Ausgabe hg. v. Kurt Weigand, Hamburg 1955
Rousseau, Jean Jacques, *Schriften zur Kulturkritik. Über Kunst und Wissenschaft* (1750)
Sir Salmond, John, *Jurisprudence* (1920)
Sapir, Edward, »Culture, Genuine and Spurious«: David G. Mandelbaum (Hg.), *Selected Writings of Edward Sapir in Language, Culture and Personality,* Berkeley 1951
Sartre, Jean-Paul, *Betrachtungen über die Judenfrage,* Frankfurt 1948
–, *L'Arc* 30, 1967
Seagle, William, *The History of Law,* New York 1946
Seidenberg, Roderick, *Posthistoric Man,* Boston 1957
Senghor, Leopold Sedar, »Teilhard de Chardin and African Policy«: *West African Pilot,* Lagos 1961
Simpson, Sydney P./Julius Stone, *Law and Society in Evolution,* Bd. 1, St. Paul 1942
Skertchly, *Dahomey as it is,* London 1874
Spengler, Oswald, *Der Untergang des Abendlandes,* Bd. 1, München 1923
Steward, J. H., »The Ceremonial Buffoon of the American Indian«: *Papers of the Michigan Academy of Science, Arts, and Letters* 14, 1930
Stubbs, William, *The Constitutional History of England,* Bd. 1, London 1890
Tylor, Edward B., *Anthropology: An Introduction to the Study of Man and Civilization,* 2 Bde., London 1946
–, *Researches into the Early History of Mankind,* Chicago 1964
Uchendu, V. C., *The Igbo of Southeast Nigeria,* New York 1965
Vernadskya, George, *Medieval Russian Laws,* New York 1969
Vinogradoff, Paul, *Outline if Historical Jurisprudence,* Bd. 1, London 1920